民俗传统与特色小镇建设
——基于口述史的研究

毛巧晖　王卫华　张青仁　王文超　著

学苑出版社

图书在版编目（CIP）数据

民俗传统与特色小镇建设：基于口述史的研究 / 毛巧晖等著 . — 北京：学苑出版社，2023.10
ISBN 978-7-5077-6825-1

Ⅰ.①民… Ⅱ.①毛… Ⅲ.①小城镇—城市建设—研究—北京 Ⅳ.① F299.271

中国国家版本馆 CIP 数据核字（2023）第 213781 号

责任编辑：陈　佳
出版发行：学苑出版社
社　　址：北京市丰台区南方庄 2 号院 1 号楼
邮政编码：100079
网　　址：www.book001.com
电子邮箱：xueyuanpress@163.com
联系电话：010-67601101（营销部）、010-67603091（总编室）
印　刷　厂：北京捷迅佳彩印刷有限公司
开本尺寸：710 mm × 1000 mm　1/16
印　　张：26
字　　数：437 千字
版　　次：2023 年 10 月第 1 版
印　　次：2023 年 10 月第 1 次印刷
定　　价：128.00 元

交融互渗与共生发展：
大运河流域文化景观特征及其实践路径[1]
（代前言）

毛巧晖

  面对全球化及其对地方性知识、区域文化共同体的冲击，沟通南北、贯通不同地域和民族文化的京杭大运河引起了广泛关注。流域视角下的运河研究超越了村落、行政区划、族群或民族的边界，所凸显的不再是地域、民族特性，而是不同文明、文化的交融和交流。虽然当下京杭大运河大部分河段已经失去实用功能，但自其修筑以来所形成的文化意义与价值随着历史演进而不断发展。在京杭大运河流经的北京、天津、河北、河南、山东、江苏、安徽、浙江等省市，这一文化意义上的"流域"通道依然留存于各区域文化之中，也持续影响着区域内的民众生活；当然它不再是"显性"存在，更多的是"隐性"呈现。大运河文化的研究，须立足于流域，对运河沿岸不同地域、族群文化的差异与互动的复杂性进行整体关照。本文以文化景观为视点，在总结运河流域文化景观类型的基础上，阐述与分析景观如何通过视觉、听觉、触觉等，表达运河在流动与交融中所形成的共享的文化意识与文化认同机制及其当下价值。

---

[1] 本文发表于《文化艺术研究》2023年第1期。收入有修改。

一、创造性转化与消耗性转化：大运河流域的文化景观

"文化景观是由文化因素与自然景观共同作用的结果。文化是动因，自然区域是媒介，文化景观则是结果。"[1]文化景观引入《保护世界文化和自然遗产公约》之后[2]，人们对世界文化遗产和自然遗产中的人地关系有了新的认知。2014年，大运河列入"世界文化遗产名录"，运河流域"人与环境之间的相互作用以及景观中有形和无形文化价值的存在"[3]日益引起各领域学者的关注和重视。研究者关注大运河在列入"世界文化遗产名录"后，文化景观内涵与外延所衍生的变化，同时在景观概念的象征价值中融入了人造景观的概念。

从文字记载到图绘记录，再到照片、纪录片等影像档案及博物馆、广场、公园等文化空间，除了有形遗产之外，节日、仪典、民俗、传说、信仰、歌谣、曲艺等非物质文化部分经由不断"物化"，大多通过景观得以"在场"或呈现。在大运河流域文化遗产[4]的保护中，景观更是进一步发展与丰富，但并非同质化存在，在实现"创造性转化"的同时，也有"消耗性转化"，因此在景观保护及其建构中就表现出对文化遗产本身意义的"超越""守恒""消减"。基于此，运河流域的文化景观大致可分为三类。

---

1 [美]诺拉·米切尔、[德]罗希蒂尔德·罗斯勒、[法]皮埃尔·特里科主编：《世界遗产文化景观保护和管理手册》，张柔然译，天津：南开大学出版社，2021年，第1页。

2 1992年12月，在美国圣达菲召开的第16届世界遗产大会上，文化景观（cultural landscape）被正式写入《实施〈保护世界文化和自然遗产公约〉的操作指南》（Operational Guidelines for the Implementation of the World Heritage Convention），成为世界遗产中的一个新类别。

3 [美]诺拉·米切尔、[德]罗希蒂尔德·罗斯勒、[法]皮埃尔·特里科主编：《世界遗产文化景观保护和管理手册》，张柔然译，天津：南开大学出版社，2021年，第2页。

4 关于文化景观与文化遗产的概念，有论者提出文化景观比文化遗产广泛得多，文化景观一词包含着人类与自然环境相互作用的多种表现形式。世界遗产文化景观被归入文化遗产之列的操作方式，相较于人们对人地关系理解上的前进来说，不能不说是一种停滞或倒退。参见邓可、宋峰：《文化景观引发的世界遗产分类问题》，《中国园林》2018年第5期。本文的相关讨论亦立足于此。

第一，由实用性向功能性转变的文化景观。"实在性是一切可供主体从感觉上感知到的事物的本质属性和物质基础，它是事物成为客体、独立于主体而存在的前提。"[1] 如河道、湖泊、驳岸等运河河道景观遗存，码头聚落等商业景观，古村落、古建筑群等建筑景观，等等。它们的"实用性"寄寓在其物质性印记之中，同时又超越了其自身意义，物与人、物与空间、物与材料之间的复杂关系构成了运河流域文化景观的丰富意蕴。如杭州富义仓作为大运河流域保存较完整的古代城市公共仓储建筑群，初建时中心位置为仓储式厂房80间，可储存稻谷4万—5万石，还有砻场、碓房、司事者居室等。运粮舟停靠处筑有一亭，以供搬运者休息。现存三排仓储式长房、门廊、偏厢，仓库遗址及河埠，其基本格局尚存。[2] 杭州富义仓见证了历史上米市、仓储码头装卸业等经济业态曾经的发展、繁荣，如今已然成为文化、创意与旅游的复合体——"富义仓创意园"。

第二，集功能性与象征性为一体的文化景观。此类景观多与民众生活实践息息相关，并在不同民族、不同地域的文化交流、交融与共生中成为维系"流域"文化认同的一种方式。[3] 如集中展现运河工程建设与漕运管理技术的水闸建设，元至元三十年（1293）秋开凿成功的通惠河河道上，自上游至河口依次设有广源、西城（会川）、朝宗、海子（澄清）、文明、魏村（惠和）、籍东（庆丰）、郊亭（平津）、杨尹（溥济）、通州（通流）与河门（广利）等24座水闸。[4] 水闸不仅解决了运河流域城镇用水、农业灌溉和漕运问题，对周边城市的供水格局也产生了深远的影响。如坐落于北京市朝阳区通惠河北岸的明清时期的漕运闸坝遗迹"庆丰闸遗址"，初名"籍东"，后易名"庆丰"，俗称"二闸"，始建于元代，因漕运而建，亦

---

[1] 参见路璐：《大运河文化遗产与民族国家记忆建构》，《浙江学刊》2021年第5期。笔者认为使用"实用性"一词更易理解，也与全文表达更为一致。

[2] 张歆：《［调研琐记］遇见·运河：杭州运河沿线调研日志》，https://mp.weixin.qq.com/s/CcHjqlnJSRD66CuBw-RRZw，访问日期：2022年11月19日。

[3] 毛巧晖：《北运河流域民间文艺资源的传承与转化》，《美术观察》2021年第10期。

[4] 祁建：《节水行舟说古闸》，《京郊日报》2018年6月21日第6版。

因漕运而兴。[1] 清代运河漕运衰落之后，庆丰闸一带碧波荡漾，桃柳映岸，景色清雅秀丽，成为都城居民的消闲胜地。这一历史文化传统在当下的城市建设中得以留存，如2009年"庆丰公园"建设落成，它作为"通惠河滨水文化景观带"的一部分，内部设有京畿秦淮、大通帆涌、惠水春意、文槐忆故、新城绮望、庆丰古闸、叠水花溪、银枫幽谷游览地。此外，北运河通州段的甘棠闸至杨洼闸也将打造"绿道花谷""延芳画廊"两大景区，不仅要建设集防洪、水质净化、生态景观功能为一体的湿地公园，还要带动周边发展，形成自然涵养的天然景观带。[2]

第三，叠加实用性、功能性及象征性三重意蕴的文化景观。包括民俗信仰、仪式、节庆活动等民俗景观，记录河务、漕运、水利等资料的文献景观，漆器制作、花丝镶嵌、建筑营造等手工技艺景观，浦江剪纸、杨柳青年画、通州杨氏风筝、柳琴戏、茂腔等涉及民间音乐、民间舞蹈、传统戏曲、民间美术、曲艺、杂技等的艺术景观。

此外，运河流域还有复合型文化景观，如北京市通州区张家湾曹雪芹墓石、曹家当铺、曹家坟等真实地理景观以及萧太后河一带建造的曹雪芹塑像、归梦亭、红学文化绿色走廊等空间景观；作为感知地方与空间的关键路径的声音景观[3]，也是运河流域文化景观研究中重要但却容易被忽视的一类。丰富驳杂的文化景观，是运河流域不同区域、族群文化互动交融的结果，我们对其分析亦应着眼于此，关注运河流域文化景观的整体性，同时也注重文化景观间的交融共生。

---

[1] 郭军连、刘小萌：《清代北京"二闸"考记》，《北京社会科学》2022年第5期。

[2] 佚名：《"古老的运河讲新时代的故事"系列报道之东郊（朝阳）二闸篇》，http://yunhe.china.com.cn/2020-09/24/content_41307944.htm，访问日期：2022年11月19日。

[3] "声音景观"（soundscape）这一理论是由加拿大作曲家及生态学家穆雷·谢弗（R. Murray Schafer）于20世纪60年代末70年代初在声音生态学（acoustic ecologe）的范畴下提出的，这个观念可以帮助我们用来定义和理解在特定时间、特定地点的一切声音的综合。

二、交融互渗：大运河流域文化景观的基本特征

　　大运河作为漕运命脉满足了南北之间的政治联结与经济畅通，同时也带动了运河流域不同区域、族群间的文化交流。随运河裹挟而来的曾经流行于中亚的火神俗信、南方的妈祖文化、北方的河神祭祀及河道、湖泊、驳岸等河道景观，样态丰富、内容驳杂，但彼此之间并非孤立存在。它们之间可以说是"兼和相济""互补共生"，在"存有交互性"（mutuality of being）[1]中融合为一个整体。这也如前文所言，对于这些分属不同区域的文化景观，我们不能局限于传统的区域或族群研究，而要从"流域"对其进行整体分析。"存有交互性"来源于萨林斯（Marshall Sahlins）对亲属关系的阐述，他认为亲属成员结成了"存有的内在互渗"（participate intrinsically in each other's existence）的关系[2]，"一个群体的成员通过这些要素和活动，互相关联，交融一体"[3]。笔者借用"存有交互性"这一话语，旨在阐述运河流域文化景观交融互渗的特性。

　　运河流域共享着以"运河"为中心的"历史文本、文学文本、数据文本和艺术文本"[4]，在对"文学文本"的挖掘中，《红楼梦》因其充盈着真实生活感受与艺术构思的运河叙事，点缀于运河沿线，建构起纵贯南京、镇江、苏州、扬州、北京等地的景观空间。如各地兴建的大观园、"红楼梦"主题景观、"曹雪芹纪念馆"、"曹雪芹文化园"及在喜马拉雅、蜻蜓FM、

1　参见纳日碧力戈和凯沙尔·夏木西发表于《中央民族大学学报》（哲学社会科学版）2021年第4期的《试论中华民族共同体意识的交互性》一文中的表述。这一术语来源于萨林斯对亲属关系的描述。

2　[美]司马少林（马歇尔·萨林斯）：《亲属关系是什么，不是什么》，陈波译，北京：商务印书馆，2018年，第18—33页。

3　纳日碧力戈、凯沙尔·夏木西：《试论中华民族共同体意识的交互性》，《中央民族大学学报》（哲学社会科学版）2021年第4期。

4　杨庆峰：《记忆研究：培育江南区域情感认同》，《文汇报》2019年6月13日第10版。

哔哩哔哩[1]等视频音频网站上线的各类"红楼梦"有声景观，形成了独特的红学文化聚落和"一脉同气"的流变格局。

运河流域的"红楼梦"文化景观呈现出一种"结构性的相似"，如上海、北京、河北正定等地所修建的"大观园"多依照《红楼梦》对大观园内部景观的描写，其各处景观以园内馆舍命名，且按照地方气候种植水杉、紫柏、紫藤、檀竹、斑竹等植物。以河北正定荣国府为例，它很好地诠释了书中所说的"金门玉户神仙府，桂殿兰宫妃子家"，是一座具有明清风格的仿古建筑群。整个府邸分为中、东、西三路，各路均为五进四合院：中路为贾政公务院，采用了宫廷式彩绘，东西两路为内宅院，采用了明快的苏式彩绘，室内落地花罩典雅气派，再现了"钟鸣鼎食之家，翰墨诗书之族"的富丽。河北正定荣国府这类的复合型景观并不鲜见，它们"分形同气"，描绘了曹氏家族的生活轨迹及运河流域的真实生活图景。以张家湾博物馆[2]为例，馆内除了播放冯其庸讲述张家湾发现"曹雪芹墓石"及红学的视频，展柜中还陈列了曹家当铺遗址、古籍、奏折等历史资料，大量展板呈现了"曹家井""三家坟"等传说，并设计了"红楼情牵张家湾""曹雪芹如是说""红楼画境"等主题景观。仅北京一地，就存在一条连缀西山-永定河文化带与大运河文化带的"红学文化区"，以"蒜市口十七间半"曹雪芹故居纪念馆为中心，将黄叶村曹雪芹纪念馆、张家湾曹雪芹墓石、曹家当铺、曹家坟及萧太后河畔的曹雪芹塑像、张家湾公园内"曹石印记"、通州文旅胜地"运河文化广场"的"曹雪芹像"等串联起来，加之西城的大观园、恭王府景区，清晰地勾勒出运河流域的红学文化的发展脉络。而南京乌龙潭公园的红楼梦景区、江宁织造博物馆、苏州

---

1 哔哩哔哩是一个搭载弹幕系统的视频播放网站，主打UGC（user-generated content）的视频生产分享模式。

2 以保护、研究、传播和展示人类及环境发展见证的博物馆，其运作中也在有意或无意地受到文化景观理念的影响，不管是博物馆的社会文化性还是博物馆诉诸视觉性，都决定了博物馆作为文化景观存在及呈现的可能性及合理性。参见田军：《博物馆：文化与景观属性兼在的文化景观》，《中国博物馆》2016年第3期。

织造署旧址[1]、辽阳曹雪芹纪念馆及唐山曹雪芹文化园等文化景观，虽然在外在形态、展陈形式、景观类型等方面略有差异，但在文化本质、价值内涵、文化功能等方面却有着内在的暗合。此类文化景观正是以水脉贯通文脉，在运河流域流播与衍生，它们有着不同地域的文化特质，同时又共享着"运河"的共性。

运河流域漕运的兴盛和商品经济的发展带动了文化的兴盛，依赖于运河便捷的交通和大量人口的流动，逐渐滋生出具有"集体同一性"[2]的信仰意识，同时也逐渐建构出具有地域特征的文化景观。以敕建于元泰定三年（1326）的天津天后宫[3]为例，其修建年代早于天津设卫筑城时间[4]，民间亦有"先有天后宫，后有天津卫"的俗语。天津（旧称"直沽"）作为连通海运和河运的关键，在漕运中不得不随时面临着"风涛不测，粮船漂溺者，无岁无之"的处境，"间亦有船坏而弃其米者，后乃责偿于运官；人船俱溺者始免"。[5]这些船工与商人只能求助于海神，逐渐形成了"不拜神仙不上船"的习俗，加之元代漕运所用舟师水手多来自闽浙一带，世代信仰海神妈祖，由此，妈祖信仰便随着海运船只来到了天津地区，并得以不断发展。天津的信仰景观是伴随海运而来的闽浙海神妈祖崇拜与碧霞元君信仰体系相交融的结果；可以说，海神崇拜与北方山神信仰交融涵化，迭代生成了天后宫中"山海互融"的民间信仰景观。

---

1 今苏州市第十中学西南部。
2 "集体同一性不仅指涉事件与事件连缀而成的历史，也指涉诸多事件所经历的时间……"参见刘龙心：《知识生产与传播：近代中国史学的转型》，北京：生活·读书·新知三联书店，2021年，第5页。
3 笔者在天津三岔河口调研时遇到一位张姓老人，他已经年逾八十，1976年迁居至此。在交谈中，老人提到最早的大直沽天妃宫建于元代延祐年间，"当时的娘娘是从福州和莆田那边传过来的"。此资料源自2019年5月31日笔者在天津三岔河口的调研记录。
4 明永乐二年（1404）正式建卫。
5 毕沅：《续资治通鉴3》，长沙：岳麓书社，1992年，第756页。

如描绘清末天津民众纪念妈祖诞辰的《行会图》[1]第八十六图中绘有一驾华辇及四驾宝辇，华辇驾乘为妈祖娘娘，四驾宝辇上依次是送子娘娘、子孙娘娘、斑疹娘娘、眼光娘娘，且送子娘娘前为"慈悲相"，后为"愤怒相"，意在"恫吓天后宫里那些不愿到人间投胎的小孩"。[2]再如天津天后宫西配殿的"王三奶奶"。"王三奶奶"[3]的崇拜范围大致为京津一带及沿途各县，其与天后宫中的天后、关帝、财神、观音、西海龙王共享世人香火供养。这种"山海互融"的民间信仰景观连缀着运河流域民众共有、共享的精神家园，海洋文化与山地文化融合与互动下形成的民间信仰与习俗，通过"庙祭""春秋谕祭""庙会"及民众日常的民俗活动，以祭祀、花会传统和歌舞为载体，重塑人们对天津天后宫这一独特文化景观的理解，铸牢中华民族共同体意识的重要纽带。

此外，运河流域文化景观的"交互性"也体现在文化景观与民众日常生活的交融互塑。如在中国首部实景园林昆曲《牡丹亭》的表演中，媒介作为一种"为观念的生活世界（life world of ideas）提供给养的技术资源"[4]，将"传统一桌二椅式的单一舞台"[5]转换为实景园林，实现了"昆曲和

---

1 该作品为纸本，设色，现存89幅，每幅纵63厘米，横113~115厘米。除年久底纸变黄发旧及少部分画面残损外，保存基本完好。全图所绘参加行会的各种组会共117个，所绘人物4350多个，民间歌舞、杂技节目近70个，涉及乐器20多种。参见吕埴：《〈天津天后宫行会图〉中的北方妈祖文化》，《收藏》2020年第3期。

2 吕埴：《〈天津天后宫行会图〉中的北方妈祖文化》，《收藏》2020年第3期。

3 相传王三奶奶是香河县庞各庄人，自幼学会了跳神、顶仙，在她85岁去妙峰山参拜时去世，之后附体巫婆谈及她本为东岳大帝的第七个女儿，从此王三奶奶在妙峰山碧霞元君殿和天津天后宫受到供奉，其职能也由治病逐渐发展为生育、婚姻等。参见李世瑜口述、李厚聪记录：《天后宫里要不要王三奶奶？》，天津南开人民文化宫编：《中华妈祖文化学术论坛论文集》，内部资料，2006年，第153页。

4 伊莱休·卡茨等编：《媒介研究经典文本解读》，常江译，北京：北京大学出版社，2011年，第177页。

5 舒丹：《变与不变：从实景园林版昆曲〈牡丹亭〉的舞台背景看传统音乐文化的流变现象》，《黄河之声》2021年第19期。

园林双遗产的结合"[1]。"青梅如豆柳如眉，日长蝴蝶飞；桃红李白岸柳青，百鸟千花醉"，随着昆曲缠绵细腻的唱腔响起，水景、实景、灯影、倒影交相辉映，《牡丹亭》中的婉约情致和跌宕人生经由声音及视觉景观弥散于由实景与昆曲所编织起来的视听空间网络，相较于以往戏曲表演中对"舞美""灯光""音响"的重视，实景《牡丹亭》显然更为看重这种"共生"景观的叙事性。同时，将观者与演员的场景置于一个实景园林之中，这种存续空间的交互，使其表演又增加了一重日常的"真实"，为昆曲《牡丹亭》的表演增添了一层生活的暖意。

综上所述，无论是广布运河流域的红楼梦文化景观，还是海运、河运及地域文化熔铸的天津天后宫，《牡丹亭》与园林、日常生活交融而成的文化景观，我们看到，它们都超越了地域、族群的文化景观，对其理解、阐述乃至建构，都须从"整体性"出发，注重"流域"共性及"人—地—水"的互渗交融。

三、共生发展：大运河流域文化景观的实践路径

大运河流域的文化是在文明互鉴、文化交流中形成的，因而运河流域的文化景观在呈现出文化多样性的同时，其生成、演化又彰显了流域文化的共生机制。"共生"作为生物学概念，本指不同物种的生物个体保持机体的互相接触而生活在一起的系统，日本建筑师黑川纪章在其著作《新共生思想》中明确提出共生观和共生城市，他将佛教的"共存"与生物学的"共栖"重叠组合创造出"共生"理念，此理念在景观领域指不同景观在"兼容并蓄"的精神内核之下形成一种协作关联性，同时实现自我发展的

---

[1] 苏州文旅姑苏小院：《昆曲演出丨绮丽一梦，人间至情〈牡丹亭〉》，https://mp.weixin.qq.com/s/47_IuWFQgFYn9l8DyNeLlQ，访问日期：2022年11月25日。

均衡。[1]在其著作中，黑川纪章提出"与创造自然相关联的共有空间（中间领域）"，他认为：

> 自然保护，不只是一味地呐喊保护、保留乡下的森林，而是应该提倡在东京这样的大城市里面，创建新的森林这一类有创造性的设想。[2]

由于运河流域互相浸润与连通的文化特征，坚持人与自然、景观之间的"共生"成为确保其文化"交互"的整体性及延续性的合理路径，也是实现人与自然、景观融合及交互的重要理念。如何在运河流域文化景观建构中实现"创建新的森林"这一设想，是其共生发展的关键所在。

运河将流域内的自然景观和民众联结为一个不可分割的整体，内部凝结着共同价值、经验、期望和理解的意义体系。[3]因此，文化景观的共生发展应当"顺天应时"，在延续自然景观内生逻辑的基础上，运用充满"记忆点"及"可识别性"的景观元素，促进景观内部的"自我更新"，推动人与自然、景观之间的"共生性"发展。

以大运河杭州段文化景观的共生模式为例，其对山水环境、传统建筑、信仰空间等景观进行了统筹考虑，在宏观层面上，对大运河杭州段流域的山体、水系、植被进行整体生态建构，确立以"一带、一轴、一心、一岛、一区、一湾"为核心的区域布局，以"大运河文化带"为支撑，推进"文化＋产业"发展。[4]在微观层面，遵循滨水景观"图形—背景"关系，营造"内眺式"运河滨水空间，并采用"借景""留白""对比"等诗

---

[1] 都铭、季丽慧：《传统村落景观基因共生发展研究：以浙江省丽水市鸬鹚村为例》，《中国名城》2022年第3期。

[2] ［日］黑川纪章：《新共生思想》，覃力译，北京：中国建筑工业出版社，2009年，第238页。

[3] 毛巧晖、张歆：《运河记忆与村落文化变迁：以北京通州里二泗小车会为中心的考察》，《西北民族研究》2021年第2期。

[4] 杭州市人民政府办公厅：《杭州市人民政府办公厅关于印发杭州市大城北地区规划建设三年行动计划（2018—2020年）的通知（杭政办函〔2018〕80号）》，https://www.hangzhou.gov.cn，访问日期：2022年11月28日。

性方式设计"道路—河道引导的'城市山林'式景观"[1],于细微处体现景观与运河文化的共生。同时,在滨水区域与新建区域之间设立"景观生活复合带",作为新旧空间的缓冲与协调;在葆有城市便捷性的基础上,使城市空间与运河景观"接驳",虽在城市,却颇有山林深寂之趣。流域内保留或修复的清代至民国时期的街巷格局、生活景观,以及街巷中零星分布着的建筑、园林、塔庙等各类景观,共同形成了城市景观基底[2],共同构筑"全域没有围墙的博物馆"[3]。

此外,大运河杭州段在景观设计中对于运河流域工业遗产[4]的创造性继承也有力地推动了文化景观的"活化发展"。如杭州大城北示范区作为大运河国家文化公园杭州段的核心承载区,老棉纺织厂、桥西土特产仓库等老建筑、工业遗存,已经蜕变为以本地国家级、浙江省级非遗项目阵列为主的博物馆群落,在整体景观协调、平衡理念的基础上,推动原有建筑空间"活化"与"新生"。如尊重现有园区规划格局、建筑空间和工业建筑特征,对老厂房进行保护性利用。"炼油厂文化地标""杭钢遗址公园""大运河博物馆""生态艺术岛""运河湾片区"等项目内部随处可见对现代工业美感的追求,通过设计创造与工业遗产进行对话;有效利用不同地块工业文化景观的标志物营造"共有""共建""共享"的文化记忆,并通过相应的空间、材质、肌理以及公共艺术手段强化文化理念传承;通

---

[1] 王晓:《大运河(杭州段)滨水区域文化创意空间的现代转型》,《杭州学刊》2019年第3期。

[2] 如祥符老街在保持祥符桥、两户清末的民居、粮仓、茧房和公社的原貌前提下进行拆迁改造,被打造成以民俗技艺为核心的沉浸式体验胜地,成为桥西、小河直街、大兜路后的又一历史街区。

[3] 佚名:《北城之春 万物生长:大城北延续千年运河文化 构筑三生融合诗意新空间年》,https://baijiahao.baidu.com/s?id=1728152763593205073&wfr=spider&for=pc,访问日期:2022年11月24日。

[4] 工业遗产作为人类文明在工业化阶段的证据,以工业景观的形式分布在不同的地理空间中,实际上提供了人类在工业文明发展阶段的确凿的时空线索,是工业现代化的有形标志物。参见张悦群、高宇:《关于工业遗产作为城市记忆容器与文化载体的研究》,《包装工程》2017年第10期。

过融入艺术生活主题，用景观感知的手法呈现"共享"内蕴。

然而，在运河流域文化景观的具体实践中不可避免地存在着种种矛盾与困难。首先，要注意到景观建构中的"孤岛化"问题，关注不同景观之间的边界过渡及文化景观如何"赋能"城市、乡村建设等问题；其次，要关注到具体实践中的"失序"问题，以整体性、观赏性、实用性为基础，在视觉表征之外，重视声音景观的融合及共生；再次，需要使文化景观与运河、地域（城市或乡村）空间、民众紧密联结，打造"人—地—水"互渗交融的共生空间。

为了解决这些问题，首先，要考虑对"人"的把握，不能止步于"深入民间"，而是应当通过运河流域文化景观建构推动文化景观与城市空间的互融，使民众在日常生活中实现与运河的共生。以绍兴运河园为例，其与附近的北辰半岛花园小区有一小门连通，小区沿运河而建，临河建有滨水景观，居民们仍旧依靠"流动的水"清洗蔬菜瓜果、刷洗碗筷等，失去航运功能的运河仍然在以自己独特的方式维系着人们日常的衣、食、住。[1] 其次，实现"流域"内部的贯通，无论是步道的铺设，还是水上巴士、轻轨交通等各种类型的路网建设，都需要做到融合畅通。再次，重视运河流域互相浸润与连通的文化特征，注重文化标志物的选取，充分挖掘兼及地域和流域的民俗元素，用景观感知的手法呈现"共享"内蕴。在未来的发展中，运河流域文化景观建构需要坚持以"人"为核心，通过各类文化景观的"交互"发展，凝聚共识，建设良性发展的运河生态，努力探索出一条"差异互补""互联互融""求同存异"的共生之路。

限于讨论主题及篇幅，本文仅就景观特征及交互性稍作梳理，对文化景观以何种姿态存续于大运河文化遗产的文化保护实践，人与自然、地域、景观之间的共生在不同文化空间内部的演述方式等问题则另辟文讨论。

---

[1] 张歆：《［调研琐记］印象·运河：11月7日绍兴运河沿线调研日志》，https://mp.weixin.qq.com/s/wJJRIjXGoNjoykgTUJQ3fA，访问日期：2022年11月28日。

目 录

第一章 张家湾
特色小镇的遗产保护与价值重塑

第一节 张家湾地域文化的多维观照   004
 一、地理、场域与历史：张家湾漕运文化的存续   004
 二、想象、认同与构拟：红学文化的"博物馆化"   031
 三、张家湾捼钵文化的挖掘   038
 四、通俗演绎与运河文化的重构   046

第二节 张家湾工业记忆的保管与呈现   056
 一、张家湾工业区建设史   056
 二、公共记忆与个体叙事   059
 三、工业遗址景观化：张家湾设计小镇的空间营造   063

第三节 非物质文化遗产保护的"张家湾模式"   066
 一、从地域性到公共性：毛猴制作技艺的理念革新   067
 二、"活化"与"赋能"：花丝镶嵌的发展新路径   073

附录一 非遗语境中北运河流域竹马文化的演化特征及传承路径   079
 一、竹马文化的嬗变与流布   080
 二、北运河流域竹马文化的地方建构及公共性阐释   083
 三、北运河流域竹马文化当代传承路径思考   088
 四、结语   090

附录二　张家湾设计小镇：工业遗产与空间艺术的"交响"　091
　　一、工业遗产的蜕变重生　091
　　二、公共空间的艺术营造　093
　　三、张家湾设计小镇的未来发展愿景　095

附录三　突出特色　立足根本——关于张家湾古镇红学文化
　　　　建设的几点建议　098

附录四　调研日志　103
　　一、项目组成员赴通州图书馆调研　103
　　二、访谈张家湾文化工作者和民间手艺人　106
　　三、访谈张家湾博物馆筹建者曹志义、里二泗小车会传承人刘学成　110
　　四、访谈故事创作师刘恩东、张家湾村民康德厚　114
　　五、访谈张湾镇村村民康氏兄弟、里二泗小车会会首韩德成　117

第二章　西　集
"生态休闲小城镇"的乡村振兴之路

第一节　村落治理助推组织振兴　127
　　一、乡村振兴中的百年渡口村　127
　　二、运河岸边的美丽乡村肖家林　138
　　三、"运河岸上的甜蜜村庄"沙古堆　147

第二节　文化产业引领西集镇产业振兴　158
　　一、"三产融合"与通州巧娘　158
　　二、西集家宴与幸福厨娘　170
　　三、特色民宿与"新农人"　180

第三节　民俗精英带动西集镇文化振兴　192
　　一、小镇上的文学社　192
　　二、中学教师的家乡情　201
　　三、非遗助力特色小镇建设　209

第三章 台 湖
演艺小镇建设的多元主体与地方实践

第一节 演艺专班：行政力量参与演艺小镇的进程、组织与实践   223
    一、小镇枢纽：演艺专班   223
    二、演艺专班市场化思维运转小镇建设   226
    三、演艺专班视角下"演艺小镇"发展困境   235
    四、小结   238

第二节 台湖演艺小镇建设中的能人参与   240
    一、地方能人研究及台湖实践   240
    二、文旺阁木作博物馆的建设与经营过程   244
    三、能人参与：木作博物馆发展与台湖演艺小镇建设   247
    四、小结与反思   252

第三节 扎根与悬浮：民众参与与台湖演艺小镇的在地化   257
    一、演艺小镇的"特色"之基——文娱台湖   259
    二、扎根——台湖演艺小镇的在地化与民众参与   265
    三、悬浮——台湖演艺小镇在地化的不足   269
    四、小结   271

第四节 非遗传承与台湖演艺小镇的融合发展   273
    一、非遗在台湖——玉器制作技艺及其传承人张玉成   274
    二、非物质文化遗产与台湖演艺小镇的融合发展   278
    三、非遗传承与演艺小镇建设互动的经验与教训   284
    四、小结   288

第五节 演艺车间的落地及其对台湖演艺小镇的参与   289
    一、在外来文化和地方文化互动融合的语境中理解演艺小镇   289
    二、演艺车间的引入、功能与经营   294
    三、演艺车间与台湖地方社会多元主体的互动关系   302
    四、演艺车间发展的经验与不足   308
    五、结语   311

第四章 宋 庄
艺术创意小镇的共同体营造

第一节 艺术小镇与美丽乡村融合　317
　一、艺术小镇建设的专业化　317
　二、多元宋庄的多维度建构　321
　三、艺术赋能宋庄美丽乡村　328

第二节 传统艺术融入与非遗"破圈"　337
　一、珐琅的跨界：传统技艺与现代艺术的融合　337
　二、雕漆的坚守：工美大师与"服务员"的传承　345
　三、金器的创新：花丝镶嵌与当代生活的相融　351
　四、兔子的冒险：京味文化向潮玩文化的跨越　356

第三节 新群体融入与新业态发展　364
　一、宋庄艺术家的线上生活　365
　二、线上线下的宋庄画商及市集　368

第四节 城乡融合的乡镇共同体建设　374
　一、价值引领的文化认同培育　375
　二、共建共享的公共生活营造　378
　三、以业缘为纽带的情感维系　379

参考文献　383

后　记　393

第一章

张家湾

特色小镇的遗产保护与价值重塑

京杭大运河的开凿和疏通，南来北往的流动人口大幅增加，张家湾的漕运作用逐渐凸显，俗语有云"船在张家湾，舵在里二泗"，即言其地利之便。到了清末，随着公路、铁路的修建，北京对运河的依赖削弱，通州运河沿途因水运带来的繁荣也迅速衰落，时人发"凄凉八里桥边路，不见肩囊背橐人"之感，张家湾失去水运码头的优势后，人口、经济、社会的流动性较之以往都有所降低，但业已形成的文化网络和信仰场域并未随着社会、经济的变动而消失。

随着北京城市副中心建设的推进，通州运河文旅经济迎来新契机，规划强调"以大运河申遗成功为契机，发挥运河历史文脉、生态水脉、经济动脉的作用和串联京津冀协同发展的联动作用，打造北运河生态文化发展带，唱响运河文明"。[1]2017年，北京市政府提出恢复北京文化的历史风貌，将北京通州京东运河文化产业区列入"五区六景"中。北京市通州区委区政府提出以运河文化产业为杠杆，拉动通州区经济的发展，将"张家湾景区"定位为北京通州运河文化产业区的重点项目，以古运河文化为脉络，着力恢复张家湾古镇、漕运码头等景观，开启修桥筑路、疏河复庙的伟大工程。"沿河两岸的文物景点正在修复，古桥正在修缮，运河故道正在治理，千年古刹也在焕发勃勃的生机。便利的水、陆、空立体交通网络正在形成，丰富的地热资源、配套的绿化小区，以及未来恢复漕运码头、张家湾古城、红学博物馆、文化旅游古商业街、北京四合院博物馆、宾馆与园林等文化景区。"[2]

---

[1] 《通州区十三五规划纲要》（北京市通州区人民政府办公室2016年2月印发），北京市通州区人民政府网，http://www.bjtzh.gov.cn/bjtz/xxfb/202011/1322513.shtml，访问时间：2023年7月16日。

[2] 胖虎plus：《张湾千载运河头 古垒临漕胜迹稠》，https://mp.weixin.qq.com/s/UVw9JvsuIXLmcayof5SlRQ，《运河之上》北京城市广播副中心之声（FM107.3），访问时间：2023年7月16日。

第一节　张家湾地域文化的多维观照

张家湾地域之中存续的"漕运文化""红楼文化""捺钵文化"等文化样态并非静止呈现，而是始终以活态传承的方式存在于我们的生产生活中，漕运文化被广泛运用于非遗叙事及实践活动之中，转化为对运河记忆与日常劳作的"表演"与"描绘"，成为构建文化认同的有效资源；"曹雪芹墓石""曹家坟""曹家当铺""曹石印记"等景观叙事中的个体经验经由重述、表征及再创造成为塑造地方乃至整个中国的价值观念与文化认同的有效阐释；"捺钵文化"的挖掘更是唤醒了辽金时期张家湾地区的文化记忆。

一、地理、场域与历史：张家湾漕运文化的存续

张家湾漕运文化是地理、场域及历史共同造就的结果。北运河的四通八达是漕运文化形成的"原动力"，民间文艺资源的丰盈形成了这一地域独有的文化场域。

（一）膏药：张家湾漕运文化的传承者

里二泗村依河而建，紧挨北运河、萧太后河、凉水河和通惠河四条河流，元明两代，漕船经里二泗村，过张家湾而入通惠河，其作为运河码头的重要性见于民谣"船到张家湾，舵在李二寺（里二泗）"。[1]漕运带来了商贸的兴盛，明永乐年间"在大运河两岸，出现许多繁华闹市、水陆码头，旅店客栈，到处皆是，乐声、歌声不绝于耳，呈现一派空前繁荣景象"[2]。清代小说《彭公案》详细描写了里二泗庙会的繁盛景象："过了张家湾，来至涅江寺。村口一瞧：人烟稠密，赶庙的买卖不少，锣鼓喧天。各样玩艺，也有跑马戏的，也有变戏法的，唱大鼓书的，医卜星相、三教九流之人，各样生意，围绕人甚多，大半都是为名利之人。……坐着吃茶的人有二十多位，俱是逛庙瞧会之人，老少不等……老翁说：'这涅江寺可是千百年的香火……'"[3]里二泗村失去水运码头的优势后，人口、经济、社会的流动性都降低，但业已形成以佑民观为中心的信仰圈和信仰场域并未随着社会、经济的变动消失。在张家湾一带，佑民观是"朝顶进香"的中心，各村香会都要先到佑民观进香，佑民观在民众记忆中也成为庙会、香会的"代名词"。在"众会同而朝宝顶""奉典礼而进香烟"的香会表演中，应有里二泗小车会的身影。

里二泗小车会是展示张家湾漕运文化的重要名片，2009年被认定为通州区非物质文化遗产代表性项目。[4]"膏药"是里二泗小车会中插科打诨的丑角，刘学成是这一角色的扮演者，经由其个人生活的讲述，不仅可以帮助我们"重新理解和诠释所处的社会和文化的规定性力量"[5]，还能推动研究中"诠释视角"的形成，全景式观察人们关于文化的认知和态度。

---

1 孙连庆编：《张家湾》，北京：北京出版社，2018年，第63页。
2 香河县交通志编写组编：《香河县交通志》，1987年，第199页。
3 （清）贪梦道人著，泰克、巩军校点：《彭公案》，上海：上海古籍出版社，2001年，第4页。
4 关于里二泗小车会的文献梳理及研究成果，可参考毛巧晖等：《北运河民俗志 第2卷 图像文本与口述》，北京：中国戏剧出版社，2020年，第99—188页。
5 王建民：《非物质文化遗产传承人的生活史研究》，《民俗研究》2014年第4期。

图 1-1 里二泗小车会"膏药"活跃气氛
2019 年 3 月 25 日　里二泗村文化活动中心　王京 摄

图 1-2 里二泗小车会"膏药"为自己上妆
2019 年 3 月 25 日　里二泗村文化活动中心　王京 摄

刘学成，1962年出生于张家湾里二泗村，从小就对小车会、高跷会等民间艺术感兴趣，"玩会"成为他闲暇之余的主要消遣，同龄人喜欢的"玩牌、玩麻将、钓鱼"等活动反而激不起他的兴趣。"玩会"之前他在工厂里上班，据他回忆，当时通州有各类面包厂、服装厂、制灯厂，多不胜数。20世纪60年代以来，张家湾一度成为北京的工业重地，标志性事件就是1978年东方化工厂的入驻，据说筹备时仅30多人，鼎盛时达到6000余人，厂区占地面积超过100万平方米，成为通州区的标志性大厂。[1] 1985年，刘学成在潮县坩埚厂上班，同时经营小卖部，主要销售五金建材。2004年坩埚厂迁走，刘学成面临失业，也是在这一时期他开始接触小车会。刘学成说："有人来告诉我（有活动），我没时间挤时间我也得去，因为我好（hào，方言，喜好之意）有文化生活。"[2]

刘学成最初"玩会"时学的是"推车"，在一次偶然的机会中，他被要求扮演"膏药"，自此，"膏药"成为他最得意的一个角色。提起刘学成扮演的"膏药"，村里村外无人不知，无人不晓。

1. "膏药"意涵的演变

"膏药"的表演诀窍在于"黏人"和"使坏"，表演过程中演员还会手执摇铃（铜铃）与幌子（药箱），其扮相、道具和表演都关联着旧时街头或庙会集市上售卖的"狗皮膏药"。"狗皮膏药"原是南方人的叫法，北方人通常称其为"跌打损伤丸"，这一中药称呼如今已经发展为俗语，比喻掺假骗人的事物。传说"狗皮膏药"的发明者和祖师爷是铁拐李，他化身为乞丐来到彰德府（今河南安阳），在庙会当日路遇一名做膏药的王掌柜。铁拐李将制药的方法传授于他，"狗皮膏药"由此传扬开来。运河沿岸还流传着一个《苏先生的膏药——找病》的故事，故事中说人们在自寻烦恼后，常会感叹一句："哎！我这是苏先生的膏药——没病找病呀！"

---

[1] 王剑英：《张家湾变身记》，《瞭望东方周刊》2022年第26期。
[2] 访谈对象：刘学成；访谈人：王晴、苏明奎、孙宇飞、安可然、师天璐；访谈时间：2023年4月8日；访谈地点：里二泗村刘学成家。

话说一位老汉腰疼，找苏先生买了帖膏药，结果一觉睡醒，发现膏药自己"长了脚"，跑到肚脐眼上了，老汉找苏先生兴师问罪，苏先生说："我的膏药神就神在自己会找病"，自此，便有了歇后语"苏先生的膏药——找病！"[1]这里的"膏药"意象主要与医药有关。

到了抗日战争期间，因为日本侵略军的旗帜与"狗皮膏药"的形状图案相似，中国老百姓便讥讽他们扛的是"膏药旗"，以示蔑视和反抗。20世纪60年代以来，随着制药技术的改进，中药外用药的制剂一般不再采用黑膏药的形式，"狗皮膏药"慢慢淡出大众的视线。[2]因其特点在于黏，贴上之后不会轻易脱落，所以民间常用"狗皮膏药"喻指令人心烦却难以摆脱的事物，也指某些华而不实的事物。

"膏药"从享誉四方的灵丹妙药到民间俗谚中对某些事物的蔑称，折射了社会历史变迁的复杂信息。在通州当地流传的"膏药"传说中，其形象是一只修炼成精的猴子，每天走街串巷为人义务治病，颇有声望。[3]小车会表演过程中也有"膏药"治病救人的情节，但民众对其印象多为插科打诨的丑角。张家湾漕运兴盛的时代，市井街头一定少不了卖"狗皮膏药"的商贩，而随着漕运的衰落，这一类行当也逐渐隐入历史的尘烟。

2. 小车会表演中的核心情节

在刘学成的讲述中，与漕运相关的"过桥"和"赶集"是小车会表演中的重要情节，这两个情节在民众记忆中循环，凝结着共同价值、经验、期望和理解。刘学成将顺义等地的小车会和里二泗的小车会进行比较，前者虽然热闹，但并未被评为非遗项目，他认为原因在于顺义小车会"属于打杂的什么都有"。[4]"大杂烩"式的表演已经不是传统的小车会而是杂技了。里二泗小车会"千里送娘娘""娘娘逛庙会""花花公子逗小姐""大

---

[1] 朱国成：《阅读大运河 运河韵事》，天津：新蕾出版社，2010年，第56—59页。
[2] 李洪平：《莱西歇后语中的乡风民俗》，青岛：青岛出版社，2018年，第36页。
[3] 景浩：《王文续文集（下）》，内部资料，2010年，第138页。
[4] 访谈对象：刘学成；访谈人：王晴、苏明奎、孙宇飞、安可然、师天璐；访谈时间：2023年4月8日；访谈地点：里二泗村刘学成家。

图 1-3　里二泗小车会表演"过桥"
2020 年 11 月 29 日　张家湾公园　王晴 摄

娘们逗推车的""老妈上京城"等戏码的表演都借助"小车"和"漕桥"来完成。它们作为一种象征性符号具有感召的力量，经过展演，为人们提供了一个有助于理解运河"前记忆"的经验体系。像刘学成这样的小车会文化的传承者，其对于小车会的认知不仅仅是一份与他有关的个人叙事，还"与村落历史记忆、价值观念表达和生活秩序建构有关"。[1]他在表演过程中再现"赶集"和"过桥"这两项活动便是将作为文化记忆的漕运历史转换为日常生活经验的具身（embodiment）实践。

值得注意的是，刘学成传达的各地小车会表演对于文化符号的选择差异展现了民俗艺术在资源化与遗产化进程中"不同文化相互交流和不同的利益主体进行资源博弈的过程"[2]。这一博弈的过程在刘学成身上体现为一种良性竞争，对小车会文化的共享性与公共性产生积极意义。他虽然对某些

---

[1] 毛晓帅：《民俗学视野中的个人叙事与公共文化实践》，《民族文学研究》2019 年第 3 期。
[2] 徐赣丽、黄洁：《资源化与遗产化：当代民间文化的变迁趋势》，《民俗研究》2013 年第 5 期。

地方的小车会颇有微词，但这并不妨碍花会表演主体之间的相互交流。佑民观、漕桥、小车等对运河记忆提供了场域及空间层面的支撑；伴随着社会的变迁，运河记忆不断经历了重构，"持续向前的当下生产出不断变化的参照框架"[1]，"传统"在这样的阐释框架中不断被重新组织。

3.刘学成的表演实践

刘学成的表演延续并重建着小车会的文化传统，通过演员的技艺展示与在场观众的互动交流，运河记忆也得以转换为民众的日常生活经验。小车会并不是演员按照既定剧本的模式化演出，而是表演实践中流动的身体叙事，过程中现场观众的积极反馈与舞台表演形成了正向关联。

在刘学成看来，里二泗小车会能成为非遗项目，不是表演过程中简单的视觉呈现，关键在于技艺的展演："（枣林庄小车会）衣服穿得漂亮，但是没动作。"[2]动作关联着技艺，指向的是小车会表演的一套身体叙事，"离不开身体的表达，身体的表演，身体的传达"[3]。刘学成谈及"膏药"的表演诀窍在于"怎么黏，怎么坏"，具体的表演方式无法用理性的语言表述，只有演出时才可以真正施展。"人首先是一个身体和动物性存在，理性只是这个身体上的附着物，一个小小'语词'。"[4]"怎么黏，怎么坏"成为刘学成表演之前既存的"大脑文本"，"怎么"二字不仅考验表演的尺度与分寸，还涉及与现场观众、演出环境共同营造的整体氛围："就演出的时候，这儿（灵感）就出来了，说白了就是随机应变。……我一边跳，一边动作就出来了。"[5]刘学成的表演理念触及了非遗的根本性问题，即"人的身体是

---

1 ［德］扬·阿斯曼：《文化记忆：早期高级文化中的文字、回忆和政治身份》，金寿福、黄晓晨译，北京：北京大学出版社，2015年，第35页。
2 访谈对象：刘学成；访谈人：王晴、苏明奎、孙宇飞、安可然、师天璐；访谈时间：2023年4月8日；访谈地点：里二泗村刘学成家。
3 马知遥、潘刚：《传承人口述史的身体经验价值》，《民俗研究》2015年第5期。
4 汪民安、陈永国：《编者前言：身体转向》，汪民安、陈永国编：《后身体文化、权力和生命政治学》，长春：吉林人民出版社，2011年，第9页。
5 访谈对象：刘学成；访谈人：王晴、苏明奎、孙宇飞、安可然、师天璐；访谈时间：2023年4月8日；访谈地点：里二泗村刘学成家。

图1-4 "膏药"背着"公子"过桥
2019年2月7日大年初三　运河文化广场　王晴 摄

非物质文化遗产的学术元点及其元科学的逻辑起点，是通向身体哲学的身体遗产"[1]。身体是表演的动力源泉，当演员置身于表演情境中，其身体语言也就串联并召唤出了一套身体叙事，背后不仅遵循一套严格的表演程式，也是现场氛围加持之下的身体技艺的自由表达，这一"尽在表演中"的身体叙事体现了里二泗小车会的整体水平，也彰显了非遗在当代社会的勃勃生机："非遗是经由人的身体体现出来的文化能力。"[2]

"文化能力"不仅是演员的身体性表演体现的，也是观众的身体性观看塑造的，更是小车会的表演场域传递的。刘学成提到有一次里二泗办庙会，邀请了八个花会共同演出，里二泗小车会的表演吸引了大量围观的群

---

[1] 向云驹：《论非物质文化遗产的身体性——关于非物质文化遗产的若干哲学问题之三》，《中央民族大学学报》（哲学社会科学版）2010年第4期。

[2] 刘铁梁：《非物质性还是身体性——关于非物质文化保护的思考》，http://www.bjhhlv.com/msxc/ztyj/091119061.html，访问时间：2023年6月3日。

众，在花会表演中独占鳌头。"民间花会作为共享的文化传统，依民众的现实需要而生，也依此而续。"[1]在传统中国，庙会和娱神活动有大量现象表现了集体意识中对新旧更替的重视，这是一种"交替与变更的精神、死亡与新生的精神。狂欢节是破坏一切和更新一切的时代才有的节日"[2]。新中国成立之后，民间文艺形态有意识地保留了"时代共名"的话语印迹，里二泗小车会对运河记忆的重新阐释使原本附着于文化场域之上的意义逐渐被唤醒，在文化的互融共生中产生了多元性与复杂性。

2023年正月初一，里二泗小车会在通州运河广场表演，很多观众都表示小车会的表演唤起了他们的节日记忆，区别在于，小车会的表演场域从原来的佑民观置换成了运河广场，后者为小车会表演与年节记忆的整合效应提供了在地化的可能，"节日记忆、地方景观与民间叙事彼此呼应，在文化想象中形塑了人们对节日民俗的感知机制"[3]。里二泗小车会在表演开始之前要到佑民观的香炉前点起三根香，鞠躬参拜后，再正式开始表演。经由民俗仪式的循环，村落文化被纳入记忆的建构之中，佑民观作为承载"共同的经验、期待和行为空间"的"记忆之所"，起到了连接和约束的作用，构成了归属感和文化认同的基石。

这一认同机制的转换得以发生，还与"膏药"这个角色独特的艺术效果有着重要的联系。小车会的演出情境并不会限制"膏药"的活动范围，他可以自由穿行于表演和观众之间，在小车会表演、现场观众与表演场域的关联体系中发挥穿针引线的作用。这与传统戏曲艺术中的"二丑艺术"[4]颇为相似，王瑶曾用这一艺术手法来讨论《故事新编》中鲁迅提及的"油

---

1 毛巧晖、王晴：《民间花会与社会治理——以北京市通州区里二泗小车会为中心的讨论》，《社会治理》2021年第8期。
2 ［苏联］M.巴赫金：《陀思妥耶夫斯基诗学问题》，白春仁、顾亚铃译，北京：生活·读书·新知三联书店，1988年，第178页。
3 毛巧晖、张歆、杨赫：《非物质文化遗产与节日民俗的资源转化》，《中国非物质文化遗产》2022年第5期。
4 传统戏曲艺术中丑角的插科打诨的艺术手法。

滑"一词，认为"二丑艺术"是中国戏曲演员在演出中与所扮人物"自我间离"的方法，可以让观众清醒地保持他同舞台的距离，而不致陷入舞台幻觉。王瑶引述德国戏剧家布莱希特的《中国戏曲表演艺术中的间离效果》一文来说明这个问题："戏曲演员在表演时的自我观察是一种艺术的和艺术化的自我间离的动作，防止观众在感情上完全忘我地和舞台表演的事件融合为一，并十分出色地创造出二者之间的距离。但这绝不排斥观众的共鸣，观众会跟进行观察的演员取得共鸣，而他是习惯处于观察者、旁观者的地位的。"[1] 在这个意义上，"膏药"这个角色身上"黏人"和"使坏"的特点也同样起到了自我间离的效果，他一方面穿梭于整场表演随意插科打诨，另一方面他又能游离于表演之外与观众互动。但"膏药"的功能还不仅仅表现为在表演和观众之间划定距离，观众不参与表演不代表观众不能对表演施加影响。"膏药"在与观众交流的过程中还可以将小车会表演与现场观众串联成一个整体，从而强化后者的参与感与认同感。由此可见，看似自相矛盾的"膏药"一角其实在小车会表演中发挥着黏合剂和催化剂的双重作用，运河记忆也得以在民众的日常生活中焕发生机。

"膏药"不仅是张家湾漕运文化的缩影，其所承载的运河记忆突破村际辐射到整个张家湾镇域村落，人们通过观看，完成对运河记忆的自我建构，而个人的想象最终汇聚生成具有"延续性"和"一致性"的地域文化。

（二）新乡贤：张家湾漕运文化的守护者

进入21世纪以来，随着里二泗小车会被列为非物质文化遗产，进入官方的话语体系，这在一定程度上提高了民众的文化传承积极性，另一方面小车会被纳入地方政府文化记忆展示的新秩序，其所处的文化空间、传播秩序以及传承方式都发生了变化[2]，民间艺人身份的建构过程充满了建构

---

[1] 王瑶：《王瑶全集》（第6卷），石家庄：河北教育出版社，2000年，第366页。
[2] 毛巧晖：《非物质文化遗产：文化记忆的展示、保护与实践》，《西北民族大学学报》（哲学社会科学版）2016年第4期。

与被建构的双重运作机制，通常是由"社会情境""国家权威""艺术场域""自我认同"[1]相互勾连，最终形成一种"自我"和"他者"认可的多元身份。

1. 乡村文化的组织者与传承者

乡贤即为"生于其地而德业、学行著于世者"[2]。简言之，其主要指乡村中有贤德、有文化、有威望的贤达人士。这一名称据说最早出现于东汉末年，清代梁章钜认为："东海孔融为北海相，以甄士然祀于社。此称乡贤之始。"[3]新乡贤与古代乡贤（旧乡绅）既存在区别又有所联系，二者的共同特点是都热衷于乡村公共事务。新乡贤是乡村社会的"内生性资源"，在村落日常生活中扮演着"文化中间人"的关键角色。[4]"新乡贤文化"有助于"以乡情乡愁为纽带吸引和凝聚各方人士支持家乡建设"，亦是破解乡村现代化难题的有益尝试。[5]

韩德成作为张家湾新乡贤的代表，是乡村文化的组织者与管理者。1956年，韩德成生于里二泗村，自幼喜好相声、快板、秧歌等民间文化。人民公社时期，里二泗有5个生产队，社员锄地可挣3个工分，韩德成凭借文艺才能参加了毛泽东思想宣传队合唱活动，可得同样的工分。[6]这一事迹成为他参与乡村公共文化事务的早期实践。20世纪90年代，韩德成担任里二泗村乡村文化站的负责人，其工作重心开始转移至公共文化领域。

---

1 荣树云：《"非遗"语境中民间艺人社会身份的构建和认同——以山东潍坊年画艺人为例》，《民族艺术》2018年第1期。

2 《从碑刻看清代清水江流域的乡贤与乡村社会生活——以地坌彭氏为中心的考察》，杨军昌、李斌等：《清水江流域少数民族教育文化研究》，北京：知识产权出版社，2020年，第195页。

3 （清）梁章钜撰，李延沛整理：《称谓录》，哈尔滨：黑龙江人民出版社，1990年，第485页。

4 张兴宇、季中扬：《"消极村务"背景下新乡贤参与村治的逻辑、方式及意义》，《浙江社会科学》2020年第2期。

5 季中扬、师慧：《新乡贤文化建设中的传承与创新》，《江苏社会科学》2018年第1期。

6 源自毛巧晖、王晴于2019年在张家湾里二泗村对韩德成的访谈资料。转引自毛巧晖、王晴：《民间花会与社会治理——以北京市通州区里二泗小车会为中心的讨论》，《社会治理》2021年第8期。

图 1-5　会首韩德成提供小车会证书及获奖材料
2019 年 3 月 25 日　里二泗村文化活动中心　王京 摄

他不仅积极组织村里的文化活动，还推动里二泗小车会的日常表演、节日会演的顺利进行。2009 年，里二泗小车会被认定为通州区非物质文化遗产代表性项目；两年之后，韩德成被评为里二泗小车会代表性传承人，他开始有意识地将小车会纳入地方文化展示的构建体系中。平常除了负责小车会的日常管理及外界协调沟通的工作之外，他还积极参与有关部门组织的公益性展览、演出、交流等活动。2016 年 9 月，通州区文化委员会面向基层文艺爱好者，在北京文化艺术活动中心进行通州区首届文化组织员培训，培训合格后的文化组织员主要负责文化建设工作的上传下达，参与社区公共文化体系建设。韩德成参与了此次培训，并于 2018 年当选为张家湾镇里二泗村文化组织员，负责组织和管理里二泗小车会的日常表演、里二泗文体活动中心的设备维护以及数字影厅的放映等工作。韩德成作为里二泗村"由一系列制度、权威资源、文化传统和社会生态支持与发掘的新乡贤"[1]，在乡村文化建设中发挥着积极作用。

韩德成身上交叠着民间艺人、非遗传承人及文化组织员三重身份。其身份的建构具有一定的历史性，在农业社会向工业社会、工业社会向后工业社会的变迁中，与社会文化、政治制度及艺术生产之间存在内在关联。

第一，身份建构的可能性。会首韩德成首先以"本村人"的身份参与到小车会的表演之中，他对小车会表演艺术非常热爱，谈到小车会在20世纪80年代的再度复兴时，他表示："推车的坐车的拉车的打锣的媒婆什么我都上，缺哪个角儿我上哪个，什么都得会。我根据以前老人见面的招呼方式，以及从小耳濡目染的观看经历，通过相互介绍，在八几年的时候，我开始把小车会拾起来了，行头、拉车的、扭的都弄过来了。"[2]

第二，身份建构的功能性。会首韩德成作为里二泗村的"文化组织员"，是村里有着政治身份的民间艺人。他平时负责组织和管理里二泗村小车会的日常表演、里二泗村文体活动中心的设备维护以及数字影厅的放映工作。在谈到里二泗村小车会的组织管理时，他提出："上边开会的精神我太了解了，上边始终说要保持小车会传统，活儿做不到家，那就是你个人问题了。我不管动作，这是林师傅（小车会资历较老的林广和）也好，谁也好，多教教，我根本不参与，我就管路子，一队不能走成两队。"[3]会首韩德成与成员商讨后制定的《小车会安全管理制度》不仅加强了小车会的约束力与凝聚力，还将小车会从一个自发的民间组织，提升为宣扬传统文化的、在政府领导下的文化活动队伍。

一方面，韩德成有作为传承人的人文情怀，小车会的每一次表演，缺什么角色他能随时补上。在他看来，"如果我们不经常跑会，那一点一点

---

1 毛巧晖、张歆：《运河记忆与村落文化变迁：以北京通州里二泗小车会为中心的考察》，《西北民族研究》2021年第2期。
2 访谈对象：韩德成；访谈人：王晴；访谈时间：2019年1月26日；访谈地点：里二泗村文体活动中心。
3 同上。

就消失了，这就叫非遗，看不见摸不着的东西"[1]。其以切身行动投入非遗保护所体现出的"乡贤精神"，也成为凝聚地方民众的"精神情绪"[2]。另一方面，韩德成虽然在文化资本与社会声望方面都更具优势，但在管理小车会日常事务的过程中，他也虚心做好倾听者的角色。在2019年的一次排练过程中，有成员对韩德成的管理工作提出了质疑："我认为你所谓的队长，管行政，广和管的是技术，现在你参与面儿太广了，广和参与面儿太窄了。"[3]过程中韩德成耐心听完，并虚心接受了这一建议。"行政"与"技术"即里二泗小车会"形"与"理"的区分。从小车会的长远发展来说，必须维持外在之"形"，才能坚守其内在之"理"。[4]所以，对于小车会的组织管理，韩德成主要负责的就是维持好整体之"行"的工作："我不管动作，这是林师傅也好，谁也好，多教教，我根本不参与，我就管路子，一队不能走成两队。"[5]在韩德成的领导下，成员们多年来一直坚持排练，并经常去外地进行表演。他们曾经参加过通州奥运圣火传递、奥运会开幕式和闭幕式、郊区县城的花会比赛，以及张家湾民俗文化节、运河文化庙会、文化艺术博览苑"赏民俗、品文化、蕴乡愁"主题等丰富多彩的活动。

里二泗小车会不仅推动了张家湾的乡村文化建设，也在这一过程中成为构建地方文化的重要力量，这些都离不开韩德成作为组织者与传承者的角色功能。这也说明了当代"乡贤治村"与传统"乡绅治村"的区别，

---

[1] 访谈对象：韩德成；访谈人：王晴、苏明奎、安可然、师天璐；访谈时间：2023年4月22日；访谈地点：里二泗文体活动中心。

[2] 王泉根：《中国乡贤文化研究的当代形态与上虞经验》，《中国文化研究》2011年第4期。

[3] 源自王晴于2019年1月26日在里二泗小车会活动室的田野观察，发言人为里二泗小车会成员武庆福。转引自王晴：《非物质文化遗产视域下张家湾民间花会研究》，中央民族大学硕士学位论文，2020年。

[4] 毛巧晖等：《北运河民俗志 第2卷 图像文本与口述》，北京：中国戏剧出版社，2020年，第170页。

[5] 访谈对象：韩德成；访谈人：王晴；访谈时间：2019年1月26日；访谈地点：里二泗文体活动中心。转引自毛巧晖等：《北运河民俗志 第2卷 图像文本与口述》，北京：中国戏剧出版社，2020年，第169页。

"其治理理念已经实现了从管理到服务的创造性转换"[1]。韩德成作为当代新乡贤的多重身份特质体现了乡村社会治理的复杂性,为乡村治理结构的"多元共治模式"[2]提供了范例。

2.新乡贤、地方文化与公共话语的共生关系

"文化网络"是构建村落公共领域的核心纽带,也是新乡贤建立其文化资本、参与乡村公共事务的文化基础。韩德成作为里二泗小车会的会首,要在乡村社会治理中扮演好民间文化组织者与传承者的角色,离不开以民间花会为核心的运河文化网络。他很早就有意识地构建张家湾民间花会发展共同体:"一人为大家,大家为一人,一个人代表全局,但不能是我演得多好,要把全通州区、全公社,或者张家湾镇几个村十多拨小车会联合起来,形成一个集团公司似的,一有活动大家都去,或者互相串通着表演。"[3]这不仅是非遗发展的文化逻辑决定的,也是新乡贤参与乡村社会治理的活力所在。

张士闪在其田野调查中发现,华北众多村落性乡民艺术、信仰组织中的会首、会头、总理等,能够在村落权力结构与村民之间充当"经纪"资本,其权威影响来自于热心参与构建村落公共领域,促成村落仪式活动。[4]作为民俗文化资源的"文化网络",如"巷道"组织、社火组织、庙会组织、"三十值年""讲茶会"等,是新乡贤参与乡村治理的重要方式。[5]从前,里二泗作为张家湾重要的文化空间,民间信仰活动极其兴盛,"为了和其他香会比试高低,争取到佑民观烧第一炷香,各村花会从天亮前三四点钟就开始到靛庄村南口集合……六点钟前后,各村花会到齐,按规定的次序

---

[1] 裘斌:《"乡贤治村"与村民自治的发展走向》,《甘肃社会科学》2016年第2期。

[2] 张军:《新乡贤的嵌入与乡村治理结构的转型——基于两个村庄的比较分析》,《社会发展研究》2023年第1期。

[3] 访谈对象:韩德成;访谈人:王晴、苏明奎、安可然、师天璐;访谈时间:2023年4月22日;访谈地点:里二泗文体活动中心。

[4] 张士闪:《乡民艺术的文化解读:鲁中四村考察》,济南:山东人民出版社,2006年,第92页。

[5] 季中扬:《新乡贤参与乡村治理的民俗文化资源》,《江苏社会科学》2019年第2期。

向里二泗进发。花会行进的次序大致是旗、锣、伞、扇率先，紧接其后的是狮子会、童子会、吵子会，然后是飞叉、少林、高跷、小车、龙灯、中幡、挎鼓等……场上众人除高跷躬身合十外，都一一下跪。高悬的鞭炮与锣鼓唢呐先后响起来"[1]。北京的民间花会历史悠久，明清时期达到鼎盛，正在于其依托运河文化网络形成了良性竞争的发展格局，这一文化网络"突破了村落与村落、村落与城市之间的藩篱，随着水域流动、传承"[2]。清朝年间，以里二泗佑民观为文化核心，"岁丰则正月初至元宵必举香会，合邑若狂，其会有钟旛、高跷、秧歌、少林等目，以及弄狮、舞灯、跑马、跳驼，诸技无不毕为"[3]。彼时，"过会者，乃京师游手，扮作开路、中幡、杠箱、官儿、五虎棍、挎鼓、花钹、高跷、秧歌、什不闲、耍坛子、耍狮子之类，如遇城隍出巡及各庙会等，随地演唱，观者如堵"[4]。

历史上的民间花会拥有如此广泛的受众群体，原因一方面来自漕运的兴盛及其应运而生的运河文化网络，这正与今天非遗保护的整体性原则相呼应，即运河文化网络不仅包含文化事象"赖以生存的文化空间和生态环境"，也包含"不同地域的同一种非物质文化遗产"。[5]另一方面也源于民众建立文化主体的内在诉求，庙会及娱神活动的全民参与，可以对中国传统社会的等级规范发起挑战。[6]只有重建运河文化的网络生态，调动新乡贤参与乡村治理的积极性，地方文化才有望进入公共空间，成为全民共享的大众文化。在里二泗小车会的地方实践中，其"文化共享"的传统特质在当

---

1 张雪光：《里二泗庙与里二泗庙会》，北京市通州区政协文史资料委员会编：《古韵通州》，北京：文物出版社，2006年，第146—150页。

2 毛巧晖：《北运河的民俗印迹》，《中国民族报》2019年5月10日，第11版。

3 《通州方志集成》编委会：《通州方志集成 第8册（乾隆）通州志3》，北京：北京联合出版公司，2017年，第366页。

4 （清）潘荣陛、富察敦崇：《帝京岁时纪胜 燕京岁时记》，北京：北京古籍出版社，1981年，第67页。

5 万建中：《关于非物质文化遗产的保护与保存》，《新视野》2011年第1期。

6 赵世瑜：《狂欢与日常：明清以来的庙会与民间社会》，北京：生活·读书·新知三联书店，2002年，第123页。

图 1-6　里二泗小车会双胞胎兄弟韩德成、韩德祥表演点烟
2023 年 1 月 26 日大年初五　运河文化广场　王晴 摄

下也不断更新。多年来，在韩德成及其成员的共同努力下，这一民间艺术的受众涵盖了众多女性群体："一般观看的老人都是六十岁以上，因为过去对妇女的限制很多，她们看不到这些。"[1] 里二泗小车会在文化建设的过程中惠及地方民众的精神文化生活，也收获了公共话语的制度性认可。例如，2012 年 12 月，里二泗小车会被北京市通州区文化委员会评为"2012 年度非物质文化遗产优秀保护项目"；2013 年，韩德成被评为"2013 年度通州区非物质文化遗产保护项目优秀传承人"。[2]

虽然张家湾的民间花会因漕运的衰落而遭受重创，但其根基犹在。2023 年 4 月，我们在张家湾里二泗文体中心采访韩德成时，他刚结束了

---

[1] 访谈对象：韩德成；访谈人：王晴、苏明奎、安可然、师天璐；访谈时间：2023 年 4 月 22 日；访谈地点：里二泗文体活动中心。

[2] 毛巧晖等：《北运河民俗志 第 2 卷 图像文本与口述》，北京：中国戏剧出版社，2020 年，第 182 页。

一场花会演出，活动主办方是平谷地区的民间组织，对方因为里二泗小车会名声在外而主动联系的他。在韩德成看来，"非遗传承，要把视野打开，互相结合，取长补短，互相学习"[1]。韩德成的文化实践展现了运河文化以"人"为核心的发展模式，对于营造良性发展的运河生态，构建"'差异互补''互联互融''求同存异'的共生之路"[2]，有着重要的启发意义。

3. "行好"的文化逻辑：以新乡贤为纽带的地方文化传承

近年来，里二泗小车会原来活跃在各个场合的很多演员相继离世，目前成员年龄多在65岁左右，传承人群体的老龄化使得小车会的当代承续面临危机。小车会的发展不能仅仅依靠韩德成及其成员的努力，更需要政府及相关部门提供的制度性保障，例如相关研究者提到的，可以让花会接班人的培养走职业化的道路，让花会表演定期化、规范化，这样才会有造血能力。[3] 除此之外，与其停留于"社会人士尤其是年轻人要多关心传统文化"的口号式呼吁，不如让我们将视线聚焦到这些以新乡贤为纽带的地方文化传承群体。

谈到小车会传承人的老龄化问题，韩德成并不灰心。他依然对小车会的未来发展怀抱希望，积极对外联络演出活动，为小车会的发展谋求新的出路，在他看来："我这么大年纪了，也不图挣大钱，就图一个把所有能点的火花点起来，哪怕是有一点火星也让它燃起来。"[4] 韩德成不图回报的心态不仅印证了"德治"是以民间文化为依托的乡村社会治理的关键，新乡贤

---

[1] 访谈对象：韩德成；访谈人：王晴、苏明奎、安可然、师天璐；访谈时间：2023年4月22日；访谈地点：里二泗文体活动中心。

[2] 毛巧晖：《交融互渗与共生发展：大运河流域文化景观特征及其实践路径》，《文化艺术研究》2023年第1期。

[3] 李石：《在首都非物质文化遗产中北京民间花会保护问题的探讨》，陈剑：《首都非物质文化遗产保护2012北京文化论坛文集》，北京：首都师范大学出版社，2013年，第287页。

[4] 访谈对象：韩德成；访谈人：王晴、苏明奎、安可然、师天璐；访谈时间：2023年4月22日；访谈地点：里二泗文体活动中心。

的道德意义是核心；¹也让我们看到里二泗小车会的运行，主要依靠的是一批有情怀的地方文化传承群体。他们之所以不计报酬地参与演出，投身非遗保护实践，正在于乡土社会中一脉相承的"行好"的文化逻辑。

2019年，小车会为筹备运河文化庙会和张家湾文化节，排练时在原来的"8"字绕圈队形的基础上增加了新的绕圈——名为"五蝠捧寿"的新队形。扮演"老太太"的成员与会首争辩，认为这不符合传统小车会的表演程式，扔下一句"不演了"，随后摔门而去。这种情况看起来似乎是小车会日常中的"家常便饭"，成员们都很冷静，认为演员缓两天就会回来。走会当天，"老太太"按时到场，最终顺利完成了表演。²这一事例蕴含多重意味，一方面当然是因为小车会以血缘和地缘为纽带的组织形式，"文化自愈"是其延续的内在机制。³另一方面也是小车会成员"但行好事，莫问前程"的文化逻辑使然。在花会或庙会等民间组织中，"人们主要追求的不是名利，而是奉献、行好"。这种集体性的文化活动令参与者"拥有的更多是一种平等、自由与舒展"⁴。里二泗小车会一旦承接了政府、媒体、村落或个人的活动，无论遇到多么恶劣的天气，仍旧要照常出会，花会人士在对待走会事宜上严肃认真，认为这是涉及颜面的大事，他们搬运道具、搭架小桥，互相帮着化妆穿衣，动作默契，情绪配合。⁵对于他们来说，参与演出是平等地实现自我价值的方式，所以既然承接了活动，必须有始有终。正如吴效群所言："民间文化活动充满着大量的象征表现，在象征背后蕴含的是民众对于意义与价值的追求，是他们世界观和价值观的表现。他们重

---

1 赵浩：《"乡贤"的伦理精神及其向当代"新乡贤"的转变轨迹》，《云南社会科学》2016年第5期。
2 源自王晴于2019年在里二泗小车会活动室的田野观察。转引自王晴：《非物质文化遗产视域下张家湾民间花会研究》，中央民族大学硕士学位论文，2020年，第69—70页。
3 毛巧晖、王晴：《民间花会与社会治理——以北京市通州区里二泗小车会为中心的讨论》，《社会治理》2021年第8期。
4 岳永逸：《教育、文化与福利：从庙产兴学到兴老》，《民俗研究》2015年第4期。
5 毛巧晖等：《北运河民俗志 第2卷 图像文本与口述》，北京：中国戏剧出版社，2020年，第146页。

视名分，特别讲究名正言顺，认为无论做什么事情都得做出一个理来。"[1] 名分并不等于名利，"行好"揭示的是民众（传承人群体）与地域文化共同体之间互惠、共生的内在逻辑，关涉着个体叙事嵌入集体叙事的文化实践。

需要进一步辨析的是，当小车会的传承主体是以新乡贤为纽带的老年人群体，那么这一"行好"的文化逻辑也就需要回到个人才能得到清晰的展现。如今有关里二泗的传说，村里只有一部分老人才能讲述。这一讲述行为在"原子化"的当代社会所反映的现实问题，与其说是老年人群体异常珍视日渐消逝的传统文化，不如说是他们怀念传统社区中温情脉脉、亲如一家的人际关系网络。在一则有关"里二泗娘娘庙来历"的传说中，当地老人讲道："海淀姐儿仨同时做一个梦，说我们姐儿仨同时出家，各奔东西。老大到了妙峰山，老二到了平谷的丫髻山，老三到了里二泗，到这朝拜以后就坐化在这里了。"[2] 三地庙会同出一源的传说所传递的文化心理，正是中国传统社会"情本体"和"家本位"的信仰体系与乡土逻辑。里二泗小车会作为运河沿岸民众共有、共享的民俗艺术，其文化功能不仅是"一种让公众珍重自己的生活经历、消灭阶层分裂，找到一种发挥自己力量的方法"，[3] 也同时"作为交往的语言和手段最丰富和最充分地凝结了当地人心心相通的生活感受"。[4] 小车会以运河文化网络为纽带，其作为集团性的"民俗艺能"[5]，正体现了现代社会深厚的人际交往。所以，村中若有小车会表演，观众多为老年人，邻村人也会特地将家里的老人接过来，观看演出

---

[1] 吴效群：《走进象征的紫禁城：北京妙峰山民间文化考察》，南宁：广西人民出版社，2007年，第121页。
[2] 访谈对象：林殿惠；访谈人：范瑞婷；访谈时间：2011年2月28日；访谈地点：通州区八里桥批发市场二六三医院站，林殿惠家中。引自范瑞婷：《北京通州区春节志》，北京师范大学硕士学位论文，2012年。
[3] [美] 黛布拉·科迪斯（Debera Kodish）著，张举文译：《想象公共民俗》，《民间文化论坛》2018年第1期。
[4] 刘铁梁：《感受生活的民俗学》，《民俗研究》2011年第2期。
[5] [日] 樱井龙彦著，甘靖超译：《人口稀疏化乡村的民俗文化传承危机及其对策——以爱知县"花祭"为例》，《民俗研究》2012年第5期。

不单是为了纯粹的娱乐，也是为了文化生活的满足，感受"家园亲亲"的集体氛围。

在这一过程中，韩德成充分发挥了"新乡贤在基层乡村'德治'环节中的关键衔接功能"[1]，为老年人群体实现自我的多元价值创造了可能，也满足了其精神文明需求。在这一意义上，韩德成积极打通农村网格化管理的"下情上传"的沟通渠道，也推进了乡村社会中礼俗文化的有效互动。以新乡贤为视角，我们看到了一幅生动的以里二泗小车会为核心的漕运文化守护者的人物群像，他们积极投身非遗保护实践，将自我价值的实现放置到公共文化空间的社会场域当中，推动了里二泗小车会在当代社会的创造性转化与创新性发展。

（三）地方精英：张家湾漕运文化的传播者

张家湾漕运文化在雅俗文野互融共生的底色上，彰显了中华民族多元统一、包容开放的文化精神。地方精英的特殊身份以及对漕运文化的挖掘与传播不仅回应了民俗学"朝向生活"的实践转向，还在当下的"民俗乡建"中承载起传承运河记忆、维系地方文化传统的重要作用。

康德真生活在张家湾镇张湾镇村，1944年生人，毕业于北京教育学院，1978—2005年在通州区里二泗中学任地理教师，职称为中学一级教师。记录和考证家乡历史遗迹既是康德真身为地理教师的职业素养，也是抒发乡土情感、传承漕运记忆的有效方式。他整理的《九缸十八窖》《宛阉子的故事》等民间文学承载着民众的心灵秘史及漕运史，同时蕴藏着族群共享的历史叙事和交往密码。向他人介绍张家湾漕运文化，康德真总要从张家湾古城南口的通运桥讲起。

1. 从风物追忆张家湾漕运史

张家湾自辽金以来因潞河通运和通惠河的开凿逐渐发展为水陆要津。

---

[1] 张兴宇、季中扬：《礼俗互动：农村网格化管理与新乡贤"德治"协同逻辑》，《南京农业大学学报》（社会科学版）2020年第1期。

图 1-7　康德真在家中
康德真提供

"凡四方之贡赋与士大夫之造朝者，舟至于此，则市马僦车，陆行以达都下，故其地水陆之会而百物之所聚也。"[1]张家湾地势低洼，四水交汇，多现小桥流水，绿柳人家，素有"小江南"之称。远望"涛平千里水如练，云挂孤帆人似仙"，近看"黄鹂啼歇晓阴开，两岸垂杨荫绿苔"。漕运时期张家湾"万舟骈集"，其商贸繁荣、水陆交织的景象经过文学书写超出了自然地理意义，寄托着文人墨客的无限情思。

通运桥在明万历三十三年（1605）修建完成，位于张家湾城南门外码头，因其横跨辽萧太后运粮河，又俗称"萧太后桥"。石桥南北向，三孔联拱式，中券较高，内嵌碑记一块。石桥栏板内外浮雕莲叶形宝瓶图案，别致罕见。桥北为张家湾镇城墙遗迹，建于明嘉靖四十三年（1564），四面设门，现古城尚存南面城墙遗迹。1995 年，"通运桥及张家湾镇城墙遗迹"被列入北京市市级文物保护单位。[2]据《通州文物志》，通运桥"两端东西两侧石砌平台，为行旅上下船而置，是京杭大运河北端客船码头所在，出任江淮流域之官员，入贡北京之使节，南去北来之文人墨客，走水路者

---

[1] 程国政编注，路秉杰主审：《中国古代建筑文献集要（明代上）》，上海：同济大学出版社，2013 年，第 271 页。

[2] 参见"通运桥及张家湾镇城墙遗迹"说明牌，北京市文物局制。

多于此上下船，曹雪芹祖孙三代来往于京宁之间，亦于此登州南去，下船入京"[1]。车马驴驼将各地货物先送至张家湾，后转运至京城，都要经过该桥。康德真讲述了明代奏请修建通运桥一事：

> 现在看到的大石桥（通运桥）原先是木桥，嘉靖四十三年（1564）张家湾城告竣时修建的，上面用石灰掺黄土夯实，称"南门板桥"或"萧太后桥"。史书记载，后来太监张华因去张家湾收税，看到张家湾码头南北物资交易都经此木桥，长年累月，时圮时修，影响正常运输，就向皇上建议，能不能改成修大石桥。万历皇帝考虑到漕运，立即同意建桥，再加上他的母亲是通州永乐店人，所以又拿出点银子在南门修了福德庙，镇水护桥。[2]

"民俗学家兼收集者对待一个故事或歌谣可能就像现代精神病医生对待一个梦一样……让他的资料提供人以同样的方式'自由联想'，并且试图解释和评说故事中的各个成分。"[3]康德真面对摄像机讲述的漕运史寄寓着自己对于地方的文化想象，抒发了特有的乡土情怀。在讲述中，他反复提及当地老百姓对一些风物的俗称，如本地人称"通运桥"为"大石桥"，平日里都说"上大石桥那遛弯儿去"。20世纪60年代，生产队到大石桥刨城墙砖，挣工分，工闲时就聚在门楼下的阴凉处聊天。[4]"大石桥"这一地方语汇暗示了通运桥对当地人的特殊意义——它既是漕运历史的缩影，亦是附近居民谈天说地的一处公共活动区域，在民众日常生活中仍发挥功能。

---

1 北京市通州区文化委员会、北京市通州区文学艺术界联合会编：《通州文物志》，北京：文化艺术出版社，2006年，第174页。

2 访谈对象：康德真；访谈人：王晴、苏明奎、孙宇飞、安可然、师天璐；访谈时间：2023年4月22日；访谈地点：张湾镇村峰秋书店。

3 [美]邓迪斯：《民俗解析》，户晓辉编译，桂林：广西师范大学出版社，2005年，第52页。

4 访谈对象：康德真；访谈人：王晴、苏明奎、孙宇飞、安可然、师天璐；访谈时间：2023年4月22日；访谈地点：张湾镇村峰秋书店。

近年来，城市更新加速、异地搬迁推进，村民更需要一个约定俗成的充满亲切感的"地方"维系情感，而通运桥头的张家湾城门楼，作为村民的户外"聊天室"具有放松情绪、抚慰心灵的效用。现在由于遗址附近正在修建，村民常到古城内的大片空土地上遛弯、放风筝。

这一遗址的社区公共空间价值不断被各级保护单位和外来学者所重视。随通州文物保护工作的具体开展，该历史遗存得到修复，"大运河张家湾遗址及通运桥文物周边环境整治工程"正推进张家湾通运桥周边环境整治，配套设施也逐步完善，包括大运河张家湾遗址及通运桥文物周边地面铺装、景观节点、绿化工程、给排水工程、电气工程等。学校社会实践团、学术考察团、骑行团、干部调研等常以此为领略、学习运河文化的第一站，这一遗迹将通过运河两岸"风景的再现"[1]焕发新颜。

2.漕运管理机构：王家场子与和合驿遗址

康德真曾随通州文物局干部实地调查过通运桥周边情况，作为进京第一站的张家湾城是车队驻停之地，粮食需储存到通济仓再转陆路运输至京城，因而官运频繁导致"千年的道走成沟"，北门至南门的这条中轴线形成了一个两丈多深的沟，称"官道沟"。[2]官道沟两旁曾经商铺林立、接袂成帷。为管理和护卫漕运，明清两代在张家湾城内外和运河码头附近设立了多个管理机构，通运桥西南50米左右的位置（萧太后河南岸）即和合驿与馆驿胡同旧址。《嘉庆大清一统志》载："通州东南三十五里，旧名合河驿，以白榆浑三河合流而名，明永乐中置，万历间移置张家湾，改今名，今有驿丞。"[3]1941年，《通县志要》所记位置更为详细："驿丞兼巡检署遗址

---

[1] "内面"本身的制度性、历史性起源被关注，以前被视为无意义的东西逐渐显露出深远的意义。[日]柄谷行人：《日本现代文学的起源（岩波定本）》，赵京华译，北京：生活·读书·新知三联书店，2019年，第26、31页。

[2] 访谈对象：康德真；访谈人：王晴、苏明奎、孙宇飞、安可然、师天璐；访谈时间：2023年4月22日；访谈地点：张湾镇村峰秋书店。

[3]（清）穆彰阿：《嘉庆大清一统志·卷九》，四部丛刊续编景旧钞本。

在张家湾镇西栅栏内，今为空地。"[1]康德真查阅古籍方志，据史料线索采访当地老人，在与其他学者讨论后，推断张家湾过去的"王家场子"即和合驿遗址。

张家湾镇村原来有东西南北四个栅栏门，始建于清朝，目的是保护商民，以防土匪袭扰。康德真采访的一位92岁高龄的老人回忆，最后一任打更的人是张家湾城东岳庙街的"项四爷"，除打更外，他还负责开、锁四个栅栏门，西栅栏内是总占地两亩多的"王家场子"，民初被村民王凯礼的伯伯购得，故名"王家场子"。西栅栏外是馆驿胡同，与"王家场子"仅一墙之隔。从此处进胡同蜿蜒东行约400米，与"水胡同"北口相汇处，就是萧太后河的南河沿，再前行50多米就到达通运桥。

康德真的个人口述史虽然无法涵盖当时整体的历史，但其作为土生土长的张家湾人，同时也是漕运文化的传播者，其个人讲述也在某种意义上"完成了对历史的建构甚至是重构"[2]。根据他的推断，若王家场子即和合驿，客人去驿站，或住宿或打尖或讨要纤夫既方便又快捷。这空场子部分南面临街，无门无院墙，四通八达，出西栅栏门往西经大高丽庄直达广渠门；往南出南栅栏门可经漷县去河西驿；东栅栏门外是大运河故道，史称"下码头"；往北过北栅栏门上通运桥，进张家湾城南门再出北门取道通州，则可径往京城。[3]清顺治十二年（1655）访华的荷兰使团曾在此上岸、停驻，该桥与琉球国墓、高丽庙等遗存共同承载着国际政治经济交流的意义。

当下，张家湾镇村和合驿、潞河驿、馆驿胡同作为地方标志性的运河遗产被纳入通州文旅景观叙事中，通过运河广场步行道旁的标识牌展示给游客；通运桥2002年被列入"人文奥运"六大景区之一"通州运河文化景区"的重要景点，不仅反映了张家湾漕运历史和文化，还是联结人——地——水关系的象征之物和活动场域。

---

1 金士坚等修，徐白等纂辑：《通县志要》，台北：成文出版社，1968年，第120页。
2 郭平、祝昇慧、冯莉：《传承人口述史方法论研究》，北京：华文出版社，2016年，第64页。
3 康德真：《水驿寻踪》，《北京晚报》2017年11月8日，第33版。

图 1-8
馆驿胡同介绍牌
2023 年 5 月 5 日
通州运河文化广场
王晴 摄

3. 从"水上人"到"岸上人"的生计转变

康德真祖辈父辈都是船民，光绪年间，铁路公路运输稳定后漕运停止，民国时期张家湾已是浅滩难泊，民船多停在里二泗东边的梁各庄，但生活在北运河一带以打鱼为生的"水上人"依旧坚持到张家湾水湾处捕捞，还有河北白洋淀的民众带着鱼鹰来打鱼。在捕捞时尽可能捕获成年鱼类，幼鱼任其溜走，成熟后来年再捕。渔民们遵循先祖的教诲，在获取生存资料的过程中追求人与生物和谐共存的局面，在不同物种的生存环境中寻求一种平衡状态，获得与水生生物和谐相处的经验。

康德真儿时，凉水河河道与张家湾城西南相交，河水干净清澈，可直接饮用，据说还有治疗的功效。康德真四五岁患上红眼病，母亲常抱着他在早晨五点钟从长店街下坡用萧太后河水洗眼睛，后来"洗"掉了红眼病。河里鱼虾蟹丰富，当地人喜欢自己到河里摸鱼、抓虾、捞蛤蜊，或蒸或煮，肉质鲜香，有时馋得急躁或是愁于生意，也会撒电网大面积捕鱼。当时这一带还有冬季专门行驶的冰船，可以载人，从运河北上南下速度很快。

运河两岸民众对水有一种复杂的情感,既依靠运河开展渔猎、交通、商业活动,又因运河的连年泛滥饱受祸患。尤其张家湾是一个河汊极多的水乡,齐善庄段的凉水河经常泛滥,称"三里一回头",有时甚至大水直冲,导致大面积民居受损,尽管如此,依然赶不走靠渔业生存的民众。张家湾有"打鱼刘"家专门靠打鱼为生,还有张家湾的"黑小",天天泡在水里,一年四季到水里逮鱼,冬季即便冻得瑟瑟发抖也要下水,上岸后立刻烧堆柴火取暖。[1]

改革开放以后,高碑店电厂的电水顺通惠河、凉水河流至张家湾地区,张家湾河水流动性弱,污染严重,不再满足直饮标准,丧失了饮食供给和清洁的功能,因气味较大,观赏性也渐微。渔民纷纷改行,选择耕种或做生意,沿河吃河的民众减少,自来水供给也无法满足民众需求,张家湾多个村子开始打井。康德真回忆:"当时长店街礼拜寺(清真寺)有井,村南头有井,村里洗衣做饭都要到井口挑水。"[2]

在城市化进程加速及乡土结构的裂变中,康德真借助文学和历史在延续漕运精神的同时积极适应现代生活。不同于祖辈和父辈,康德真这一代不再从事渔业,而是从事教育,热爱历史的他通过古迹考证和文学书写的方式,实践着对张家湾漕运文化的追忆。2015年起在报纸或刊物上发表作品,有短篇小说《张家湾传奇》、随笔《水驿寻踪》、传记《记张家湾穆民小学校长戴雅民》和通州故事丛书之一《说说张家湾古镇那些事儿》等,其中多篇文章被"漕运古镇张家湾"公众号转载。

---

1 访谈对象:康德真;访谈人:王晴、苏明奎、孙宇飞、安可然、师天璐;访谈时间:2023年4月22日;访谈地点:张湾镇村峰秋书店。

2 同上。

二、想象、认同与构拟：红学文化的"博物馆化"

"流域"作为人—地—水交叉互动的复合系统，同时也是文化多样性的承载单元。流动的运河为《红楼梦》的书写提供了一种物质表征和真实存在，而文本的"在地化"（localization）又将物质现实转化为文化认同的代表性符号。

2020年，蔡奇到城市副中心调研张家湾镇规划建设时强调，"做好文化的文章，深入挖掘漕运、红学、京郊集镇等历史文化资源"[1]。张家湾"古城遗址片区"的曹雪芹墓石、曹家当铺、曹家坟等以及依附于其上的口头叙事资源，在媒介化与遗产化语境中构拟了曹雪芹在张家湾的生活图景，为古城遗址与"张湾村片区"的景观共融以及"漕运文化展示轴"的整体联动提供了丰厚的文学力量。2022年8月2日，"张家湾古镇红学文化论坛暨冯其庸学术研讨会"在北京通州区张家湾设计小镇未来设计园区举行。中国红学会会长（现为荣誉会长）张庆善在会上呼吁修建曹雪芹墓，并建议将冯其庸先生故居建成"冯其庸故居纪念馆"，考虑发起建立全国的《红楼梦》文化旅游联盟。[2]

中国现代意义上的博物馆实践是从遗产保护和利用的记录、描述和研究开始的。19世纪初，现代博物馆实体在世界范围内兴起，现代博物馆观念得以广泛传播，中国也开始接触和认识现代博物馆理念。博物馆从诞生初期起，就具有引导人们"从看到思、从物到心"的艺术追求。张家湾博物馆是中国第一个镇级博物馆，其建筑规模与陈列技术都处于前列，该馆的布展、策划者主要是曹志义。

曹志义1956年生于张家湾镇后庄村，现生活在太玉园小区，汉族，

---

[1] 通州时讯《蔡奇到城市副中心调研张家湾镇规划建设时强调坚持古今交融 突出设计特色打造一流的特色小镇》，北京市通州区人民政府，http://www.bjtzh.gov.cn/bjtz/xxfb/zwyw/202005/1271348.shtml，访问时间：2022年4月27日。

[2] 会议主旨发言《突出特色 立足根本——关于张家湾古镇红学文化建设的几点建议》参见附录三。

毕业于张家湾中学、后进修计算机及应用专业，从事过木工、建筑、地产金融等行业，也担任过经理、厂长等职务。他业余爱好文史，与曾任通州文物所所长的周庆良一同考察张家湾曹雪芹遗迹，参与创建张家湾博物馆。

（一）追问曹氏家族史，构筑身份认同

历史学家"是过去的话筒以及驶向未来的渡船夫"[1]，历史的书写和建构影响着话语权的获得及身份认同感的培育。曹志义对自我身份和族群记忆的不断回溯，成为他考证张家湾风物和挖掘地域文化的内在动力。

曹志义在访谈中提到自己"疑似"曹家后人的说法。张家湾后庄村共有五姓：曹、赵、刘、代、张。曹家是大户，有四位太爷，名字是：廷贵、廷印、廷福、廷满。五位爷爷：斌、真、昆、玉、烨。四位伯父：文博、文亮、文学、文铎、文泰，其中文泰是曹志义的父亲。文泰读过几年私塾，最初在北京朝阳门神路街56号铺开蒸、炸、煮、烙作坊，公私合营后成为国家员工，在朝阳门五籿楼饭店做面点，工作之余常去神路街口茶馆听书。文泰回家休息时常给孩子们讲曹家的家史、张家湾古城里外发生的故事，这些故事有些是他的亲身经历，有些是听长辈转述，包括祖辈为朝廷做事、族人较为熟稔的曹家典地和坟冢、铁锚寺念书等，这些故事给儿时的曹志义留下了极为深刻的印象。

曹志义的四爷曹玉（1889—1975）教过书，当过伪保长，家里有很多坛坛罐罐。据说这些东西大部分出自宫廷，曹家有几辈人在朝廷做事，在北京有茶庄、粮行，在张家湾有车甫、店铺、粮行、茶庄等，都是曹廷贵和曹真管理，家里的这些物件都是由几辈人传下来的。张家湾城里有曹家的很多房产，比较明确的是曹玉的太爷曹尔榕在铁锚寺设立的私塾堂、曹记沟子坟地等。曹志义出生的后庄村以前叫"曹庄"，据称雍正年间曹家

1　[法]皮埃尔·诺拉：《历史与记忆之间：记忆场》，冯亚琳、[德]阿斯特莉特·埃尔主编：《文化记忆理论读本》，余传玲等译，北京：北京大学出版社，2012年，第106页。

图 1-9
曹志义在办公室
2018 年 7 月 20 日
太玉园小区
孙佳丰 摄

的一位姑娘被选进宫当秀女，后来当了皇后，以"后"为贵，所以庄名改为"后庄"。又有一说曹家姑娘去世时以宫女身份在张家湾建坟，曹志义现在还能辨认出宫女坟的具体位置。[1]

"文革"后期，端木蕻良曾到张家湾调研曹雪芹故居，由张家湾公社领导开车陪同，其间拜访了曹玉，目的是了解曹雪芹在张家湾的掌故及其家产的地理位置。据曹志义回忆，当时曹玉因挨过批斗，不敢承认跟曹雪芹有关系，便一口否认，后来私下里告诉曹志义，说曹雪芹书里写的场景和他小时候见到的张家湾城里、城外的场景基本能对上，尤其是葫芦庙、花枝巷、小花枝巷、曹家当铺、曹家坟地、曹记沟子、贾家湾子等。[2] 我们可以看到，个人记忆作为常态的口头交流实践方式，为学者研究个人叙事与历史真实性的复杂关系提供了颇具价值的案例。

20 世纪 70 年代后期，冯其庸因编著《曹雪芹家世·红楼梦文物图录》，曾多次到张家湾调查，拍摄资料。此书的"初版序"中，冯其庸用

---

1 曹志义：《疑似曹家后人》，资料由曹志义提供，在此表示感谢！
2 同上。

"最有意思"四个字来形容他们"冒雨到通县去调查曹家的遗迹":

> 我们到了张家湾,张家湾是运河南来进京和由京南下的重要码头。在曹寅的时代,这里还是一个相当繁华的市镇。曹寅的奏折里曾明确提到曹宜奉佛到扬州是从张家湾下船的。曹𫖯给康熙报告家产的奏折里,也提到张家湾有当铺一所。当我们到张家湾向当地居民调查时,居然真有一所老当铺,现在房子已拆剩三间。我去察看了这三间老房子,询问当地老乡,他们说这个镇上历来只有这一家当铺,此外就再也没有别的当铺了。这样看来,很可能这就是曹家的那所当铺。在张家湾保留的遗迹还很多,如张家湾的大石桥,当时的盐场、粮仓,还有装卸货物的码头,都还依稀可见,有的还很完整。从张家湾至北京,一路沿潞河而行,沿途八里桥、水南庄都还存在。这都是敦敏诗里多次提到的地方。值得一提的是庆丰闸,我们以为早已不存了,竟意想不到水闸还在,水流仍很急,闸旁旧有的茶馆酒楼,即敦敏诗里提到的庆丰酒楼等地,老人们还很清楚,他们并把茶馆酒楼的旧迹都给我们指点出来了,这自然增加了我们不少兴味。[1]

这种"熟悉"与"兴味"使冯其庸在1992年7月23日从邓庆佑处得到北京通县发现曹雪芹坟墓和墓碑的消息后,就极为重视。[2] 仅"目验雪芹墓石之后第三天",冯其庸便于"京华瓜饭楼"写下洋洋洒洒的《曹雪芹墓石目见记》一文,通过田野调研及史料佐证其观点:

> 大家知道,雪芹暮年潦倒,以至于无棺可盛,草草裸埋,碑石应是极端草草,认真地说,这根本不是墓碑,而是随死者埋葬作为标

---

[1] 冯其庸编著:《曹雪芹家世·红楼梦文物图录 上》,青岛:青岛出版社,2015年,"初版序",第8页。

[2] 关于"曹雪芹墓石"发现前后经过及相关资料,参见《曹雪芹墓调研报告》,在此不做赘述。

志的墓石，故埋在入土一米深处，而不是立在地面上，墓石下端一点也未留余地，因为它根本就不是用来树立的墓碑，而是作为标志的墓石！雪芹死时已无家人，这可能是他的"新妇"和穷困的朋友们勉力办的吧。埋葬得如此草草，墓碑也如此不成样子，是否还有更不幸的事，这就无法揣度了！[1]

曹雪芹墓石出土后，萧太后河北岸的将军坟村便逐渐同曹雪芹家世联系起来。如在访谈中，曹志义给我们讲述了《三家坟》的传说：

张家湾城西，有一条萧太后河。河水清澈见底，水边长满茂盛的芦苇。河边靠近花庄的那片地方，生长着参天的苍松翠柏。人们都说这里风水好。于是，就有不少豪门大户选这里做坟地。

最早是窦家选在这里做坟，后来又有马家坟、曹家坟。据说曹家坟是曹雪芹家的坟地。曹家几代做大官，声名显赫，家兴人旺。

三家为什么都选这里做坟地，而又友好相邻呢？这里有个传说：原来，先来的窦家见这里是块宝地，便借谐音取吉利，说是"豆卧金田"；马家见这窦（豆）家"遍地生金"，便想到"草长精神豆长膘"这句话，于是死了人也埋在这里；曹家见窦（豆）家"落土生金"，马家靠着窦（豆）家，肥得流油，而自己却是空空一槽（曹），就也把坟地选在这里，以图"槽头料满，财源茂盛"。

后来，花庄的一个庄头见三家都在这里建坟地，认为这样就会把花庄吃穷了，就出钱建了一座关帝庙。为什么建关帝庙，而不建别的庙呢？那关羽不是骑着高头大马吗，又在庙门悬挂一支马鞭子作为镇物，为的就是破三家的风水。后来，曹、窦、马三家先后都败落了。曹家、窦家已经断后，只有马家还有后人。如今只留下了曹家坟、窦

---

[1] 刘洋选编：《曹雪芹与通州》，北京：文化艺术出版社，2004年，第12页。

家坟的地名了。[1]

流传于张家湾的《曹家井》《三家坟》《文房四宝地》或讲述曹家轶事，或讲述曹雪芹救助百姓，扶弱济困的故事，并将《红楼梦》中贾宝玉的一些言行举止与曹雪芹的生平经历进行"捏合"，民间叙事的建构赋予围绕曹家及《红楼梦》创作的历史记忆以新的选择性、重要性和价值性，进一步强调那些与"地方性知识"相关的内容，给民众带来强烈的认同感与归属感。

（二）张家湾红学文化的"物态"呈现

1925年，王国维曾提出"取地下之实物与纸上之遗文互相证释"的"二重证据法"，创新了史学研究理论。20世纪90年代以来，学术界面对聚讼纷纭、难以破解的各类谜题（如曹石之辨）迫切需要新的方法论指导，叶舒宪提出结合文字训诂、出土文献、人类学资料的"三重证据法"，2005年，文学人类学派增加古代文物和图像资料证据，提出"四重证据法"。曹志义对张家湾桥庙寺塔位置的论证从某种意义上讲即是"四重证据法"的实践，糅合了考古学、史学、人类学的研究方法，根据石碑拓片、历史照片、文献和口头传统，结合通州文物所所长周良所作调研笔记和报告，提升结论的科学性、可信度和传播度。

1998年北京开始修建六环路，张湾大队派曹志义去现场协调工作。曹志义回忆，当时垫路基用土就是从曹家典地内取的土，挖到2米多深处出现了20多厘米厚、2米多宽的灰土，灰土下面是20厘米左右间距，一根根1.5米长、7~8厘米圆的木桩子，灰土从萧太后河北岸一直延伸50米左右，灰土上南、北各挖出一眼小青砖半截井。周良称此井是看坟用的井，井上盖有房屋，房屋里有个土炕，井就建在土炕底下，看坟的人夜里在炕上睡觉头枕井口部位，如果有人盗墓看坟人就能听见，这也是古代有名望

---

[1] 孙连庆编著：《张家湾》，北京：北京出版社，2018年，第141—142页。

图 1-10　曹志义向学者介绍张家湾
2018 年 7 月 30 日　张家湾博物馆　孙佳丰 摄

图 1-11　曹志义做客北京城市广播 FM107.3
2018 年 10 月 24 日　"运河之上"公众号发布图片

人家用来看坟的一种形式。[1]这印证了曹志义所记"四爷"关于曹家坟家众多且有专门看坟人的叙述，实现家族记忆的"物化"。

2015年张家湾建设"张家湾博物馆"时，曹志义发现村里三块石碑刻有曹尔榕、曹秀、曹车甫等字样，其中一块石碑字迹模糊不清但绝非捐款石碑，另外的则是山西会馆捐款石碑。他将石碑转移至张家湾博物馆作为古城文化的一部分保存、展示。当有外来人员访问张家湾博物馆时，他主动承担解说任务，对张家湾红学文化、运河文化、古镇文化进行详细介绍，积极展示文献资料、考证过程、策划方案等成果。他还与清华大学土木工程系毕业的儿子共同完成张家湾古镇恢复策划与设计方案。

2017年至今，曹志义陆续参加北京电视台"特别关注"的《运河一家人》、北京广播电台《城市文化范》、北京电视台《京津冀大格局》《张家湾：古镇开新局》《京津冀大格局》等节目，现场传承张家湾文化，参与大运河专题系列片"张家湾古镇"的录制等。

三、张家湾捺钵文化的挖掘

"张家湾南部延芳淀的皇家捺钵文化是北方民族特有的，它是将渔猎、游牧与国家政务管理相结合的一种特殊制度和文化习俗，是典型的皇家文化。"[2]对捺钵文化的历史追寻和钩稽探索，不仅有助于我们全面认识中华文化多元一体的生动内涵，而且将为丰富与补充人类非物质文化遗产的宝库做出重要贡献。[3]

刘福田是通州区政协文史特邀委员、北京市作家协会会员，1963年

---

1 曹志义：《疑似曹家后人》，资料由曹志义提供，在此表示感谢！
2 郑建山：《增修版序》，北京市通州区政协教文卫体委员会、北京市通州区张家湾镇人民政府编：《漕运古镇张家湾》（增修版），北京：中国文史出版社，2023年，序言第4页。
3 周惠泉：《"捺钵文化"：辽代非物质文化遗产的历史追寻》，《江苏大学学报》（社会科学版）2007年第2期。

生于通州张家湾镇仓上村（原属牛堡屯镇），曾在通州潞河中学就读，从学生时代到工作、退休都一直坚持文学写作。他准确把握"地域共同体"精神主体的价值取向，结合民俗、历史、哲学、地理等多学科考察运河文化，以整体视野看待运河的人文生态，并将北运河河道变迁及遗产开发同南方沿海地区的特色小镇建设案例进行比较。经过多年调查，他挖掘并整理出"捺钵文化"，与张家湾已成体系的"漕运文化""红学文化"等标志性文化互为补充，共同丰富了北运河流域文化底蕴。

图1-12 2001年刘福田在通州燃灯塔前留影 通州丽新照相馆窦师傅 摄

（一）水丰草美：张家湾的生态地理优势

据刘福田等人考证，张家湾自然地理以水域为主，曾为大面积的洪泛区，是北京小平原的两大河流白河（潞河）与潮河（凉水河）在某一时点以逆向带角度冲撞形成的"湾"。元初范围大体在今张家湾镇村以东，今西、东定福庄村以南，贾各庄村、上店村、里二泗村和烧酒巷村连线以西，今北何各庄村（今月亮湾小镇）以北，该区域的中心地带为张家湾养鱼场，水域面积在5000亩以上。[1] 平缓期水湾范围就如此，汛期水量更是暴增，并向北部回流洪泛，北面的洪泛区包含今贾各庄村至梁各庄村以西，原张辛庄村以南、上马头村东南，原北运河故道东岸以东，包括今南、北

---

[1] 刘福田：《张家湾首先是个——"湾"》，北京市通州区政协教文卫体委员会、北京市通州区张家湾镇人民政府编：《漕运古镇张家湾》（增修版），北京：中国文史出版社，2023年，第25页。

许场村一线以东，回流洪泛区面积近10万亩。[1]因此，清代以前，除西定福庄村因特殊地势而有人迹外，这一带没有聚落。张瑄到此督海运以后，张家湾才成为体系化运转的漕运枢纽、仓储中转站、商贸交易中心，"水面足够辽阔，水深也足够泊船，而且回流而来的堤岸陡峭，使漕船很方便靠岸"[2]。直至光绪年间，漕运废止，张家湾逐渐转向农耕经济为主的生计方式，原水泊遗迹渐趋消弭。刘福田回忆其童稚时，"村围仍多池塘洼沼，随处便见流水鱼虾"。[3]

水湾回流现象让张家湾地区出现许多"小岛"，现保留的有环湖小镇的中心小岛、大运河森林公园的"月岛"[4]等。月岛面积256亩，岛上以种植高大乔木林为主，兼顾常绿、花灌等植物，上面共种植乔、灌、花、草、地被、湿生等百余种植物，这为不同鸟类提供了理想筑巢场所，众鸟齐鸣，使之成为大运河森林公园的著名景点。刘福田用流体力学解释"月岛"的形成原因：

> 若平流并各自携带泥沙，前出一定距离遇到弯转，一定是外转弯河道前易淤浅泥沙，然后因淤浅受阻，外弯河道水流在泥沙淤浅处再外侧流过，里外弯转的河道，最终在弯转前形成一个包裹这处淤浅的水面，久而久之就会变成一个河道中的岛屿，如河蚌含珠，其中外弯河道环抱其大半，内弯河道则只在其一侧冲刷，故岛屿的形状必然是弯月形。[5]

1　刘福田：《张家湾首先是个——"湾"》，北京市通州区政协教文卫体委员会、北京市通州区张家湾镇人民政府编：《漕运古镇张家湾》（增修版），北京：中国文史出版社，2023年，第25页。

2　同上书，第27页。

3　刘福田：《故乡村考》，《通州文史》2021年第1期。

4　大运河森林公园位于张家湾东北方向，北起六环路潞阳桥，南至武窑桥，总面积1万亩，且一直在扩建，园内景观和配套设施也在升级。公园现建成6大景区、18个景点，其中"月岛闻莺景区"2014年5月建成。"月岛"是河道整治过程中自然形成的凸起地势，四面环水形似月牙，故加以规整建成景区，名之"月岛"。

5　刘福田：《北运河北端两河并行与小圣庙》，《泰和永顺》，北京：团结出版社，2022年，第173页。

北运河北端过去就曾出现两条河道并行的情况，清康熙十七年（1678）北运河上游水源的白河发生洪水，洪水在白河与温榆河汇流处东约1公里处冲决白河左岸，从此北运河北端以下就变成了两条河道并行，且在两条河道中间形成长条状沙洲，小岛的出现正是这一作用的结果。

在推进京津冀协同发展走向深入及森林城市建设的当下，继续深入挖掘北运河文史找到京津冀协同发展的地理源流是政策的必然要求，也是特色小镇建设的根本性依托。刘福田强调，北运河流经京津冀，过去河岸村子同属古泉州、武清县，"像张家湾凉水河以南，一直属于武清1000多年，属于咱们北京属于通州区才不到400年"[1]。《中共北京市委、北京市人民政府关于贯彻〈京津冀协同发展规划纲要〉的意见》将通州未来发展置于京津冀协同发展的更大平台中加以规划，张家湾作为京津冀运河文化带建设的核心地区，应结合民俗、历史、哲学、地理等多学科对张家湾进行系统研究，尤其不能忽视地质和地形对张家湾城镇发展的影响。[2]

（二）皇家捺钵、地方传说与文化记忆

"捺钵"是北方渔猎、游牧与国家政务管理相结合的一种特殊制度和文化习俗。所谓"捺钵"，乃契丹语，又译作纳拔、纳钵、纳宝等，相当于汉语中表示皇帝出行所居之处的"行在"或"行幸顿宿之所"。用刘福田的话说，牛堡屯[3]相当于"大都"的政治"副中心"，皇帝定期在此办公、行猎。《辽史·地理志》记载了官员们在延芳淀用海东青猎捕的场面："延芳淀方数百里，春时鹅鹜所聚，夏秋多菱芡。国主春猎，卫士皆衣墨

---

[1] 访谈对象：刘福田；访谈人：王晴、苏明奎、孙宇飞、师天璐、安可然；访谈时间：2023年3月19日；访谈地点：通州区图书馆。
[2] 同上。
[3] 原牛堡屯镇下辖前街、中街、后街、后坨、小耕堡、前南关、后南关、北仪阁、前青山、后青山、苍上、王各庄、东永屯、西永屯、小北关、大北关、堡头、三间房、北大化、南大化、柳营、十里庄、苍头、陆辛庄、南火堡、坨堤、高营、样田28个行政村，2001年通州区调整部分乡镇行政区划，牛堡屯镇并入张家湾镇。

绿，各持连鎚、鹰食、刺鹅锥，列水次，相去五七步。上风击鼓，惊鹅稍离水面。国主亲放海东青鹘擒之。鹅坠，恐鹘力不胜，在列者以佩锥刺鹅，急取其脑饲鹘。得头鹅者，例赏银绢。"[1]卫士在延芳淀用海东青猎捕天鹅，情急之下不惜用佩锥补上一刀，猎获数量领先就能赢得赏赐，此类游猎竞赛正是帝王将相到延芳淀游猎的主要活动。明代《燕山丛录》"辽时每季春必来此弋猎，打鼓惊天鹅飞起，纵海东青擒之，得一头鹅，左右皆呼万岁。海东青大仅如鹊，既纵，直上青冥，几不可见，俟天鹅至半空，欸自上而下以爪攫其首，天鹅惊鸣，相持殒地。"[2]

此外，"牛堡屯"地名也源自"捺钵"。刘福田指出，"牛堡"是"捺钵"的讹写，牛堡屯原来应该叫"纳宝屯"，即依附行宫而成的村落，古人记地名往往记音不记字，叫着叫着成了"牛堡屯"。[3]牛堡屯前街村的老人回忆，前街留有辽代放鹰台遗迹，该遗迹在生产队拉沙拾土时被拆。[4]刘福田在访谈中谈到仓上村"呼鹰台"遗迹及"仓上村""青山村"地名与捺钵的关联：

> 延芳淀为潞河（原永定河）潴水，辽时被占为皇家捺钵苑囿，故乡小村南侧高台捺钵时被用来呼鹰，称呼鹰台，还建有皇家寺庙延庆院，小村所成岛屿较小，建皇家捺钵粮仓。呼鹰台为捺钵三鹰台之一，此粮仓亦属捺钵三粮仓一座，两处周围属当时捺钵主场。当年海东青猎杀天鹅事毕，鹰师于台上呼鹰转场，捺钵功成后，部分军士于粮仓取粮，在呼鹰台上烹煮就食。是以后世两处成村，一曰"仓上"，

---

1 （元）脱脱等撰：《辽史》卷40，北京：中华书局，1974年，第496页。
2 （清）于敏中主编，瞿宣颖、左笑鸿、于杰点校：《日下旧闻考》第6册，北京：北京出版社，2018年，第1837页。
3 访谈对象：刘福田；访谈人：王晴、苏明奎、孙宇飞、师天璐、安可然；访谈时间：2023年3月19日；访谈地点：通州区图书馆。
4 毛巧晖等：《北运河民俗志·第二卷——图像、文本与口述》，北京：中国戏剧出版社，2020年，第112页。

一曰"清膳",仓上者粮仓旁侧,仓即粮仓,上则旁、侧义,即故乡小村;"清膳"者,军士抱怨膳食寡淡。清膳后世误为"青山",乃谐音且地势。[1]

原牛堡屯镇28个行政村,不少村子都与捺钵文化有关,牛堡屯镇被撤销后,现一些单位仍以牛堡屯命名,如"牛堡屯邮政所""牛堡屯卫生院"等,不少店铺都摆着当年的招牌。中街277号店门口右侧就立着一米多高的残破招牌,后边衬着块木板,上书:牛堡屯供销社生产资料门市部,店主说这是1987年他刚来这儿工作时制作的。[2]

图1-13 中街277号原牛堡屯供销社生产资料门市部[3]

近年来,包括刘福田在内的数十名通州文史工作者不断开展实地考察,发现诸多新的张家湾历史遗存及文化现象,尤其是张家湾与潞县交界

---

[1] 刘福田:《故乡村考》,《通州文史》2021年第1期。
[2] 王陆昕:《"回不去"的老家牛堡屯》,《北京日报》2021年10月14日,第15版。
[3] 北京市通州区政协教文卫体委员会、北京市通州区张家湾镇人民政府编:《漕运古镇张家湾》(增修版),北京:中国文史出版社,2023年,第141页。

的延芳淀，与漕运息息相关，其潴水可以调节运河水量，其水面可以停泊运河漕船。他们决定对第一版《漕运古镇张家湾》进行修订，增添反映南部特色的"捺钵文化"，解决镇域南北史料比重偏颇的问题，系统全面地反映张家湾地域文化的立体性、独特性。在刘福田的努力下，重新修订的《漕运古镇张家湾》专为捺钵文化开辟"张家湾与捺钵文化"章节，增加《古渤海湾、雍奴薮——延芳淀》《张家湾镇域南部曾是延芳淀皇家捺钵主场》《西永和屯村西砖渣地——元漷州初治柳林镇》《元大都政治副中心——柳林行宫》《凉水河南洪泛区及地貌溯源》《牛堡屯的前世今生》等研究文章。

（三）张家湾湿地资源与生态文明建设

京杭大运河停漕百年后的今天，运河成为设计小镇规划蓝图的"经济动脉、生态水脉与历史文脉"[1]，张家湾湿地资源的重要性被重新挖掘。"捺钵文化"与运河生态景观的结合不仅能丰富特色小镇文化内涵，也能在地方生态涵养、文化传承及绿地景观恢复等方面发挥作用。

谈及设计小镇的建设，刘福田认为"捺钵文化"也应成为设计小镇建设或古镇建设的重点，引领张家湾文化整体性发展和生态可持续发展。在水环境治理团队和研究团队的共同努力下，延芳淀湿地公园正式纳入建设规划。2016年12月16日，北京市水务局与相关社会资本［北控水务（中国）投资有限公司与北京东方园林生态股份有限公司联合体、北京桑德环境工程有限公司与中国建筑第八工程局有限公司联合体］签订北运河生态带、潮白河生态带PPP项目合同，总投资71.5亿元，其中北运河生态带PPP项目投资70亿元，包含延芳淀湿地和北运河水质净化厂两个子项目。[2]2017年，为"加快北运河和潮白河综合治理"，推进"城市副中心水环境建设"，延芳淀湿地正式开工建设，由区水务局牵头，区发展改革委、

---

[1] 毛巧晖等：《北运河流域特色小镇建设研究》，北京：学苑出版社，2022年，第32页。
[2] 《北京城市副中心引进社会资本参与水环境治理》，《水工业市场》2016年第12期。

区财政局、市规划委通州分局、通州国土分局、区园林绿化局为责任单位。[1]据称，延芳淀湿地建成后，每天可净化55万立方米河水，出水水质达到地表四类水，清澈见底；延芳淀湿地开挖后，还将新增37万立方米蓄水量，可抵挡20年一遇暴雨，滚滚而下的洪流可以暂时存蓄在湿地中，避免一股脑倾泻而下，冲毁下游河道，造成漫溢。[2]

随着张家湾南部延芳淀湿地公园的建设，2020年张家湾党委政府开启"张家湾向南"文旅发展战略，镇域内今凉水河南的南火垡村已被确定为集建区重点，还有镇域内南姚园村、西永和屯村两个村都被确定为第一批镇级民宿试点村。战略计划在此建设民俗文化大集，打造文化休闲小镇和启动"运河文化产业园"、文化实景演出项目等。刘福田认为，这些工作显示张家湾南部发展向好的趋势，但不论何种招商引资、旅游服务项目，都需与该地区的地域人文特色结合，张家湾首先要讲好"张家湾故事"。[3]

近年来，各大公园建设的"运河故道"景观正是利用张家湾流域地理特色的表现，在"2021北京（国际）运河文化节"公布的北运河文化带近年重要考古发现里，其中两项就是大运河故道和小圣庙的考古成果。[4]如今在张家湾城市绿心森林公园"运河故道"景点，可观鸳鸯戏水，听秋沙鸭啼鸣，追忆漕运繁华。元明两代运送货物的漕船在张家湾转运后，就经这条运河故道送至京城，鼎盛时期漕船可达六七千艘。清嘉庆十一年

---

[1]（通政发〔2017〕6号）《北京市通州区人民政府关于印发通州区2017年水污染防治重点工作方案的通知》，北京市通州区人民政府网，http://www.bjtzh.gov.cn/bjtz/xxfb/201702/1070536.shtml，访问时间：2023年7月9日。

[2] 参见《期待｜皇家湿地将重现副中心！彩色水植作"格子画"，大过两个奥森公园！》，通州融媒，https://mp.weixin.qq.com/s/xP7HXeSBMQeodkoRH1F2KA，访问时间：2023年7月9日。

[3] 刘福田：《增修版后记》，北京市通州区政协教文卫体委员会、北京市通州区张家湾镇人民政府编：《漕运古镇张家湾》（增修版），北京：中国文史出版社，2023年，第536—537页。

[4] 刘福田：《北运河北端两河并行与小圣庙》，《泰和永顺》，北京：团结出版社，2022年，第175页。

（1806），运河故道淤浅，漕船绕道康家沟。嘉庆十三年（1808）北运河河道正式改道，漕船、商旅不再经过张家湾、小圣庙一带，码头、店铺、厂仓逐渐废弃。今日故道浅滩犹存，两岸种植水生鸢尾，已设置亲水码头和漕船景观，呈现一幅以漕运故道、延芳淀湿地为中心的崭新运河画卷。

四、通俗演绎与运河文化的重构

取材于运河文化的通俗文艺具有强烈的时代特征，蕴含着极为丰富的当代价值。如刘恩东的连环画创作别具一格，以"紫禁城传奇"系列丛书之一《降龙伏海》为例，刘恩东在该连环画中借鉴了大量的"北京建城传说""故宫传说群"的情节、母题以及人物，在介绍完北京的地势地形后，刘恩东引用了一连串的"苦海幽州""刘伯温建城""八臂哪吒""高亮赶水"等北京民众耳熟能详的建城传说情节，经过巧妙的连缀与编排，刘恩东将原本相互独立或相互矛盾的传说在线性时间上予以铺陈，形成了连贯的传说叙事。

（一）图像与文本：刘恩东的创作实践与艺术理念

"京东冠东方运文化传播有限公司董事长，北京锦熹文化传媒有限公司总裁；北京锦熹文化传媒有限公司，中国原创故事、原创连环画领航者。创作看得见、摸得着、体验得到的穿越神话、历史、现实的传奇故事。"[1]这是"北京河北企业商会"网站中对副会长刘恩东的介绍，"连环画、传奇故事"意味着他的作家身份；"董事长、总裁"则代表着他企业家的一面。

1969年，刘恩东出生在与北京一河之隔的河北三河县，他自学生时代

---

[1]《刘恩东》，北京市河北企业商会，http://www.bjhbqysh.com/site/content/3879.html，访问时间：2023年7月7日。

就对大运河充满了兴趣，本科就读于河北大学历史系，培养了他扎实的史学知识和史学素养，这些都成为他日后连环画创作的宝贵财富，对运河文化的热爱和对运河历史的关注是他的创作基础，无论是基于神话、传说、故事的改编作品，还是以历史事件为题材的图文叙事，他的连环画作品饱含着历史的厚重。刘恩东有意识地将自己作品的特点总结为"神话历史结合"[1]，这也正是他的文艺创作准则。如在对廊坊地方文化进行讲述时，刘恩东基于真实的历史人物和客观的物质景

图1-14　刘恩东
照片由刘恩东本人提供

观将萧太后与运河、香河县县名等地方传说相连缀，形成一种独特的"景观叙事"。刘恩东在进行连环画创作时，抱持着一种独特的历史观，他列举司马迁撰写《史记》的例子来阐述自己的观点，《史记·项羽本纪》描述樊哙食肉的场面道"樊哙覆其盾于地，加彘肩上，拔剑切而啖之"[2]。对此，刘恩东认为樊哙怎么吃肉也不是他（司马迁）亲眼所见。正是基于这样的历史观，刘恩东认为自己的部分绘本创作可以被视作"虚构的历史"[3]，只是这"虚构"也并非空中楼阁，而要合情合理且经得起推敲。

"比起深奥或漂浮的文字来，图像在传递知识与表达立场时，更为直

---

[1] 访谈对象：刘恩东；访谈人：毛巧晖、张歆、王晴、苏明奎、孙宇飞；访谈时间：2023年4月14日；访谈地点：连环画创作师刘恩东工作室。

[2] （汉）司马迁：《史记》，北京：中华书局，1959年，第313页。

[3] 访谈对象：刘恩东；访谈人：毛巧晖、张歆、王晴、苏明奎、孙宇飞；访谈时间：2023年4月14日；访谈地点：连环画创作师刘恩东工作室。

观、生动、表象、潜俗。"[1]精致的绘本从选题、绘画、上色到出版往往经过数年，但构思与写作通常却仅是数个小时之内的事。在确定具体的选题后，刘恩东需要大量阅读相关的文献材料，如十年前着手创作大运河绘本时，他便阅读了2000多万字的材料并实地走访运河沿线的诸多城市；进行《李大钊》绘本创作时阅读了600万字的资料[2]。在阅读时，刘恩东会随手把精彩的段落记下来，创作之前要"从头到尾总结出两三万字"[3]。刘恩东将材料中的可供使用的人物、情节、场景等提炼，并设计构思作品的体例，数小时内完成文字稿的撰写。

连环画的体裁限制了内容的体量，刘恩东绘本的文字体量大约都在2000字，30多页，而图文并茂的绘本既要求优美的文字，也要求切题的图画。在刘恩东的绘本制作过程中，作家与画师是两相独立的角色，在文字写作中，刘恩东时时附以备注以便将具体的情节以图像的形式重点突出。"图像是处于纯粹符号与表意符号之间的一种特殊符号，具有'再现'与'造型'的双重功能；而文字则是一种抽象度更高的表意符号，在叙述或再现外在事物时可以不受'造型'因素的干扰。"[4]由此可见，文字实际上较之图像具有更为优越的"叙事便捷性"。但为了更为立体、多元地展现运河文化，文字和图像可谓是缺一不可，刘恩东的连环画创作也在遵从历史性及价值性原则基础上，以图像与文字的组合叙事模式实现图文互通。

刘恩东对画师的要求极高，通常情况下，画师会根据刘恩东的设想进行创作，但必须遵守绘本的"系列性绘画"以及"故事性"原则。所谓系列性的绘画，用刘恩东的解释来说便是连环画画家需要独立完成一部"电

---

1 陈平原：《左图右史与西学东渐：晚清画报研究》，北京：生活·读书·新知三联书店，2019年，第57页。

2 《红色连环画墙成北京书市一景，读者趁周末前来打卡》，百度网，https://baijiahao.baidu.com/s?id=1700542546637806541&wfr=spider&for=pc，访问时间：2023年7月8日。

3 访谈对象：刘恩东；访谈人：毛巧晖、张歆、王晴、苏明奎、孙宇飞；访谈时间：2023年4月14日；访谈地点：连环画创作师刘恩东工作室。

4 龙迪勇：《图像与文字的符号特性及其在叙事活动中的相互模仿》，《江西社会科学》2010年第11期。

影"的制作，"道具、灯光、场景布置"[1]等系列内容必须由一个人来完成，在连环画的绘制过程中，整体性的"场景布置"要比精细的工笔画更为首要，当然，纤毫毕现的工笔画更能锦上添花。"故事性"原则是刘恩东绘本写作的核心要义，同时也指导着画师的绘图方向，与文字内容一样，连贯的图像需要承担"叙事的责任"[2]。图像叙事带来的是与传统阅读截然不同的艺术体验和情感满足，读者可以在视觉沉浸中建立与人物、事件更深层次的精神联系。刘恩东的连环画作品记录了一个个精彩的历史瞬间，穿越时空及地域限制的图像与凝练精粹的文学文本之间形成了一种跨越媒介、文体的"互文"，如 2021 年建党 100 周年时，刘恩东围绕着党史绘制了《李大钊》《北大红楼》《新青年》系列"红色连环画"，献礼建党百年。

（二）融合与互动：连环画绘本的跨媒介呈现

刘恩东的连环画绘本以出版物的形式在市面流通，经济方面的收支盈亏是他需要考虑的因素，刘恩东的作品之所以能够在图书市场中取得成功，很大程度上得益于其别出心裁的商品设计与产品宣传中。

2019 年 8 月，刘恩东与相关团队在北京前门步行街组织筹划了"中国首届新连环画沉浸式大展"，分为"世纪少年""匠心入画""连环画未来""沉浸式剧场"四个展区，展出内容涉及连环画的历史、连环画的绘制、连环画的未来等诸多方面。其中，"沉浸式剧场"充分利用 AR、3D 全息投影技术，围绕运河故事给读者提供沉浸式体验，读者站在 LED 屏上仿佛置身运河之上，舟行岸移，脚下的龙船在水中前进；百舸争流，身旁的千帆于河上竞渡。刘恩东的这次尝试突破了以往连环画的承载媒介，"开创了连环画与 AR、3D 全息投影等新媒介技术相融合的新时代，将连

---

[1] 访谈对象：刘恩东；访谈人：毛巧晖、张歆、王晴、苏明奎、孙宇飞；访谈时间：2023 年 4 月 14 日；访谈地点：连环画创作师刘恩东工作室。

[2] 何应杰：《儿童阅读图画书意义建构之研究》，嘉义大学国民教育研究所学位论文，2003 年，转引自李志宇主编：《学术论文集》，太原：山西教育出版社，2017 年，第 167 页。

环画中的经典场景电子化还原，为到场者提供了沉浸式交融的情境体验。"[1]不唯如此，刘恩东还试图将绘本以数字阅读的形式呈现，此次展览也正式开启了"让连环画文化带回家"[2]的新文创消费理念，刘恩东所著的《紫禁城传奇》《二十四节气》等连环画在掌阅App上的下载量已经破万[3]。

与新兴科技的结合只是刘恩东拓宽连环画市场的一个方面，他还借助直播平台进行更大范围的推广。在潞城"咱家书房"的实体书店内，工作人员每天中午12点到下午4点会根据刘恩东的"大运河系列""紫禁城系列"等绘本，通过网络直播讲述老北京传说和故事，故事内容和演述方式都让人耳目一新。此外，刘恩东还积极探索着连环画创作发展的多种可能路径，如《大运河传奇》的立体书桌、《降龙伏海》的儿童剧场、《老鼠娶亲》的皮影戏，等等。[4]其中，《曹雪芹与张家湾》系列绘本中《红楼梦》人物角色扮演和《北大红楼》的折纸是刘恩东对连环画创作的"立体化"尝试。在刘恩东看来，"立体化"的目的是加深阅读的认知与感受，从而实现"快乐式阅读、沉浸式阅读、分享式阅读"[5]的阅读理念。

刘恩东与通州政府合作营建了"咱家书房"实体书店，力图"把阅读推广到基层各个角落"。[6]在通州区"十四五"规划中，现代公共文化服务体系的建立是"古今同辉的人文城市"的重要前提，也是"焕发现代城市

---

1 胡玉玺、程海威：《数字化转型中教育出版的沉浸式场景构建》，《出版发行研究》2021年第4期。

2 《第七届北京惠民消费季等你来参与》，凤凰新闻网，https://ishare.ifeng.com/c/s/v002NlDRDG3NvkSTSUdGHG7as6ncHOeTwl6sDdoeUCW8–_Bc，访问时间：2023年7月9日。

3 《第七届北京惠民消费季等你来参与》，凤凰新闻网，https://ishare.ifeng.com/c/s/v002NlDRDG3NvkSTSUdGHG7as6ncHOeTwl6sDdoeUCW8–_Bc，访问时间：2023年7月9日。

4 《小人书、皮影戏、儿童剧场，副中心首家村级特色书店里有"宝藏"》，搜狐网，https://www.sohu.com/a/432716523_204474，访问时间：2023年7月9日。

5 刘恩东：《"看"替代不了"读"北京书香副中心全民阅读的探索与实践》，《阅读与成才》2023年第1期。

6 《副中心将打造15分钟阅读圈，提供购书补贴鼓励市民走入书店》，百度网，https://baijiahao.baidu.com/s?id=1708526938573152085&wfr=spider&for=pc，访问时间：2023年7月10日。

图1-15 刘恩东设计的立体剧场《降龙伏海》
2023年3月11日　潞城镇"咱家书房"　王晴 摄

图1-16 书店展示的刘恩东连环画作品
2023年3月11日　潞城镇"咱家书房"　王晴 摄

第一章　张家湾：特色小镇的遗产保护与价值重塑　张家湾

文化新活力"的基本保障。现代公共文化服务体系包括博物馆、剧院、图书馆等大型文化载体，现代公共阅读服务体系是实现"构建现代公共文化服务体系"[1]的必要环节。刘恩东的"咱家书房"正是在相关背景下产生的，"咱家书房"致力于传播大运河文化和通州本土文化，连环画是"咱家书房"的一大特色，刘恩东原创的各类连环画被分散地安置在各个书架之中以供读者阅读、购买，部分书店还"配有有声读物设备、图书检索区、报纸区，并提供非遗手工、读者沙龙等活动"[2]。如今，"咱家书房"在通州区已设有运河商务区店、张家湾店、宋庄店、潞城店等6家实体书店，均采用"馆店结合"[3]的模式，将图书馆与书店进行有机结合，在增创营收的同时，刘恩东的"咱家书房"也在推动公共空间与实体书店融合发展，助力全民阅读公益活动。作为企业家的刘恩东十分热衷于社会公益活动，书房在附近社区中具有图书馆的功能性，它提供了安静温馨的阅读空间。"咱家书房"的成立顺应了通州区的"书香副中心"[4]的时代潮流，同样也加速了"书香副中心"的品牌建设。

（三）召唤与重铸：刘恩东连环画绘本的民俗取向与艺术创新

在民间文学"文本学"[5]方面，美国学者约翰·迈尔斯·弗里（Jhon Miles Foley）和芬兰民俗学家劳里·杭柯（Lauri Honko）曾根据"创编、

---

[1]《北京城市副中心（通州区）国民经济和社会发展第十四个五年规划和二〇三五年远景目标纲要》，北京市通州区人民政府网，http://www.bjtzh.gov.cn/bjtz/xxfb/202103/1340514.shtml，访问时间：2023年7月7日。

[2]《连环画传颂千年运河"咱家书房"助力运河原创品牌更亲民》，中国政协网，http://cppcc.china.com.cn/2021-11/30/content_77902367.htm，访问时间：2023年7月10日。

[3]《副中心将打造15分钟阅读圈，提供购书补贴鼓励市民走入书店》，百度网，https://baijiahao.baidu.com/s?id=1708526938573152085&wfr=spider&for=pc，访问时间：2023年7月10日。

[4]《北京城市副中心（通州区）国民经济和社会发展第十四个五年规划和二〇三五年远景目标纲要》，北京市通州区人民政府网，http://www.bjtzh.gov.cn/bjtz/xxfb/202103/1340514.shtml，访问时间：2023年7月7日。

[5] 陈泳超：《倡立民间文学的"文本学"》，《民族文学研究》2013年第5期。

演述、接受"三个方面提出"口头文本或口传文本""源于口头的文本"以及"以传统为取向的文本"[1]的分类标准。刘恩东所创作的一众涉及口头传统的绘本，大都属于"以传统为取向的文本"类型。按照杭柯的定义，"这类文本是由编辑者根据某一传统中的口传文本或与口传有关的文本进行汇编后创作出来的。通常所见的情形是，将若干文本中的组成部分或主题内容汇集在一起，经过编辑、加工和修改，以呈现这种传统的某些方面"。[2] 以"紫禁城传奇"系列丛书之一《降龙伏海》为例，刘恩东在该连环画中借鉴了大量的"北京建城传说""故宫传说群"的情节、母题以及人物，在介绍完北京的地势地形后，刘恩东引用了一连串的"苦海幽州""刘伯温建城""八臂哪吒""高亮赶水"等北京民众耳熟能详的建城传说情节，经过巧妙的连缀与编排，刘恩东将原本相互独立或相互矛盾的传说在线性时间上予以铺陈，形成了连贯的传说叙事。

我们可以看到，民俗学以及民间文学对刘恩东的影响是巨大的，他回忆自己年幼时"就爱听故事"，20世纪80年代通过收音机"听刘兰芳的《杨家将》《岳飞传》、袁阔成讲的《三国演义》"[3]，一些说唱文学所具备的，如语言的精明干练、韵散结合；情节的悬念设置等特点在他的连环画中均得到鲜明的呈现。同样以《降龙伏海》为例，简介部分以"为什么称远古的北京为'苦海幽州'？北京城为什么要建'八臂哪吒城'……"[4]等连续七个疑问为始，将读者引入刘恩东设计的连环画世界中；结尾则以偏韵体的"降龙伏海大道行，运河漂来北京城"[5]诗句为终。或许刘恩东本人并没有意识到，他连环画中呈现出的浓厚的民间文学特点，这些民间文学所具备的

---

[1] 朝戈金、尹虎彬、巴莫曲布嫫：《中国史诗传统：文化多样性与民族精神的"博物馆"》，《国际博物馆》2010年第1期。

[2] 马克·本德尔、付卫：《怎样看〈梅葛〉："以传统为取向"的楚雄彝族文学文本》，《民俗研究》2002年第4期。

[3] 访谈对象：刘恩东；访谈人：毛巧晖、张歆、王晴、苏明奎、孙宇飞；访谈时间：2023年4月14日；访谈地点：连环画创作师刘恩东工作室。

[4] 刘恩东：《降龙伏海》，长春：吉林美术出版社，2018年，第1页。

[5] 同上书，第59页。

特质一方面来自其幼年时期听故事的经历，另一方面则是构思绘本时所阅读的大量民间文学材料。民间文学的形式、内容、叙述策略等在潜移默化中左右着他的故事的创作，如在他所创作的十二生肖之兔子篇章中，三段式的结构、神奇宝物的出现以及常见的有关偷听、解决困难办法的母题都汇聚在传说中，刘恩东的"原创故事"是一种"取之于民，还之于民"的民间文学再创作。

刘恩东的创编有着自己的一套评价体系，他非常讲究故事内外的逻辑性和故事的审美标准，用他的话说是在逻辑上要"讲得通"，在思想上要"正能量"。他认为，以往传统民间故事的叙述中，存在着许多说不通的矛盾。比如，通常人们接受的十二生肖传说中，老鼠是依靠"小聪明"才占据第一的位置，他从当下的现实出发，指出生活中这种投机取巧而取得头名的人并不具有威望，所以他用"老鼠有恩于其他动物"为主线，解释十二生肖以鼠为首的缘由。这种助人为乐的主旨也就引出了关于"正能量"的思考，刘恩东非常重视故事的教育功能和文化功能，他所改编创作的每一个独立的故事，都蕴含着一定的人生哲理，如十二生肖的系列传说中，老鼠助人为乐，兔子无私奉献，猪也能够带来祥瑞……他希望人们看了这些生肖传说以后，能够在情感上产生认同，对自己的属相更加自信，并传播这种积极的内容。

历史专业出身的刘恩东在创作绘本时擅长使用的方法偏向于中国古代的训诂之学。传统的文字训诂方法，包括字音方面的声训、字形方面的形训、字意方面的同义词辨析以及随文释义四个方面，[1]刘恩东所娴熟运用的，虽然不是严格意义上的训诂之学，但他的连环画创作常以对字形、字音、字意的阐释起兴。他说"万里长城一撇，大运河是一捺，一个人字交汇点就是北京"。他用"人"字的一撇一捺去形容东西走向的长城和南北走向的运河，两大重要文化遗产在北京这个"龙首"[2]处汇聚，刘恩东从地理位

---

[1] 王力：《中国语言学史》，上海：复旦大学出版社，2006年，第1—4页。
[2] 访谈对象：刘恩东；访谈人：毛巧晖、张歆、王晴、苏明奎、孙宇飞；访谈时间：2023年4月14日；访谈地点：连环画创作师刘恩东工作室。

置上给北京这座城市赋予了更深的文化意义。通过声训,刘恩东将故乡三河训作"天和、地和、人和"。在构思廊坊地方文化的绘本时,刘恩东也对"廊坊"的字形进行一番文化阐释,他说道:"广郎为廊,廊坊的廊,意思是心胸宽广的儿郎;土方为坊,即有优良土质的地方,廊坊联系在一起就是心房宽广之人居住的好地方。"[1] 刘恩东对"文字训诂"的阐释是他绘本立论的基础,他以廊坊名相吕端为例论述"心胸宽广"和"坦坦荡荡";以地名为例论述"适合居住"。总而言之,通过对相关文字的训诂与阐释,刘恩东能够解读并建立起一套只属于自己的故事体系,形成具有历史感的独特风格。

---

[1] 访谈对象:刘恩东;访谈人:毛巧晖、张歆、王晴、苏明奎、孙宇飞;访谈时间:2023年4月14日;访谈地点:连环画创作师刘恩东工作室。

第二节　张家湾工业记忆的保管与呈现

张家湾经历了1953年至21世纪初的工业现代化建设，当地居民共享的集体记忆是60年代的人民公社化劳动模式，及改革开放后作为北京重点工业区取得的辉煌成就。公社劳作经历是新中国成立后重要的社会记忆，张家湾人民公社大办工业的浪潮提升了当地居民收入，传递一种昂扬向上的奋斗精神，同时增强了民众对国家政策与发展道路的认同。时至今日，张家湾人民公社的办公楼、大礼堂、供销社仓库、照相馆、副食店、日杂店、铁业社办公楼、食堂、卫生站等保存较为完好，为当下张家湾古镇和设计小镇规划与建设提供了"公社典范"这一主题。

一、张家湾工业区建设史

改革开放后，国家高度重视科技体制创新，1982年部署实施科技攻关计划，重点解决制约经济社会发展的重大关键技术问题。农村改革的重点是实施"星火计划"，"把科学技术播撒在农村大地"[1]。"星火计划"为张家

---

[1]《科技部副部长：改革开放后我国科技事业繁荣发展》，中央政府门户网站，https://www.gov.cn/govweb/gzdt/2009-01/07/content_1198275.htm，访问日期：2023年7月25日。

湾引进20家高科技示范企业，当时由康德厚负责管理和培训这些企业，每年制作《星火示范企业效益统计年表》定期向政府汇报工作。他攒下了7年从事工业管理的日记，其中《1986年全乡耕地分配表》精确计算了张家湾镇各村总耕地面积、集体耕地面积，及果树、蔬菜、鱼池、粮田等占地情况，大部分村落集体耕地以粮田占地最多，其次为果树、蔬菜；枣林庄情况特殊，鱼池占地700亩居张家湾乡首位。乡镇企业的排污处理相对较差，国企更注重环保，且乡镇企业库房管理不够标准化，康德厚的任务是逐步引导乡镇企业走向国企标准。

1978年张家湾建成以丙烯酸生产和科研为主要任务的东方化工厂，经过几十年的工业区建设，彻底从依赖农业生产转变为以轻重工业为主导的经济重镇。据康德厚介绍，当时张家湾有四大企业成为通州工业发展的主力，分别是暖风机厂（位于土桥）、低压电器厂（位于南姚园村）、铝合金厂（位于开发区，后改成"东亚铝业"）、钢窗厂（位于开发区，后为"京通集团""北泡"），被称为"四大支柱企业"。这些工厂90%以上招收的都是当地工人，成为张湾村民最主要的生计方式和来源，改变了原来以务农为主的劳动力结构。到了20世纪90年代，张家湾持续提升工业发展水平，1992年经北京市人民政府批准成立"通县工业区"[1]，工业区沿京塘路呈带状分布。

张家湾工业区的建设历程机遇与挑战并存，尤其短期内工厂的快速集聚会引发一些操作事故和环境污染问题。1997年东方化工厂爆炸事件是当地人的集体记忆，事故发生时，康德厚正在科技文化中心值夜班（今张家湾镇政府对面），"晚上9点突然听到巨响，窗户全部震得哐哐响"[2]，民众开

---

1 "通县工业区"这一命名在沦陷时期就已出现，1937年日军编制《北京都市计划大纲》，在布局上将北京分为旧城、西部新市区、东郊新市区和通县工业区。（郑珺编著：《长安街》，北京：北京出版社，2018年，第12页。）20世纪90年代后成立的"通县工业区"以带动技术生产为目的，不同于沦陷时期。

2 访谈对象：康德厚；访谈人：王晴、苏明奎、孙宇飞、安可然、师天璐；访谈时间：2023年3月19日；访谈地点：通州区张湾镇村峰秋书店。

车、骑车向四面八方逃离，有的奔向八里桥（朝阳区、进北京城的方向），前面提到的刘福田一家则奔向河北（离城的方向）。

另外，随张家湾工业总产值的稳步提升，水资源匮乏、环境污染问题也逐渐严峻。据1994年市计委、地质工程勘察院、工程咨询公司、市规划院、市水利局等单位专家评审的《北京市郊区用水调研报告》所列资料显示，通县地表水量极少，以地下水为主，1991年开采程度为116%。全县分为超采（包括严重超采）区和基本平衡区，其中，张家湾乡的大部分地区超采，牛堡屯村、永乐店村附近局部超采。[1]1995年12月与1985年同期比较，地下水位普遍下降1米左右，地下水资源已无开采潜力，地下水含铁量较高，地表水距离又远，难以取用，而迁入通县工业区的企业有一半以上是耗水量大的食品、轻纺和化工企业，还有用水大户酿酒总厂。[2]这样的用水矛盾存在很长一段时间，当地村民无力解决，陆辛庄的实验水井已打到400米深，才能保障水质达到日常生活用水标准。[3]

为了在发展中平衡工业生产、生态保护和文化传承，张家湾工业区几经更名、建设和升级，多数工厂停产关闭，成为伴随产业结构转型升级过程而疏解的工业遗产。今设计小镇规划范围涵盖原工业区的部分工厂旧址，企业腾退后留下的工业景观以物化的形式承载着张家湾人的工业记忆。设计小镇"北泡"地块以北泡轻钢厂厂址为基础进行"适应性利用"和"再生性改造"，[4]保存下来的钢管、厂房等固态物浓缩着张家湾几十年经济转型的历史。

> 现在设计小镇的北泡原是张湾村三队的地，30亩农田，后来是镇

---

1 冯国熙：《要高度重视水资源的合理配置：关于北京产业结构调整中水资源配置问题的调研》，张塞主编：《二十一世纪中国社会发展战略研究文集》上卷，北京：长征出版社，1999年，第361页。

2 同上。

3 访谈对象：高士忠；访谈人：王晴；访谈时间：2019年5月25日；访谈地点：陆辛庄国术馆。

4 毛巧晖等：《北运河流域特色小镇建设研究》，北京：学苑出版社，2022年，第81、84页。

里"四大工业支柱"之一的钢窗厂，归张家湾公社管理，改革开放以后，政企分家，企业就由是镇里管，后来又归到个人手里了。[1]

设计小镇"铜牛"地块改造自北京铜牛厂。该厂前身是北京市人民针织厂，是国内纺织业的一块"金字招牌"，2002年入驻张家湾，带动了周边多个工厂发展，为当地经济发展贡献卓越。康德厚回忆，铜牛厂占地是"砖头山"（民众俗称）所在处，过去是粮田，种小麦、玉米，20世纪90年代初变成国防公园，停放飞机，存放碑石等文物。[2]

北泡厂的建成与铜牛厂的入驻，"标志着张家湾正式进入了2.0工业时代"，这些工业"新贵"与1978年就入驻张家湾的全国标志性大厂东方化工厂，一同见证了张家湾工业时代的文明与进步。[3]至2012年12月，张家湾作为"中关村国家自主创新示范区·通州园"的一部分，开始入驻高端科技企业，外地人口增多，本地人口基本不再从事工业生产。

二、公共记忆与个体叙事

民俗精英的个体经历总与地域经济转型的时代浪潮相连。他们怀揣对乡土的殷切期许与祝福，自发搜集和保存"旧物"以触发记忆的运作。因而民俗精英的记忆与收藏饱含较多文化传统与社会生活互动的痕迹，在精神上能够建立与过去的联系性，物质上则通过可触摸的形体传递家园情感，从外在到内在彰显了民俗"记忆术"的力量。如记忆理论研究者阿斯曼所述：

---

[1] 访谈对象：康德厚；访谈人：王晴、苏明奎、孙宇飞、安可然、师天璐；访谈时间：2023年3月19日；访谈地点：通州区张湾镇村峰秋书店。
[2] 同上。
[3] 《"天空之眼"俯瞰千年古镇张家湾国际化转身！》，"副中心之声"公众号原创，https://mp.weixin.qq.com/s/4bjgf3mwppagEZi1Nukp9w，访问时间：2023年5月17日。

如果我们可以回顾人类的过去的话，会发现它一直生活在充满记号的世界里……也可以将其理解为"记忆术"，因为它着眼于赋予精神的内心和中间世界以稳定性和持续性，取消其易逝性和生命的短暂性。[1]

喜爱收藏的康德厚是居住在张湾镇村的回族，1946年生人。他年少时在天津南开念书，小学二年级开始集邮，养成收集、分类资料的兴趣。后随父母"建设大西北"在包头第一机械制造工业学校上学，再转到张湾镇村务农，任农业技术员。20世纪80年代全国推行工业建设时，他被委任4级科技网技术员、张家湾镇科技文化中心主任、科学技术协会委员等，负责管理张家湾工业用地。康德厚所学专业和从事的工作皆与工业生产、科技管理有关，其参与张家湾工业区建设的经历反映了设计小镇几十年的变化，可谓工业历史见证者。同时，因其长期搜集与运河文化、张湾人生产生活相关的书籍、报刊、明信片、老照片、生活用具、乐器等，并在自家设立"峰秋书店"以陈列、展示这些藏品，为变迁中的张家湾留下了物化的记忆遗产，保管民间文献和宣传运河文化的义务也自然落在他的肩上。

据康德厚回忆，张家湾工业建设自20世纪50年代启动，由张家湾、土桥、台湖三个乡，7个高级农业生产合作社组成"北京市通州区张家湾公社"，共有10601户，44147口人，耕地面积126549亩，男女劳动力16800个。[2] 公社刚组成时，工业基础非常薄弱，后来中央号召工农业并举、大中小型工业并举，开始走向社办工业。为提升生产效率，1955年，中央、河北省、通县专区领导和罗马尼亚驻华大使来通州参加罗马尼亚赠送通县拖拉机、联合收割机仪式，当年全通县开始实行粮食定点供应和粮票制。[3]

---

1 ［德］扬·阿斯曼著，甄飞译、陈玲玲校：《文化记忆》，冯亚琳、［德］阿斯特莉特·埃尔主编，余传玲等译：《文化记忆理论读本》，北京：北京大学出版社，2012年，第3—4页。
2 吕国璋、李士路、史致新、王瑞：《北京市通州区张家湾人民公社办工业的经验》，北京：农业出版社，1960年，第5页。
3 中共北京市委党史研究室、通州区党史区志办公室：《通州建设史》，北京：北京出版社，2006年，第367页。

康德厚正赶上张家湾公社集中力量推进机械化的时候来到张家湾。1962年他从包头第一机械制造工业学校毕业，举家迁至张家湾从事农业生产。当时张湾镇大队有5个生产队，粮食加工已全部实现简易机械化，不少养猪场实现了饲养劳动半机械化，食堂的大部分劳动也在以半机械化的方式进行。[1]有资料记载："四万多名社员意气风发，敢想敢干，立即开辟了一条拥有七千多人的工业生产战线，建立了四百六十多个工厂。"[2]张家湾镇陆续出现数家纺织厂、钢窗厂、机械厂等，里二泗村有三分之二面积都为工业用地。

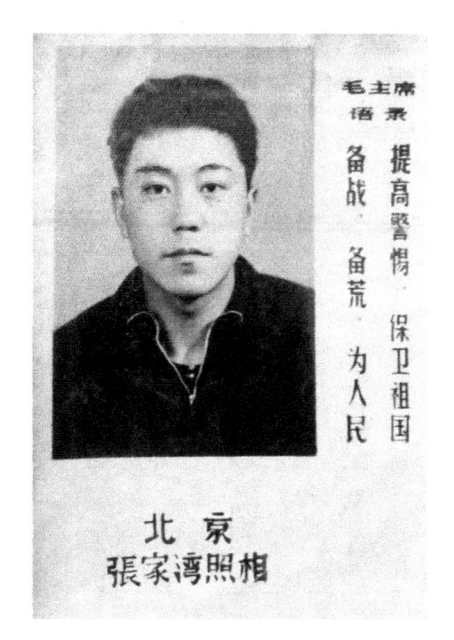

图1-17 康德厚在张家湾照相馆留影
照片由康德厚提供

过去，张家湾农民所需农具和生活所用菜刀、锅、铲等都要到通州城里去购买，手工业改造建成铁业合作社、料器社、服装社、理发社等，大大便利了当地农民，小型农具的制造和修理、生活上铁制器皿的制造都可以通过合作社解决，节省了进城购物的成本。20世纪50年代至60年代，张家湾短期内基本实现了运输工具轴承化和种地耧播化，并建设化肥厂、粮食加工厂、缝纫厂、制糖厂、淀粉加工厂、制油厂、制酒厂等。不仅提升了用具的生产效率、节约了生产成本，对农产品及时加工处理也极力避免了村民遭受农业损失。[3]

康德厚强调，就通州或北运河来说，张湾镇村有其作为商贸中心的特

---

1 《农村工具改革的新发展》，《人民日报》1960年1月13日第1版。
2 刘子山：《张家湾人民公社工业在成长壮大》，《前线》1960年第6期。
3 吕国璋、李士路、史致新、王瑞：《北京市通州区张家湾人民公社办工业的经验》，北京：农业出版社，1960年，第5—7页。

图1-18
康德厚持1995年中国科学技术协会颁发的"全国农村科普工作先进工作者"荣誉证书
照片由康德厚提供

殊地位，与周边运河村不同，张湾镇村尤其是长店街是集镇的中心，不论是在古代张家湾"自潞河南至长店四十里，水势环曲，官船客舫，漕运舟航，骈集于此。弦唱相闻，最称繁盛"[1]，还是近现代张家湾"四乡八镇购物必须到这儿"[2]，这里都实现着"都市商区"的功能。张家湾公社不仅集中了劳动生产，民众向往的娱乐项目也在此处举办。长店街的社员最喜爱摔跤，人称"跤窝子"，这里的回族、汉族、满族常聚清真寺前一起练跤，有时京东高碑店、京东南广渠门外的人也赶来练跤、看跤，顺道逛街带些便宜的货物回去。当时张湾这条长店街做小生意的非常多，可选择的货品种类也多，存货充裕，不仅有长期出摊的固定商铺，还有每月阴历尾数是三和八的张湾集市。参与买卖者从东南西北不同区县赶来，口音混杂。依季候变化，售卖物产类别、数量和参与交易的人数也不定，货品以时令季节蔬果居多，讲求新鲜，还有卖炸麻花、炸果子等富有当地特色的清真食

---

1 （明）蒋一葵：《长安客话》，北京：北京古籍出版社，1982年，第130页。
2 访谈对象：康德厚；访谈人：王晴、苏明奎、孙宇飞、安可然、师天璐；访谈时间：2023年3月19日；访谈地点：通州区张湾镇村峰秋书店。

品。受三年自然灾害影响，集市曾有短暂的停滞，但灾害过后，集市很快恢复了。

1967年，通县革命委员会成立，全县集市贸易被取消，限制农副产品自由流通，社员自产鲜鸡蛋也必须交给供销社登记，禁止私买私卖。[1]张湾镇街的小买卖也陆续停办，村里劳动力被要求集中参加生产。康德厚参加了文艺宣传队，自学二胡、扬琴、吹笛等，并将一些外观漂亮、声音悠扬的乐器收藏在木箱里。到1978年，通县首届科技大会召开，[2]康德厚不再务农，从农业技术员转为科委科协单位工作，开始到各企业做科技管理讲座。

三、工业遗址景观化：张家湾设计小镇的空间营造

"工业遗址"（industrial sites）包含两层含义：一是工业遗产（industrial heritage），属于不可恢复的历史文化资源；另一是棕地（brownfields），属于可改造再利用的闲置工业土地资源。[3]20世纪60至70年代，工业革命遗留的环境问题受到国际重视，美国、英国大批艺术家参与废弃厂矿区和工业园的更新实践。90年代，德国鲁尔区的生态恢复与景观建设标志着工业遗址景观设计的成熟。21世纪全球处于"景观社会"，空间生产形式由过去的"空间中的生产"（production in space）转变为"空间的生产"（production of space），[4]更多工业遗址被改建为可参观的生活景观。由于市场盛行的景观经济、政府倡导的新农村建设以及地方社会精英的现代性忧

---

[1] 北京市工商行政管理局通州分局：《北京市通州区有形市场资料汇编》，通州图书馆内部资料，第5页。

[2] 中共北京市委党史研究室、通州区党史区志办公室：《通州建设史》，北京：北京出版社，2006年，第381页。

[3] 潘百红、吴健：《国内外工业遗址景观设计研究现状》，《北方园艺》2009年第12期。

[4] 潘可礼：《社会空间论》，北京：中央编译出版社，2012年，第255页。

患,[1]北京酒仙桥路一处由苏联援建、东德设计建造的工业项目自2002年开始蜕变为"798艺术区"这一艺术群落,完整地保留了部分厂区建筑,将车间空间改造为现当代艺术展示空间。

张家湾工业区亦进入艺术家的视界。北京国际设计周、北京国际时装周、北京建筑双年展三大会址"落户"张家湾,这里不定期举办红学研讨会、古镇发展研讨会、运河文化遗产保护与传承研讨会等,迈向建设文化艺术博览区、旅游商务示范区、国际交流创新区等新的功能定位。工业区原有的机械制造老厂房被景观化,北投新建设的智汇园引入诸多环保科技、新能源企业和智慧城市研发机构,未来将引进一批元宇宙企业,将智汇园打造为带动设计小镇发展的产业聚集区。

与此同时,智汇园对面的"张家湾文化艺术博览苑"则成为当地民众参与年节仪式、体验民间艺术的场域,每年定期举办张家湾民俗文化节、端午文化周等,体现张家湾商业文化传统的花会、手工艺、叫卖歌等被纳入节庆活动表演项目,面向游客展示。设计小镇·创新中心不仅为企业提供优质的办公环境,还设置24小时智慧文化空间供市民借阅图书、上自习,设计小镇·科技创新大厦"咱家书房"展示讲述张家湾故事的连环画、运河图书等。这种工业遗址+民俗节庆+文艺演出+文化服务的联动模式,为张家湾设计小镇带来新的生机和活力。

而在由上到下的层层设计之外,以康德厚为代表的民俗精英,他们所记所讲从另一个侧面丰富了张家湾的文化层次。不论是张家湾工业区的厂房数量、分布、用地面积及营收情况,还是顶着三九天在枣树下为太玉园企业争取用地而撰写论证报告的经历,康德厚都能准确复述,并辅以笔记、照片、文献资料互证。此外,他坚持搜集与运河相关的文字和影像,自创张家湾古城的绘制口诀、年俗歌谣,长期拍摄记录某一建筑体,将照

---

1 参考梁岩的发言《空间·现代性·艺术实践》,《讲座文稿|【艺术乡建】NO.2:新时期艺术介入乡村的在地实验(上)》,"服务器艺术"公众号, https://mp.weixin.qq.com/s/uQ2kzDppLk7I22hHiEeVDw,访问时间:2023年7月25日。

片串联进行母题学比对，由此判断建筑变化的微小细节，以"考现学"的方式为张家湾文化变迁留下了珍贵史料。

如今，这些张家湾公社生产及工业区建设的历史记忆收录在康德厚自家的"峰秋书店"，店铺门脸贴示"漕运文化、张家湾记忆、红色收藏、电话卡收藏"等关键词，在窗前展示各种"奇形怪状"的葫芦，上面写有"历史回忆""降价花盆""空竹乐器""音乐戏曲书""钢笔尖"，欢迎人们进来参观。康德厚的收藏还原了作为主体的张湾人的生活记忆，在官方宣传的漕运、红学、古城、捺钵等文化之外，暗藏着诸多新维度的"风景"得到呈现。店铺内陈列各种与运河、通州、非遗有关的书籍，墙壁上挂着张家湾桥庙寺观等摄影作品、手抄的歌谣谚语等，"峰秋书店"亦成为一处天然的景观。康德厚在政界、学界、旅行者的拜访下，通过触摸这些物品打开其融汇张家湾工业史的"自传体记忆"。若将其经营的"峰秋书店"比作一座博物馆，其生动的讲述和回忆则是一座活着的博物馆，张家湾遗迹因其修辞而产生了情感意义。

第三节　非物质文化遗产保护的"张家湾模式"

运河的流动造就了包容开放的"流域"空间[1]，其所孕育的运河文化资源呈现出多民族、多地域交流和交融的丰富样态。[2]2003年，联合国教科文组织（UNESCO）颁布《保护非物质文化遗产公约》。中国于2004年8月签字加入，并于2011年通过并施行《中华人民共和国非物质文化遗产法》，明确了非物质文化遗产的保护范围。随着非遗保护工作的开展，运河民俗的传承、发展及传播更加注重地方的文化讲述与地方模式，2014年6月22日大运河入选《世界遗产名录》后，融汇民风民俗、饮食服饰、宗教信仰等的运河文化引起了人们的广泛关注。特别是地处京杭大运河首段的北运河流域，其沿岸的非物质文化遗产在开放的运河文化网络中以"共有""共识""共享"的文化传统与价值理念沟通南北，连接古今。

---

[1] 赵旭东：《流域文明的民族志书写——中国人类学的视野提升与范式转换》，田阡、徐杰舜主编：《人类学与流域文明》，哈尔滨：黑龙江人民出版社，2017年，第90页。

[2] 毛巧晖：《北运河流域民间文艺资源的传承与转化》，《美术观察》2021年第10期。

一、从地域性到公共性：毛猴制作技艺的理念革新

毛猴是通州区级非物质文化遗产保护项目，张凤霞是这一项目的代表性传承人，其口述史不仅是"个人亲述的生活和经验"，其中也有着"对历史事件的记忆和认识。"[1] 张凤霞的毛猴制作从继承"京味儿"特色到融入张家湾的地域文化，再到构建公共艺术空间，以"非遗沙龙"的形式寻求交流合作的平台，其个人创作实践对于构建开放包容与互惠共享的设计小镇有着重要的借鉴意义。

图 1-19 张凤霞毛猴制作课
2018 年 2 月 21 日　通州图书馆　王晴 摄

（一）展现"京味儿"文化的毛猴

张凤霞 1952 年生于西城区，幼时受过良好的艺术熏陶，其祖辈在琉璃厂一带以裱画为业，父亲精于书画，母亲擅制玉雕。开始做毛猴之前，张凤霞从事的是商业管理的工作，2011 年她拜北京市西城区非物质文化

---

[1] 定宜庄等主编：《口述史读本·导言》，北京：北京大学出版社，2011 年，第 3 页。

遗产毛猴项目传承人、北京民间玩具工艺大师姜守煜为师。对于张凤霞来说，做毛猴不仅是对非物质文化遗产的传承，更是为了展现传统文化和现代精神，让作品"有说头、有意思，经得起琢磨，经得起考究"[1]。

毛猴是留存于老北京记忆中极具"京味儿"特色的手工艺品，有昆塑、猴戏、药材猴、知了猴、金蝉猴、中国蝉蜕等不同叫法，由蝉蜕、辛夷、木通、白芨四味中药制作而成。毛猴源起于清朝，具体的时间已经很难考证。根据洛阳市毛猴技艺传承人李宏超的说法，毛猴分为匠人毛猴、儿童毛猴、旗人毛猴三类。旗人毛猴专供八旗子弟赏玩，因此做工更为精细和复杂。[2] 毛猴的市场化离不开清政府对私营手工业实行的一系列生产措施，清代私营手工业的生产组织形式，大致分为铺坊制、独立作坊制和手工艺人三种类型，手工艺生产极度繁荣，出现了包括毛猴在内的珐琅彩、鬃人、内画鼻烟壶等新品种。[3]

清末民初，毛猴开始大量地在市场上流通，据毛猴艺人曹仪简回忆："操这行的'猴儿汪'在20世纪30年代东安市场北门里摆摊卖'毛猴'……"[4]。邓云乡在其书中也细致描绘了当时北京厂甸庙会上售卖儿童玩具的热闹场面："正月里厂甸庙会上是耍货的大海洋，由几十个彩色风轮、小泥鼓连在一起的大风车，到中药细辛作的小猴子翻筋斗……真有些使人感到看也看不完，数也数不尽，说也说不清了。"[5] 毛猴被归类为"特殊的耍货"进行了细致的介绍："一是猴戏。这是厂甸所特有的，在所到过的其他地方，还没

---

[1] 刘亚、张哲:《小毛猴与大世界》,《方圆》2017年第22期。

[2] 李宏超制作的毛猴由旗人毛猴发展而来，将这一技艺带入宫廷的是清末文人叶云苏，其孙叶孝贤在民国时期随爷爷学习了制作毛猴的技艺。全国解放后，为了支援国家建设，叶孝贤从北京分配到洛阳工作，毛猴艺术也被带到了河南。20世纪90年代，李宏超拜叶孝贤为师学做毛猴。参见金东豪：《洛邑古城中毛猴艺术的守望者——记李宏超毛猴技艺》,《河北画报》2021年第16期。

[3] 李苍彦：《北京工艺美术史》, 北京：北京工艺美术出版社, 2018年, 第233、246页。

[4] 曹仪简整理:《毛猴的来历》, 李苍彦、于志海编:《北京手工艺传说》, 北京：文物出版社, 2010年, 第242—243页。

[5] 邓云乡：《鲁迅与北京风土》, 石家庄：河北教育出版社, 2004年, 第53页。

有见到过。这不是真的猢狲变把戏，而是做成的蚕豆大小的猴戏玩具。最普通的是签在一块小硬纸片上的一两个猴子作把戏，翻筋斗、盘杠子。大型的有花果山、水帘洞、美猴王、火焰山等群猴玩具。其材料是用中药中的细辛作猴身，用蝉蜕作猴头和四肢，黄褐色、毛茸茸的身子，黄褐色亮晶晶的头，作为小猴子，很是神似。以此为主，签在硬纸片上，再配上其他道具，便可做成各种猴戏了。精致的也罩在小玻璃罩子里，像江米人一样，很是考究。"[1]这一细致的描写一方面说明了民国时期毛猴的制作技艺及其作品的表现形式和内容已经非常成熟和多样。另一方面，其中传递的对于毛猴的喜爱和赞赏也从侧面展现了这一民间艺术独特的文化传统的叙事功能，与其相关的"技术、文化、市场"等各个环节，是历经岁月逐步累积的社会文化认同，使得毛猴成为"真正的活态的文化传统的叙事"[2]。

20世纪40到60年代，由于多方面的原因，毛猴艺人纷纷转业，这一技艺的传承几近面临断代危机。直至70年代末，曹仪简凭借幼时对毛猴的记忆恢复了其制作技艺，他在继承传统的基础上，开辟了毛猴艺术的新境界。不仅如此，在李迎春、杨爱玲、任文仲、于光军、马福利、邱贻生、姜守煜、张凤霞等手工艺人的不懈努力下，毛猴由民间玩具发展成了制作精巧的手工艺品，获得了许多人的关注。因其"以物拟猴，以猴拟人"的特点，同时搭配相衬的道具和场景，展现市井风俗和世情百态，传递丰富多元的文化意蕴，深受大众的喜爱。

（二）日常经验、主体意识与社会现实

张凤霞的作品不仅注重毛猴的"京味儿"特色，也积极融入张家湾

---

1 邓云乡：《鲁迅与北京风土》，石家庄：河北教育出版社，2004年，第60—61页。《琉璃厂小志》中也记录了1936年厂甸玩具摊售卖毛猴的情况："所售儿童玩具，大抵不外下列数种：（一）猴戏玩物：以中药辛夷作猴身，蝉蜕作猴头及肢四，有单个猴形，有成群者；制成猴子开茶馆、猴子拉大片、猴子打台球以及花果山等景物。"参见孙殿起：《琉璃厂小志》，上海：上海书店，2011年，第15页。
2 田兆元：《作为文化传统叙事的非物质文化遗产》，《群言》2019年第10期。

的地域文化，呈现社会情境中普通人的生命价值和生活感受。如果我们将"手工艺视作一种贯通古今的生产、生活方式"[1]，那么张凤霞对于"京味儿"文化的继承与发扬便是基于日常生活的一次再出发。毛猴是北京传统的民间手工艺，然而张凤霞做毛猴只是偶一为之的事情，起初她并没有意识到自己在做艺术品，而是将原来用碎布缝补衣服的手艺很自然地衔接到了制作毛猴的过程中，做毛猴这件事只是她生活当中一件很微小的事情："我根本没有把这作为一种什么样的艺术，就跟我做家里家庭妇女缝缝补补是一样的，因为它每天都是打发我这几个小时的时间。"[2]她特别提到放在工作室里的一个更衣柜，那是她早年在工厂上班用过的柜子，如今成为她的工作台，也是她的生活轨迹从"缝补衣物"到"制作毛猴"的历史转变的重要见证。在张凤霞的创作构想当中，毛猴并非只为陈列在展柜当中、专供特定人群赏鉴的艺术品，而必须与创作者的生命体验相关联，也要积极介入普通个体的现实生活，正如她编写的顺口溜："辛夷蝉蜕是朋友，合在一起做毛猴。活灵活现京味足，宜情宜趣乐多多。"毛猴要传递和展现"人的情"与"人的乐"，由此，毛猴的手工艺创造便能动性地与传承人、受众的日常生活发生了关联。

  这一关联性的构建离不开张凤霞毛猴创作过程中鲜明的主体意识，这正是非物质文化遗产的精魂所在："非物质文化遗产与普通文化遗产的区别在于，它是人的精神文化的动态体现，传承人的心态与精神面貌直接影响着非物质文化传承的质量。"[3]就传统的创作风格而言，当下性与叙事性是老北京毛猴的特点，张凤霞制作的毛猴不仅继承了这一风格，在展现市井风俗的基础上，她还与时俱进地将党的十九大、北京冬奥会、京杭大运河等宏大的社会话题融入微小的生活事件，在表现新乡村风貌和北运河风光的

---

1 徐赣丽、滕璐阳：《当代手工艺的都市实践——现代民俗学的探索》，《民俗研究》2022年第4期。

2 访谈对象：张凤霞；访谈人：王晴、苏明奎、孙宇飞、安可然、师天璐；访谈时间：2023年3月19日；访谈地点：张家湾镇齐善庄村张凤霞毛猴工作室。

3 萧放：《关于非物质文化遗产传承人的认定与保护方式的思考》，《文化遗产》2008年第1期。

同时，也传递了敬老孝亲、互敬互爱等伦理价值。张凤霞的作品也因此具有了突出的身份自觉："自己要找到自己的位置，不能人云亦云，所以我是做毛猴的，但我走出的路就是和地域文化相结合，走的是接地气的。"[1]这一身份自觉或曰主体意识并非个人主义意义上的孤立个体，而是重建人与人的集体性、社会性的契机所在。

她如今居住的齐善庄村非常重视"接姑奶奶回娘家"的习俗，祥和乐园的村长曾利用这一节俗在村里组织热闹的活动，不仅令外嫁的妇女们感受到了家人的温暖，也促进了村里人的和谐交流，既继承了传统节日又凝聚了民心。张凤霞以这一事件为原型创作了名为"家和万事兴"的作品，这一展现张家湾新乡村风貌的作品不仅得到了村里人的广泛认可，也被当地政府收藏，为张凤霞带来了良好的社会声誉。在这一过程中，张凤霞的个人创作中所蕴含的"情感、意志、愿望、诉求"，不仅是"民众积极融入社会的一种努力"，也是"一种参与社会建构的重要手段"。[2]

（三）毛猴制作技艺的未来发展

毛猴作为老北京的传统工艺，"除了可以完成经验技术思维对工程技术思维的批判，还因其内蕴人类的文化起源性和共同体因素并始终进行具身性实践，从而为反思现代性问题，建设连接传统经验世界的通道提供了潜能"[3]。换言之，毛猴不仅是展现张家湾传统民俗与地域文化的重要艺术形式，又能以讲故事的形式生动可感地呈现地方民众的喜怒哀乐，在维系地域共同体的精神纽带方面具有不可忽视的"引领、渗透、感召、辐射和凝聚作用"[4]。

在谈及毛猴技艺的未来发展时，张凤霞认为："这手艺人的流动我觉

---

[1] 访谈对象：张凤霞；访谈人：毛巧晖、王晴、刘梦箐、洪运涅、贾茜；访谈时间：2018年8月5日；访谈地点：张家湾镇齐善庄村张凤霞毛猴工作室。

[2] 毛晓帅：《桑德拉·多尔比个人叙事研究述评》，《民族文学研究》2021年第4期。

[3] 孟凡行：《手工艺的思想资源及其对现代生活的反思》，《民俗研究》2023年第3期。

[4] 陈立旭：《论特色小镇建设的文化支撑》，《中共浙江省委党校学报》2016年第5期。

得有一个前提条件，就是氛围，或者说叫市场氛围。……要有欣赏艺术的人来有市场来对接。"[1]这就要相应的"既熟稔非遗，又了解设计，还通晓市场"的"非遗经纪人"[2]做好联络和对接的工作。"非遗经纪人"不仅可以衔接好非遗与传承人、民众、学者与市场的关系，还能进一步推动非遗的产业化。在谈及如何推广毛猴时，张凤霞特别提到"非遗沙龙"的概念："我们可以当沙龙式的，大家来了以后就以毛猴的传统手工艺为基础，这就算一个手工厂。然后，你想做些什么你就拿来，我这有这么多的材料，就可以用，如果你觉得我这材料不够，也可以自己带一些小材料来融入你的毛猴的作品中，等于把大家的奇思妙想在这么一个环境来发挥。"[3]这一设想也是张凤霞传承和传播毛猴技艺的基本理念。文化在交流、沟通的过程中传递的是人们关于生活的知识和态度。换言之，手工艺的创作与个体的生命感受密切相关，只有融入不同创作者的身体经验，毛猴的故事也才能成为大家的故事。"非遗沙龙"可以为张家湾文化传统的再度复兴提供一个兼具开放性、参与性、互动性的"公共艺术空间"[4]，其不断敞开和向外接纳的文化理念也可以动员大众能动性地参与到设计小镇的建设中来，让民间艺术家、每一个普通人都能有机会以多样的方式书写自己的故事，设计通州的未来。

1　访谈对象：张凤霞；访谈人：王晴、苏明奎、孙宇飞、安可然、师天璐；访谈时间：2023 年 3 月 19 日；访谈地点：张家湾镇齐善庄村张凤霞毛猴工作室。

2　"非遗经纪人"的工作"包括对接版权、教学培训、创作定制、采购代销等，以及将非遗传承人推荐给适合的公司、品牌，进行合作代言或是联名创作"。参见杨慧子：《手工开悟：非遗与文创设计》，北京：中国轻工业出版社，2022 年，第 131 页。

3　访谈对象：张凤霞；访谈人：毛巧晖、王晴、刘梦箸、洪运涅、贾茜；访谈时间：2018 年 8 月 5 日；访谈地点：张家湾镇齐善庄村张凤霞毛猴工作室。

4　杜宏武、唐敏：《城市公共艺术规划的探索与实践——以攀枝花市为例的研究》，《华中建筑》2007 年第 2 期。

图1-20　小车会表演"接姑奶奶回娘家"张凤霞毛猴作品
2019年2月19日正月十五　张家湾文化艺术博览苑　王晴　摄

二、"活化"与"赋能"：花丝镶嵌的发展新路径

"口述"作为一种叙述和传达的能力，"时时刻刻建造一种变化着的关系结构"[1]；同样地，企业家的口述史不仅"表达着自己对世界的理解与话语权"，也传达着"社会大众的思想感情与社会需要"[2]。花丝镶嵌的发展与设计小镇建设的总体规划息息相关，元国强是东方艺珍花丝镶嵌厂的常务副总，作为企业家，同时也是对接市场、政府和消费者的中间角色，其有关花丝镶嵌的发展思路为设计小镇的建设提供了更具现实感和整体性的参照框架。

---

[1] 徐杰舜、彭兆荣、徐新建：《对话：人类学高级论坛与中国人类学家口述史》，《民族论坛》2014年第4期。
[2] 王加华：《个人生活史：一种民俗学研究路径的讨论与分析》，《民俗研究》2020年第2期。

（一）花丝镶嵌技艺的"新生"

元国强祖籍山西阳城，18岁来到通州参军入伍，退役之后转业至新华社《瞭望》新周刊做了八年的编辑，之后进入北京首发高速公路集团工作。丰富的从业经历让元国强既熟悉新闻出版行业，对文化领域极其敏感；又通晓市场需求，了解企业的发展模式。2016年底，元国强开始接手花丝镶嵌厂的工作，其灵活变通的发展思路也表明"任何优秀企业文化都是一个开放的系统，善于吸收其他文化的精华"[1]。近七年的时间，元国强带领企业拿下了"2019年度我家心仪的北京礼物奖、2019年度优秀助残企业、通州区中小学劳动教育实践基地、运河手工艺大会联合发起单位、2022北京旅游商品和文创产品大赛：节日节气中国传统文化主题TOP20"等多项荣誉。

图 1-21　东方艺珍花丝镶嵌厂
2023 年 4 月 23 日　张家湾镇工业区广聚街　安可然 摄

---

[1] 韩永学：《浙江功勋企业家口述史——基于口述史现场的30位企业家传记》，哈尔滨：哈尔滨地图出版社，2015年，第43页。

北京东方艺珍花丝镶嵌厂，原名北京花丝镶嵌厂，其前身可追溯至1937年公私合营的北京花丝厂。1958年北京市政府将公私合营的北京花丝厂和四个花丝镶嵌合作社合并组建成北京花丝镶嵌厂，1999年企业正式更名为北京东方艺珍花丝镶嵌厂，2003年由军队退役上校常留海先生承包经营，2008年改制成为民营企业，2015年花丝镶嵌厂迁至通州区张家湾镇广聚街。2021年9月，花丝镶嵌传承基地建成开业，以"燕京八绝精品""圆明园文化记忆"和"东方艺术品收藏"为三大板块，分5个展厅进行展示，展出国家级及北京市级和通州区级非遗代表性项目传承人及大师、工匠精美作品200多件。[1] 花丝镶嵌传统工艺有着清宫造办处历史背景，承袭和发扬了历代皇家风格，形成了有别于其他地方的独特技艺和北京独有的宫廷传统特色和地方色彩，被誉为"燕京八绝"之一。作为传统工艺品，其技艺是"随着各个时代政治、经济、文化、科技、新材料的出现，而逐步发展形成的，既反映了当时的历史背景，是见证和传承历史的活化石，也是几千年中华文明衍生出来的文化现象。这些文化现象都可以通过作品折射出来"[2]。

据元国强介绍，东方艺珍花丝镶嵌厂的董事长常留海先生退役后转业至北京，在花丝镶嵌领域做了20多年，对传统文化抱有深厚的情怀。[3] 在传承和保护花丝镶嵌技艺的基础上，企业一方面积极利用张家湾文化艺术博览苑等平台，与北京市及通州区的相关部门协调组织，开展了花丝镶嵌主题文化传承活动。另一方面，企业还与通州区潞河中学、北京经济管理职业学院、中央财经大学、北京联合大学等学校进行校企合作，开展了花丝镶嵌进校园等活动，受到社会各界的广泛关注，进一步扩大了花丝镶嵌在社会各层面的影响力。目前，企业全力打造东方艺珍花丝镶嵌传承基地文

---

1 《东方艺珍花丝镶嵌非遗主题展亮相副中心》，《劳动午报》2022年7月13日，第3版。
2 来源于北京市工艺美术高级技工学校教师赵春明的口述史。转引自钱果果：《花丝镶嵌古老精美的细金工艺》，《中国新时代》2021年第9期。
3 访谈对象：元国强；访谈人：王晴、苏明奎、安可然、师天璐；访谈时间：2023年4月23日；访谈地点：东方艺珍花丝镶嵌厂元国强办公室。

化产业园，把"展览展示、巡回展览、展示体验、弘扬精神等项目由阶段性变为常态化"[1]，积极探索非遗传承保护的新途径。

中国传统手工艺的创新产业化发展，必须要突破个人英雄主义式的单打独斗，主动凝聚联合众多力量协同发展，这是东方艺珍历经数十年的改革与发展所积累的重要经验。[2]多年来，花丝镶嵌在继承传统的基础上也在不断转变思维，正如杭州钢铁公司董事长童云芳所言："企业要有效应对瞬息万变的市场变化，有效解决内外部各种复杂矛盾，实现可持续发展，各级管理人员和全体员工转变思路至关重要。"[3]花丝镶嵌厂一方面积极吸纳传统文化资源，另一方面不断探索与张家湾地域文化相结合的发展道路。

（二）文化传统的复兴与发明

作为国家级非物质文化遗产，花丝镶嵌具有独特的艺术价值和收藏价值，与之相关的风物传说还有着重要的民俗价值。北京的花丝镶嵌流传着一则"金玉良缘"的传说，讲述的是一个花丝镶玉的小球薰挽救了一段美好姻缘的故事。[4]这一传说所呈现的地方婚俗，从侧面反映了花丝镶嵌有着重要的"叙事性艺术首饰"的特征。首饰作为与人之身体密切相关的艺术媒介，内在于其中的"实践性、行动性和在地性"等多重维度可以让"人为世界如工具、建筑和城市，自然世界如风景和大地都不言而喻地成为首饰作品"，即"其叙事之寓言成为人（身体）自我沟通、社会联系和精神生活的重要途径之一"。[5]从这个意义上说，花丝镶嵌可以借助张家湾多样

---

1 来源于"老字号数字博物馆·东方艺珍"，http://lzhbwg.mofcom.gov.cn/edi_ecms_web_front/thb/detail/3adc0f0cb6b543c58b4f0e1bc3d1b88d，访问时间：2023年7月8日。

2 刘丽欧：《承载千年印迹的手工技艺之突围："东方艺珍"常留海先生的坚守与创新》，《中国宝石》2019年第5期。

3 韩永学：《浙江功勋企业家口述史——基于口述史现场的30位企业家传记》，哈尔滨：哈尔滨地图出版社，2015年，第46页。

4 李苍彦编：《美的传说》，北京：北京工艺美术出版社，1987年，第169—171页。

5 曹毕飞：《载体、场域、同质：当代叙事性首饰创作的"身体"建构研究》，《南京艺术学院学报（美术与设计）》2022年第4期。

的表达元素，助力构建书写公众、公众参与、公众消费的设计小镇，成为讲述地方故事，展示张家湾文化活力的重要名片。与这一发展思路相契合的是，为了提升花丝镶嵌的附加值，企业把节俗与产品设计相结合，将二十四节气的元素融入首饰的打造，其中根据春天主题制成的"叶型"胸针还获得了2022年的北京礼物奖。从婚俗到节俗，改变的是花丝镶嵌的设计元素，不变的是对手艺的传承和发扬。

2022年，花丝镶嵌厂与北京北奥集团有限责任公司、北京老字号协会、北京大运河文化旅游发展有限公司合作，建立了运河文化研究院。2023年，企业联合北京经济管理职业学院、大运河文化产业股份公司、北京设计学会等8家单位发起了运河手工艺大会，"旨在围绕大运河文化建设和传统手工艺文化保护，以传承运河精神的文化内核为主线，深度挖掘传统文化资源，推动中华优秀传统文化创造性转化和创新性发展"[1]。元国强提道："我们今年的计划是运河，这个运河指的是世界运河，我们的目的是要申办国家级别的运河手工艺大会。"[2]一方面，花丝镶嵌厂立足全球市场，将发展规划放置于大运河文化带、京津冀城市群与首都都市圈结构中，以手工艺为纽带，不仅可以全方位地激活大运河的文化价值，也让京杭大运河的沿线城市成了潜在的合作对象。另一方面，这一设计方案也充分利用了张家湾原来工业园区闲置的场地，全面整合了多种资源。运河手工艺大会将铜牛设计园区作为永久会址，后者所携带的工业记忆与花丝镶嵌赋予的艺术气息、运河手工艺内蕴的文化网络形成差异互补，相得益彰的发展格局，不仅打开了企业发展的新空间，也极大地提升了设计小镇的发展活力。

口述史的生产过程存在不确定性，与"访问者与被访问者的历史观、

---

[1] 《传承运河文化，发展民族手工——运河手工艺大会启动仪式在大运河畔扬帆起航》，https://mp.weixin.qq.com/s/SUndDeJVo_Jh3wKEv5vH2w，访问时间：2023年7月8日。

[2] 访谈对象：元国强；访谈人：王晴、苏明奎、安可然、师天璐；访谈时间：2023年4月23日；访谈地点：东方艺珍花丝镶嵌厂元国强办公室。

政治理想和自我认同相联系"[1]。尽管元国强的个人叙事不能呈现花丝镶嵌厂的发展全貌，但也让我们看到了东方艺珍花丝镶嵌厂在设计小镇建设背景之下的新定位，以及作为管理者的个人在这一发展规划中所扮演的关键角色。在这一意义上，花丝镶嵌厂的经验值得入驻设计小镇的相关企业借鉴。就实用价值而言，传统手工艺并不属于生活必需品，花丝镶嵌所包含的传统文化和艺术元素"只有放在艺术品的市场上，其所具有的艺术性才能被正视"[2]。也就是说，花丝镶嵌不能孤立地发展，而应结合设计小镇的市场需求，放在"更大的区域性发展规划中"[3]。企业的发展规划一方面帮助我们更全面地审视"设计小镇建设"这一公共政策，加深、促进对于特定公共问题及其相关政策的理解；另一方面，对于政府"改善与增加公共政策的透明度和兼容性，监测与评估公共政策的有效性和确定需要改进的领域"[4]也有着重要的参考意义。

---

[1] 黄克武：《语言、记忆与认同：口述记录与历史生产》，定宜庄等主编：《口述史读本》，北京：北京大学出版社，2011年，第33页。

[2] 徐赣丽：《手工技艺的生产性保护：回归生活还是走向艺术》，《民族艺术》2017年第3期。

[3] 来源于北京市通州图书馆提供的内部资料。通州区文委研究室：《特色小镇：理论基础及实践创新》，2017年，第27页。

[4] 杨祥银：《倾听的力量：口述史在公共政策中的应用》，《浙江社会科学》2023年第7期。

附录一
非遗语境中北运河流域竹马文化的演化特征及传承路径

运河的流动造就了包容开放的"流域"空间[1]，其所孕育的运河文化资源呈现出多民族、多地域交流和交融的丰富样态。[2]2014年6月22日大运河入选《世界遗产名录》后，融汇民风民俗、饮食服饰、宗教信仰等的运河文化引起了人们的广泛关注。特别是地处京杭大运河首段的北运河流域，其沿岸的非物质文化遗产（以下简称"非遗"）在开放的运河文化网络中以"共有""共识""共享"的文化传统与价值理念沟通南北，连接古今。学界关于竹马文化的现有研究包括从艺术学、民俗学角度的历时性梳理和共时性研究、从文学角度对竹马意象的批评、阐释，从图像学角度对竹马嬗变历史的阐释，等等。近年来，关于竹马文化的非遗研究逐渐引起学人的重视，但多以地方性非遗项目为主，区域性的竹马文化研究相对来说比较薄弱。基于此，本文聚焦于北运河流域竹马文化的演化特征，从区域文化与运河文化、地方建构与公共性阐释、竹马文化的当代传承等不同层面进行研究，探讨未来如何通过传承场域的主体回归、竹马文化的延展整合、竹马文化的"活态"展演三个层面实现价值重塑及有效传承。

---

1 赵旭东：《流域文明的民族志书写——中国人类学的视野提升与范式转换》，田阡、徐杰舜主编：《人类学与流域文明》，哈尔滨：黑龙江人民出版社，2017年，第90页。
2 毛巧晖：《北运河流域民间文艺资源的传承与转化》，《美术观察》2021年第10期。

一、竹马文化的嬗变与流布

竹马是中国广泛流传的一种民俗项目,最初作为儿童游戏出现在历史典籍中。自唐代开始,竹马文化逐渐进入诗词、戏曲等文学艺术领域,竹马戏、竹马舞、竹马灯、竹马曲牌、竹马词牌等随之出现,在各民族的交融共生中传承、传播。[1]从汉唐时期娱己的儿童玩具到两宋时期娱人的民间表演,再到元明清时期娱神的民间仪式,竹马文化原本的世俗性特征也逐渐演变为世俗性与神圣性交叠的状态。[2]

汉唐以降,竹马主要以儿童游戏的形式出现。据范晔《后汉书》所载,郭伋上任时"有童儿数百,各骑竹马,道次迎拜"[3],这也是现存文献中关于竹马的最早记载。郭伋出巡之前,和儿童们约定了返回时间,为了信守承诺,不失信于他们,在野外庭中留宿,到了约定日期才进城。因此,范晔评价其为"伋牧朔藩,信立黄昏"[4],徐钧亦在"竹马欢呼迎送"[5]中提及此事。汉末陶谦亦曾在诗文中回忆幼年时"缀帛为幡,乘竹马而戏"[6]。唐代诗人李白在《长干行》中写下"郎骑竹马来,绕床弄青梅"[7],前句描绘的正是古代七岁男孩的"竹马之戏",即通过骑在竹子上来模仿骑马的动作。白居易《观儿戏》中亦有"一看竹马戏,每忆童骑时"[8]之记载。

到了宋朝,高度繁荣的市井文化在一定程度上丰富了竹马的民俗内

---

1 张义编著,北京市文学艺术界联合会组织编写:《延庆竹马》,北京:北京美术摄影出版社,2017年,第2页。

2 任正:《游戏、意象与遗产:竹马文化的多维透视》,《长江大学学报》(社会科学版)2022年第4期。

3 (南朝宋)范晔:《后汉书》,北京:中华书局,1975年,第1093页。

4 同上书,第1115页。

5 (宋)徐钧:《史咏诗集·郭伋》,见《续修四库全书》(第1321册),上海:上海古籍出版社,2002年,第100页。

6 (晋)陈寿:《三国志》卷八,北京:中华书局,1982年,第248页。

7 (唐)李白:《长干行二首》,《李太白全集》(第1册),北京:中华书局,2015年,第306页。

8 (唐)白居易:《观儿戏》,《白居易诗集校注》(第2册),北京:中华书局,2017年,第792页。

涵，竹马作为民俗游戏存续的同时，也逐渐向艺术化的方向发展。如南宋周密在《武林旧事》卷2"舞队"条中记载："男女竹马……其品甚夥，不可悉数，首饰衣装，相矜侈靡，珠翠锦绮，眩耀华丽，如傀儡、杵歌、竹马之类，多至十余队。"[1] 西湖老人在《西湖老人繁盛录》中亦记载："庆赏元宵，每须有数火，或有千余人者。全场傀儡，阴山七骑，小儿竹马、蛮牌狮豹、胡女番婆、踏跷竹马。"[2] 可见此时竹马表演已由"小儿"为主发展为人数众多、形式多样的竹马表演。

元明清时期，竹马在延续历史形态功能的基础上进一步发展，或进入戏剧表演之中，以道具的形式存续，或演化为以"竹马"命名的地方剧种。如《中国戏曲志·广东卷》中记载元明之际，闽南人大量移民粤东及海陆丰一带，随之带来的是俗称"老白字"的竹马戏的传播，"竹马戏用孩童搬演《搭渡弄》《士久弄》等节目，以载歌载舞的'踏钱鼓'收场"[3]。《元人杂剧三十种》中《古杭新刊关目霍光鬼谏》《新关目全萧何追韩信》等剧目中亦有作为道具使用的竹马。其后，随着戏曲艺术的完善，舞台上的"竹马"逐渐被"马鞭"所替代，竹马"转而以民间歌舞小戏的姿态活跃于民间"[4]。清代宫廷舞蹈"庆隆舞"吸收了民间踏跷竹马舞的主要元素，主要在祭祀、朝会、宴饮时表演。清人姚元之《竹叶亭杂记》中记载："庆隆舞，每岁除夕用之。以竹做马头，马尾彩缯饰之。如戏中假马者。"[5] "庆隆舞"中的武舞"扬烈舞"，其人所骑之禺马，其形制与金代砖雕竹马颇近，有论者据此推论，"庆隆舞"或即源于金代之竹马舞。[6] 这一时期的竹马文化融神圣性与世俗性为一体，作为民间仪式的娱神酬神功能日益凸显。

---

1 （宋）周密：《武林旧事》卷2，杭州：浙江人民出版社，1984年，第33—34页。

2 （宋）孟元老：《西湖老人繁胜录》，北京：中国商业出版社，1982年，第1页。

3 中国戏曲志编辑委员会、《中国戏曲志·广东卷》编辑委员会编：《中国戏曲志·广东卷》，北京：中国ISBN中心，1993年，第90页。

4 黎国韬、詹双晖：《竹马补说——兼论竹马戏与白字戏》，《民族艺术研究》2010年第1期。

5 （清）姚元之：《竹叶亭杂记》卷1，北京：中华书局，1982年，第6页。

6 黎国韬、詹双晖：《竹马补说——兼论竹马戏与白字戏》，《民族艺术研究》2010年第1期。

20世纪二三十年代的竹马文化经历了短暂的萧条，各地方政府多以"危及治安""耗材费事""抽头聚赌"等缘由下令"禁演龙灯竹马"[1]。但亦有"竹马舞""狮子舞""高跷""龙灯舞""花船舞"等民间表演的相关图像及文献记载，如1937年怀柔县公益善会竹马会表演的戏码为"昭君出塞"，现存合影（现保存于怀柔区档案馆）中可知，表演中跨着竹马的多为村里十三四岁的男孩子，他们分别扮演昭君、护送官员及士兵。"沿街表演时，整个舞蹈要变换八种阵势，分别由八个表演者领舞，每个表演者都有一段唱词。马童一般由十几岁的孩子扮演，在每个阵势开始时牵马上场，表演翻跟头等动作。"[2]

中华人民共和国成立后，竹马文化逐渐被纳入社会主义文化体系之中，竹马会等民间花会成为"活跃民众生活、宣传文化政策的重要方式"[3]。20世纪80年代，伴随"文化热"的兴起，对竹马文化的挖掘与保护迅速兴起。在这一发展趋势下，一种既强调地理联结又关注文化特性的"共同记忆"逐渐形成，建构起丰富多维的地域传说图景。联合国教科文组织通过《保护非物质文化遗产公约》后，中国于2004年8月28日成为第六个批约国，并逐步建立起具有中国特色的国家、省、市、县四级名录体系。"竹马（淳安竹马）""竹马（蒋塘马灯舞）""竹马（邳州跑竹马）""竹马（东坝大马灯）""淳安三角戏"等分别列于非物质文化遗产名录中的"民间文学""传统舞蹈""民俗"等类别之中。竹马文化在流动的文化展演和日常生活实践中实现文化意义的再阐释。与此同时，竹马文化也在地方建构即公共性阐释的过程中，以一种主动的"姿态"与运河文化相互交融、共生。

---

1 《公安局禁演龙灯竹马》，《新秦日报》1936年1月31日，第6版。
2 张静：《怀柔古城竹马会》，《北京档案》2020年第8期。
3 毛巧晖、张歆：《运河记忆与村落文化变迁：以北京通州里二泗小车会为中心的考察》，《西北民族研究》2021年第2期。

二、北运河流域竹马文化的地方建构及公共性阐释

"非遗"这一概念甫一提出，对相关文化的发掘与保护工作即在数十年间迅速发展，而这也成为北运河流域重构竹马文化的重要途径。"流域"作为人—地—水交叉互动的复合系统，同时也是文化多样性的承载单元[1]，生于斯长于斯的"地方利益主体"（local stake holders）作为竹马文化的"继承者"，在有意无意之间将个体生活与他们所居住的地方紧密相连，"以此来表达对地方情感的主观依附"[2]。这种"依附"一方面同北运河流域裹挟着运河记忆的竹马文化密切相关，另一方面也正是因北运河流域"竹马会""竹马传说""竹马舞"中展现的地方性特征及公共性阐释的可能，作为非遗保护内容的竹马文化才能够在民间文化场域与官方话语的"接合与博弈"[3]中实现活态传承。

北运河流域竹马文化在岁时节日与庙会集会呈周期性重复的状态，"展示了日常世界中被忽略的维度和其他潜在可能性"[4]，呈现为多元、多样、共生的总体样态。旧时乡野之间，人们常在年节或农闲时举办多种娱乐活动，运河沿岸的沧州人民就会"于农隙时练习表演"竹马以"愉快精神"[5]；廊坊地区的人们会在"上元赏灯，前后三日放烟火，为秧歌、竹马诸戏"[6]；北京白云观也曾于春正"跑车跑马"[7]；通州的竹马活动则堪称"盛景"，《潞阴志略》编纂者管庭芬在私人日记中记录了潞县至张家湾地区的走会盛况

---

1 毛巧晖、张歆：《运河记忆与村落文化变迁：以北京通州里二泗小车会为中心的考察》，《西北民族研究》2021年第2期。
2 覃若琰：《想象的地方：少数民族"再地方化"与文化边界重塑——以土家族摆手舞为例》，《中国网络传播研究》2017年第2期。
3 祝昇慧：《民间文化场域中"非遗"话语的接合与博弈》，《中原文化研究》2017年第3期。
4 [德]扬·阿斯曼：《文化记忆：早期高级文化中的文字、回忆和政治身份》，金寿福、黄晓晨译，北京：北京大学出版社，2015年，第57页。
5 汪筦、刘树鑫：《沧州南皮县志》卷3，1932年铅印版，第106页。
6 （清）敖式桓，刘钟英：《廊坊大城县志》卷4，清光绪二十三年刻本，第190页。
7 侠公：《跑竹马》，《天风报》1937年3月7日第2版。

及其个人的观演体会:

> 初六 晴。观演香会。夜有月。案潮俗,正月中男女各游街市,曰走桥儿。十五日俱至里二泗佑民观观礼天仙碧霞元君香会,举邑若狂。……其余跳狮、舞灯、跑马、跳驼驼,承平乐事,历历如画,幸于三千里外争先快睹也。[1]

20世纪80年代,随着民间花会的恢复,"每年阴历正月十五、三月十五、四月十八和五月初一,都要举行进香赛愿的盛大庙会,尤其以正月十五和五月初一的两次庙会最为隆重"[2],在各路民间花会艺人朝顶进香的身影中,当有竹马会众的一席之地。尽管恢复后的"竹马会""竹马舞"相较于过去混杂了些许新的文化元素和文化形式,其原有的价值观也随之发生了一些改变,但重新回归的竹马文化毕竟又存续于真实的日常生活图景与话语世界之中。它既被地方民众所演述,同时也表达着民众,建构着社会,并直接参与着民众的认同实践。因此,对于竹马文化的传承与保护,"通过与跨血缘关系的村民集体的敬神仪式相结合,可以达到凝聚全体村民的作用"[3],"树立乡村文化的独立性,增强乡土文化的凝聚力,增进村民之间的文化共识"[4]。

2003年,联合国教科文组织(UNESCO)颁布《保护非物质文化遗产公约》。中国于2004年8月签字加入,并于2011年通过并施行《中华人民共和国非物质文化遗产法》,明确了非物质文化遗产的保护范围。随着

---

[1] (清)管庭芬撰、张廷银整理:《管庭芬日记》(第2册),北京:中华书局,2013年,第611页。

[2] 刘绍棠:《刘绍棠文集》卷3,北京:北京十月文艺出版社,1996年,第297页。

[3] 刘铁梁:《村落集体仪式性文艺表演活动与村民的社会组织观念》,《北京师范大学学报》(社会科学版)1995年第6期。

[4] 沈一兵:《乡村振兴中的文化危机及其文化自信的重构——基于文化社会学的视角》,《学术界》2018年第10期。

非遗保护工作的开展，竹马文化的传承、发展及传播更加注重地方的文化"讲述"，这种"讲述"多以传说的形式呈现，如国家级、省市级"竹马"项目的申报信息中多利用竹马的不同传说，诠释各类竹马项目的"历史、文学、艺术、科学价值"[1]，凸显非遗项目的悠久历史和表现形式的多样。在这种非遗叙事中，其文本内容具有多样性、开放性等特点，其中，与竹马文化相关的各级非遗项目中涉及的纪念历史人物、重述历史记忆、展现地方风物的竹马传说及民俗仪礼叙事（如表1所示），以高度包容性的框架提供了文化交流的更多可能。非遗叙事以一种"介入式"的阐释行为不断拓宽其公共性阐释的外延，在自我与他者、个体与整体的"汇合之处"，寻求开放、包容、对话的阐释空间。

表1 竹马相关"非遗"项目中的竹马传说[2]

级别	项目名称	竹马传说内容
国家级	竹马（邳州跑竹马）	内容取自金兀术跨马游春
	竹马（蒋塘马灯舞）	源于蒋塘义军首领虞顺祭祀抗辽英烈杨家将的礼仪
北京市级	永宁竹马	源于纪念郭伋，演绎昭君出塞
	沙峪村竹马	演绎萧太后围猎
天津市级	寺各庄竹马会	"卜"姓山东秀才传授，演绎昭君出塞
河北省级	香河大河各庄竹马会	源于纪念郭伋，由北京私塾先生传授技艺
	跑竹马（正定县、灵寿县）	由流落民间的宫廷艺人或直隶高腔戏班传授

---

[1]《中华人民共和国非物质文化遗产法》，北京：中国民主法制出版社，2011年，第2页。
[2] 参考中国非物质文化遗产网（www.ihchina.cn）、北京市文化和旅游局（whlyj.beijing.gov.cn）、天津市文化和旅游局（whly.tj.gov.cn）、河北省文化和旅游厅（www.hebeitour.gov.cn）、河北省人民政府（www.hebei.gov.cn）等网站公布的非物质文化遗产介绍。

在诸多有关"传说"概念的界定中，学者大都重视其"历史性与地方性的特征"[1]，强调传说与地方历史间的互动。传说文类所具备的指涉地方知识与地方历史的特点，往往导致地方的其他文化传统轻而易举地附着其上。这一现象在"传说学"发轫之始的孟姜女研究中就已显现，顾颉刚所要征求的以及所征得之物包括传说文本、宝卷、歌谣、仪式、图画、舞蹈、剧目、地域景观等一切与孟姜女有关的材料。但此后的很长一段时间，传说研究并没能沿着传说所表现出来的"整体性"方向发展。迈入21世纪的"非遗时代"[2]，鉴于全球经济一体化加速及中国社会向市场经济的急剧转型，批判传统不再是知识界的主流话语，优秀的村落传统渐受重视，仁人志士戮力寻找"地方性知识"的讲述，将其视为乡村振兴的价值基础，予以记录、整理和宣传。其中，带有乡土性、地方感的民间传说炙手可热。传说不仅是"历史"或文学文本，还被囊括进"遗产"的概念范畴，作为文化资源备受瞩目。

在此背景下，运河流域竹马传说被利用、转化为构建地方文化的有效资源，人们亦在文化想象及地缘叙事中回溯"历史"，传说中的个体经验叙事经由重述、表征与再创造等公共性阐释成为代际之间感知复杂情感，建构文化凝聚力的重要路径。"金兀术跨马游春""萧太后围猎""崇祯测字"等传说叙事中展现出的对历史事迹的演绎，对封建势力的反讽和批判，对自然风物的记载，等等，对塑造流域乃至整个中国的价值观念与文化认同均具有不可替代的作用。

大运河申遗成功后，北运河流域丰富多样的民俗事象引起社会的广泛关注，里二泗小车会、陆辛庄少林武术会被陆续列入通州"区级非物质文化遗产代表性项目名录"，皇木厂竹马会虽已失传，但从张家湾地区流传的"马营的秧歌张家湾的会，皇木厂的竹马排成队"[3]的民谣不难想见竹马

---

1 毕旭玲：《中国20世纪前期传说研究史》，上海：上海社会科学院出版社，2019年，第12页。

2 刘锡诚：《"非遗时代"的民间文学及其保护问题》，《民间文化论坛》2013年第5期。

3 孙连庆：《北京地方志·古镇图志丛书：张家湾》，北京：北京出版社，2010年，第111页。

会表演曾经的盛况。据当地村民回忆，皇木厂的竹马会始于元代，"当时全国只有两个竹马会，一个是南方台湾的竹马会，一个是北方的皇木厂竹马会。大运河沿途很多省市都有竹马会，但是他们的竹马会和皇木厂的竹马会又不一样，他们的竹马会只有马，没有骆驼。竹马会表演者把竹篾子绑在身体上，给马搭上黄袍（据说当时黄木厂的竹马会是受了皇封的），北竹马会每年进皇宫给皇上表演"[1]。随着地方政府对竹马文化的挖掘和民俗精英对"竹马会"的"想象"与"重塑"，2019年，"断档"20多年的皇木厂村竹马会首次登上张家湾元宵民俗文化节的舞台。[2] 此次表演中，竹马会表演者将流传于民众之间的竹马会传说与竹马会的舞台展演相结合，力求借助此场表演恢复地方文化传统。这场竹马会表演虽应名为"皇木厂竹马会"，但实际表演者为河北香河的大河各庄竹马会[3]。这种"替演"行为的出现一方面是由于皇木厂村恢复民俗文化传统的迫切心情，希冀通过官方节庆活动展现皇木厂竹马会的文化"地位"，实现地方传统文化的重构；另一方面是地方文旅部门出于塑造"传统""特色"的文化标志的现实考量，通过皇木厂竹马会的"复会"，将北运河流域的花会传统与当下非遗保护语境"对接"，重构当地民间花会叙事，强化北运河流域竹马文化的主体认同。但在这种尝试中我们也应该看到，民俗作为一种自然生成的传统，很难以人力控制其衍化路径，如作为皇木厂竹马会"标志"的"骆驼头"道具并未在正式表演中出现，而是被冷落在街角处。"两匹骆驼""鸣锣开道""受皇封"等民间叙事中描述皇木厂竹马会时不变的核心"母题"在表演中被"弱化"，因此现场两位年近90岁的皇木厂村村民质疑此场表演的"传统性"，认为其不符皇木厂竹马会的传统，表演时行进的姿态也

---

[1] 此资料来源于访谈。访谈对象：皇木厂村民赵凤生；访谈人：毛巧晖、王晴、王京、张歆；访谈时间：2019年1月7日；访谈地点：皇家厂村村民委员会老年活动中心。

[2] 《七旬老人助力恢复"竹马会"》，《北京晚报》2019年2月18日，第12版。

[3] 河北省非物质文化遗产代表性项目。

不"标准",并非"马步"。[1] 这种质疑实际上凸显了21世纪以来非遗保护中"个体阐释"与"公共阐释"的交互性问题。阐释行为本身激活世界、观者、表演者与遗产这四个非遗保护中的基本要素。观者与表演者是在舞台表演的过程中展开对话,阐释的公共性也正在这一对话过程中获得体现,并在个体阐释与公共阐释之间寻找"有效阐释"的可能性。

竹马会的恢复无疑会为当地带来一种"叙述的回归",并落实到日常生活环境中的"实物"之上,"从而唤起人们的自我感知,将演述者、听众以及不在场的更大人群连接起来,滋生或温习对地方传统的认同感"[2],逐渐形成一种多数人认可的叙事与实践。但如何促成"传说的竹马"成为"事实的竹马",发生"由信仰到艺术的内部置换行为",如何将记录文本还原于复杂的、长期的、互动的地域社会生活中,依旧是非遗语境中竹马文化传承、发展及传播的共同难题。

三、北运河流域竹马文化当代传承路径思考

北运河流域竹马文化的传承、发展及传播,不仅包括时间上传衍的连续性,同时也包括在空间伸展上的蔓延性,在这一讨论维度之下,文化传承场域的建构就显得尤为重要。场域中的主体主要包括文化政策制定者、文化艺术实践者、民俗传承人、普通民众四类。由于主体之间价值取向不一的问题,场域各主体间很难产生实质性的联系从而形成合力。不同主体话语之间的力量消长,使竹马文化的传承无法达到理想的共生发展状态。针对这一现状,笔者对北运河流域竹马文化的当代传承路径进行了思考,撮要述之,有以下几点:

---

1 此资料来源于访谈。访谈对象:皇木厂村民;访谈人:王晴;访谈时间:2019年2月19日;访谈地点:张家湾镇云杉路。
2 陈泳超:《作为地方话语的民间传说》,《北京大学学报》(哲学社会科学版)2013年第4期。

第一，要对竹马文化传承主体关系进行调适。在这一调适过程中，需要尤为关注地方民俗精英的作用。作为在一定区域内有影响力的民俗活动之参与者，以及可与国家话语进行有效沟通的民俗活动的采纳者，他们在当下的非遗保护语境中日趋活跃，对民间文艺的存续与发展产生了重要影响。非遗保护与传承是一项系统性工作，政府与民间的互动除了发挥地方民俗精英的桥梁作用之外，还需考虑传承场域、价值标准和文化语境的影响。节日是民众生活中不可缺失的文化记忆，更是不可多得的宝贵的人类精神遗产。张家湾民俗文化节、运河文化节等系列民俗文化活动的展开，有利于重新赋予竹马文化内在合法性，并通过政府倡导的仪式促进民众参与，以此重建传统竹马文化的话语权威，使其得以有效传承。

第二，需要主动探索竹马文化的活态传承路径。竹马文化传承与传播的根本目的在于存续与活态传承。实现非遗的活态传承，不仅需要一代代传承人的"如切如磋，如琢如磨"的精神追求，更需要广泛的全民参与。此外，多媒介互动和民间文艺的"活态性"完美契合，可以为我们开展文化产业交流与合作提供新契机、搭建新平台。如在张家湾民俗文化节及竹马会的日常表演中，"互联网＋民间文艺"的发展模式，不仅为竹马文化的传承提供了一个更加具有前瞻性的创新视野，同时也跨越时间、空间的限制，创建了一个能够整合多方资源并促成学科内部、学科之间乃至学界与商界及政府之间沟通、对话的平台。

第三，要从竹马文化自身出发，考察其自身在北运河流域的延展整合，主动探究竹马文化在跨地域、跨文化间交流的价值，并沿着北运河流域辐射全国，在"和而不同"的思想引领下进行文化整合，在共生发展中开启竹马文化传承发展的新局面。当下，更应该以非遗发展为契机，将北运河流域竹马文化置于新的视野下去考量和阐释，合力推动竹马文化的流域传播及海外传播，从交流互融、文化自信、民族认同等领域积极推动中华民族共同体意识的发展，从而实现竹马文化多维度空间拓展、多元化面向展示。

四、结语

近年来,北运河流域竹马文化的保护与传承在国家政策支持和制度保障之下蓬勃发展,呈现出繁荣的景象。但是,发展也同样带来了文化本位的削弱和传承内容的改变等诸多问题。如何重新回归文化本位,关注当下真实发生的民俗事象,建构与时俱进的传承范式,这些都是我们在后续讨论中需要进一步思考的问题。

附录二
张家湾设计小镇：
工业遗产与空间艺术的"交响"

作为城市副中心三个特色小镇之一，张家湾设计小镇的功能定位为"设计小镇、智慧小镇、活力小镇"，整体规划工作从城市副中心11组团及设计小镇、设计小镇启动区、重要节点三个层面展开，其中，启动区是整个设计小镇的核心，以改造为主、新建为辅，保留现状较好的空间尺度、建筑肌理、特色工业建筑、构筑物和场所节点，凸显工业文化。

一、工业遗产的蜕变重生

工业文化的"凸显"，不仅体现对原有建筑结构的整体性保护，更重要的是对工业遗产的改造、利用和更新。"工业遗产"是第二次世界大战后兴起的概念，最初是一种老工业区的乡愁凝结。根据规划，张家湾设计小镇内部选取了具有代表性、规划条件较好的三处老旧厂房，即北京铜牛、方和正圆及北泡轻钢厂进行改造。北京铜牛厂被改造为"兼具设计感、科技感、工业感、未来感和幸福感"的北京未来设计园；北泡轻钢厂地块位于张家湾设计小镇核心地段，被定位为文化活动核心展区及公共服务体验区，用于建设"北京国际设计周"永久会址。

铜牛厂的成衣车间被改造为"集中办公区"，内部的机器、管道、栈道、建筑构件伸到外侧，在外部形象上"保留着昔日的印记"，"成衣车间"内部被打造成"共享办公大空间"。工业设备是工业建筑中不可缺少的组成部分，在"铜牛地块"新的场所设计中故意将工业设备进行外露凸显的做法，起到了较为直观的视觉图像作用，在传达工业遗产建筑的工业美学的同时，亦实现了对场所地域文化的呼应。为了延续厂区工业历史文脉，在铜牛地块的改造中，8000多平方米大平层的穹顶两侧，还专门设计了两个"牛角"，以此纪念老"铜牛"的华丽转身。设计改造中保留了原厂区内的法桐林，将其建设为"铜牛广场"。树池设计成下凹的牛头形，还将把老铜牛厂标志性的"铜牛"雕塑放置到最为醒目的位置，形成一个"视觉中心"，"铜牛"作为工业遗产符号承载着"铜牛地块"的历史记忆和文化精神。而原厂区内部高达50米的"大烟囱"，也被保留下来作为张家湾设计小镇的地标。"铜牛"与"大烟囱"作为一种工业遗产"标志物"，能够有效提升人们对张家湾设计小镇的辨识度、记忆度和关注度，从而促进"铜牛精神"的传承、保护、衍生及创新。

在北泡轻钢厂地块的设计中，张家湾设计小镇启动区内部街区主要依托其厂区原有的主要道路、主厂房及红砖楼（办公、宿舍、锅炉房、变电所等建筑）等"有形遗产"，将林荫道与红砖房作为北泡地块场所记忆和精神核心等"无形遗产"的物质承载。如"北京国际设计周"永久会址保留了老厂房原有的钢结构，并特意将具有工业风的钢梁钢柱"外露"，见证并记录了机器轰鸣的工业生产盛况。永久会址的"外立面"是由6.2万块手工陶土红砖构成，公共大厅内的采光天井外侧由不同类型的砖块砌筑而成：上半部分采用手工陶土砖，与建筑外立面的红砖幕墙相呼应，下半部分采用透明玻璃砖，日光可以透过砖墙洒入大厅，从而营造出一种红砖幕墙的悬空效果，凸显建筑整体的"自由灵动"。采光天井内部将移植原北泡厂区内的一棵老树，在保留旧工业建筑原有景观的同时，营造具有现代园林艺术的标志性景观。公共大厅屋顶和两侧墙面由铝板加上蓝机砖组合而成，蓝机砖砌筑的幕墙还做了局部镂空处理，内部再加上氛围灯光装饰，呈现出光影流动、自由变幻的效果。北泡轻钢地块的设计很好地体现了"与古为新"的工业遗产特色。新技术、新材料的置入，旧建筑的改造与维护，突出了工业遗产中新旧元素的共生。保持原有工业遗产建筑中的"钢梁钢柱"，并借助光影变幻与砖体材料的设计，营造出一种"半透明化"的结构模式，从而打破原有工业遗产比较呆板的建筑模式，在强调工业遗产的场域性的基础上，让空间展现出场所的活力与表现力。

城市中的工业遗产作为历史特定时期城市社会发展的物质载体，见证了人类巨大变革时期的城市生活，保存了城市重要的发展记忆，丰厚了城市历史文化底蕴，是社会文化发展不可或缺的物证。在这一背景之下的张家湾设计小镇建设中对铜牛地块的"再生性改造"与北泡地块的"适应性利用"运用建筑材料新旧之间的融合为工业遗产的空间赋能，在保留工业遗产中历史痕迹、文化印记及激发工业遗产场域活力方面发挥了显著的作用。

二、公共空间的艺术营造

公共艺术（public art）指在公共空间中展示的、民众共同参与的艺术。环境艺术（environment art）、公众艺术（public art）、地景艺术（land art）、景观（landscape）等或多或少都涉及公共艺术的内涵和形式。张家湾设计小镇结合原有园区内部结构，在各个特色功能聚落中形成内部公共开放空间，构建外部围合、内部开放的公共空间组织模式，兼顾产业发展与人本生活需求，鼓励不同产业人群在公共空间交流互动，追求"步移景异"的空间体验；通过广场、室外阶梯、下沉空间、局部水景等空间设计手法，形成层次丰富、舒适宜人、开放共享的公共空间，同时通过步行连廊系统以及地面公共廊道对公共空间进一步拓展、连接，形成活力开放的公共空间网络。

以铜牛地块的北京未来设计园区为例，夜间地标"光立方"位于新建室外电梯的顶端部分，高约18米，远远望去，仿佛一个运动造型的小人在光影间奔跑。作为夜间观赏照明工程的一部分，"光立方"巨大的体量感和"纪念碑式"的高度带有明显的视觉冲击力，流畅的外形设计给人们带来轻盈、光芒闪耀的感觉，让建筑空间充满活力。地标"光立方"将线条的柔韧性与金属的坚硬度相结合，表达出蕴藏着力量的温柔和纯粹的自由。

"共享大厅"由昔日的北京老铜牛厂成衣车间改造而成，整个平层办公区高6.9米，横跨72米，宽度106米，开阔豁朗。在"共享大厅"的空间建构中，艺术被植入人们的工作日常，人们在不经意间"遭遇"艺术，艺术在这里"触手可得"，它们就是长在屋子里的大树、随处点缀的绿植，迷你版的泳池，办公空间中造型各异、功能独特的沙发、圆凳，咖啡吧中由预制混凝土构成的桌子、椅子、纸巾盒、杯子等。其中，三棵"元宝枫"在室内空间的"扎根入驻"在城市副中心的建筑中还是一次崭新尝试。"元宝枫"与"成衣车间"共同扎根于此，与室内绿植一起塑造了绿意盎然、生机勃勃的"绿色办公环境"。

此外，园区中发光混凝土浇筑的道路建设、共享大厅的"风环境模拟"及升级版"礼士书房"的打造让园区呈现出一种人与自然的和谐共生，人们在这里并不会感受到美术馆或博物馆的那种"神圣艺术"的精神负担，而是在随意一瞥或偶一驻足中便能邂逅"新奇"。设计者给予了环境新的活力与无限的可能性，也在特定维度上塑造着这一公共艺术空间的景观及形态。

北京未来设计园区中的"公共艺术空间"指涉的并非其中的某一件物品，而是聚焦于整体风貌的展现。无论是单独凸显的"地标"，如"大烟囱""铜牛"等工业遗产；还是选定艺术作品植入特定的空间之中，如"光立方""发光路""室内绿肺"等，它们都以各自的方式参与当地语境的对话与重塑。

张家湾设计小镇以独特的工业风貌为基础，将景观空间与历史建筑进行一体化构思，结合张家湾老工业区的历史线路、文化空间等人文元素，在设计中充分挖掘工业建筑的历史资源，拓展延伸文化功能和价值。特别针对同类型的建筑，打造"规模群落效应"。其后，更是逐渐拓展至城市层面的"公共艺术空间"构建与工业文化记忆的回溯。通过北京铜牛博物馆、北泡轻钢博物馆的建设，加强与工业遗产的相互关联，并通过营造叙事性场景，引起民众的情感共鸣。

三、张家湾设计小镇的未来发展愿景

张家湾设计小镇整体规划在尊重工业文化价值的前提下，挖掘工业文化内涵，在工业文化中融入新内容，使其在延续的过程中得到创新。但在具体实践中，往往会陷入"保护"还是"拆除"的两难境地，这种矛盾的根源在于对工业文化景观的认知。

张家湾老工业区在面对工业资源枯竭，产业转型时，"设计小镇"以创新中心、铜牛地块、北泡地块、经开智汇园、珠江地块五大重点地块为

图 1-22　张家湾科技创新大厦
2022 年 1 月 28 日　王晴 摄

突破，对这一地区的工业文化进行了区域性、系统的整合，将工业文化与自然景色、民俗技艺、运河记忆相结合，强化人们在小镇内部的情感体验。张家湾设计小镇，同样也承载着城市功能演变和设计产业化的发展诉求。这就要求建设规划"要以设计为主，以城市规划建设设计打头，再加上工业设计、文化设计、创意设计、艺术设计等"，形成设计集群。

工业遗产直观地反映了人类社会在工业时代的发展历程，具有历史的、社会的、科技的、经济的和审美的等多种价值。展望张家湾设计小镇"文化景观"的未来愿景，工业遗产文化景观设计应围绕"文化共同体"展开，留住文化"在场的有效性"。第一，旧厂房的"改造"与"利用"应当彼此呼应，形成统一风格。如铜牛地块的户外单独的集装箱式立体办公空间以及开放式办公环境在园区整体风格表达中较为突出，因此在后续的规划建设中，要考虑到不同地块景观建设的协调与平衡。第二，推动原有建筑空间"活化"与"新生"。如铜牛地块尊重现状园区规划格局、建筑空间和工业建筑特征，对老厂房进行保护性利用。"共享办公大厅"内部随处可见对现代工业美感的追求，通过设计创造与工业遗产进行对话。第三，有效利用不同地块的工业文化特征与标志物营造"共有、共建、共享"的文化记忆。除北京铜牛博物馆、北泡轻钢博物馆等展出的文件、公章、人事档案、职工老照片、机器等实物外，还有如"铜牛""大烟囱""厂房及红砖楼""食堂"等一些原厂房建筑内保留了原有的设备及内部钢结构，这些实物既可以作为景观建设手段，又可以在新旧传承中重构景观功能与空间秩序，延续工业记忆，并形成新型社区文化。第四，充分挖掘张家湾地域民俗文化元素，并通过相应的空间、材质、肌理以及公共艺术手段强化文化理念传承；通过融入艺术生活主题，用景观感知的手法呈现"共享"内蕴。如张家湾设计小镇中的东方艺珍北京传承基地专门设置了非遗工艺作品的产品发布厅，有展示花丝镶嵌精巧技艺的燕京八绝精品馆，还有大运河非遗文创传习所，等等。通过对张家湾地域建筑文化、工业符号及民俗技艺的深入挖掘，唤醒民众对张家湾的共同记忆。

作为"产城人文"四位一体的全新发展平台和新兴聚落空间，张家

图 1-23　设计小镇花丝镶嵌传承基地
2023 年 3 月 11 日　王晴 摄

湾特色小镇根植于"城乡交错的地理空间、经济系统、区域社会和生态环境"之中。随着小镇规划的"落地生根"，建设中的不足也日益显露，如运河文脉延续、特色空间塑造、特色产业植入等问题，此外，研发投入与创新发展不足、文旅融合协作机制不健全、惠企政策不完善等问题，都在一定程度上阻碍了特色小镇的发展。

在未来的发展中，张家湾特色小镇应遵循"特色产业是基础，特色文化是内核，特色生态是重点，特色生活是旨归"的基本理念，坚持以"人"为核心，通过漕运文化、红学文化、公社文化、集镇文化及工业文化的内涵挖掘与资源转化，进一步推进服务性配套设施建设，补齐功能短板，强化产业载体功能；完善产业链、优化供应链、提升价值链，发展以"融合、创新、协调、共享"为主题小镇建设实践新范式；推动北运河流域文化资源与小镇旅游的深度融合，进而探寻地域文化资源在小镇建设中挖掘整理及开发利用的有效路径。

附录三

突出特色　立足根本
——关于张家湾古镇红学文化建设的几点建议

张庆善

尊敬的各位领导、各位专家学者、各位朋友：

大家上午好！

我们这次举办"张家湾古镇红学文化论坛暨冯其庸学术研讨会"，对进一步弘扬中华民族优秀传统文化，深入发掘张家湾地域文化、大运河文化与红学文化的丰富内涵，纪念一代红学大家冯其庸先生，推进张家湾古镇全面建设，都具有十分重要的意义。我认为张家湾镇委、镇政府抓住了曹雪芹、《红楼梦》与大运河文化这张名片，就抓住了古镇建设的文化特色和根本。

关于张家湾古镇红学文化建设我有以下几点建议：

（一）加强曹雪芹、《红楼梦》与大运河文化与张家湾关系的研究。

我们确定张家湾古镇文化特色建设，打造曹雪芹、《红楼梦》与大运河文化带这张名片，是建立在学术研究的基础之上的。正是因为几代专家学者的研究，论证了张家湾确实与曹家有着密切的关系，曹家曾在这里有典地、当铺，曹家的祖茔也在张家湾，曹雪芹最后葬在张家湾，没有这些研究成果，张家湾古镇文化特色建设就失去了依据。我认为张家湾古镇文化特色建设，要突出特色，抓住根本，要重视对曹雪芹、《红楼梦》与张家湾关系的深入研究。我们还需要进一步地去发掘文献史料，寻找更多的直接的证据，这方面需要做的事情还是很多的，比如"曹家坟"的说法，就有待于进一步调查研究。

我们还要有更加开阔的视野，不要只盯着与通州、张家湾有关系的那些事，不要只盯着曹家祖茔在哪里，不要只关心"曹雪芹墓石"的真假之争，虽然这些方面的研究是非常重要的，但仅有这方面的研究还不够，还要开拓新的领域。譬如敦诚、敦敏兄弟及其朋友在东郊的交游活动，这些活动有的直接关系到曹雪芹，有的则是间接地关系到曹雪芹，不管是直接的还是间接的，我们从这些交流中或许能找到曹雪芹活动的线索与痕迹。又如，满洲正白旗的圈地就在京东，深入挖掘文献资料，对研究曹家与通州、张家湾的关系也是有用的。再如，像曹雪芹家族这样属于"满洲正白旗包衣"的人，他们在当时的生活习俗，特别是丧葬习俗有什么规定，四时祭祀祖先都有什么讲究等，这些方面的研究也是很重要的。另外，李煦家的祖茔、敦氏兄弟家的祖茔等情况的调查研究，或许都会对研究曹家的历史有着一定的作用。我们还要重视口头传说的调查研究与整理，这也是《红楼梦》文化的一个重要部分。

我们要把张家湾文化特色小镇建设纳入"曹雪芹、《红楼梦》与北京"这张大名片之中，就张家湾与曹雪芹而言，它既是一个起点，又是一个终点，因为曹雪芹是从这里踏上了北京的土地，又归葬在曹家的祖坟里。

（二）建议将冯其庸先生故居建成"冯其庸故居纪念馆"，加强冯其庸与张家湾研究，发挥冯其庸学术研究中心的作用。

冯其庸先生对张家湾与曹雪芹、《红楼梦》的关系始终非常关注，早在 1981 年就来到过张家湾，实地考察跟曹雪芹家有关的当铺、码头等遗迹。1992 年，曹雪芹墓石发现后，冯其庸先生来考察的次数就更多了，1996 年冯其庸先生退休后搬到张家湾芳草园，直到 2017 年去世，前后共在张家湾居住了 21 年，与张家湾结下了深深的红楼情缘。

冯先生居住张家湾期间，非常关心张家湾文化事业发展，提出了很多富有建设性的意见建议，张家湾曹雪芹雕像和归梦亭都倾注了冯老的心血。2015 年，在张家湾举办"曹雪芹与张家湾"红学学术研讨会，90 多岁高龄冯老坐着轮椅坚持到场参会,这是他的人生旅程中最后一次参加的红学活动,令大家深受感动。

冯先生居住张家湾期间,也是冯老研究曹雪芹、《红楼梦》成果最为丰富的时期,2012年1月,在张家湾芳草园他完成了1700万字、35卷册的冯其庸文集《瓜饭楼丛稿》,汇聚了他一生的学术成就。冯其庸与张家湾的情缘,是建设张家湾文化特色小镇的宝贵资源,是张家湾一张不可或缺的文化名片,我们要建好"冯其庸故居纪念馆",讲好冯其庸与张家湾的故事,研究好张家湾与冯其庸这个课题。

张家湾已经成立了冯其庸学术研究中心,我们要发挥这个学术研究中心的作用,要落实相关的组织和学术机构,规划相关的研究课题,搞好学术与文化活动。还要与无锡冯其庸学术馆、河北正定荣国府、南京江宁织造府、北京大观园等建立联系,共享红楼文化资源。要通过加强冯其庸学术研究中心的建设,培养出一支属于张家湾自己的学术队伍。

(三)办好"张家湾红学大讲堂",这对提高张家湾文化特色小镇的学术层次,扩大张家湾的影响是很有必要的。"张家湾红学大讲堂"的举办要与北京市的主要媒体包括纸质媒体、网络等建立合作关系。我们还要依托张家湾文化特色小镇建设的平台,举办"我与《红楼梦》"或"我读《红楼梦》"征文比赛、"张家湾与曹雪芹、《红楼梦》文化笔会"、"全国《红楼梦》收藏大展"、《红楼梦》诗社体验馆等等学术文化活动,营造浓郁的红楼文化氛围,扩大张家湾特色小镇的影响。

(四)建议把张家湾公园建成《红楼梦》主题文化公园。目前这个公园有很好的空间和发展前景,如果建成《红楼梦》主题文化公园,特色突出,就能与张家湾文化特色小镇建设融为一体。

在张家湾《红楼梦》主题文化公园内,要有"曹雪芹与北京、与《红楼梦》展览",和"《红楼梦》文化艺术长廊",在这里可以集中全国的创作《红楼梦》题材的著名画家、书法家、文化名人、红学家包括与《红楼梦》改编有密切关系的演职人员的绘画、书法作品,这里既是一个《红楼梦》文化艺术展示的平台,又是《红楼梦》文化艺术品的销售平台,线上线下都可以销售，这样既可以扩大宣传影响，又拓展了《红楼梦》艺术品的市场。

张家湾公园内的相关影壁墙，可以设计为《红楼梦》文化内容的景观，如刘姥姥进大观园、元春省亲、宝黛初会、诗社等。影壁墙上要有关于《红楼梦》与曹雪芹的简介与诗词（包括曹雪芹生平、曹雪芹与北京、《红楼梦》与北京等。诗词包括敦诚、敦敏的诗、永忠的诗、俞平伯的诗、周汝昌的诗、冯其庸的诗、吴世昌的诗等）。

（五）张家湾博物馆有着非常好的基础，但需要进一步拓展，内容要进一步丰富，要突出曹雪芹、《红楼梦》与张家湾特色，突出冯其庸与张家湾的内容。

（六）建议修建曹雪芹墓。冯老晚年最大的心愿就是把曹雪芹墓修建起来，他跟我不知讲了多少次。在他人生的最后两年，这种愿望更强烈了，他一直建议在张家湾恢复曹雪芹墓，为曹公立碑纪念、供人们凭吊曹雪芹这位伟大文学家。冯其庸先生有《题曹雪芹墓石》诗："草草殓君土一丘，青山无地埋曹侯。谁将八尺干净土，来葬千秋万古愁。"强烈地表达了在张家湾修复曹雪芹墓的愿望。他原本希望在"曹雪芹墓石"发现的地方，修建曹雪芹墓，但那里已经成为一片住宅，修建曹雪芹墓是不可能的。我们曾讨论能否在归红亭或曹雪芹雕塑附近修建曹雪芹墓。后来感到在如今的张家湾公园修建曹雪芹墓更切合实际，也更具有文化意义。修建曹雪芹墓，可以使之成为凭吊伟大文学家曹雪芹的地方，成为爱国主义的教育基地，成为首都副中心一道亮丽的文化风景线。

（七）建设《红楼梦》文化创意产业园或基地，举办"红楼梦文化创意产品设计比赛"等。在这里集中展示《红楼梦》题材的动漫产品、工艺品以及相关的非物质文化遗产项目。在这个基础之上，打造红楼梦文化一条街。

（八）设计曹雪芹、《红楼梦》与张家湾文化旅游线。搞好《红楼梦》文化旅游，重点突出五个字：看、听、吃、玩、买。看：看与曹雪芹有关的历史遗迹、看博物馆、看墓石；听：听与曹雪芹、《红楼梦》有关的故事、传说，包括学术论争的是是非非等；吃：突出通州、张家湾的饮食文化、特色小吃；玩：主要是指有小孩玩的地方，因为只有吸引小孩玩的地方，才能引来大人，引来全家；买：最好能有张家湾特色和红楼文化特色的纪念品，特别是《红楼梦》文化创意产品。如条件具备，我们可以在张家湾这举办《红楼梦》美食节、《红楼梦》服饰展演季等，还可以考虑发起建立全国的《红楼梦》文化旅游联盟。我们这里已经有了环球影视城，如果把参观游览环球影视城的游客中的一部分吸引到我们张家湾的红楼梦文化旅游中来，那对推动张家湾的文化旅游发展将产生重要的作用。

总之，搞好宣传、搞好活动，突出特色，抓住根本，真正把《红楼梦》文化在张家湾发扬光大，使之成为张家湾文化经济社会全面发展的一张亮丽的名片，推动《红楼梦》的当代传播，弘扬中华优秀传统文化，为张家湾文化特色小镇建设做出积极的贡献。

所说谨供参考，谢谢大家！

附录四
调研日志

一、项目组成员赴通州图书馆调研

2023年2月26日，中央民族大学中国少数民族语言文学学院博士生王晴、苏明奎，中央民族大学文学院博士生杨赫、孙宇飞、路迪雨婴，中国社会科学院大学硕士生安可然、师天璐等7人赴通州图书馆查阅特色小镇建设相关文献。

本次调研搜集的资料包括城市规划文件《北京通州西集地块·体育文化生态小镇方案设计》《北京城市副中心11组团总体城市设计及张家湾设计小镇城市设计》（2019）、《北京市通州区西集镇镇域规划》（2008—2020）等；非物质文化遗产图书《通州剪纸》《通州"非遗"印象——老通州漕运民俗风情》《中国名城·大运河申遗与城市特辑》等；历史资料《北运河水旱灾害》《北京市通州区有形市场资料汇编（张家湾部分）》等；地方文化读物《运河》杂志（北京市通州区文学艺术界联合会主办）、《郑建山作品选》等。

项目组成员通过查阅资料，学习非遗资源赋能特色小镇城市建设的相关理论，深入了解通州西集生态小镇、张家湾设计小镇规划和设计过程，获得通州运河1949年以来的洪涝灾害统计数据，包括洪峰流量、遭受水灾

图1-24 《漕运一百问》
北京市通州区图书馆编
北京燕山出版社2020年版

的农田面积等。通州图书馆运河文库的工作人员为项目组成员提供极大的帮助，郝馆长赠书《漕运一百问》。

调查结束后，课题组成员分享了各自的感想和收获。

　　本次调研让我进一步体会到运河与地方文化的密切联系，对运河文化的传承保护也应在多学科协作中进行。历史上运河的改道与北京的城市建设有着密切的联系，而每一次运河的改道都会对沿线民众的生活产生深刻的影响，或是推动当地的农业与商业发展，或是造成系列的水旱灾害，运河流域的诸多口头叙事也因此生成，并广为流传。在此过程中，水利工程建设、农业与商业发展、北京城市历史共同构成了运河深厚的文化底蕴，也为当下多学科协作推进运河文化传承与保护奠定了基础。如今，运河成为通州建设的经济动脉、生态水脉与历史文脉，其在丰富运河文化内涵的同时，也需要多学科协作以保障特色小镇的建设能同时为地方生态涵养、区域文化传承及当地经济建设起到推动作用，这也是本项目的意义之一。

——杨赫

让我感动的仍是运河文化空间中，多民族文化的交汇、融合。过去，茶馆是民间艺术传播的重要空间，民众为了区分清真和非清真的茶馆，汉民约定在茶幌子下面统一系红布条，回民约定统一系上蓝布条。通州小楼的回民高跷会是跟南关的汉民兄弟学来的，流传"马老伯卖一袋棒子买行头"的故事，与汉民高跷的不同之处，在于他们化淡妆、不勾脸，且只在店铺前踩街表演，不进香拜神。可见多元文化及社群之间相互沟通理解的可能性，以及民俗艺术对于被掩藏之生活和可能性的揭露。

——王晴

北京市通州区文联主办的《运河》杂志，创刊于1979年，刘祥、张宝玺、王梓夫等老一辈的作家对于该杂志皆有草创之功，1985年受到各方面因素的影响杂志停刊，1991年通县文联成立，恢复出版。历经数十载的《运河》见证了通州文化的发展和繁荣，也串联起了通州老中青作家群的运河情结。《运河》这本杂志是透视运河文化变迁以及地方民众情感结构的重要切口。颇为疑惑的是，在有关运河研究的系列成果中，这本杂志却不被看见或鲜有提及，所以其学术价值也未被充分挖掘。

——苏明奎

王梓夫在漕运三部曲中，用细腻的笔触描绘了通州历史上漕运文化的方方面面，在《漕运码头》中，如开漕节、祭坝仪式、祭仓节等民俗节庆；与漕运有关的船运、仓储等制度也在小说中有所体现。此外，李卓吾、曹雪芹、汤显祖等历史人物和大光楼、码头等通州的地方性知识和地域景观也被分解安插在小说的各个章节中。作者游离于历史与虚构之间，用运河典章与民间传说共同构造了一个亦真亦幻的通州古城。

——孙宇飞

通过对通州"非遗"资料的阅读，我看到了运河沿岸丰富多彩的民俗事象：时而明快时而悠长的运河船工号子，舞姿优美、形象逼真的小车会，传承百年、推陈出新的小楼烧鲇鱼……民间艺术、传承人在运河的场域里构成了立体的"非遗"。这让我对于"非遗"保护有了更多的感受，当我们开始学会用遗产视角去重新丈量审视身边那些曾经熟视无睹的一切，会发现他们更像是现代社会与历史之间的桥梁，让群体的记忆得以延续，人的智慧结晶得以传承发展乃至不断创新。而"非遗"保护关注不只是正在消失的文化，更是正在创造的遗产。

——安可然

这次来到通州图书馆看到了许多与运河漕运文化相关的书籍和刊物，从中获益良多。《运河》杂志中记载，通州之名与漕运关系密切，取运河漕运通畅周济之意。在运河的历史发展过程中我们可以看到各种传说故事交错纵横，形成了丰富独特的运河民俗文化。在这些历史传说故事中，我们可以看到相关的美食如咯吱盒，豌豆糕；又有磬子传说（磬子是指河流里、池塘里水极其深的地方）还有与北运河相关的"水不犯生灵"（朱棣佩剑，题字止洪水）各色民俗文化交织在一起展示了通州运河的独特魅力。

——师天璐

二、访谈张家湾文化工作者和民间手艺人

2023 年 3 月 19 日，中央民族大学中国少数民族语言文学学院博士生王晴、苏明奎，民族学与社会学学院博士生孙宇飞；中国社会科学院大学硕士生安可然、师天璐，赴通州区张家湾镇访谈《漕运古镇张家湾》编纂者刘福田与毛猴手艺人张凤霞。

（一）"张家湾向南"发展战略与捺钵文化

到达通州图书馆的时候距离约定的访谈开始时间还有半小时，馆长告诉我们刘福田老师已经到了，我们有些惊讶。刘老师非常健谈，且见解独到，他说他答应别人的事情都一定会履行，如果是大事暂时没处理完，那你可以事前告诉别人，做不完没关系；如果是小事的话，那就一定不要失信于人。

刘老师和我们分享了他思考问题、开展研究的经验，特别强调哲学对人的塑造，他经过多年思考形成了一套独特的思辨体系，即"混沌哲学"。他对北运河的认识既有当地人的认同和情怀，又具备外部的宏观视野，他认为应该结合民俗、历史、哲学、地理等多学科对北运河进行系统研究，以更整体的视角看待北运河的人文生态，尤其要有比较的意识，将北运河和其他河流进行比较。比如，广西境内的灵渠在历史上曾经起到维护大一统的作用，北运河在这方面的作用也很突出。不仅如此，张家湾河道变迁及遗产开发方面还可以同南方沿海地区的特色小镇建设进行比较。刘老师在运河沿岸行走多年，发现对北运河的研究不能忽视地质和地形的影响，西集的"除旱魃"仪式需要用柳枝编成的筐盛土，倒入河中，这一仪式流行于全国很多地方，可以将其纳入运河文化的讨论中。

刘老师是张家湾牛堡屯人，对北运河有着深厚的感情。1979年恢复中考后，他考入通州有名的潞河中学，之后进入北京建材工业学校学习机械，毕业后被分配到北京特种水泥厂工作，其间他还被外调到通州工业局，所以对当时开发区的情况非常了解。当时这一片工厂林立，大概是1979年，运河水被完全污染，臭气熏天，老百姓没有了灌溉水源，纷纷来反映问题，工厂就用大白菜作为赔偿弥补居民的损失。刘老师做过国企车间主任，也曾下海经商，还担任过刊物主编，如今他将精力投入到了北运河民俗文化的调查和研究中，他丰富的人生经历反映了张家湾20世纪80年代工业开发到"设计小镇"文化建设的发展脉络。

谈到设计小镇的建设，刘老师说不能只重"设计"而轻视了"特色"，目前大家对张家湾文化的开发更多关注的是"红学文化"，今后应该纳入辽金元的"捺钵文化"和明清"漕运文化",这是张家湾设计小镇建设或者古镇建设的重点。

(二)"设计小镇"非遗沙龙与手工艺体验

和刘福田老师吃过午饭后,我们便赶往齐善庄村毛猴坊,拜访传承人张凤霞老师。

张老师的工作室因毛猴的存在变得精巧灵动,"小毛猴,大世界"的艺术魅力正在于此。毛猴作品有很强的当下性和叙事性,张老师特别擅长捕捉身边发生的典型事件来表现这些主题,她细致地给我们讲解每一件作品背后的内涵,让我们感受到了作品背后的文化底蕴和手艺人的奇思妙想。

"糖葫芦可不都是山楂的。"

这句话是张老师的师父对她早期一件作品的评价,简单的一句话包含着取材于生活进行创作的智慧和对手工技艺精益求精的追求。此后,张老师手下的"糖葫芦"有各种口味,卖冰糖葫芦的毛猴也更有生机。带我们参观时,张老师特意指着作品说:"你们看,这里不只有山楂的。"

无论是题为"警钟长鸣"的作品中不同于普通红脸毛猴而带有讽刺意味的白脸毛猴——警示人们"钻钱眼"里是陷阱而非坦途,还是在作品中用毛猴呈现人们在日常生活、风俗节日中的群像,你会发现张老师的每个作品都是由文化的土壤中生发出来的,因此每一只毛猴都是鲜活灵动的。从著名书画家胡絜青"半寸猢狲献京城,惟妙惟肖绘习俗。白描细微创新意,二味饮片胜玑珠"的评价中,可窥见毛猴这项民间艺术的妙趣,而从张老师的作品中能够感受到手艺人的知识转化与创造。从最初以黄色小柜子为工作台走到了今天宽敞的独立工作室,离不开手艺人这种自觉进行创造、创新以及不断精进的态度。

谈到设计小镇建设,张老师提到这些年政府扩大了对毛猴的宣传渠道,不仅有线上平台,还有线下展示空间,大剧院、图书馆、博物馆,包括张家湾设计小镇智慧园区。关于设计小镇如何服务传承人、民间艺术家

图 1-25　张凤霞毛猴作品
安可然 摄

的问题，她认为可以跳出设计小镇园区的地理范围，到她的工作室里办一些非遗沙龙或者文化体验等相关活动。经过交流，我们提出可以把毛猴工艺的体验活动纳入高校大学生的党团活动和志愿服务工作中，这些活动都需要政府、设计小镇专项组以及更多热心人士来帮助组织和对接。

　　虽然在时代环境的影响下，"非遗"话语进入了大众视野，传承人的社会地位也有了明显的提高，但是像"毛猴"这样的手工艺仍然处于"酒香巷子深"的境地。张老师的毛猴作品部分被政府接收进行展览，少部分被偶然发现并真正欣赏"毛猴"手艺的人收藏。"设计小镇"想要打出并打好"特色"这张牌，无疑是要回归到对当地特色文化的挖掘上来，而"毛猴"这种具有地域性的民间艺术符合"特色"标准，是否为需要重点关注的对象？另外，已挖掘或尚未挖掘的民俗文化及其传承人呈现出分散的状态，如何在小镇有限的空间里吸引并留住这些传承人？解决这些问题需要一个逐步的过程。若入驻"设计小镇"连基本生计问题都无法解决，自然无人愿意参与；同样地，在基础设施完备的情况下，以城市副中心日新月异的发展势头，自然会对不同群体产生吸引，让艺术作品拥有适合其生长和传播的土壤。

  本次调研的对象可谓一"文"一"武","文"是刘福田"风云际会"的地方文史撰写，他说想要写好一个地方的村志，必须要上穷碧落下黄泉，动手动脚找材料。文献、传说、田野、土壤、水文、气候等都是形塑村落文化的背后因素。在充分了解本村方方面面的基础上，还要对邻村乃至通州的村落变迁史有一定的认识，只有这样在撰写的过程中才能达到"风云际会"的效果；"武"是张凤霞精湛微妙的毛猴技艺，"糖葫芦不仅是山楂的"这一看似不起眼的生活现象，实际上是她毛猴工艺的终极命题：什么样的艺术老百姓才会喜欢？从"滑稽的毛猴不该在严肃的场合露面，所以把它放在了卡车里"到"钻钱眼里的毛猴脸是白的"，她用丰富的经验、细微的观察以及卓越的技艺给出了自己的答案。

（本节作者：师天璐、安可然、孙宇飞、王晴、苏明奎）

三、访谈张家湾博物馆筹建者曹志义、里二泗小车会传承人刘学成

  2023年4月8日，中央民族大学中国少数民族语言文学学院博士生王晴、苏明奎，民族学与社会学学院博士生孙宇飞；中国社会科学院大学硕士生安可然、师天璐，赴通州区张家湾镇访谈张家湾博物馆筹建者曹志义与里二泗小车会"膏药"扮演者刘学成。

  调研小组在花庄站下车，花庄地铁站非常华丽且空旷，像一个小县城的高铁站，出了地铁站以后是一个下沉广场，按照地图走起来仍旧晕头转向。目测起来，下沉广场大概离地面不到两米，装有一对自动扶梯和一个电梯，两侧马路宽敞洁净，颇有国际大都市的现代化感觉。下沉广场前是一个涵洞，穿过涵洞要走一段满是沙尘的小路才进入到张家湾的地界，在这条小路上，商贩和小吃车杂乱无章地安置在道路两旁，从幌子看来，饺

子煎饼、串串烧烤、火锅炒菜一应俱全，只是八成店面未开门，我们午饭用餐的饺子店上还贴着"店铺出租"的字样，不知这样的一条小吃街是否曾经充满生机过？

下沉广场仿佛是张家湾和环球度假村中间的过渡区，它的一端是国际化大都市的典范，另一端是比较日常与普通，甚至在基础设施、城市环境等多方面都比较落后的居民区。这样强烈的对比与冲突令人印象深刻，张家湾民众如何看待这种巨大的发展落差？采访曹志义的过程中，我们向他提出了这个问题，但他并没有直接回答，而是从办公室角落的几张城市规划图谈起。这几张规划图完成于2005年，此时距张家湾发展已经过去五六年了，但人们对村镇的未来毫无头绪，有鉴于此，镇政府和福建的成龙集团合作，根据地方文化和新兴城镇的发展趋势，对城镇发展做了详细的规划。包括古迹的保护与展览、商业街的搭建与使用、生活区和休闲区的分

图 1-26　曹志义向调研小组展示张家湾设计图
王晴　摄

配等多个方面，通过曹志义的描述，宏大且精细的城市发展构想重新浮现在我们眼前。他说，如果这些建议都被落实在行动上的话，那么环球度假区才是落伍的那一方，至少在时间上是落后的。为了迎接奥运会，这些改造计划几乎全部被束之高阁，成了一个过去式。奥运会是彰显国家复兴、民族富强的标志性事件，在这一国家盛事面前，双奥之城的张家湾却因此搁置了自身的发展，可见国家话语与地方诉求的张力。

  曹志义是土生土长的张家湾人，他对张家湾的历史遗迹和文化遗产如数家珍，从城建规划图到博物馆logo，他对每一处、每一点的修建思路和设计理念都了然于胸。他两次强调旧房改造工程中新建的每一幢楼都有他的参与，对着会议室陈列柜里的奖杯和奖牌，他多次声明一个村能获得如此多的荣誉并不常见。这不是一种彰显功绩的炫耀，而是张家湾村发展过程中他为此付出的心血与汗水的明证。随着近年来城市副中心建设的逐步推进，张家湾的发展诉求又重新得到了关注，在不同的场合被表达出来，张家湾的未来值得期待。

  下午调研小组来到了里二泗小车会"膏药"扮演者刘学成的家中，刚走到胡同口就感受到了这位传承人的无限活力：刘学成身着鲜艳的橘红色短袖，边挥手边中气十足地召唤着在村里找不到方向的我们，像是四月春风里一轮炽热的太阳。王晴多年前就采访过刘学成，这些年来一直保持联络，建立了良好的田野关系，在二人"聊家常"式的互动中，访谈氛围也变得轻松自然。在屋内坐定后，刘学成拿出自己珍藏的小车会表演的照片，细致地向我们介绍"膏药"这一角色，从表演诀窍到道具，在刘学成的介绍中我们了解到，他2004年开始学习小车会表演，一年以后担任"膏药"一角，此后这成为他表演中最拿手的一个角色，谈起"膏药"，村里村外无人不知。

  除此之外，刘学成还讲述了自己丰富的"玩会"经历。从本村表演到邻村请会，从节庆时热闹的庙会演出到2008年通县传递火炬现场的文化传播。据他讲述，每次表演的时间长短不一，长的可达近两个小时，短的也有40分钟。而这些表演大部分是自发的、无酬劳的。"大家都是为了玩"，

"好玩"是他们的核心动力。刘学成将"玩会"视为自己的爱好,"玩"也是他对于人生的态度,不是游戏人间、放浪形骸,而是积极面对生活,乐观向上的处世信条。

通过与刘学成的交谈,我们发现像小车会"膏药"扮演者刘学成这样的传统文化实践者,因长期处于花会、秧歌、合唱团、舞龙队等乡村文艺表演圈子,且与顺义、大兴、香河等地的文艺表演者多有来往,无论文委、镇宣传部是否在设计小镇园区组织文艺会演、节庆活动,他都可随心所欲地穿梭在许多村落自发组织的文娱活动中,同他们歌唱、舞蹈。就这类群体的需求而言,产业升级、工厂腾退、工业区改造等设计小镇建设带来的最大便利可能是绿地公园的增多、环境的美化,公共空间的升级更便于他们集中"玩耍"、大展身手,从而在整体上增加了乡村文艺的活跃度。

通过本次访谈,我们再一次从两个视角看到了张家湾的特色文化,无论是从当地文化精英的角度还是民间表演者的角度都体现了通州张家湾的独特文化。从曹志义的口中我们可以看到一个精心设计的张家湾,从他对张家湾历史的讲述和城市规划图的讲解,我们更详细地了解到了张家湾发展的历史、背景和现状。我们也看到了张家湾在建设过程中获得的很多荣誉,这是张家湾人共同努力的见证,也展现了张家湾未来发展的光明前景。在与刘学成的交流中我们看到了一个充满无限活力与热情的民间表演者,他对表演艺术极为热爱,在小车会上的表演让他闻名于乡里。他的表演艺术更多的是一种即兴创作,在表演中的创作,在与观众的互动间把民俗文化真正做到人们内心中去,让张家湾的独特民俗文化在表演中得到了传承与发展。

(本节作者:孙宇飞、安可然、苏明奎、王晴、师天璐)

四、访谈故事创作师刘恩东、张家湾村民康德厚

（一）听刘恩东分享故事创编

2023年4月14日，项目组负责人中国社会科学院民族文学研究所研究员毛巧晖，项目组成员廊坊师范学院讲师张歆，中央民族大学博士生王晴、苏明奎、孙宇飞5人赴张家湾调研特色小镇建设情况。

上午9：30，我们先来到连环画创作师刘恩东的工作室。门厅摆满了刘老师为运河与北京城、张家湾与曹雪芹、保定军校等主题创作的人文历史连环画，及故事衍生的文创作品和周边，如香皂、小剧场等，可谓琳琅满目。了解了这些代表性作品的大概情况后，我们进入刘老师的办公室漫谈。

刘恩东谈到自己小时候或从长辈那儿，或从收音机中听到大量的民间故事，他的创作蕴含了浓重的民间文学色彩。大运河系列绘本和北京建

图1-27　刘恩东老师向毛巧晖研究员展示作品　王晴 摄

城的系列绘本，就是"以传统为取向的文本"，这些艺术作品是在北京的运河传说和建城传说基础上而产生的，虽然逻辑、顺序等有所改变，但情节、题材、人物等都诉诸传统。虽然他本人没有意识到，但民间文学的叙事方式和叙事结构也在潜移默化中影响到他的创作与构思，仅就谈到的十二生肖中的兔子传说为例，三段式的结构、神奇宝物的出现以及常见的有关偷听解决困难办法的母题都汇聚在这个传说中。

刘恩东的故事创编有着自己的一套评价体系，用他的话说是在逻辑上要"讲得通"，在思想上要"正能量"。他认为，以往传统民间故事的叙述中，存在着许多说不通的矛盾。比如，通常人们接受的十二生肖传说中，老鼠是依靠"小聪明"才占据第一的位置，他从当下的现实出发，指出生活中这种投机取巧而取得头名的人并不具有威望，所以他用"老鼠有恩于其他动物"为主线，解释十二生肖以鼠为首的缘由。这种助人为乐的主旨也就引出了关于"正能量"的思考，刘恩东非常重视故事的教育功能和文化功能，他所改编创作的每一个独立的故事，都蕴含着一定的人生哲理，如十二生肖的系列传说中，老鼠助人为乐，兔子无私奉献，猪也能够带来祥瑞……他希望人们看了这些生肖传说以后，能够在情感上产生认同，对自己的属相更加自信，并传播这种积极的内容。

结束了对刘老师的访谈，我们回到3月调研时锁定的张湾镇回民街峰秋书店，继续访谈康德厚老师。

（二）和康德厚一起见证历史

康德厚生于20世纪40年代，祖上随漕运来到张家湾。因为父亲的工作性质，他早年辗转于天津南开、包头青山等地，60年代又回到张家湾安家落户，在公社从事科技方面的工作。那时候镇政府还未搬走，四里八乡都会上这儿赶集，茶馆、说书艺人、咯吱盒……回民街繁荣的生活景象还清晰地印在他的脑海里。后来工作单位随镇政府迁至广源西街，他得以见证工业开发区从兴盛到腾退的历史。2000年他退休回家看顾峰秋书店，有了更多时间延续幼时集邮的爱好，收藏的范围也越来越广。在他缓缓的讲

图 1-28　毛巧晖研究员与康德厚交流　王晴 摄

图 1-29　峰秋书店宣传　王晴 摄

述中，书店内的物件及其背后的故事就像一部全息影像开始慢慢浮现。小小的书店塞满了各式藏品，有乐器、毛笔、家具，更多的是书籍，从地方史志到人物传记、历史小说、戏曲研究……俨然一个有着厚重历史感的微型博物馆。

康德厚居住的回民街生活着回、汉等民族，为了更好地记录张家湾的历史，他阅读了大量的文史资料，在参与修订村志的过程中，他还到实地勘查以保证内容的准确。学会摄影之后，他拍下了生活中那些行将消失的街景和古迹，并将其拼接在一起。他对着几年前站在古城墙上拍下的一幅张家湾镇全景图告诉我们："也许过几年就再也看不到了！"我们看到书店墙上泛黄的、新拍的照片彼此连缀，历史就在眼前。他的个人经历同时也是张家湾民族交往、文化交融的历史。作为中央民族大学学生，民族身份往往是会被特别强调的"标签"，但在康德厚的讲述中，丝毫感觉不到他在凸显自己的回民身份。在这种使命性的记录和身体性的踏查中，他早已将自己的生命轨迹与地方社会的发展变迁深深地嵌合到了一起。

经过此次调研，我们进一步理解张家湾工业建设的辉煌与沧桑，传统与现代交织的时空裂变中普通老百姓的生活状态，以及工业小镇转型文创设计小镇需要注重的问题及方向。鉴于康德厚曾为张家湾工业企业的管理者，记录和收集了大量的统计数据和文史资料，一定程度上保证了其工业记忆的完整度和准确性，下面我们计划进一步对康老师及其叔伯兄弟进行访谈。

（本节作者：王晴、孙宇飞、苏明奎）

五、访谈张湾镇村村民康氏兄弟、里二泗小车会会首韩德成

这次来到张湾镇村，与上次所见景象不同，整条回民街人潮涌动，我们所乘出租车被堵在街口，颇有些"对岸人潮如织"的运河风光再现的感觉。穿过人群，到了"小镇收藏家"康德厚的峰秋书店，询问方知今天刚

好是开斋节和初三集市开放日。遗憾的是，我们到达时开斋节活动已结束，不过镇上的集市吸引了我们的目光。集市很朴实，大部分是瓜果蔬菜，摊主们都热情地招徕顾客，好吃的淀粉肠让我印象深刻：东北老家也有这样的集市，每次看到烤肠我都挪不动步，必定要吃上才肯罢休。集市的存在极大丰富和便利了人们的生活，康熙《益都县志》卷四《市集》中写道："集也者，聚也，聚东西南北之人于一方，以所有易所无，犹市也，故曰集市。"张湾镇的集市展示着民众的生活面貌，不是定格在文字或图片中的某一段、某一瞬间，而是带有温度的烟火生活。

在峰秋书店我们翻看了康德厚早年在公社时的工作日志，整整一箱笔记本按照时间顺序依次排列。通过日志可以看出他对工作的认真踏实，这份工作态度也成为他管理众多工厂的重要条件。即使是从城市回到农村务农这样的巨大落差之下，康德厚也很快适应了新的环境，找到属于自己的位置，并取得了卓越的成绩，另一箱荣誉证书就是明证。另外，在交谈中我们也发现设计小镇的建设并没有深入民众的日常生活，以至于他们在口头上多将"设计小镇"称作"开发区"或"旧工厂"。更为有意思的是，

图1-30　张家湾大集　苏明奎　摄

图 1-31　康德厚的个人收藏　苏明奎 摄

康德厚提到"萧太后桥"和"通运桥"等名称不过是近几年才出现的，在此之前他们统一将其称作"大石桥"。这是我们在调研中应该特别留意的地方语汇。同时，我们再一次惊讶于康德厚强大的记忆力，从张家湾在各处的耕地数量和工厂占地面积，到几年前写某一份报告时的天气情况，事无巨细，他都能娓娓道来，并且还能辅以资料证明。如果说峰秋书店是一座记录个人生活的"博物馆"，那么康德厚本人又何尝不是一个有温度、有坚持的收藏家。

接下来，我们来到了里二泗小车会的活动室访谈传承人韩德成。韩德成向我们展示了里二泗小车会的相关道具及影像资料。从他的介绍中，我们了解到，里二泗小车会最初的许多成员已经陆续离世，我不禁感到惋惜和急迫，惋惜于生命在时间洪流中的渺小，急迫在我们要如何与时间赛跑来保护这些独具特色的文化。接着，韩德成演示了小车会坐车娘娘如何使用绑在腰间的"老太太腿"。仅仅是几个动作的展示，一个鲜明的坐车娘娘的形象就已经呈现了出来。除了精湛的表演，让我印象最深刻的便是韩德成对于非遗传承的态度，他说："不是说我一个人演得好，或者里二泗小车会演得好，没必要，要联动起所有的小车会，大家共同传承。"

4月23日上午，我们来到了东方艺珍花丝镶嵌厂总经理元国强的办公室。坐定后元总首先向我们提问，接连询问几个关于我们项目主题的问题。我起初狭隘地以为他并不情愿接受访谈，后来才知道，他曾经是新华社《瞭望》周刊的编辑，对于选题有一种敏感度，在听完我们的主题之后给我们提出了很多想法和建议。接着他又切换到了东方艺珍企业管理者的身份，向我们讲述了东方艺珍的成立过程、其与张家湾设计小镇的关系以及他所了解的设计小镇现状。企业家的角度是我们之前没有了解过的，在与元总的交谈中，能够感受到他对张家湾的情怀，对企业在张家湾发展的期待和所做的努力，他说："房租涨了，企业可以收缩空间，缩小规

图1-32 调研小组采访韩德成 苏明奎 摄

模……我们在等待一个机会。"这种情怀离不开他在张家湾有过十几年的部队生活。转业进入报社，再从报社退休后，他改变返乡计划，马不停蹄加入战友经营的花丝镶嵌厂，从没有牌子做到今天满墙的"名牌"。或许张家湾已经相当于他的第二故乡。

（本书作者：安可然）

第二章

西集

「生态休闲小城镇」的乡村振兴之路

西集镇位于北京市通州区东南部，境内有潮白河、北运河蜿蜒而过，素有"两河之地"的美誉。在地方资源优势与北京市发展规划的共同影响下，西集镇将建设"生态休闲小城镇"作为乡村振兴的方向。得益于潮白河与北运河的滋养，西集镇水草丰美、农业发达，有着良好的生态休闲资源。在北京城市发展规划中，西集镇被赋予了建设"生态休闲小城镇"的定位。《北京城市副中心（通州区）国民经济和社会发展第十四个五年规划和二〇三五年远景目标纲要》指出，城市副中心建设应遵循"一城一带一轴、四区三镇多点"的布局。其中，"西集生态休闲小城镇"属"多点"行列，被赋予了"构筑城乡融合发展格局的关键功能节点"的使命[1]。《北京城市副中心（通州区）"十四五"时期乡村振兴规划（2021—2025年）》中进一步明确了西集镇"生态休闲小城镇+'果篮子'"的发展目标，强调西集镇应"进一步将生态优势转化为发展优势……打造乡村生态振兴示范点。"[2] 为达到上述目标，西集镇制定了系列政策，积极培育、引进人才，调动村民参与村落建设的积极性，为地方发展做出了有益探索。

在建设"生态休闲小城镇"的过程中，西集镇以人才振兴带动组织振兴、产业振兴与文化振兴，积极推动村落生态资源的转化，探索乡村全面振兴的路径。党的二十大报告中指出，乡村振兴应以"产业、人才、文化、生态、组织"[3]的全面振兴为目标。在此背景下，西集镇下辖村落的村干部们以本村具体情况为基础，多措并举助推地方组织振兴；镇内的民俗精英积极挖掘地方生态文化资源的转化路径，在西集镇内打造文化产业

---

[1] 《北京城市副中心（通州区）国民经济和社会发展第十四个五年规划和二〇三五年远景目标纲要》，访问地址：http://www.bjtzh.gov.cn/bjtz/xxfb/202103/1338239/files/82f12b65e3d84b959def9d2564a4c767.pdf?eqid=95de9bda0067f8e00000000264946a6a，访问时间：2023年8月21日。

[2] 《北京城市副中心（通州区）"十四五"时期乡村振兴规划（2021—2025年）》，访问地址：https://www.beijing.gov.cn/zhengce/gfxwj/202202/W020220224402253667288.pdf，访问时间：2023年8月21日。

[3] 习近平：《高举中国特色社会主义伟大旗帜 为全面建设社会主义现代化国家而团结奋斗》，《人民日报》2022年10月26日第1版。

链，各施所长引领当地产业振兴；熟悉地方文化的西集人则积极推动当地文化资源的传承与保护，用具体实践带动当地文化振兴。在各方协作努力下，西集镇的生态资源与组织、产业、文化发展紧密结合，取得了良好的发展成绩。

为全面了解西集镇"生态休闲小城镇"建设的成就与不足，本项目组分别调研了为当地组织振兴、产业振兴与文化振兴做出贡献的地方人才，试图较为全面地呈现西集镇以"生态休闲小城镇"建设带动乡村振兴的具体路径，为特色小镇建设提供切实可行的建议。

第一节　村落治理助推组织振兴

"组织振兴"是乡村振兴的重要一环，也是西集镇推动"生态休闲小城镇"建设的关键举措。"基层党组织是推进乡村振兴的'主心骨'"[1]，村支书则是村落组织振兴的重要推动者。本项目调研了西集镇下辖的尹家河村、肖家林村与沙古堆村的村支书，从他们那里了解西集镇以组织振兴带动"生态休闲小城镇"建设的措施及成效。其中，尹家河拥有百年渡口和特色鲜明的红色文化，肖家林由首任女书记带领着整治村容村貌，沙古堆村的特色产业发展成果显著。这些村子是西集特色小镇建设和发展的典型代表。

一、乡村振兴中的百年渡口村

北京通州西集镇的尹家河村，紧邻尹家河渡口，是名副其实的百年渡口村。近年来，在村委会的带领下，尹家河村不论村风村貌，还是经济发

---

[1] 周忠丽：《乡村组织振兴的实践路径创新——基于驻村第一书记的视角》，《河海大学学报》（哲学社会科学版）2023年第3期。

展规划，都取得了可喜的成效。尹家河村村支书王学森，是土生土长的本地人。他1964年出生于尹家河村一个普通的农民家庭，中学毕业后，在建筑工地工作过，经过商，承包过工程。在长期的历练中，他积累了丰富的社会经验，锻炼了突出的工作能力。出于对故土的热爱，2019年，55岁的王学森接任尹家河村党支部书记、村委会主任职务，挑起了带领村落发展的重担。2023年5月，北运河特色小镇建设调研小组来到尹家河，对王学森书记及村民进行了访谈，深入了解尹家河的发展过程及未来规划。

（一）潮白河河畔的"京东第一村"

北京五大水系之一的潮白河水系由上游的潮河、白河汇聚而成，流经京津冀三省市，在北京通州尹家河村附近成为了北京与河北的界河，北京通州的尹家河村与河北香河的王店子村隔河相望，潮白河右岸的尹家河村因此被誉为"京东第一村"。

尹家河村的村史可以上溯至元末明初，至今已有六百多年，村内的百年渡口远近闻名。《航拍中国第三季·河北》中描述道：

> 在这里，河北和北京之间，只隔着一条潮白河。房子多的一侧是北京通州区尹家河村，另一侧，是河北香河王店子村。来往两村之间，最近的自然是水路，即便有了汽车，人们还是不愿意舍近求远，过了河，一路向西，就能见识北京城的争分夺秒，河面上的渡船，一贯的不紧不慢，过一次河需要两到三分钟，和百年前相差无几。[1]

运河上的有名渡口有很多，南段的镇江西津渡有着一千四百多年的历史；北段的天津杨柳青渡口同样饱经风霜。千百年来，运河上的渡口输送了南来北往的一批又一批的商贩客旅，尹家河村的渡口亦然，它"不紧

---

1 《航拍中国第三季·河北》，央视网 https://tv.cctv.com/2020/06/15/VIDEbMUOCDCflzPN6Kr05N73200615.shtml?spm=C86503.P0gvObVdQv8q.EioJcU2mpDQF.26，访问时间：2023年7月23日。

图 2-1　王学森介绍潮白河畔建设规划
2023 年 5 月 6 日　杨赫 摄

不慢"，白天的十多个小时被这渡船分割成了几十次往返；它也"争分夺秒"，1945年秋，抗日战争胜利后，数万名八路军将士开往东北，就是从这里的渡口过河。当时八路军日夜兼程，村里准备了几条大船，每船摆渡五六十人，昼夜不停助军过河。[1]1948年解放北京时，该渡口又成为了解放军入京的重要军事要道，持续的兵力源源不断地迈向京城，对于这段红色历史，当地人自豪地回忆道："解放北平时，军队也是从我们这儿过河的"[2]。

那段艰苦的岁月早已离我们远去，但这段红色的记忆却深深地烙在当地人的心中。生于斯长于斯的王学森对此深有体会。在尹家河，不仅仅是百年渡口，通县早期红色政权地以及通州区第一个村史馆都是当地红色记

---

1 《北京城市副中心：百年渡口》，首都文明网，https://www.bjwmb.gov.cn/dongtai/tongzhou/10030696.html，访问时间：2023年6月25日。

2 同上。

忆与红色文化的物质载体。王学森充分地发挥了地方文化资源与生态资源的优势，在改善生态环境与基础设施的前提下，围绕着红色文化，走出了一条具有尹家河特色的乡村振兴之路。

（二）尹家河的村落治理与村落规划

2017年，党的十九大报告中提出"乡村振兴"战略，次年中共中央、国务院颁布《乡村振兴战略规划（2018—2022年）》（以下简称《规划》），按照产业兴旺、生态宜居、乡风文明、治理有效、生活富裕的总要求，从战略层面上对中国乡村未来的发展做出了明确的指示。在乡村振兴的战略背景以及快速城镇化、农业现代化等时代背景下，围绕京郊村落，北京市相应地出台了"美丽乡村建设""特色小镇规划"等一系列乡村振兴政策。王学森上任时，正值北京市"美丽乡村建设"专项计划展开之时。

2018年2月4日，北京市委市政府向各区印发《实施乡村振兴战略扎实推进美丽乡村建设专项行动计划（2018—2020年）》。计划中提到，各区村庄的工作任务包括"全面整治农村环境""加强村庄绿化美化和生态建设""全面开展农村饮用水水质提升和污水治理工作"[1]等。这意味着作为尹家河的领头人，王学森上任之初的工作重心之一就是配合"乡村振兴"，建设"美丽乡村"。根据北京市委的设想，美丽乡村建设的总计划被分为三个阶段，在2018年底前需要完成第一批美丽乡村建设；2019年底前完成新一批美丽乡村建设；2020年底前基本完成全市农村环境整治任务，全市美丽乡村建设取得重要进展。这是基于客观事实作出的一项科学合理的规划与指示。王学森告诉我们："美丽乡村呢，我们是排到第三批。"[2]这也

---

[1] 《关于印发〈实施乡村振兴战略扎实推进美丽乡村建设专项行动计划（2018—2020年）〉的通知》，北京市人民政府，https://www.beijing.gov.cn/gongkai/guihua/wngh/qtgh/201907/t20190701_100221.html 访问时间：2023年6月26日。

[2] 访谈对象：王学森；访谈人：王卫华、徐睿凝、孙佳丰、路迪雨婴、杨赫、孙宇飞；访谈时间：2023年5月6日；访谈地点：西集镇尹家河村村委办公室。以下文中涉及王学森的口述内容皆来自调研团队对王学森的访谈，不再重复标注。

图 2-2　赵亚莉介绍尹家河村规划
2023 年 5 月 6 日　杨赫 摄

可见在计划推行初期，尹家河村被视作重点难点整治对象。

对于刚上任的王学森而言，在既有条件下，要彻底地整治环境并不是一件容易的事。据王学森回忆，他刚接手时，尹家河还是一个"破破烂烂"的小村庄，村里"没有娱乐的地""道路坑坑洼洼""乡村垃圾乱放"。然而，面对困境，王学森率领两委和广大党员干部身先士卒，坚持"想群众之所想，急群众之所急，积极为群众解决问题"[1]的原则，率先垂范地参与进村落治理当中，在村内开展了"还村民一泓碧水、两岸清风"[2]的活动，对街道上与河边的垃圾进行定时清理，加大监管力度，并利用广播宣传环保知识，呼吁大家珍惜、爱护家园，改掉乱扔垃圾的陋习。除此之外，对

---

1 《修座桥吧！通州这地儿人们出行严重受阻！73 米的距离全靠人拉！》，搜狐网，https://www.sohu.com/a/321188015_99961867，访问时间：2023 年 6 月 25 日。

2 同上。

于老破的地下管道、村内的私搭乱建、低洼坑塘等，王书记也一并予以翻新重修。仅仅一年，尹家河村容村貌得到了翻天覆地的变化，实现了一步一景的愿景。

美丽乡村建设之于尹家河的意义非凡。正如王学森所言："如果不抓住这次的机遇，抓不住这次美丽乡村改造机会，以后就很难了。"王学森竭力改善人居环境的目的也很简单，用他自己的话说便是"不干净不整洁，人家谁上你这里来"。"到尹家河来"似乎成为王学森当下的最大诉求，这一诉求与数年前的"特色小镇"建设在理念上一脉相承。2016年，西集镇在《北京市通州区国民经济和社会发展第十三个五年规划纲要》中被正式定位为"西集生态休闲小镇"，由此开启了以"生态休闲"为方向的建设发展之路。在此背景下，潮白河与运河之间的西集自然担负起"依托两河水脉，打造滨水生态休闲空间"[1]的使命，可见"到西集来，到尹家

图2-3　访谈王学森书记
2023年5月6日　杨赫 摄

---

1 毛巧晖、王卫华、张青仁、王文超编：《北运河流域特色小镇建设研究》，北京：学苑出版社，2022年，第101页。

河来"正是时代赋予王学森的使命与职责，也是尹家河振兴乡村的必由之径。

然而，乡村的振兴必须是全方位的振兴，环境与生态只是其中一部分。《规划》谈道，乡村振兴的基本原则之一就是"坚持乡村全面振兴"。所谓"全面"，包括经济建设、政治建设、文化建设、社会建设、生态文明建设和党的建设等各方面。王书记选择在天命之年回乡，从经济、生态、文化等多方面一改乡村颓势，尹家河的村落建设与乡村振兴基本上沿着全面振兴的道路前进，但也有其特色，其特殊之处就在于红色文化与党建的结合。"把红色文化宣传出去"是王学森的夙愿与使命，也是尹家河村发展的趋势，尹家河的红色文化传统在乡村振兴的战略背景下得以重新焕发生机。

（三）渡口边的红色文化

每个村落都有其独特之处，尹家河的独特定位就在于其红色文化。自2018年以来，在王学森"多、快、好、省"的党建工作法的引领下，尹家河的精神文明建设取得了卓越成绩，红色文化建设更是取得了显著成效。目前，尹家河已基本形成了"百年渡口——红色遗址——村史馆"的三位一体格局。文化广场上的《新时代 新征程》巨型彩色墙绘是当地打造红色教育基地的一个空间标识。与此同时，凭借着良好的口碑和丰富的红色底蕴，尹家河还与北京市内各大中小学、高校和机构等建立了深厚的合作关系，自觉地承担起红色村落的社会责任。尹家河的文化建设与党建工作互为表里，相互渗透。

尹家河的百年渡口是潮白河在北京界内的一个重要渡口。70多年前的抗日战争与解放战争时，这里也曾有着"金沙水拍云崖暖，大渡桥横铁索寒"般的惊心动魄。当地的老人们还能够讲述那时的一些往事，85岁的老党员尹宝年回忆道：

> 1948年进军北京时，当地政府从附近各村调来建桥物资，在村南

图 2-4　尹家河百年渡口
2023 年 5 月 6 日　徐睿凝　摄

边搭建一座木桥，在北面搭建一座浮桥，这就成为当时解放军进京的军事要道。[1]

历史上这里曾有个石桥。据老摆渡人李连的回忆，大约两三百年前，村里的"大财主投资修建了一座八孔石桥"[2]，但历史上潮白河水灾频发，顺治五年（1648）、乾隆四十九年（1784）、同治十一年（1872）等年间[3]，潮白河均发大水，每到汛期，沿河村庄农作物都在大水的浸泡之中。这座旧石桥或许就坍圮于某一次的水灾中，如今两村的往来只得依靠着渡口上的铁索与浮船了。

1　《红色尹家河》，《北京晚报》2023 年 4 月 13 日，第 8 版。
2　《北京城市副中心：百年渡口》，首都文明网，https://www.bjwmb.gov.cn/dongtai/tongzhou/10030696.html，访问时间：2023 年 6 月 25 日。
3　北京市密云县志编纂委员会办公室编：《密云县志 初稿》，北京：北京出版社，1998 年，第 72 页。

图 2-5　调研通县县委县政府驻地遗址
2023 年 5 月 6 日　杨赫 摄

百年渡口在战争年代发挥了重要的作用，其特殊的地理位置也较早留下了红色政权的活动足迹。尹家河地区有着西集最早的党支部，1944 年 7 月，中共三、通、香联合县成立，"共产党在西集地区秘密发展中共党员 36 名，并在尹家河村建立西集地区最早的第一个党支部，党支部书记郑桂森"[1]。1946 年通县单独建县之后，县委、县政府进驻尹家河，西集第二区政府也在尹家河[2]，县、区政府均设在该村郑桂德家。民主政府在尹家河期间，通过"旧瓶装新酒"的方法，利用老百姓喜闻乐见的文艺形式宣传党的各项方针政策，如时任县领导陈平在当地组织儿童团，向他们教唱革命歌曲《解放区的天是明朗的天》[3]，并宣传"二五减租"，起到了宣传与教育

---

[1] 北京市通州区政协文史和学习委员会编：《颐和西集》，北京：团结出版社，2017 年，第 380 页。

[2] 陈喜波：《大运河畔的红色村落 下》，《北京城市副中心报》2021 年 9 月 2 日，第 4 版。

[3] 北京市通州区政协文史和学习委员会编：《颐和西集》，北京：团结出版社，2017 年，第 381 页。

的作用。战局瞬息万变，1946年的春夏之交，在国民党的阵阵炮火声中，通县政府人员撤出尹家河，但尹家河的红色记忆并没有就此消失，亲历者们回忆道："当年县政府机关人员非常平易近人，和群众打成一片"[1]，红色文化旧址至今依旧掩映在浓浓的绿荫之中。

  在乡村振兴、特色小镇等政策支持与鼓励下，尹家河的红色文化迎来了新生，红色政权基地、百年渡口、村史馆将以崭新的姿态向世人讲述尹家河的红色血脉。1946年，通县县委县政府的驻地设在尹家河村民郑桂德家[2]，这处宅子几经辗转后归村民庞先生所有。其旧址位于村东南方，有正房三开间，西厢房一间，院内有树数棵，枯井一座，因长久无人打理，绿树掩映，杂草丛生。现如今，旧址经过手续变更已被转移至村委会的名下留用，在谈到通县旧址的下一步构想时，王学森认为要坚持以红色文化的宣传为主，将其改造成"红色教育基地"，从而加大"红色文化传承"。

  象征着红色文化的百年渡口同样也在焕发新颜。虽然渡口是尹家河历史文化的载体，但从另一个角度来说，渡口更是生态休闲的重要组成部分。在西集"生态休闲小镇"建设蓝图中，"潮白河运河休闲产业带"于潮白河畔的尹家河而言可谓举足轻重。《北京城市副中心（通州区）"十四五"时期乡村振兴规划》要求"依托潮白河生态走廊，推动潮白河运动休闲带建设，满足群众休闲、健身、交通等方面需求，打造集运动、休闲、健身、娱乐等于一体的滨河运动休闲产业带。"对于这个规划，尹家河村计划在沿岸取一块地以供露营、垂钓；部分打造为娱乐旅游项目，通过文旅产业发展地方经济。

  有意义的村史馆能够成为村庄文化发展的内生动力。尹家河村史馆（乡情村史陈列馆）始建于2013年，占地100余平方米，是年8月免费对外开放。村史馆内的老旧物件皆是面向乡邻村民以及社会征集而得，民国

---

1 北京市通州区政协文史和学习委员会编：《颐和西集》，北京：团结出版社，2017年，第381页。

2 同上。

图 2-6　尹家河村史馆简介
2023 年 5 月 6 日　杨赫 摄

初年的营业执照、传统民居的木窗棂、夏天避暑的"冰棍箱"、称粮用的"斗"、石磨、耕犁、劳动分红清单……一件件展品构建起过去生活的物质图景，附以平实的介绍文字，陈列室成为记忆与想象的空间。村庄的历史沿革、文化符号、民俗传统等都是宝贵的历史财富，村史馆的意义或许就在于此。

自 2018 年上任伊始，王学森便着手村史馆的改造工作。他意识到，虽然村里红色文化传统底蕴深厚，但一直以来疏于统合与宣传，因此他在原村陈列室基础上进行升级改造。新的村史馆占地面积由原来的 100 余平方米扩建至近 300 平方米，馆内的 170 余件展品以时间、类别为线索，有序摆放在各个展区，系统地呈现出尹家河村数百年的变化。更值得一提的是，相较于此前的陈列馆，村史馆还增设了"红色记忆"部分，这是王学森"把红色文化推出去"的一步尝试，"传承红色基因，赓续红色血脉"[1]是新建村史馆的文化使命。

1　尹家河村村史馆内的文字介绍。

筚路蓝缕，以启山林。在乡村振兴、美丽乡村建设、副中心建设、特色小镇建设等政策的影响下，以王学森为中心的村领导集体带领着尹家河村一步一个脚印，在生态、经济、文化、组织等多方面都实现了质的飞越。因地制宜、物尽其用是王学森的村落治理哲学，他充分运用村子的红色文化资源，依托村史馆，将红色文化融入村庄发展；并利用潮白河、运河良好的生态环境，将生态优势转换为发展优势，让村民早日"端起生态饭碗"[1]。作为村书记，王学森需要及时了解相关政策，时时倾听基层需求；对内沟通村民百姓，对外则要接待游客访客，繁忙奔波成为他的日常。在他及其他村委会成员孜孜不倦的努力中，尹家河正焕发着勃勃生机，力争实现更为全面的乡村振兴。

二、运河岸边的美丽乡村肖家林

西集镇东南方向有一个美丽的村庄肖家林。它紧邻北运河，环境优越，2020年被评为首都文明村。肖家林现任村书记陈瑞霞，1963年出生于西集镇小灰店村；1985年结婚来到肖家林，在这里扎下根。2004年开始做肖家林村妇女主任，2015年起担任肖家林村党支部书记兼村委会主任。陈瑞霞是肖家林村历史上第一位女书记。她带领村民们一起为肖家林村争得了"首都文明村""五星级党支部""先进村"等多项荣誉称号，成为肖家林村的发展引路人。2023年4月，北运河特色小镇建设调研小组来到肖家林，调研村落发展状况，并对陈瑞霞书记进行了访谈，从中了解肖家林村的过去、现在与未来。

---

[1] 《共讲文化故事！潮白河国家森林公园规划建设三个特色园中园》，腾讯网，https://new.qq.com/rain/a/20230523A00U4M00，访问时间：2023年6月29日。

（一）运河畔的村落

关于肖家林名字的来历，有这样一个故事：早年间，一支驼队偶然间发现了植被茂密、土壤肥沃的西堤，他们欣喜地改变了游牧式的生活，选择在此稳定地蓄养牛羊，开垦荒地，开启了西堤的文明史。这支驼队的第五代后人——肖屾，看中了西堤利于商业贸易的有利位置，在此加大发展南北经商队伍，但很快西堤就因外来移民过多而出现了土地拥挤的问题，于是肖屾带领肖氏家族向东，移至距西堤500米的地方。这里地貌平坦，土地呈漫坡形向南延伸，穿过大片草地就能到达大运河沿岸，是放牧、渡船、捕鱼的极好地带。肖屾在这片沃土上对族人说："这就是咱们的肖家林。"于是，肖家林的村名就这样诞生了。[1]

自古以来，肖家林就因紧邻大运河而有丰富的航运资源。明清时期，大运河漕运繁忙，肖家林也成为经济繁盛的村落；后来因为河床的泥沙堆积等地理原因，漕运被迫改路，导致肖家林的航运、商业经济萧条下来。现在，随着大运河文化价值的重新挖掘，肖家林村作为北运河沿线村落，又迎来了新的发展机遇。作为肖家林村的引领者，陈瑞霞力图抓住机遇，发挥肖家林的优势和特色，让肖家林再次充满生机和活力。

肖家林的村民们大概也没有想到，一个普通村落的发展竟与申报世界文化遗产这样的大事联系了起来。2014年，在卡塔尔举办的第38届世界遗产大会上，中国大运河成功入选《世界遗产名录》，成为中国第46个世界遗产项目。2017年，习近平总书记对建设大运河文化带做出重要指示："大运河是祖先留给我们的宝贵遗产，是流动的文化，要统筹保护好、传承好、利用好。"[2] 至2023年，大运河已经成为通州区的发展高地。西集镇依托运河资源，设想将本镇打造成为"生态休闲小城镇"，建设人、地、水和谐共生的生态城镇图景。肖家林村作为西集镇毗邻运河的村落，直接受益于这些规

---

[1] 北京市通州区政协文史和学习委员会编：《颐和西集》，北京：团结出版社，2017年，第92—94页。

[2] 2017年6月习近平对中央《调研要报》第48期"打造展示中华文明的金名片——关于大运河文化带的若干思考"一文作的重要批示。

图 2-7　陈瑞霞介绍肖家林村建设情况
2023 年 4 月 12 日　杨赫 摄

划。近些年根据"生态发展"的核心发展思路，肖家林致力于改善村内人居环境，提高村民生活质量，逐渐展现出生态美、人文美、村风美的和谐农村新风貌。

怎么改善人居环境？建设什么样的人居环境？这是陈瑞霞作为村书记首先要解决的问题。上任至今的八年间，陈瑞霞积极落实垃圾分类政策、更新村里的污水排水系统、为村民修缮房屋、改善街道、创建乡村花园等，一步一个脚印地带领村子往前行。近几年来，肖家林连续获得五星党支部、优秀党支部、镇区两级文明村等荣誉称号，并于 2020 年获评"首都文明村"。但起初，作为一个女同志，刚上任的陈瑞霞总是遇到重重阻碍，甚至听到这样的声音：一个女同志能把这个村管理好吗？面对质疑，陈瑞霞选择迎难而上。她说："谁说女书记不能把村里治理好，我希望人们看看，女书记不仅能做好，还能做得更好！"[1]

---

[1] 访谈对象：陈瑞霞；访谈人：王卫华、徐睿凝、孙佳丰、路迪雨婴、杨赫、孙宇飞、赵莎、王子蔚、王子尧；访谈时间：2023 年 4 月 12 日；访谈地点：西集镇肖家林村村委办公室。以下文中涉及陈瑞霞的口述内容皆来自调研团队对她的访谈，不再重复标注。

在肖家林调研时，我们随时能感受到陈瑞霞对肖家林村落建设所付出的努力。当我们坐电动车考察村子的村容村貌时，司机告诉我们："陈书记上任之后办了不少事，看路边的花儿、草儿，看我们这宣传画，看肖家林现在的风景，多好啊。"这是一个普通村民的心声，他自豪的语调让我们体会到了当地老百姓的幸福感。

（二）生态建设美丽乡村

让村庄有个宜人的生活环境是陈瑞霞一直以来的追求和梦想。在肖家林村，街旁、湖边青翠的嫩柳，繁茂的春花，一尘不染的街道，都是陈瑞霞与村民们共同经营的成果，也是对乡村环境整治政策的回应。陈瑞霞说：

> 我没事坐着的时候就在想怎么发展我们这个村庄，我这人就喜欢把村子弄得干净利落、漂漂亮亮的。

从前，肖家林村因地势低洼，一到降雨量大的时期路面便会积水，路面十分泥泞，同时村子土地利用率低，对土地的使用也缺少规划，所以整个村庄看上去有些"凌乱"。2015 年以前，一下雨就有人到村委会反映问题，甚至有时会有吵闹。深究其因，是村里没有排水的管道。陈瑞霞刚上任便下定决心帮助村民解决村里的积水问题与污水问题：

> 我 2015 年的时候做的是雨水管道，解决老百姓的污水问题。当时一下雨就有人找村委会打架来了。我当时就明白了是因为村民没有排水的地方，容易积水，邻里之间常因此产生摩擦。在我上任之后正好有一个改善雨水排水管道的项目，于是我就把管道给村里修好了。

得知镇里有修建排水管道的项目时，陈瑞霞马上跟西集镇政府提出需求，得到支持后又迅速寻找施工队对村内管道进行规划，然后就动工挖路、铺管。管道铺好后，肖家林村地势低洼排水不畅、生活污水无法排出的难题被彻底根治。陈瑞霞说，这是得益于国家进行乡村振兴的好政策，但咱们也要及时抓住机遇，才能把村子建设好。

陈瑞霞说："我上任第一个目标就是把群众的衣食住行、吃喝拉撒解决好了，解决好了之后我心里才踏实。"从前肖家林村的低保户多是在艰难中生活，一些低保户的房屋年久失修，房顶漏雨、墙壁龟裂，碰到恶劣天气时苦不堪言。陈书记说：

> 从前一到下雨天，我就招呼人去帮低保户缮房，虽然不是必须得做的工作，但这都是咱们的村民。去年国家出台了农村危房改造给补助的政策。我们村委会给咱们村三户危房办了申请，房改完了，我就踏实了，咱们村没有危房了。

凭借自己对政策的及时把握，陈瑞霞与村委会成员一起积极帮助村民解决了最迫切的居住需求。

2017年，随着通州区"城市副中心"的快速建设，通州民居不局限于让老百姓住得安全，还要住得美观，住得舒心。陈瑞霞为此专门召开党员、村民代表大会，一起探讨环境整治策略，改善村容村貌。以给百姓一个舒适的生活环境为主题，对街道进行了环境整治。党员带头发动群众把自家门外建筑废料清理干净，把乱堆乱放的杂物归置整齐，粉刷街道外墙，既方便出行又做到了美观。2018年，陈瑞霞看到村内一片荒废的土地，就与村委会成员商讨如何利用这块地，大家讨论后，萌生了建小花园的想法，只用了几天的时间就把荒地变成了花园。[1]

一步一步，肖家林村慢慢地符合了村里人对"美"的追求。2022年3月10日，中共北京市委办公厅印发了《北京市"十四五"时期提升农村人

---

[1]《环境整治进行时丨荒草地变花园 肖家林村喜迎新变化》，北京西集，https://mp.weixin.qq.com/s/j6LpORX_5XE6rDjMhOCW5g，访问时间：2023年7月20日。

居环境建设美丽乡村行动方案》。不久，通州积极落实这一惠民政策，其中一个体现就是在各村庄全面开展垃圾分类专项整治。也正是在这一年，肖家林村与西集镇的 57 个村一起提交评比材料进行评选，肖家林村在西集仅有的三个获奖名额之中占据了一席之地，顺利评上了区里的"垃圾分类示范村"。事实上，获奖并不是偶然，陈瑞霞早在 2017 年便开始了带领肖家林村民进行垃圾分类的举措：

> 2017 年一开始，只有几个村在进行垃圾分类，事实上那个时候还没有开始真正的垃圾分类，都是倡导自己买小垃圾桶去进行分类。我们村就先开始大规模做了。

陈瑞霞倡导采用线下走访和线上宣传相结合的方式，全面普及垃圾分类政策。他们对党员和志愿者进行专业培训，组织党员每周去村里 300 多

图 2-8　肖家林村的荣誉
2023 年 4 月 12 日　杨赫 摄

户村民家里教授垃圾分类相关知识，采用实地走访、志愿服务，游戏奖品等多种策略，全方位宣传垃圾分类的基本常识。让垃圾分类深深印在肖家林村的每个人心中，成为村里的一项共识。

肖家林村村民能够从安心生活到舒心生活，有一个不断发展的过程。过去，村里人时常因为环境问题产生纠纷，如今肖家林村成为西集镇生态文明的标杆之一，也成为人文美的榜样。事实证明，只有村落生态好，人们生活水平提高，才能够树立和谐、安定的村风。

（三）文化振兴可爱家乡

乡村振兴战略从来都不是单纯提高农村的经济发展水平，而是经济、文化、思想、环境多线并进。修村史、建村史馆是普及乡村文化、提高村民思想道德水平的方式之一。在采访肖家林的杨殿武老先生时，他说："我认为开展村史的编纂实际上是文化传承的一种责任，在美丽乡村建设之中，文化的建设必不可少。我想着我是西集镇的人，我生活在肖家林，

图 2-9　杨殿武介绍肖家林村情况
2023 年 4 月 12 日　杨赫 摄

我得为这儿的文化做点什么。于是我打算用口述史的方式介绍咱们本地的特色故事，这样肖家林的文化就鲜活起来了。咱们陈书记对这事也是相当支持。"

陈瑞霞在上任之初就十分重视村落文化建设，一听说杨殿武要写村史，陈瑞霞表示大力支持，她说：

> 杨老师是我们村里的老同志，关于这村里的大事小情、古往今来的传说，数他最熟。要说村里的文笔，也是数他最好，当初说要写村史，我非常赞同。

两人一拍即合，肖家林的村史建设就这样有了计划。"治天下者以史为鉴，治郡国者以志为鉴。"先有过去的历史积淀才能谈得上未来的美好发展。从肖家林名字的来历故事中我们了解到其悠久的历史，也明白肖家林村思想沉淀千年，正在等待一个绽放的时机。

2017年，陈瑞霞去仇庄取经，回肖家林村开展了以孝道为主题的一系列文化活动，打造了以"新二十四孝"为主题的"孝文化"一条街。随后，陈瑞霞向政府申请建设老年驿站，2018年底，肖家林村老年驿站正式营业。驿站占地800多平方米，内设有日间照料室、洗漱室、多功能厅和健身室，老人可来这里下棋、看书、看电视，年满60岁以上的老人可以来此就餐，老人们每月只需不到300元便可以享受到健康又美味的三餐。除此之外，肖家林村逢年过节都会给老人发补贴，比如每年重阳节的时候，村里都会给70岁以上的高龄老人补贴500元。[1] 陈瑞霞说：

> 不管钱多钱少，给老人们发一些，他们心里也高兴，年轻人心里也高兴。

---

[1] 《新闻速递 | 肖家林村养老驿站试运营 老人吃喝玩乐不出村》，北京西集，https://mp.weixin.qq.com/s/H9PBixTuKo4oTf8oEOyByQ，访问时间：2023年7月20日。

从此，敬老爱老之风潜移默化地影响了整个肖家林村，村民幸福感也提高了。

2019年，肖家林村作为西集镇中15个"拆违"工程的重点村，主要拆除村内私搭乱建及侵街占道等违规建设。一接到这个通知，陈瑞霞带头先将自家二道院和小房子拆除了，邻居们也积极行动起来，拆除无证建筑。由此，村里开始了大面积的拆违工作。此项工程共涉及村里300多户村民，总拆除面积近3200平方米。[1]陈瑞霞说："开展工作就是得舍自己利益，不舍自己的话，工作根本做不下去"。陈瑞霞用亲身经历向我们展示着肖家林村人正人先正己的工作作风。

有一天，在我们对陈瑞霞进行访谈的过程中，她接到了一则来自村民的电话。村民十分焦急地向陈瑞霞说自己的公公去世了，问她该怎么操办葬礼。陈瑞霞先是了解情况，安抚对方情绪，紧接着就给出了具体的建议，包括葬礼程序、规格、要办的手续、人员安排等等，清晰有序。打来电话的村民仿佛有了主心骨一般，情绪一下子稳定了，马上着手去安排丧礼诸事了。陈瑞霞也表示一会儿就要去该村民家里帮助料理丧事。这则电话向我们展现了在肖家林村工作时最真实的陈瑞霞：亲热、切实、能共情。也可以从侧面显现出肖家林村村委与村民平时的相处模式：坦诚、互敬、团结。这种模式建立在肖家林村的尊老敬老、讲奉献、重传统的人文基础之上。

让肖家林村的村民过上生态美、文化美、生活美的日子是陈瑞霞一直以来追求的目标。谈到未来肖家林村的发展规划，陈瑞霞想要继续结合美丽乡村的相关政策，把重点放在环境整治上，并在此基础上向民宿建设、旅游开发、生态采摘等领域拓展，切实提高村内居民收入，使肖家林村现有的生态、经济与人文成果不断发展并形成良性循环。在访谈中，陈瑞霞既有对现有成果的信心，更有对未来持续前行的雄心。肖家林村前行的步

---

[1]《美丽乡村建设丨肖家林村当家人带头拆违 村民积极响应》，北京西集，https://mp.weixin.qq.com/s/SAAuTxAma29fRFgGNNfLEw，访问时间：2023年7月20日。

伐如路旁被春风吹来的绿意，在政策支持与自身努力中，一步一步走进属于自己的繁荣。

我们初来肖家林是从村后面的那条黝黑的柏油马路进入村里的。马路旁边的墙壁上画着儒学经典和一棵生动的迎客松。柳絮不紧不慢地飘荡在空中，画面看上去自然、安宁、和谐。采访结束后，我们又来到了那条柏油马路，那种和谐与安宁的气氛没变，但我们明白了其原因。这是一个依托大运河生态建设和西集生态特色小镇政策提升村内人居环境，提升村民生活水平，为乡村寻找建设新路径的榜样乡村。肖家林村是西集生态小镇中的代表，也提供了千万生态乡村可以探索的发展模式。

三、"运河岸上的甜蜜村庄"沙古堆

沙古堆村位于西集镇西侧，紧靠北运河，当地人称之为"运河岸上的甜蜜村庄"[1]。沙古堆村的"甜蜜"包含两层含义，即舌尖上的甜蜜与生活中的甜蜜。舌尖上的甜蜜源于沙古堆村的樱桃种植产业。当地的樱桃不仅是闻名京东的美味，更是提高村民收入，改善民众生活的甜蜜水果。生活中的甜蜜源于沙古堆村村落治理的成效。沙古堆村重视解决民众生活中的困难，强调文化建设，在实践中提高了当地村民的幸福感。凭借上述成就，沙古堆村获评北京市"美丽休闲乡村"，在西集"生态休闲小城镇"中发挥重要作用。

沙古堆村现任村党支部书记郑红鹏是"甜蜜村庄"建设的见证者与推动者。郑红鹏出生于1971年，是土生土长的沙古堆村人。他自2007年起

---

[1] 见《欢迎来到 京郊樱桃第一村》，访问地址：https://www.xiaohongshu.com/explore/634abcb10000000007020374，访问时间：2023年7月14日。"运河岸上的甜蜜村落"也作为商标被北京京东运河人家菜篮子商贸有限公司（位于北京市通州区西集镇沙古堆村西1000米）申请，访问地址：https://aiqicha.baidu.com/mark/markDetail?dataId=21d5ce4e5a9ef5eb274c96f2aeb00d67，访问时间：2023年7月14日。

进入沙古堆村两委工作，于2019年当选为沙古堆村党支部书记。2023年7月，北运河特色小镇建设调研小组来到沙古堆，对郑红鹏书记进行了访谈，深入了解沙古堆村建设"甜蜜村庄"的过程及未来规划。

（一）由"苦"至"甜"的沙古堆

沙古堆村是典型的运河岸边的自然村，当地俗语"三望沙古堆"便体现了村落形成与运河的联系。北运河多弯行环道，沙古堆村就在运河的弯环的中心。因此，运河上的船只经过此地便要沿河围着沙古堆绕一圈，船上的人则要"三望沙古堆"才能继续沿河而下。如今沙古堆村以南的运河河道取直是治理水患的结果。[1] 由王金华创作、北京运河瓷画艺术馆展出的《通州古运河文脉图》就形象地展示了运河改道前沙古堆村的位置。由图2-10可见，曾经的沙古堆被运河环绕，运河塑造了村落的自然与文化环境。

沙古堆村的得名原因众说纷纭，但多则传说都强调该村落与运河的紧密联系。《通县地名志》记载，"（沙古堆村）明代已成村。嘉靖年间于沙堆之上建庵一座，庵钟铸有沙姑堆名；清依谐音称今名"。[2] 当地还有传说提到，"沙姑堆"原名"少姑堆"，主持田姓"少姑"曾是康熙帝的乳母，康熙下江南时还曾来沙古堆看望过这位少姑。少姑去世后，北运河洪水泛滥，又受瘟疫的影响，村中大量人口死亡。因此，村民将村子由运河西岸搬到了河东岸以避灾难，又将村名由"少姑堆"改为"沙古堆"。其中，将"少"改为"沙"是因为村子紧邻运河，故此在村名中加上三点水；"姑"字改为"女"是因为村中许多女子因自然灾害去世，故此将村名中的"女"字旁去掉[3]。《沙古堆村史志》还记载了一篇村名传说，认为沙古

---

1 陈喜波：《大运河与西集》，北京市通州区政协文史和学习委员会、京市通州区西集镇人民政府编：《颐和西集》，北京：团结出版社，2017年，第12—14页。
2 通县地名志编辑委员会：《北京市通县地名志》，北京：北京出版社，1992年，第238页。
3 青春通州：《西集镇古村落——沙古堆村》，https://mp.weixin.qq.com/s/cYSOldgu48_DPaQLR7KX6w，访问时间：2023年7月17日。

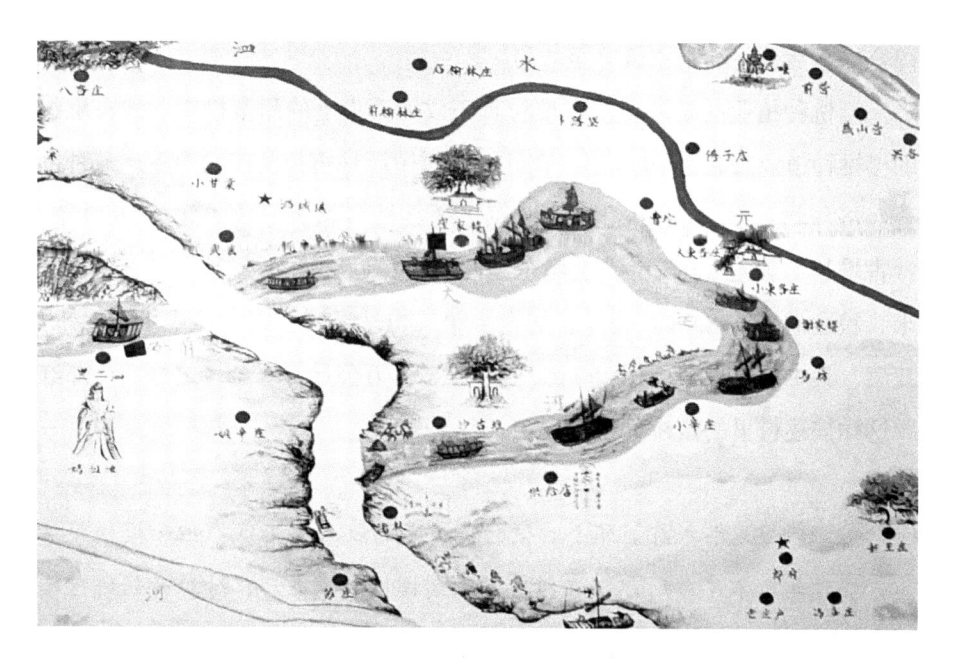

图 2-10 《通州古运河文脉图》中的沙古堆村
2022 年 9 月 1 日　杨赫 摄

堆原名"沙沽堆",即"沙为沽所堆",这是因为沙古堆村的村民最早在运河(沽水)堆成的高沙丘上建村。古时的"沽"通"苦",有粗劣、简陋之意[1],当地人也将其解释为"痛苦"[2]。为了不让自己的生活那么"苦",村民便将村名改为"沙古堆",希望生活能更为甜蜜幸福。

对运河的利用是沙古堆村村民生活由"苦"至"甜"的关键。《沙古堆村史志》中记载,"本村临近北运河,但我村农民,纯系靠天吃饭"。因此,当地有"黑夜下雨白天晴,长得粮食没地盛""有钱难买五月旱,六月连阴吃饱饭"[3]等俗语,反映了村民收入主要依靠天气的状况。直至 1957 年沟渠修建后,运河才成为沙古堆村的灌溉水源,"河水开始造福农田"[4],

---

1　谷衍奎：《汉字源流字典》,北京：语文出版社,2008 年,第 708 页。
2　田俊杰编：《沙古堆村史志》,内部资料,2018 年,第 2 页。
3　同上书,第 25 页。
4　同上。

民众的生活也逐渐由"苦"至"甜"。

樱桃种植业的发展使沙古堆村真正成为舌尖上的甜蜜村庄。沙古堆村的樱桃种植业兴起于1994年，在此之前村中以种植粮食作物为主，兼种部分经济作物，但未形成规模。《北京市通县地名志》记载，截至1990年，沙古堆村"耕地3285亩。土壤东为两合土，西为面砂土。主产小麦、玉米，粮食总产178.98万公斤，居全乡第二位。经济作物有花生。产西瓜、蔬菜，其中西瓜种植面积250亩，总产262.5万公斤，居全乡之冠。"[1]郑红鹏这样描述村里的樱桃种植情况：

> （1994年之前）那个时候村民一年的收入也不少，但和樱桃等经济作物比不了。所以，在村民意识到樱桃的收益后，纷纷开始种植樱桃。目前，村民大多从事樱桃种植，村里还有大约1000余亩土地用于种植樱桃。樱桃种植业已成为沙古堆最具代表性的产业。[2]

樱桃种植业不仅是沙古堆村当下的支柱型产业，还是村落产业转型与升级的基石，是"甜蜜村庄"建立的基础。在西集建设"生态休闲小城镇"的背景下，沙古堆村建设致力于满足民众对"一种高层次、高品位和高质态的生存状态和发展状态"及"新的生活方式和生活态度"的追求。[3]为此，沙古堆村将樱桃种植业与大运河文化相结合，逐步发展出采摘、民宿等乡村旅游产业与文化创意产业，既改善了民众的生活环境，也为当地民众拓宽了收入来源。随着村民收入的不断提高与村落治理效能的不断提升，沙古堆村的樱桃种植业由"舌尖上的甜蜜"发展为"生活中的甜蜜"，成为西集"生态休闲小城镇"建设中的模范村庄。

---

[1] 通县地名志编辑委员会：《北京市通县地名志》，北京：北京出版社，1992年，第238页。

[2] 访谈对象：郑红鹏；访谈人：王卫华、路迪雨婴、杨赫；访谈时间：2023年7月4日；访谈地点：沙古堆村村委会。以下文中涉及郑红鹏的口述内容皆来自调研团队对他的访谈，不再重复标注。

[3] 包庆德、叶立国：《生态休闲与休闲经济》，《自然辩证法研究》2003年第9期。

（二）舌尖上的甜蜜村庄

樱桃种植业是沙古堆村的标志性产业，该产业的发展是沙古堆村历史变迁的缩影。沙古堆的大樱桃不仅为村民带来了"舌尖上的甜蜜"，也塑造了沙古堆"甜蜜村庄"的形象。

自20世纪90年代栽种樱桃树起，沙古堆村的樱桃种植业已有20余年的历史，其发展可分为五个阶段，经历了由萌芽到辉煌再到转型的变化。郑红鹏这样描述沙古堆村种植樱桃的历史：

> 第一阶段是1994年，有人提倡并开始尝试在沙古堆村种植樱桃，但响应的人还相对较少；第二阶段是1995年至1999年，此时沙古堆村的部分村干部、思想较为开放的村民加入到樱桃种植的行列之中，用自身的行动证明了沙古堆樱桃种植产业发展的可行性；第三阶段是1999年至2000年，这一时期沙古堆村樱桃种植业初见成效，大量村民受此影响加入樱桃种植队伍之中，当地樱桃产业发展较快；第四阶段是2000年至2022年，这一时期沙古堆村的樱桃种植产业发展壮大并逐渐形成品牌，于2011年获"国家地理标志"的称号[1]，樱桃种植业也真正成为了沙古堆村的标志性产业；第五阶段是2022年至今，沙古堆村樱桃种植业规模在"退林还耕"政策的影响下有所缩小，迎来了产业升级与转型的关键点。

沙古堆村能够发展起樱桃种植业是偶然与必然结合的结果。"偶然"是因为最早提倡在沙古堆村种植樱桃的并非本地人，而是一位外来的驾校学员。彼时的沙古堆村西侧有一个驾校，来此学习的一位学员向来自沙古堆村的教练提出在村中种植樱桃的想法。这一设想最终推动了沙古堆村樱桃种植业的发展，塑造了今日的"甜蜜村庄"。《沙古堆村史志》记载，

---

[1] 参见《西集镇通州大樱桃——地理标志产品》，《北京农业》2014年第13期。

图2-11 郑红鹏展示村落文化建设成果
2023年7月4日 路迪雨婴 摄

"（1994年）镇干部黄勇介绍孙亭来村栽种大樱桃"[1]，指的便是这段历史。"必然"则是因为外来学员的设想能够落地离不开沙古堆村村干部的推动，樱桃种植业能成为沙古堆村的代表性产业也与当地的自然环境密切相关。郑红鹏告诉我们，最初同意在村中种植樱桃的是沙古堆村当时的村领导。张庆华曾采访沙古堆村老书记皮兆泉，皮书记说，"那个时候反对的声音比比皆是……毕竟大家心里都没谱，没有样本可以参照。"[2]郑红鹏也提到，村民们见到新鲜事物会观望一段时间，没见到实际成果是很难参与樱桃种植的。为了推广樱桃种植，皮兆泉与村干部发挥带头作用，率先种植樱桃树，并制定了系列政策鼓励村民种植樱桃树。得益于彼时村干部们的不懈努力，沙古堆村的樱桃种植业才有了长久的发展。

此外，沙古堆村的蒙金土是当地樱桃种植业发展的又一有利条件。蒙

---

1 田俊杰编：《沙古堆村史志》，内部资料，2018年，第16页。
2 《京郊樱桃种植第一人》，访问地址：http://www.bjmlxc.cn/shownews.jsp?id=2021060716061457237511，访问时间：2023年7月16日。

金土以"洪冲积物"为母质,[1]沙古堆的蒙金土便是在运河塑造下形成的。此类土壤上层为"疏松、多孔隙"的"砂质黏壤土",下层为紧实的"黏壤土"或"壤质黏土",排灌条件较好,质地适中,耕性较好,十分适合樱桃种植。郑红鹏提道:

> 樱桃的树根是特别浅。它的占地面积相对来说比较大,但是它没有主根。所以说,(樱桃树)全是靠一些须根牵着,对营养的吸收是特别快。(樱桃树对)土壤的要求就是透气性好,我们村这个土壤正好符合种植的要求。

在社会与自然因素的共同推动下,沙古堆村的樱桃种植业蓬勃发展,沙古堆村也成为拥有"京郊樱桃第一村"美誉的甜蜜村庄。

如今,沙古堆村主要关注樱桃种植业的转型与升级,希望以此保障"甜蜜村庄"的长久发展。郑红鹏曾于2020年前往辽宁、山东等地考察,并认识到上述区域的樱桃种植业已追求高质量发展,强调采用科学的方法种植品种优良的樱桃。然而,沙古堆村却更注重樱桃的数量,对于品种选育、种植方法的关注不多,这一现象不利于当地樱桃种植业的长久发展。因此,考察回来后,郑红鹏开始向村民们强调樱桃品种的重要性,并引导部分村民引进、选用优良品种,一定程度上推动了当地樱桃种植产业的升级。另外,传统农业对自然灾害抵抗力差,2017年的一场冰雹就严重影响了沙古堆村樱桃种植业的收成。郑红鹏对此有深刻的记忆:"我们这树……因为每年都在增加种植面积,有的树刚进入第五个年头,刚要有回报。这树相当粗了,(冰雹)把树杈给打断了,就剩那根杆儿(树干)"。面对上述危机,沙古堆村中的樱桃种植者便开始探索产业转型的路径。村民曹女就以樱桃种植业为基础拓展樱桃种植业的产业链,逐步发展出家庭农场、民宿等诸多产业,她的曹女阳光农场在北京颇有名声。曹女提到,

---

1 全国土壤普查办公室编:《中国土种志第4卷》,北京:中国农业出版社,1995年,第172页。

2017年的冰雹是刺激她思考产业转型的重要原因，当时主要想的是减少风险，也希望在樱桃成熟季之外的时间获得收益。[1] 此后，沙古堆村的樱桃采摘、家庭农场、民宿等农旅融合的产业快速发展，与樱桃种植产业一并塑造着沙古堆村"甜蜜村庄"的形象。

在偶然与必然相互交织、自然因素与社会因素的共同作用下，樱桃种植业成为沙古堆村的代表性产业，改善了村民们的生活。如今，沙古堆村的樱桃种植业已延伸出采摘业、民宿等特色产业。每到樱桃成熟的季节，沙古堆村的樱桃林中便飘荡着甜蜜的味道，村民脸上也洋溢着甜蜜的笑容。樱桃产业的发展正延续、发展着沙古堆村的"甜蜜村庄"的形象。

（三）生活中的甜蜜村庄

在樱桃带来"舌尖上的甜蜜"的同时，沙古堆村村落治理的成效又为村民带来了"生活中的甜蜜"，进一步巩固了"甜蜜村庄"的形象。沙古堆村村干部历来强调村落治理的重要性，尤其重视解决民众生活中的问题。《沙古堆村史志》记载了老书记皮兆泉在西集镇农业结构调整大会上的发言，表达了他的工作理念："做给村民观看，帮助农民核算，鼓励农民发展，协助农民解难。"[2] 如今的村党支部书记郑红鹏也在行动中关注村民的现实需求。在"美丽乡村"建设的推动下，沙古堆村推进了系列项目，强化"对农业生态环境和农村人居环境的保护"[3]，解决村落的排水问题[4]是这一时期村落治理的重点任务。据郑红鹏介绍：

---

1 访谈对象：曹女，访谈人：徐睿凝、杨赫，访谈时间：2022年1月25日，访谈地点：西集沙古堆村田里花间民宿。

2 田俊杰编：《沙古堆村史志》，内部资料，2018年，第19页。

3 张熙、杨冬江：《从"乡村美化"到"和美乡村"——新时代"美丽乡村"的内涵变化、建设路径及价值探析》，《艺术设计研究》2023年第3期。

4 《［通州］北京市通州区西集镇人民政府通州区西集镇美丽乡村建设供水管线改造工程（第二批）沙古堆村公开招标公告》，访问地址：http://www.ccgp-beijing.gov.cn/xxgg/qjzfcggg/qjzbgg/t20211117_1388886.html，访问时间：2023年7月12日。

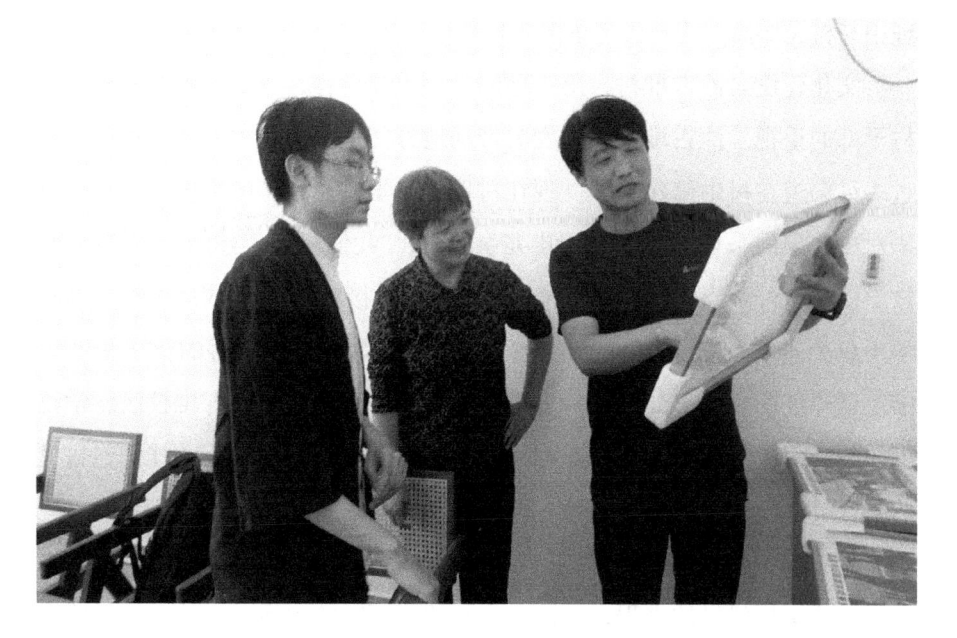

图 2-12　郑红鹏讲解村落文化建设情况
2023 年 7 月 4 日　路迪雨婴 摄

沙古堆村属于自然村。排水，就是雨水这块，完全是靠路面排的。像有的地方排水走地下，咱还做不到。前几年村里就有一个想法，就是把村里的一些基础设施进行提升。今年主要是想把路面进行重新铺设，包括一些主街道、一些巷子，先把路面整理好。

在落实政策的过程中，郑红鹏也注意关注民众的切实需求，将宏观政策与民众的切实需求相结合。例如，2021 年 7 月，沙古堆村村民赵秀珍因家门口积水问题向村委会寻求帮助，村委会随即组成排涝小组，在镇里的帮助下开展改造工程：更换积污和老化严重的管道，重新铺设柏油马路，彻底解决了路面积水问题。赵秀珍说："以前每年夏天，我都得回来一趟，害怕门前的积水严重，淹进家里。"在郑红鹏领导下，村里帮她解决了多年的难题。为此，赵秀珍特意送给郑红鹏一面锦旗，以此感谢他在村落治理中与村民协商、为村民考虑的工作作风。[1]

文化建设是沙古堆村村落治理的又一重要内容，也受到沙古堆村历任村干部的重视。沙古堆以教育发展带动地方文化建设，他们很早就尝试通过多种渠道在村中修建小学。现在村里的小学有几十年的历史了。在张庆华对皮兆泉的采访中，老书记皮兆泉提到，"我们村当年建的3层（小学）教学楼，这可是当年全镇第一个村有3层教学楼的"。[2]建成后的沙古堆小学不仅为本村的孩子解决了上学问题，还吸引着附近村落的孩子来此读书。据郑红鹏介绍，如今的沙古堆小学已成为芙蓉小学沙古堆校区，学校里的师资力量、教学理念、课程设置等也与通州区的芙蓉小学挂钩，村里的教育质量得到了进一步发展，沙古堆的文化建设水平也得以提升。

近年来，沙古堆村还围绕"美丽休闲乡村"建设开展系列实践，推动了村落文化建设的进程，为民众带来"甜蜜"的生活。如沙古堆村建有"美丽乡村文化墙"，围绕大运河、樱桃、农耕与民俗文化等主题设计了墙体彩绘。村里设计了代表大运河与樱桃的村落吉祥物"小北""小美"，并基于他们的形象制作了系列文化创意产品，促进了村落文化资源的挖掘与转化。2022年沙古堆村获评"美丽休闲乡村"，[3]成为西集镇"生态休闲小城镇"建设的代表性成就。未来，郑红鹏还希望在村落中修建"大运河美育馆"，并邀请非遗传承人入驻沙古堆，以此推动沙古堆村的文化建设，提升村落的治理能效，丰富民众的精神生活。

沙古堆村的乡村治理关注民众生活需求，重视村落文化建设，致力于为民众营造"生活中的甜蜜"。"乡村振兴，治理有效是基础。"[4]在关注民

---

1 北京西集：《鲜红的锦旗送书记"您帮村民解了大难题"》，访问地址：https://mp.weixin.qq.com/s/AEVbByAUVm4Efv2viqZeng，访问时间：2023年7月12日。

2 《京郊樱桃种植第一人》，访问地址：http://www.bjmlxc.cn/shownews.jsp?id=2021060716061457237511，访问时间：2023年7月16日。

3 《2022年北京市美丽休闲乡村名单公布》，访问地址：http://m.news.cn/bj/2022-07/08/c_1128813899.htm，访问时间：2023年7月17日。

4 《中共中央国务院关于实施乡村振兴战略的意见》，《人民日报》2018年2月5日，第1版。

众需求的前提下，沙古堆村村干部以多种方式提升乡村治理能效，解决民众生活中的困难，丰富民众的文化生活，为民众提供了"甜蜜"的生活。未来，沙古堆村还将继续致力于改善村落基础设施建设，提高村民的整体生活水平。

"舌尖上的甜蜜"与"生活中的甜蜜"共同塑造了沙古堆村"甜蜜村庄"的形象。"舌尖上的甜蜜"来自当地的樱桃种植业，这一产业不仅能提高沙古堆村村民的经济收入，还在产业升级与转型中持续改善着民众的物质生活。"生活中的甜蜜"来自沙古堆村村落治理的成就，村委会不仅为村民解决生活中的困难，还通过文化建设不断丰富民众的精神生活。在此基础上，沙古堆村正在形塑"运河岸上的甜蜜村庄"形象，在西集"生态休闲小城镇"建设中发挥更为重要的作用。

第二节 文化产业引领西集镇产业振兴

"产业振兴"是乡村振兴的关键,也是西集"生态休闲小城镇"建设过程中关注的重点。产业振兴致力于使"乡村生产充满活力",这种活力则"来自乡村各类生产的相互促进和协调发展"[1]。其中,文化产业是乡村产业振兴的重要组成部分。为呈现西集镇以文化产业带动产业振兴的实践,本项目组访谈了西集镇面塑、家宴与民宿产业的代表性人物。从这些调研中,我们了解到西集镇以地方文化为基础,打造文化产业链以带动产业振兴过程中取得的成就与遭遇的困境。

一、"三产融合"与通州巧娘

"三产融合"是西集镇延长农业产业链,推动"生态休闲小城镇"建设的重要举措,"通州巧娘"等新乡贤则是"三产融合"的推动者。"三产融合"指"以农业为依托",通过"三次产业间的联动与延伸"等方式,

---

[1] 朱启臻:《乡村振兴背景下的乡村产业——产业兴旺的一种社会学解释》,《中国农业大学学报(社会科学版)》2018年第3期。

图 2-13 访谈"通州巧娘"杨帆
2023 年 4 月 26 日　杨赫 摄

将"农业生产、加工、销售、休闲农业及其他服务业有机整合,形成较为完整的产业链条"[1]。这一发展方式于 2015 年被写入中央一号文件[2],并在此后被多次强调。对西集镇而言,"推动合作联社、农业观光园、科技农业种植等三产融合"被作为当地"生态休闲小城镇"建设的重要战略写入《北京城市副中心(通州区)"十四五"时期乡村振兴规划》[3]。引进人才、回流新乡贤则是西集镇推动本地三产融合的主要措施。

杨帆是通州区妇女联合会(以下简称"通州区妇联")为西集镇"三

1　赵霞、韩一军、姜楠:《农村三产融合:内涵界定、现实意义及驱动因素分析》,《农业经济问题》2017 年第 4 期。
2　《中共中央国务院关于加大改革创新力度加快农业现代化建设的若干意见》,https://www.gov.cn/zhengce/2015-02/01/content_2813034.htm,访问时间:2023 年 7 月 24 日。
3　《北京城市副中心(通州区)"十四五"时期乡村振兴规划》,https://www.beijing.gov.cn/zhengce/zhengcefagui/202202/W020220224402253667288.pdf,访问时间:2023 年 7 月 24 日。

产融合"引进的特殊人才，她在实践中推动了西集"三产融合"产业链的搭建与"生态休闲小城镇"的建设。杨帆是通州区台湖人，她生活于面塑世家，又曾跟随菏泽面塑大师陈素景学习[1]，有着高超的面塑技艺，被人们称为"通州巧娘"。杨帆也是一位善于创新、管理的企业家，她曾下海经商，如今担任北京面由心生文创公司董事长等职务[2]，并因此受到了通州区妇联的重视。2019年，通州区妇联将杨帆作为特殊人才邀请到西集镇，希望她能够推动当地的"三产融合"进程，以此"有效促进农民增收、保护农村生态环境和繁荣农村社会"[3]，服务西集"生态休闲小城镇"建设。2023年4月，北运河特色小镇建设调研小组来到西集，对杨帆进行了访谈，深入了解西集"三产融合"的成就及其对地方建设的影响[4]。

（一）借助"新乡贤"推动"三产融合"

"三产融合"是国家政策与西集"生态休闲小城镇"建设共同关注的话题。国家政策从宏观层面强调乡村振兴应重视"三产融合"。2022年中央一号文件中就提到"持续推进农村一二三产业融合发展。鼓励各地拓展农业多种功能、挖掘乡村多元价值，重点发展农产品加工、乡村休闲旅游、农村电商等产业。"[5] 2023年的中央一号文件中也指出，"培育乡村新产业新业态继续支持创建农业产业强镇、现代农业产业园、优势特色产业集

---

1 《北京巧娘"杨帆出海"展现面塑新时代内涵》，https://m.thepaper.cn/baijiahao_12992863，访问时间：2023年7月24日。

2 《以农业产业助力乡村振兴 专家学者走进西集镇调研》，http://www.rmzxb.com.cn/c/2021-04-20/2833876.shtml，访问时间：2023年7月26日。

3 赵霞、韩一军、姜楠：《农村三产融合：内涵界定、现实意义及驱动因素分析》，《农业经济问题》2017年第4期。

4 访谈对象：杨帆，访谈时间：2023年4月26日，访谈人：王卫华、徐睿凝、路迪雨婴、杨赫、孙宇飞、赵莎、王子尧，访谈地点：西集镇侯东仪村杨帆工作室。以下文中涉及杨帆的口述内容皆来自调研团队对杨帆的访谈，不再重复标注。

5 《中共中央 国务院关于做好2022年全面推进乡村振兴重点工作的意见》，http://www.lswz.gov.cn/html/xinwen/2022-02/22/content_269430.shtml，访问时间：2023年7月26日。

群。支持国家农村产业融合发展示范园建设……实施文化产业赋能乡村振兴计划。"[1] 同样强调了"三产融合"的重要性。西集"生态休闲小城镇"的建设以打造"高品质绿色产业"为目标，强调在坚持生态保护的同时以"科技农业种植"等多种手段推进"三产融合"[2]，以此保障当地发展能兼顾生态环境的保护与民众生活水平的改善。

引进人才，吸引新乡贤"回流"是西集镇推进"三产融合"的重要手段。《北京城市副中心（通州区）"十四五"时期乡村振兴规划》中提到，"围绕抓人才发展促乡村振兴这一主线"，要"'培养一批'专业人才""'引进一批'优秀人才""'扶持一批'本地人才""'回流一批'乡贤人才"。其中，"乡贤人才"的回流注重"以乡情乡愁为纽带……鼓励在外公职人员、创业能人回乡任职发展，充实本村人才力量。"[3] "新乡贤"指"在新的时代背景下，有资财、有知识、有道德、有情怀，能影响农村政治经济社会生态并愿意为之做出贡献的贤能人士"[4]。相较于传统乡贤，"新乡贤"具有较高的知识水平，掌握一定的现代技术，更能适应当下的社会环境。杨帆就是一位"回流"的"新乡贤"，她这样描述自己回到西集的过程：

2018年，那时候我在市内讲课，算是有点名气了。后来一次参加

---

[1] 《中共中央 国务院关于做好2023年全面推进乡村振兴重点工作的意见》，https://www.gov.cn/zhengce/2023-02/13/content_5741370.htm?dzb=true，访问时间：2023年7月26日。

[2] 《北京城市副中心（通州区）"十四五"时期乡村振兴规划》，https://www.beijing.gov.cn/zhengce/zhengcefagui/202202/W020220224402253667288.pdf，访问时间：2023年7月26日。
《北京巧娘"杨帆出海"展现面塑新时代内涵》，https://m.thepaper.cn/baijiahao_12992863，访问时间：2023年7月24日。

[3] 《北京城市副中心（通州区）"十四五"时期乡村振兴规划》，https://www.beijing.gov.cn/zhengce/zhengcefagui/202202/W020220224402253667288.pdf，访问时间：2023年7月26日。

[4] 胡鹏辉、高继波：《新乡贤：内涵、作用与偏误规避》，《南京农业大学学报》（社会科学版）2017年第1期。

比赛，通州区妇联的领导就跟我说，杨帆你是不是通州人？我说是。他们就说，你回来吧，我就同意了。2019年底我就回来了，在通州的这些涉农乡镇都进行了考察，后来因为西集建设"生态休闲小城镇"，我就来到了这里。区里、镇里的领导也给了我很多优惠条件，比如房租上的优惠，帮助我找教室、会议室，让我来给村里的人做培训。2020年6月25日，我的项目就结束了，相当于从2019年的10月到2020年6月，项目结束了我就去辞行。后来妇联的领导又跟我谈话，希望我留下，我考虑了一段时间，也同意了，就继续帮着镇里弄这些（"三产融合"的）事。

为了推动本地"三产融合"的进程，西集镇为杨帆等"新乡贤"打造了良好的创业环境，吸引他们"回流"。在通州区、西集镇的共同努力下，以杨帆为代表的一批新乡贤回到村镇、留在村镇，成为当地"三产融合"的推动者。这些"新乡贤"以自身的才能为基础，在调研村镇实际发展情况的过程中尝试打造"三产融合"的产业链，并致力于在"三产融合"的过程中带动村民共同致富，改善他们的生活水平。

（二）"三产融合"延长农业产业链

产业链的搭建是"三产融合"的重要环节。专家指出，农业产业链延长、农村产业范围拓宽、农业附加值提高及农民收入增加是农村"三产融合"发展的理想状态[1]。国家发展改革委宏观院和农经司课题组总结了国外"三产融合"的几种模式，包括日本"基于农业后向延伸，内生成长出立足于地域农业资源利用的二三产业"形成的"六次产业"模式、荷兰以"创意农业"为基础搭建的农业产业链条、法国以"乡村旅游"推进的"三产融合"等。同时，该文中也提出了国内"三产融合"的几种路径，包括"种养结合型""链条延伸型""功能拓展型""技术渗透型""多元复

---

1 马晓河：《推进农村一二三产业深度融合发展》，《中国合作经济》2015年第2期。

图 2-14　杨帆展示文创作品
2023 年 4 月 26 日　杨赫 摄

合型"等[1]。西集镇的"三产融合"应属于"多元复合型"。

西集镇的"三产融合"起于农业种植，并以面粉加工、面塑等文创产品制作延长这一产业链。杨帆是西集"三产融合"的重要推动者，她曾因高超的面塑技巧而被称为"通州巧娘"，"三产融合"的任务则为她带来了新的课题。杨帆这样描述自己在西集的实践：

> 2019 年之前，我不知道种小麦的事。当时我就是做"一把面"（即面塑等与面相关的工艺）。对这"一把面"我可以说，我是做得不错的。一个是因为我家我妈妈、我姥姥、我太姥姥都做面花，有家传

---

[1] 国家发展改革委宏观院和农经司课题组：《推进我国农村一二三产业融合发展问题研究》，《经济研究参考》2016 年第 4 期。

的手艺。另外，我去北师大学习，还接触了面人汤[1]，我也受益于他。我2019年到这儿（西集镇）之后，57个村我都做了调研，写了调研报告。这个镇有上万亩基础农田，种植了很多小麦，所以我就开始想做小麦赋能的事。我现在是负责"一把麦子一把面"。先是种小麦，考虑给小麦赋能的事，然后有食品厂，相当于给麦子加工做食品，再一个就是面花、秸秆画。我们是用自己的面做面花，收完小麦的秸秆我们进行技术处理，染色，做成秸秆画。

在"三产融合"任务的推动下，杨帆这位"通州巧娘"已从面塑之"巧"延伸为小麦至面花的全过程之"巧"。经由杨帆的推动，西集以小麦种植业为基础，建立起农业、工业与文化创意产业相结合的产业链，为当地的"三产融合"与"生态休闲小城镇"建设起到了推动作用。

对现代科学技术的使用是杨帆搭建"三产融合"产业链的保障。杨帆的"巧"源自家传的面花收益，但她在求学的过程中又以现代技术推动了自身手艺的发展。她这样描述自己对面花与面塑技艺的理解：

> 我们大家最担心的就是开裂，开裂是什么呢？就是它（面）的直链淀粉和支链淀粉咬合不到一块儿，就是它们的配比失衡。为了这件事，我去了37次日本，学习他们制作手办的方法。我还去了17趟德国，他们那里有一个专门做手办的小镇，我去那里学习。另外我还去北师大读了在职研究生，学了一些理论知识。然后我们就开始做这些（面塑），等于是解决了直链淀粉和支链淀粉不融合、开裂的问题，配方我也公开了。

由此可见，杨帆的面塑技艺已不再是对传统工艺的总结，更融入了

---

[1] 面人（面人汤），北京市通州区传统美术，国家级非物质文化遗产代表性项目。面人汤面塑艺术始于清末，其风格流派由近代面塑艺术家汤子博先生创立。

图 2-15 杨帆讲述小麦种植情况
2023 年 4 月 26 日　杨赫 摄

现代的科技与理论，展现出强大的创新潜力。在讨论处理无菌面的过程中，杨帆以现代科技总结出更为精准的时间，她表示在经过烫制、蒸制之后，她的团队进行了多次尝试，并总结出苞芽的生长时间在夏天为 6—8 个代时[1]，春秋为 8 个代时，冬天是 8—10 个代时，1 个代时约为 1/4 秒。通过精确的总结，杨帆团队制作的面塑原料品质有了保障，其面塑作品也更为精巧。

在"三产融合"产业链搭建的过程中，杨帆同样重视现代科学技术的运用。她邀请农业领域的专家加入自己的公司，为西集培育出了紫色小麦。杨帆提到，紫色小麦是一种富含花青素的高产小麦，是用拉萨的半野生小麦与法国黑小麦进行杂交后的结果。考虑到单卖小麦的吸引力较低，

---

[1] 代时，又称世代时间，指微生物处于生长曲线的指数期（对数期）时，细胞分裂一次所需平均时间，也等于群体中的个体数或其生物量增加一倍所需的平均时间。

杨帆又在紫色小麦示范园中加入了水果、蔬菜，以此提升知名度，并成立了东方紫园（北京）农业专业合作社负责处理相关事务。在制作秸秆画的过程中，杨帆也借助了现代科技。她提到，自己利用秸秆的光面与亚光面设计出不同的效果，每一幅画的颜色也都使用了植物染。运用上述方法，杨帆制作出了一批兼具地方特色与审美价值的文创产品，延长了当地农业的产业链。

综上所述，作为西集镇引进的人才，杨帆从"一把麦子一把面"入手帮助地方延长了农业产业链，推动了当地"三产融合"的建设。在"三产融合"任务的推动下，杨帆的关注点由"面塑"拓展到小麦种植、面粉加工等整个产业链，并以现代科技手段推动了当地农业产业链的延长。在此过程中，杨帆的"巧"得到了进一步彰显，西集"生态休闲小城镇"的建设也取得了良好的成果，反映出"三产融合"对村落发展的积极意义。

（三）"三产融合"改善民众生活

"三产融合"的目的在于改善民众的生活。国家发展改革委宏观院和农经司课题组提出，我国农村一二三产融合发展的要求包括"立足农业，富裕农民""因地制宜，示范带动""市场主导，政府引导""改革创新，激发活力""产城互动，繁荣农村"等[1]。通州区也提出，乡村振兴需要"借助二三产带动，保障农民经营性收入"，致力于建立"以农为本、以工促农、以旅促农、以城带农"的良性互动机制，并使农民能"共享二三产创造的增值效益"[2]。在西集推动"三产融合"以建立"生态休闲小城镇"的过程中，杨帆等人也结合地方文化特色，设计出系列文创产品以带动村民致富，贯彻了因地制宜、富裕农民的要求。

---

[1] 国家发展改革委宏观院和农经司课题组：《推进我国农村一二三产业融合发展问题研究》，《经济研究参考》2016年第4期。

[2] 《北京城市副中心（通州区）"十四五"时期乡村振兴规划》，https://www.beijing.gov.cn/zhengce/zhengcefagui/202202/W020220224402253667288.pdf，访问时间：2023年7月26日。

图 2-16　杨帆展示的花馍作品
2023 年 4 月 26 日　杨赫 摄

　　杨帆等人为西集"三产融合"设计了一系列文创产品，不仅能体现西集的地方文化特色，还易于学习。西集镇东隔潮白河与香河县为邻，西南隔北运河与张家湾相望，因此也被称为"两河之地"。流淌千年的大运河塑造了西集的文化风貌，运河文化也因此成为西集镇最具标志性的地方文化。随着近年来北京大运河文化带建设工作的持续推进，运河沿线的文物保护与景观建设也取得了一定的成就。杨帆以运河文化为基础，结合标志性的景观制作了"杨洼千帆""观景台"等秸秆画作品，并教授村民相应的制作方法，推动了当地文创产业的发展。

　　在搭建"三产融合"产业链的过程中，杨帆十分关注村民对相关技艺的掌握程度，并以此设计相应的产品。杨帆本人擅长制作面塑，她的作品精巧、美观，但相对比较复杂，难以在短时间内教授给村民。因此，杨帆设计了一系列制作简单的秸秆画与花馍，又培养了一批擅长面塑技艺的传承人，用多种方式与村民共享"三产融合"的成果。杨帆这样描述她设计的产品：

167

图2-17 杨帆设计的秸秆画作品
2023年4月26日 杨赫 摄

像这样一幅（秸秆）画，我们的老师来做的话大概15分钟就做完了，但是因为要考虑到学生，我们老师做15分钟，学生可能就25—30分钟，一堂课45分钟，这样就比较合适。从设计到材料的准备我们自己都有了，整个的产业链就算是打通了，我们有独立的文创课件，可以交给他们去学习、制作，然后再售卖自己做完后的产品。这段时间我也培养了很多弟子，28人已经成为传承人了，他们都会做面塑，能做出很精致的作品。

带动村民就业是杨帆等"通州巧娘"在"三产融合"产业链打造过程中关注的重点。据报道，2019年至2022年间，杨帆团队在"三产融合"领域的努力已带动273人直接就业，1000多人间接就业，不少困难家庭的收入也提高了[1]。开展培训是杨帆以"三产融合"带动村民就业的主要手段。她提到，"因为我是妇联派过来的，所以我的一个任务就是解决妇女就业，

---

1 《面塑达人带着乡亲奔富路》，https://www.beijing.gov.cn/renwen/sy/whkb/202211/t20221123_2864381.html，访问时间：2023年7月27日。

主要是帮她们增加技能，然后增收创收。2019年后，我们面对面地培训了几百位农民，他们的职业就是农民，基本上是40岁以后，50岁左右的，有的年龄都将近60岁了。"通过培训的方式，杨帆和她的团队用巧技带动了一批西集村民的就业，令"三产融合"的成果为当地村民带去了更多发展机会，切实改善了他们的生活水平。

西集"三产融合"的成果不仅体现在民众习得了新的技能，还在于一批新"通州巧娘"的成长。刘静是通州区西集镇非物质文化遗产面塑技艺新一代传承人，也是杨帆团队的成员之一。她说自己是2019年开始拜师学艺，并逐步掌握了面花、面塑技艺。2022年，她与杨帆等人携手制作了大型面塑作品《虎娃迎冬奥》，并在奥林匹克体育中心亮相。此外，刘静认为面塑技艺不能闷头干，"得做实体店，做文创、做旅游，甚至研发自己的小麦、自己的面粉，打自己的品牌"[1]。由此可见，在杨帆的带领下，通州出现了一批新的"巧娘"，她们帮助杨帆共同思考"三产融合"的发展路径，为西集文创产品的设计与"生态休闲小城镇"的建设做出了贡献。

图 2-18　杨帆的面塑作品
2023 年 4 月 26 日　杨赫 摄

---

1 《面塑达人带着乡亲奔富路》，https://www.beijing.gov.cn/renwen/sy/whkb/202211/t20221123_2864381.html，访问时间：2023 年 7 月 27 日。

西集的"三产融合"是在杨帆等新乡贤的推动下完成的,"三产融合"的任务也为新乡贤带去了新的发展空间。为了实现"三产融合"的需求,杨帆将她的"巧"从制作面塑拓展到种小麦、做面粉、做面塑与秸秆画等产业链上,并借助现代科技手段改进了自身技艺。为了使"三产融合"的成果为民众所共享,杨帆设计了表现西集地方文化特色的文创产品,并培养出一批新的"通州巧娘"。在这些"巧娘"的共同努力下,更多的西集村民了解并初步掌握了面塑、秸秆画技艺,因"三产融合"的进程而获得了就业、增加收入的机会,改善了自身的生活。"三产融合"的进程不仅延长了本地农业的产业链,更与民众共享了发展成果,对西集"生态休闲小城镇"的建设与乡村振兴进程起到了重要的推动作用。

二、西集家宴与幸福厨娘

西集镇的王上村,有一家名为"幸福小院"的农家院,其主人是西集家宴的金牌厨娘仵会冬。仵会冬,1966年出生于通州区潞城镇,1987年嫁到西集镇王上村,曾任村妇联主任。仵会冬的丈夫王连明在家中排行第六,所以她被邻里街坊亲切地称为六婶。早年间,仵会冬从事过不少职业,如驾驶小型巴士、在饭店帮工、在银行食堂工作、销售服装等,在忙碌、辛勤的工作中,她始终把烹饪作为爱好。2018年,仵会冬代表王上村参加第二届"西集家宴"厨艺比赛,一举夺魁,获得"金牌厨娘"的称号。在西集镇妇联专职副主席冯保东的鼓励下,仵会冬将自家的农家院取名为"幸福小院",开始以西集家宴招待八方宾朋。2023年,仵会冬在第三届"西集家宴"中蝉联"金牌厨娘","幸福小院"成为西集镇政府授权的"西集家宴体验店",她也因此成为西集味道的代言人之一。2023年4月,北运河特色小镇建设调研小组来到位于王上村的幸福小院,对西集镇"金牌厨娘"仵会冬进行访谈,从其口述的记忆中了解她与西集风味的故事。

（一）西集风土孕育美食家

西集处在两河流域冲积平原的黄金种植带，肥沃的蒙金土非常适宜作物的种植。这里种植的果蔬不仅看上去新鲜明丽，入口口感美味，还具有很高的营养价值。而且，这里商业发达，清代便有远近闻名的大集，"西集"这一地名便得名于此。农历每月逢二、五、八、十都是赶集的日子，当地的农家会把自家种的瓜果蔬菜在此售卖，附近村镇的村民也把各自特产拿来贩卖。生活在这片沃壤上的西集人一般不会因为食材而犯难，所以他们对于烹饪美食有着天然的兴趣。

1987年，仵会冬嫁给西集镇王上村的王连明。出生在潞城镇一个小康之家的仵会冬从小就很幸福，父亲是厂里的领导，家中有三个孩子。在彼时的农村，多生多育是一种普遍现象，较其他家庭养育七八个孩子而言，她家的家庭负担轻了很多，较为富裕。仵会冬在娘家备受宠爱，她既不会做饭，也不会料理家务。在出嫁时，仵会冬带着家里为她准备的丰厚嫁妆——煤气炉、煤气本、冰箱、彩电、自行车——来到王上村，一时间，仵会冬成为村里媳妇儿们的羡慕对象，王连明家也顺势成为村里的"热门

图 2-19 访谈"幸福厨娘"仵会冬
2023 年 4 月 26 日 杨赫 摄

景点"。不同于仵会冬的是，王连明家有九个孩子，排行第六的王连明既有兄姊，也有弟妹，所以打小就非常独立，能主动承担照拂弟弟妹妹的责任。王连明的身上既有西集人敦厚善良的美好品质，也有西集人与生俱来的厨艺天赋和热爱美食的生活情趣。

据仵会冬说，在王连明小时候，因为那时物质不丰富，一般家庭都穷，他家里孩子又多，王连明经常饥肠辘辘吃不饱，于是做顿饱餐成为他小时的愿望。少年时代的王连明已经会做简单的饭菜，在每天上学前，他都会为自己做一张糊饼，作为在学校的早饭和午饭。仵会冬这样描述他做饭的场景：

> 他要一边给柴锅生火，一边在锅里打糊饼。火候儿不能大也不能小，这样才能用温度正好的热气儿把糊饼给熥熟；生火的时候还得注意着糊饼的边儿是不是翘起来了，因为一不留神就黑了。我一直就觉得，如果他当年不是饿到一定份儿上，也不至于有这本事，这可不是一般的功夫啊！[1]

早当家的生活经历不仅培养起王连明对家庭的责任心，也练就了他扎实的厨艺和过硬的家务本领。结婚后，他并没有马上让仵会冬学干家务，而是自己默默将所有家务都承担下来。在两人成婚的次年，王连明和仵会冬的女儿出生，为人父母后，二人的生活也有了变化。也许是王连明的勤劳在潜移默化中影响到了仵会冬，她开始学着做一些家务，并在学习的过程中对烹饪萌生兴趣。在王连明的指导下，仵会冬逐渐掌握菜团子、打糊饼、手擀面等主食的做法，后来还学会了炖肉、卤酱肉的手艺。缘于西集得天独厚的自然条件和商贸传统，仵会冬从没有为食材的品质和种类发愁

---

[1] 访谈对象：仵会冬；访谈人：王卫华、红梅、徐睿凝、路迪雨婴、杨赫、孙宇飞、赵莎、王子尧；访谈时间：2023 年 4 月 26 日；访谈地点：西集镇王上村幸福小院。以下口述内容皆来自调研团队对仵会冬的访谈。

图 2-20　仵会冬介绍学厨经历
2023 年 4 月 26 日　杨赫 摄

过，这为她的学厨之路扫清了许多有形或无形的障碍，也为她在厨艺日渐精进后着手研发不同菜式、成为金牌厨娘、经营幸福小院奠定了基础。

能成功做出一桌美味饭菜的成就感是不言而喻的。在访谈中，仵会冬与我们分享当时的学厨经历：

> 那时我啥也不会做，但是我家那口子会。在他教我几招儿之后，我才对这事儿有概念。比方说，我一直觉得做菜团子特别简单，等到我自己学的时候发现真不是这么回事儿——皮薄馅儿大、皮儿不裂开就是俩特大的难题。首先，这菜团子一定要团紧实，不能用蛮力，要用巧劲儿，只有馅儿紧实了才能做到皮薄馅儿大。要是菜团子团不紧，后面裹玉米面的时候会容易开裂。那皮儿怎么才能不破呢？每在馅儿上裹一层玉米面，就要再沾点水，再在玉米面里滚一圈儿，用手包住菜团子，转着圈儿团一下……直到那时候我才知道，这里面的学问——多着呢！

有王连明的指导与陪练，加上自身的勤奋练习，仵会冬的厨艺日益精进，成为村里家喻户晓的厨娘。从对烹饪一窍不通，到厨艺精湛，仵会冬的手艺离不开西集物产丰饶的客观条件，也离不开她对烹饪与日俱增的主观兴趣。仵会冬是西集风土孕育出来的美食家。

（二）西集家宴成就金牌厨娘

"西集家宴"[1]是西集镇政府主办的文化活动，至今已有六年历史。它以留住西集味道、西集念想、西集乡愁为主线，试图打造一条富有地方特色的饮食文脉。活动通过从各村选拔能做美食的厨娘，为她们提供舞台，从而引导和带动乡村妇女就业，为乡村振兴注入新鲜活力。西集家宴以擂台赛的形式进行，比赛内容就是当地红白喜事时招待客人的"二八席"，这是一种综合满汉饮食特色的席面，讲究八碟八碗，其中八大碗为荤菜、八大碟为素菜，共十六道菜，所以称之为"二八"。"西集家宴"采取粗粮细作，精工制作的方法，既能传承当地的经典菜式，也给予选手充分发挥的空间。

自从嫁到王上村，仵会冬做过许多工作——从市场的个体商户、服装批发商、银行食堂的厨师、饭店餐馆的后厨，到接驳小巴的司机等等。在不同的职业体验中，仵会冬积攒了不少社会经验，也感受到社会中的人情冷暖。在品味过往的酸甜苦辣时，仵会冬不由得感慨：

> 虽然干过这么多活儿，但是我最喜欢的还是做饭这一件事儿。这可能跟我喜欢好吃的有关，也可能是因为做饭这件事儿对我而言，本来就是幸福和快乐的，所以我不知不觉地就把做饭当成主业了。再后来，我们镇办西集家宴这个活动，镇上给每个村儿都发了通知，我也是胆儿大，直接就代表王上村儿参加了。

---

1 《品味乡愁 留住念想 "西集家宴" 盛大开席》，环球网，https://m.huanqiu.com/article/9CaKmK2WhM，访问时间：2023年7月11日。

图 2-21　仵会冬与调研团队合影
2023 年 4 月 26 日　杨赫 摄

  2018 年，仵会冬第一次参加"西集家宴"。她擅长烹饪的亲家得知这一消息后，不仅全力支持，还专程从市内赶来，将"二八席"的技术要领和烹饪心得倾囊相授，并告诉她许多节约时间的窍门，这也令仵会冬的厨艺在短时间内又有所进益。转眼间，初赛就如约在西集镇大灰店村的"咱家小院"举办。24 位参赛厨娘被分成五组，比赛规则要求她们在半小时内完成五个菜团子、一张糊饼的制作。这对于当时的仵会冬而言，已然是"小儿科"，所以她轻松入围决赛。

  初赛一周后，决赛在北运河畔的阳光码头举行。18 位入围的厨娘需要在比赛前一天制作白肉一份、炸酱一碗，菜码儿一碟，在比赛现场要于半小时内完成春饼三张、摊鸡蛋一盘、自选菜一盘。与此同时，还得完成器具搭配、菜品配饰等工作。决赛的评委由国家级烹饪大师、资深营养师、西集春饼的传承者、旅游达人等专业和大众评委组成。在比赛中，仵会冬不仅将每道菜的制作工序熟稔于心，对于火候和时间也有着精准的判断，最后的摆盘也完成得近乎专业，得到了专业评委和大众评委的一致好评。结果，她幸运地成为这一届比赛的获胜者——"金牌厨娘"。回忆起第一次参加"西集家宴"的经历，仵会冬说：

> 西集家宴成就了我，很感谢我们镇政府。要不是人家给我这么好的平台，我一平头老百姓在家做做饭解闷儿就得了。我的亲家公和亲家奶奶最让我感动，我们平常关系就特好！他们刚一听说我要比赛，就专门儿从朝阳赶来支持我。其他参赛的姐妹们也都特棒，所以我在比赛时心情特别好。

2023年，仵会冬参加"第三届西集家宴"[1]。时隔五年，她已成为西集镇的资深厨娘，是评委们和其他厨娘口中的"仵姐"。当她又一次面对这一厨艺竞技活动时，当年的紧张早已褪去，取而代之的是淡定、自信和从容。4月19日，初赛在通州区盛世园林内举行，比赛内容由规定菜、自选菜两部分组成，其中规定菜为打糊饼，自选菜为菜团子、锅贴二选一，这些对基本功的考察压根儿难不倒仵会冬，她毫无悬念地进入决赛。5月27日，"西集家宴"决赛开席，要求选手在一小时内完成规定菜凉拌土豆丝、家宴丸子、家常饼和自选菜炒菜花、拔丝红薯、葱爆肉的烹饪。在比赛中，评委和观众屏气凝神，只听拍打面团声、切菜声、锅铲翻炒声、颠勺声、锅中油发出的"嗞嗞"声相互呼应，分外和谐，台上十位西集厨娘虽然风格各异，但却合奏出一曲"西集味道"。在紧锣密鼓的高手过招之后，仵会冬与杨晓艳、樊德连同获"金牌厨娘"，这也是她第二次获得这个称号。

从一名爱好美食的"西集厨娘"到家喻户晓的"金牌厨娘"，仵会冬是西集乡村妇女再就业的标杆与典型。这离不开她自身的天赋、兴趣和付出，也离不开西集镇政府几届班子推动乡村妇女就业，助力乡村振兴，打造生态特色小镇的恒心、决心与信心。

---

[1]《宾朋齐聚、香飘运河！第三届"西集家宴"擂台赛华丽打响：9位厨娘同台比拼"家宴味道"》，搜狐网，https://www.sohu.com/a/668333252_204474，访问时间：2023年7月11日。

图 2-22　仵会冬的厨房
2023 年 4 月 26 日　杨赫 摄

（三）西集味道传递家的幸福

近年来，西集镇依托得天独厚的土地资源和水资源，以"留住乡愁留住美"[1]为主旨，推动农业发展、促进乡村旅游、探索新兴产业，着力打造生态休闲小镇。在这一背景下，西集镇政府从多维度、多主体进行统筹规划，并成功推出西集生态、西集文旅、西集味道等发展路径和品牌活动。随着"产业融合"的深入人心，在西集镇政府的牵头下，多部门通力合作，挖掘当地居民自主创业生长点，推动西集农人转型，形成"讲好三农故事"[2]的新发展格局，加速为乡村振兴赋能。

2018 年，在第一次荣获"金牌厨娘"之后，仵会冬本想继续在自己的小厨房中享受做饭带来的快乐与愉悦，时任西集镇妇联专职副主席冯保东

---

1 《通州区西集镇打造生态休闲小城镇 留住乡愁留住美》，北京市农业农村局，http://nyncj.beijing.gov.cn/nyj/snxx/gqxx/11127364/index.html，访问时间：2023 年 7 月 11 日。
2 《围农共话！副中心"新农人"成长营走进西集农场，来场媒体与新农人的"双向奔赴"》，搜狐网，https://www.sohu.com/a/622169873_204474，访问时间：2023 年 7 月 11 日。

鼓励她以厨艺创业。仵会冬开始把自家的小院改造为农家院，取名为"幸福小院"，正式对外开放，承诺为八方宾朋送上正宗的西集味道。仵会冬回忆：

  刚成为"金牌厨娘"那会儿，镇里的妇联主席保东就跟我说："仵姐，您手艺这么好，可别浪费了！您这院儿也不错，干嘛不开个农家院呢？"当时心想，我哪儿能干得了这个啊，后来人家保东一直鼓励我、支持我，我才把这小院做起来，做成今天这样儿。之所以叫"幸福"这名儿，就是希望在这儿能吃到家里的味道，不图别的，咱就图个热乎气儿。

  仵会冬的幸福小院可以同时容纳四五桌食客，以二八席的经典菜式为主，也有一些新创的菜式。起初，幸福小院的知名度并不高，主要靠邻里之间的口耳相传和朋友相互介绍的传统途径，所以绝大多数的客人都是回头客，也有一些被介绍过来的新客人。客人在来到这里之前，至少要提前一天联系仵会冬——确定人数和时间，她再根据情况设计菜单，在当日一清早就去市集购买新鲜的食材，柴鸡、活鱼、猪肉、卤水豆腐、豆泡、肥肠等食材是仵会冬每次必买的。值得一提的是，仵会冬在选择食材和制作菜品时，总是不厌其烦，耐心细致。以幸福小院的招牌菜——砂锅豆泡炖肥肠、酱肉为例，砂锅中的豆泡取材于西集独有的卤水豆腐，可以根据食客的不同口味加入香菜、辣椒油、大蒜汁等多种佐料；酱肉在20多种佐料炒香后，用大火炖一小时后，改小火再煮两小时，出锅时香气扑鼻，颜色鲜亮，肉质软糯，肥而不腻。

  这几年来，仵会冬利用网络自媒体宣传西集家宴，也为幸福小院打起了新式广告。自2021年起，仵会冬在抖音平台个人账号"幸福小院六婶"[1]累计发表作品290余则，获赞量超过11万，单条最高获得近6000点赞量。

---

[1] 截至2023年7月11日，仵会冬个人抖音账户"幸福小院六婶"累计发表作品294则、获赞量11.3万、单条最高获赞5714次。

在节假日时，仵会冬还会烹饪四喜丸子、蒸肉条、炖肘子等肉类菜品，并将其制作为预制菜礼盒，在线上、线下同时销售，常常在短时间内被抢购一空。

随着幸福小院的名声越来越响，慕名而来的客人也越来越多，但是这里的价格始终没变，有许多亲友和街坊都担心仵会冬付出多、回报却少。她说：

> 其实吧，我这儿的成本确实高，因为菜、肉、蛋，都是我和我家那口子从市集里挑的最新鲜的，连炒菜的油也是我从多点下单，直接送到家的。这么一算，成本确实高，但我俩就为挣个零花钱、有个事儿做、有人爱吃我们西集的饭，这就是幸福厨娘了。听说这几年参赛拿奖的厨娘只有我在做这个，感觉真挺可惜的，姐妹们的厨艺都很好，如果都干这一行儿就更好了，别浪费咱的手艺。

随着幸福小院成为西集镇政府授权的"西集家宴体验店"，现在的仵会冬不仅要为来自四面八方的食客送上一份正宗的西集味道，还致力于把她的幸福、快乐传递给更多的人。此时的她不仅是一名厨艺过硬、技术精湛的"金牌厨娘"，更是西集万千幸福厨娘的代表与象征。

2023年是仵会冬在西集镇王上村生活的第36年。在过去的三十多年中，她与西集味道发生过太多故事。新手学厨之时，她尝到的西集味道是苦的，因为从零开始意味着巨大的挑战，想学好一门手艺就要能够吃苦；荣获金牌厨娘时，她尝到的西集味道是咸的，因为成功的果实需要靠汗水浇灌；成为幸福厨娘，她尝到的西集味道是甜的。社会上的风吹雨打、自我的选择与修炼、从镇政府到身边人的精心培养和呵护，都在为其积累糖分。在这段仵会冬口述的记忆中，既包含了她与西集风味的故事，也还原出这位幸福厨娘在岁月中的成长与蜕变。

仵会冬是西集生态休闲小城镇建设中饮食业的代表，她以普通家庭妇女的身份参与到现代乡村产业的建设行列中来。做饭本是她日常生活中必不可少的组成部分，在当地政府部门的组织下，这个每日都重复进行的家庭工作成为她参与现代产业的一项技能。可以说，西集家宴成就了金牌厨娘，金牌厨娘们汇入了西集生态休闲小城镇的现代产业链，成为西集人创造幸福生活的坚实力量。

三、特色民宿与"新农人"

特色民宿是沙古堆村的代表性产业，其不仅有助于村落的产业转型与升级，也推动了西集"生态休闲小城镇"的建设进程。沙古堆村的特色民宿以当地的樱桃种植业为基础，整合大运河、环球影城、城市副中心等内外部资源，为村落的发展注入了活力。特色民宿的成就离不开经营者的规划。作为"新农人"的民宿经营者为村落发展提供了新活力，他们用实践推动了村落的文化建设与互联网技术普及，深刻影响了当地村民的生活。

曹女是沙古堆村"田里花间"民宿的经营者，也是当地最早经营特色民宿的"新农人"之一。曹女出生于1984年，她自幼生长于沙古堆村，曾在北京服装学院服装设计专业学习，是京郊农村走进城里的大学生。毕业后，曹女任职于一家广告公司，几年后她辞去了城市里的工作，回到沙古堆村创业，并于2018年建立曹女阳光农场，又于2019年建立"田里花间"民宿，投身于村落产业建设。曹女认为自己是一名"新农人"，即具备"互联网基因""文化基因""创新基因""自组织基因"[1]的新型农民群体。该群体代表着"农民新群体""农业新业态"与"农村的新细胞"，能够为村落发展注入新的活力。曹女所经营的民宿便体现了"新农人"对村落发

---

1 阿里研究院：《发现新农人——2014新农人研究报告》，访问地址：https://wenku.baidu.com/view/074a03bfd35abe23482fb4daa58da0116d171f63.html?_wkts_=1690260292588&bdQuery=%E5%8F%91%E7%8E%B0%E6%96%B0%E5%86%9C%E4%BA%BA%E2%80%94%E2%80%942014%E6%96%B0%E5%86%9C%E4%BA%BA%E7%A0%94%E7%A9%B6%E6%8A%A5%E5%91%8A，访问时间：2023年7月24日。

展的意义。她整合了沙古堆村的内外部资源,将产业发展、村落建设与城市规划相连接,用自身行动探索沙古堆樱桃种植业转型升级的可能性。自2021年12月起,北运河特色小镇建设调研小组前往沙古堆村,对曹女进行了多次访谈,整体性地了解了民宿产业及"新农人"群体对村落发展、西集"生态休闲小城镇"建设的作用[1]。

(一)由传统农业到特色民宿的变迁

沙古堆村是位于西集镇西部,北运河畔的一个自然村落,以樱桃种植业闻名京东地区。自20世纪90年代起,沙古堆村的樱桃种植业逐步发展,并成为该村的标志性产业。如今,沙古堆村村口的宣传牌形象地阐明了樱桃种植业对村落发展的意义——樱桃树承载起"全国一村一品示范村""国家地理标志称号"等荣誉称号。樱桃种植业在提高村落知名度的同时,也改善了村民的生活质量。曹女提到,"这个村(沙古堆村)是以樱桃产业为主,大概一个村有100多户都种樱桃,多的人家可能有一百亩地,少的也得有个几亩地"。由此可见,樱桃种植业已深入大部分村民的生活中,成为他们收入的重要组成部分。

然而,沙古堆村樱桃种植产业仍属于传统农业,其繁荣的背后也隐藏着忧患。张孝德在《乡村振兴探索创新典型案例》中将农业发展分为四个不同阶段,即"借助天时地利,靠天吃饭"的农业1.0时代(传统农业);"引入工业技术和运作方式,靠地吃饭"的农业2.0时代;"实现了三产化的"农业3.0时代(服务型农业);"集生产性、生态性、生活性和生命性为一体的"农业4.0时代(综合型农业)[2]。一开始沙古堆的樱桃种植业尚处

---

[1] 访谈内容主要源自以下三场访谈:访谈时间:2021年12月3日,访谈对象:曹女,访谈人:王卫华、徐睿凝、孙佳丰、杨赫,访谈地点:西集镇沙古堆村田里花间民宿、向北民宿;访谈时间:2022年1月25日,访谈对象:曹女,访谈人:徐睿凝、杨赫,访谈地点:西集镇沙古堆村田里花间民宿;访谈时间:2023年7月4日,访谈对象:曹女,访谈人:王卫华、路迪雨婴、杨赫,访谈地点:西集镇沙古堆村村委会。下文不再单独标注。
[2] 张孝德编:《乡村振兴探索创新典型案例》,北京:东方出版社,2022年,第144页。

图 2-23
沙古堆村宣传牌
2022 年 1 月 25 日
杨赫 摄

于农业 1.0 时代，仍然具有附加值低、生产效率低等[1]问题，对自然灾害的抵抗能力也相对较弱。在曹女的记忆中，2017 年的一场冰雹就严重影响了当地樱桃种植业的发展：

> 我们是露地种植（注：在温室外或无其他遮盖物的土地上种植花木），没有设施农业。所以有一年，我们那个樱桃遭了冰雹了，砸的樱桃颗粒无收，没有钱，就一年的钱都没有了。所以说，自然灾害就是会很影响到这个主产业（樱桃种植业）。樱桃产业因为靠天吃饭，它不靠谱。所以我当时就想，农业也要做，然后也做一些农业周边的事儿。

受自然灾害的影响，以曹女为代表的"新农人"开始尝试延长产业

---

[1] 俞志成：《我国休闲农业发展现状与展望》，《南方农业》2017 年第 2 期。

图 2-24　曹女讲述民俗运营
2023 年 7 月 24 日　路迪雨婴　摄

链，推动传统樱桃种植业升级，沙古堆村的特色民宿就是在此背景下发展起来的。以曹女的实践为例：最初曹女尝试基于家庭农场开辟观光、采摘、科普教育等项目，曹女阳光农场便应运而生。这一时期，一些公司在曹女阳光农场举办团建活动，使曹女家一年四季都能凭借农场获得收益，一定程度上减轻了自然灾害的影响。来此团建的公司员工还向曹女提出了住宿的需求，希望结束一天的游玩后能在沙古堆村休息。经过一段时间的思考，曹女下定决心将自己家的老宅改造为特色民宿，并逐步由最初的 4 间房发展到如今的 10 间房，民宿的规模与影响日益扩大。

除曹女经营的田里花间民宿外，沙古堆村的其他特色民宿同样发展迅速。2021 年通州认定的首批 10 家特色乡村民宿就有 8 家在西集，其中有 3 家坐落于沙古堆村，包括田里花间、运河与向北精品民宿[1]，可见当地民宿产业在西集"生态休闲小城镇"建设中占据了重要位置。如今，沙古堆村

---

[1]《惊艳！通州首批 10 家特色乡村民宿出炉，西集镇有 8 家！这个中秋约起来吧！》，https://www.sohu.com/a/490897168_121106842，访问时间：2023 年 7 月 24 日。

图2-25 "田里花间"民宿内部
2022年1月25日 杨赫 摄

中已经有6家特色民宿，除上述3家外，还有闲庭·叙、躲·自由空间、一见如故等，发展速度较快。沙古堆村党支部书记郑红鹏说，民宿文化已经与运河文化、特色产业文化一并成为沙古堆最具代表性的三种文化之一[1]。

纵观沙古堆村特色民宿的发展历程，当地的民宿脱胎于樱桃种植产业，又能推动樱桃种植产业向"农业3.0""农业4.0"升级。"农业3.0"时代的关键在于"服务"，即农民变为服务员，提供的产品由"农产品"变为"农产品、配套服务"，凭借"人流往来"发展农业旅游观光。"农业4.0"则以"生命健康、生活幸福"为目标[2]，对村落整体建设水平的要求更高。沙古堆村的特色民宿需要改善村落的生态环境，保护、发展地方文化，以此吸引游客，创造收益，这也符合西集"生态休闲小城镇"的建设

---

1 访谈时间：2023年7月4日；访谈对象：郑红鹏；访谈人：王卫华、路迪雨婴、杨赫；访谈地点：西集镇沙古堆村村委会。
2 张孝德编：《乡村振兴探索创新典型案例》，北京：东方出版社，2022年，第144页。

方向。为此，经营民宿的"新农人"制定了一系列策略，在整合村落内外部资源的同时，为村落的未来发展方向提供了多样的选择。

（二）民宿发展与村落内外部资源的整合

沙古堆村临近大运河与环球影城，便利的交通是当地特色民宿发展的主要优势。因此，经营民宿的"新农人"群体需要整合内外部资源，提高当地民宿的知名度，吸引、留住尽可能多的客人。首先，沙古堆村的民宿经营者明确了自身发展的战略方向，并借助外部资源彰显本地民宿的优势。民宿（Bed&Breakfast）起源于20世纪50年代的西方，彼时西方诸国引导农户改造自家房屋并出租给游客，以此提高农民收入、缓解农村人口流失问题[1]。我国民宿起源于20世纪80年代，其目的在于缓解"游憩区假日的旅馆住宿供应不足"的问题。新世纪以来，我国民宿的发展日益多元化，其中既有凭借低价格吸引游客的"家庭旅馆""农家乐"，也有追求高品质生活的"精品民宿"[2]。

曹女认为沙古堆村的民宿应定位为"精品民宿"，并应借助便利的交通带动民宿的发展：

> 我觉得大家来到沙古堆村的民宿，其实并不是简单的住，也不只是体验乡村生活。因为北京其他地方，比如说怀柔、门头沟，包括延庆都有民宿。但是我觉得它（怀柔等地）更接近于乡村，它的自然风景比较好，有山有水，可以凭借这个吸引游客。我们（沙古堆村）没有那么好的资源，大运河也是这两年才开始修缮。我们的优势在于交通，这里离北京市中心非常近，可以一天之内往返，这样就能满足一部分城里人的需求。另外就是环球影城，这是一个大IP（Intellectual

---

1 Fleischer Aliza, Pizam Abraham. Rural tourism in Israel. Tourism Management, 1997, 18（6）：367—372.
2 张广海、孟禹：《国内外民宿旅游研究进展》，《资源开发与市场》2017年第4期。

Property，即一种产生广泛影响力的产品），可能是亚洲最大的游乐场。我们这离环球影城车程就十来分钟，非常近，所以也会吸引很多客人。

曹女等民宿经营者敏锐地发现了大运河与环球影城对沙古堆村的影响，并尝试将其转化为自身发展的助力。据统计，2021年环球影城正式开园后，"同程旅行平台与之相关的出行产品搜索量环比上涨400%，周边酒店住宿搜索量也同步上涨，涨幅超过200%"[1]，可见其对周边区域民宿产业发展的推动作用。曹女在了解到环球影城的影响力后便迅速争取到了环球影城的二级代理，将自家民宿与环球影城的门票进行绑定销售，利用这一外部资源为沙古堆民宿吸引了客源。曹女的实践代表了沙古堆村"新农人"的尝试。他们积极了解政策的变化，利用外部资源推动特色民宿的发展，将民宿的发展、村落的建设与城市的规划相连接，以此凸显特色民宿的优势，为村落旅游业的发展吸引客源。

在重视外部资源的同时，沙古堆特色民宿的经营者也关注村落内部生态与文化建设的重要性。正如"农业3.0"时代追求将农业与第三产业、旅游业相融合，"农业4.0"时代追求将农业"加题材、景观、本地化标志、休闲旅游"以推动地方发展[2]。沙古堆村的特色民宿也将地方农业的升级视为自身发展的重要推动力，曹女的"田里花间"民宿就与她的"阳光农场"有着密切的联系。曹女提到，为了辅助民宿的发展，她希望将自家农场建设的"小而美""小而精"：

> 我的农场要做的是"小而美"的农场。有些客人就特别愿意在村子里头赶个集，买点小零食什么的。即便是老人，他也愿意去农场里边摘把菜。所以，春天、夏天的话，我基本上会请客人挖野菜，然后

---

1 刘馨蔚：《主题公园经济再掀热潮》，《中国对外贸易》2021年第11期。
2 温铁军：《从农业1.0到农业4.0》，《中国乡村发现》2016年第1期。

做那个荠菜馄饨，再加上看看我们的樱花，也挺美的。5月的话，基本上菠菜、小青菜长起来了，可以摘个菜，也能让小朋友捡个鸡蛋什么的。6月、7月就是摘樱桃，然后农场里的花就陆陆续续开了，我们种了郁金香、玫瑰、百合，这些花都是外国进口的品种，也非常美。反正我的农场可能就12月、1月、2月三个月，因为是冬天没办法采摘，其他时候都有植物，都能让游客去体验。

沙古堆特色民宿的经营者希望将传统农业转化为"四季有景"的景观农业，使游客体验"生态休闲"的乡村生活。因此，他们对自家农场进行了不同程度的改造，令家庭农场产出的产品由单一的樱桃升级为一种服务、一种对美好乡村生活的体验，为当地种植业的升级与转型起到了示范作用。

在整合村落内外部资源以推动特色民宿发展的过程中，"新农人"群体也对村落发展提出了建议。这是因为沙古堆村内仍有部分资源尚未进行整合，当地民宿也仍有较大的发展空间。对大运河资源的利用便是"新农人"群体关注的重点。绕村而过的北运河是沙古堆村最具标志性的资源之一，从昔日的灌溉水源到如今的休闲胜地，运河为沙古堆村的发展注入了不竭的动力。曹女就十分希望运河资源的开发能够推动沙古堆村特色民宿的发展：

现在确实有一部分客人是为了运河来这边玩的，有的是为了坐船，有的是为了钓鱼，也有的是听说了过来看看（运河公园等设施）建得怎么样。但是运河码头离我们这里太远了，虽然（民宿里）可以提供自行车，但是他们下船的码头周围也没有配套的采摘、住宿，我们还是希望村落附近能有码头，这样各种配套服务（如采摘、住宿等）也能更全面。

由于沙古堆村独特的地理位置，当地特色民宿的发展与村落内外部资源的整合密不可分。借助村落的外部资源，沙古堆村的特色民宿得以吸引足够的客源，令自身发展符合城市规划的要求。借助村落的内部资源，沙古堆村的特色民宿不仅推动了村内产业的升级与转型，其经营者们也为村落的未来发展提出了建议。通过村落内外部资源的整合，沙古堆村的民宿获得了持久发展的动力，为村落建设起到了推动作用。

（三）特色民宿提供村落发展新思路

沙古堆村特色民宿的发展不仅为经营者带来了可观的收入，也为村落的发展提供了多元路径。作为民宿经营者的"新农人"大多在城市中受过良好的教育，且熟练掌握着互联网等现代信息技术手段。因此，他们在民宿经营的过程中也注重使用互联网技术，关注村落文化建设，用自身行动影响了村落建设的方向与进程。

首先，沙古堆村的民宿经营者注重使用互联网平台提高村落的知名度，他们的实践也令村民意识到互联网的便利性。如曹女在微博[1]、小红书[2]、微信公众号与视频号[3]、携程[4]等网络平台中宣传自家的阳光农场及田里花间民宿，将民宿发展带到了更为广阔的平台。谈及自己接触互联网媒介的过程，曹女这样说：

> 我是2019年的年底那会儿，参加了抖音官方的培训，然后我是他们培训的"三农达人"，那会我们会帮着那个四川、广西的农民带货，就是带农产品。当时学了得有一个多月，就天天有课，而且也要做笔

---

[1] 《曹女·阳光农场》，https://weibo.com/n/%E6%9B%B9%E5%A5%B3%C2%B7%E9%98%B3%E5%85%89%E5%86%9C%E5%9C%BA，访问时间：2023年7月25日。

[2] 《曹女阳光农场》，https://www.xiaohongshu.com/user/profile/5b2c5613e8ac2b082adffe30?m_source=pinpai，访问时间：2023年7月25日。

[3] 公众号："曹女阳光农场"。

[4] 《北京田里花间民宿》，https://hotels.corporatetravel.ctrip.com/hotels/53481227.html，访问时间：2023年7月25日。

记，就还要做作业的那种。他们也会教我们怎么做账号、怎么吸粉，然后怎么做标题、怎么拍视频，怎么剪辑，然后，怎么开小店、怎么布置直播间，然后在直播当中有一些什么话术，有一些什么违规注意事项，他都会给你培训。

在系统学习互联网技术后，曹女不仅积极利用这一技术宣传自家的农场与民宿，还帮助本村村民带货直播，推销当地的农产品。2022年初，沙古堆村的街道上到处是架着手机直播，通过网络渠道售卖咯吱盒、花馍的村民。民宿经营者们也不时参与其中，帮助他们利用互联网技术扩大销路、提高收入。由此可见，随着民宿对互联网技术的运用日益频繁，沙古堆村的村民也意识到互联网技术的重要性，民宿经营者的行为推动了信息技术手段在沙古堆村的普及。

其次，沙古堆村特色民宿的经营者关注地方文化的传承、保护与发展，这与他们对民宿目标客源的设想有关。彭兆荣提到旅游是"到异地

图 2-26 曹女介绍"田里花间"建设情况
2022 年 1 月 25 日 杨赫 摄

或'异文化'中去体验"[1]。特色民宿与地方旅游业联系密切，同样需要发展"异文化"以满足游客的需求。"异文化"的界定与特色民宿的目标客源有着密切的联系——若以北京城市居民为目标客源，则"异文化"应以北京乡村文化为主，若以全国游客为目标客源，则"异文化"便能以北京文化为主。对于这一问题，曹女等民宿经营者有着更为高远的视野。曹女曾多次提道，"我们的目标客群是全国客人，甚至是国际客人。这不是我们吹嘘自己，而是已经有客人过来了。所以我们这里（沙古堆）要展示的文化就不只是西集的，更是北京的，甚至是全国的。"由于环球影城与大运河的火热，沙古堆村的民宿凭借其地理位置的优势，依靠特色民宿吸引了全国乃至世界范围的客人，影响了村落的文化建设方向。沙古堆村的特色民宿中也大多安排了文化活动以丰富游客的体验，如田里花间民宿邀请了擅长花馍制作的师傅，向北民宿则提供变脸表演，这些文化虽非是沙古堆村的特色，但却是满足了游客需求的"民俗文化"体验。基于曹女等"新农人"对目标客源的思考，沙古堆村的文化保护与建设因民宿的发展而同时进行，其中既包括对本村传统文化的传承、保护，也包括对外来文化的吸收、发展。以特色民宿作为依托，沙古堆村的文化正逐渐多元化，当地民众的文化生活也变得日益丰富。

综上所述，沙古堆村特色民宿的经营者们推动了村落的文化保护与建设，令村民意识到互联网的便利性。作为"新农人"群体，民宿的经营者们有着灵活的思维，也深刻意识到村落建设与民宿发展间的密切联系，并自觉以民宿经营为村落建设注入了新的动力。如今，沙古堆村的6家特色民宿经营者中既有土生土长的本地人（如田里花间民宿），也有因沙古堆村的优势条件而来此投资的经营者（如向北民宿）。经营者身份的差异能够形成不同的经营策略，为村落的发展提供更为多元的路径与选择。

沙古堆村的特色民宿既是当地代表性的产业，也是推动村落产业升级的动力。在"新农人"群体的经营下，沙古堆村特色民宿整合了村内、外

---

[1] 彭兆荣：《归去来 彭兆荣文选》，贵阳：贵州人民出版社，2020年，第369页。

部资源，使村落的发展与城市的规划相向而行，将城市副中心、大运河文化带、环球影城等资源转化为村落发展的动力。此外，沙古堆村的民宿经营者也推动了村落的技术普及与文化建设，拓宽了村落发展的路径，为当地樱桃种植业的产业升级注入了新的活力。

第三节　民俗精英带动西集镇文化振兴

文化振兴是乡村振兴的题中之义，也是西集镇"生态休闲小城镇"建设的重要一环。文化振兴致力于"赋予乡村生活以价值感、幸福感和快乐感"，有助于"激发起人们愿意在乡村生活，并努力振兴乡村的活力和动力"[1]。为呈现西集特色小镇建设过程中的文化振兴实践，本项目访谈了西集两河文学社的核心成员与当地非物质文化遗产的代表性传承人。在上述民俗精英的实践中，西集的特色小镇建设被赋予了更为多样的价值，并取得了更为丰硕的成果。

一、小镇上的文学社

2016年5月7日，两河文学社成立。这是一个由西集镇文学爱好者自发成立的文学组织。西集镇文学资源丰富、文学氛围浓厚，著名乡土文学作家刘绍棠是西集镇儒林村人。2017年3月31日，恰逢刘绍棠逝世二十周年纪念日，通州区文联、通州区作协、西集镇党委政府联合举行"两河

---

[1] 徐勇：《乡村文化振兴与文化供给侧改革》，《东南学术》2018年第5期。

文学社"授牌仪式。"在平凡的生活中享受文学创作带来的快乐"是两河文学社的口号。自创立以来，两河文学社组织了研讨会、采风等一系列活动，在西集镇文化建设中发挥了重要作用。连绵不绝的文脉，成为西集镇打造生态休闲小城镇的内在推动力。

2023年4月，北运河特色小镇建设调研小组对两河文学社的部分成员进行了访谈。这些成员包括：现任社长吴德龙，1964年出生，是西集镇侯各村人，任通州区西集镇文史办负责人，出版有作品《乡镇小作家》等；副社长杨殿武，1948年出生，是西集镇肖家林村人，曾担任肖家林村副书记，出版有作品《柴门轶事》等；社员王安，1964年出生，是西集镇辛集村人，爱好民俗文化的他经营着粉丝数过万的抖音账号。随着吴德龙、杨殿武和王安的讲述，我们感受到了西集人的文学情怀，更看到了他们淳朴上进、热爱家乡的精神品格。

（一）两河环绕的文学乡土

西集镇在两条河流之间，西南隔北运河与张家湾镇相望，东临潮白河与河北省香河县蒋辛屯镇为邻。两河文学社的"两河"正是指流经西集镇域的北运河和潮白河。这片运河"搂"着的河滩，历史上漕运兴盛、游人如织、风景秀丽，有着多彩的民俗活动和生动活泼的民俗生活。在大运河的滋养下，西集积淀了深厚的文化资源，众多人才应运而生。

西集镇儒林村是著名乡土文学作家刘绍棠的家乡。刘绍棠（1936—1997），"荷花淀派"的代表作家之一，"大运河乡土文学体系"的创建者，代表作有《青枝绿叶》《蒲柳人家》《运河的桨声》等。他13岁就以"神童作家"的美名登上文坛，一生笔耕不辍，其文学创作处处散发着大运河的乡土气息。在"全国当代文学研究会第二期讲习班"上，刘绍棠曾发表题为《我和乡土文学》的讲话。他说，家乡的民间故事、评书、民间戏曲、年画等民间艺术给予了他最初的熏陶[1]。1966年，已经成名的刘绍棠回到家

---

1 刘绍棠：《我和乡土文学》，《当代文学研究参考资料》1983年第9期。

乡儒林村生活，乡亲们的鼓励和照顾支撑着他度过了艰难的岁月。他也不忘扶持家乡文学的发展。在儒林村生活的十二年间，刘绍棠完成了以家乡人物为原型的《地火》《春草》《狼烟》的初稿。1979年，通州文联主办的刊物《运河》发刊，刘绍棠亲自写了《发刊词》，并邀请孙犁等名作家撰稿，支持家乡文学刊物的发展。1980年，通州文联在西海子办了文学创作班，邀请了刘绍棠、浩然等知名作家授课。来自通州各地的文学青年们得以与知名作家面对面交流、创作文学作品，极大地提高了他们的创作热情，对通州文学的发展产生了深远的影响。

两河文学社的文学爱好者们虽然生长于物质匮乏的年代，但西集良好的文学氛围给予了他们心灵的滋养。在杨殿武的回忆中，他能够坚持文学创作离不开西集同乡人的鼓励和支持。1964年，16岁的杨殿武在小升初考试中获得语文学科全年级第一名。班主任老师热情鼓励他走上文学道路，为他种下了一颗文学的种子。那时候的杨殿武喜欢阅读《北京文艺》一类

图2-27 两河文学社成员与调研团队合影
2023年4月12日 杨赫 摄

的杂志，常常读到西集本土作家张葆森的文章，这让他备受鼓舞。

对于文学创作来说，偶像的引领是重要的精神力量。1969年，杨殿武在肖家林村担任村干部工作，彼时的刘绍棠已是一名成熟的作家，并回到儒林村生产队参加劳动。出于对刘绍棠及其创作的喜爱，杨殿武辗转结识了刘绍棠。这段相遇的过程被杨殿武描述得非常有文采：

> 那时总想去见见刘绍棠。第一次见到他是在他们村南边的大堤上。在膝盖高的草里一个人坐着，我远远叫了一声"大爷"。这人站起来，戴着眼镜，大概三十来岁，个子挺魁梧。原来他就是刘绍棠。去了刘绍棠家里，穿过村里，到了村外北边的一片树林，树林子里有三间土房。走进刘绍棠的家里，沙子堆的地，上面全是稿纸。刘绍棠点起煤油灯，屋子北边的墙上有一个自己钉的三层书架，上面放着发黄的五几年的报纸。另一边有一个麻袋，麻袋边是书桌，桌子旁边是一张床，床上支着蚊帐。桌子上啊，摞着很厚的两摞稿纸。[1]

与偶像刘绍棠的相遇，给了杨殿武极大的鼓励。在之后村干部工作中，他也时常留心观察生活，不忘文学梦想。

两河文学社的成员有不少都见过刘绍棠，郑增顺、杨殿武都曾参加1979年通州文联举办的文学创作班，面对面接受刘绍棠的指导。儒林村的田万生也是两河文学社的成员，他记得刘绍棠坐在大运河边，望着大运河感慨道："运河要是得到治理该多好，河中间再有一条小船，轻轻地划过来"。[2]

大运河滋养了西集的文气，当年受到刘绍棠熏陶的这批文学青年迈入

---

[1] 访谈对象：杨殿武；访谈人：王卫华、徐睿凝、孙佳丰、路迪雨婴、杨赫、孙宇飞、赵莎、王子蔚、王子尧；访谈时间：2023年4月12日；访谈地点：西集镇两河文学社办公室。下文中涉及杨殿武的口述内容皆来自调研团队对杨殿武的访谈，不再重复标注。

[2] 《爱上大运河》第二集《应运而生》，融汇副中心，http://rmtzx.dayuntongzhou.com/web/app/huanxing.jsp?id=57847，访问时间：2023年7月18日。

了新的时代，重新拾起了笔杆子进行文学创作。在前通州作协主席刘祥的支持下，年过六旬的杨殿武开始学习打字、发表作品；从忙碌的教师岗位上退休的刘月英，追随恩师重拾文学梦；热心民间文化的王安开启了收集民俗老物件的旅程；摄影文艺全方面发展的吴德龙，在文史办负责人的岗位上支持着西集镇文学的发展。

（二）充满情怀的两河文学社

西集镇政府大街的一个小院里，有几排平房，两河文学社的地址就在最后一排平房的最里面一间。文学社的办公室里，一台电脑，一个打印机，一张上下铺的床，靠里的一张桌子上放着文学社出版的书，靠边的一张桌子上放着毛笔砚台等等，再加几张椅子、凳子，就是全部的装备了。文学社虽然环境朴素，但却是一代西集人文学梦的象征。

两河文学社最初由于大明、吴德龙、郑增顺三人组织成立。2015年，曾经是语文老师的于大明在与吴德龙、郑增顺两位好友闲谈时，提出了建立一个文学社的梦想。2016年5月7日，经过一年的筹备，两河文学社正式成立。于大明被推举为社长，吴德龙是秘书长，郑增顺是常务副社长，杨殿武是副社长。两河文学社的成员有的是中学退休老师、有的是村镇机关退休干部、有的是工厂退休工人、有的是农民。他们一生奉献，守着自己的文学梦，如今有了闲暇时间。他们依托两河文学社这一创作的平台，出版文学作品，参加文学活动，作为地方的文学精英承担着地方文化传承的责任。

根据两河文学社的社团章程，两河文学社的目的在于为喜爱文学的广大群众搭建一个交流的平台，同时大力培养以中、小学生为主的青少年文学新人。自成立以来，两河文学社举办了众多活动，成为西集镇文化宣传的重要力量。

2015年，通州政协文史和学习委员会、西集镇人民政府共同组织了《颐和西集》的编写工作。《颐和西集》是《文化通州》系列丛书的组成部分，对西集镇的历史、文化、古迹、人物等进行了全面的描绘，其中大部

图 2-28　两河文学社成员介绍地方文化传承情况
2023 年 4 月 12 日　杨赫 摄

分文章来自两河文学社的成员。时任西集镇文史办负责人的吴德龙，便参与了《颐和西集》的编撰工作。

2020 年，由西集镇人民政府组织，两河文学社成员搜集、整理、创作的《颐和西集·民间故事集》出版，其中有民间故事 66 篇。《白庙红庙与白马关帝庙》讲述了通州城东白庙、城西红庙与城中的白马关帝庙背后的故事；《宝剑镇河神》讲述了一段运河河水泛滥时期天降宝剑护佑一方平安的传奇；《车四怪的传说》讲述了京东八大怪之一的车四怪的"怪癖"，展现出一个超脱世俗的高人形象……阅读这些民间故事，西集人的审美趣味、民俗生活、西集与运河的历史都一一浮现在读者眼前。在《颐和西集·民间故事集》中，每篇故事后面都印有搜集及编写者的照片和基本信息。这些来自基层的文学爱好者们，终于有机会将自己的作品展示了出来。

除了出版作品之外，文学社还组织了多样的文学活动。2017 年，两河文学社组织参加了纪念刘绍棠逝世 20 周年的征文活动，在一周之内收稿 30 余篇。2021 年 7 月，在通州区文旅局的指导下，两河文学社组织了"书香西集，爱我家乡"朗诵比赛，文学社的吴德龙和吕作华担任评委。来自西集镇的青少年们朗读着两河文学社成员提供的诗歌。在琅琅的读书声中，西集的文脉代代传承。

除此之外，两河文学社还组织社员参加了"中仓杯"文学比赛、建国70周年征文大赛、"话·运河"文学大赛等比赛。其中，2023年北京市文联、通州区委宣传部组织的"话·运河"文学大赛征集作品2647篇，评选出一等奖3名、二等奖6名、三等奖15名。杨殿武散文作品《黑土地是一支遥远的歌》获得二等奖，王安散文作品《历史上京东民俗盛会——鲁仙观庙会》获得三等奖。对于这次获奖，王安感慨道："要想获得写作的乐趣，就必须深入基层，与老人们聊天，从中得到最有价值的第一手宝贵资料。"

传承家乡文化的责任感是两河文学社成员进行文学写作的主要原因。正如经营着抖音账号"京郊老顽童老王"的王安所言："老觉得说，民俗文化失传了，很可惜。"[1] 立足于西集自身的生态人文特色，西集镇的文学爱好者们聚在一起，将这片运河滩上文学的声音传递出去，成为西集镇文化宣传的重要力量。

（三）文学助力小镇建设

2022年出台的《北京城市副中心（通州区）"十四五"时期乡村振兴规划》强调，西集镇应打造"生态休闲小城镇+'果篮子'"乡村生态振兴示范点。乡村振兴，既要塑形，也要铸魂。西集镇有着得天独厚的自然生态环境和卓越的文学氛围，西集镇政府以文促旅，将保护文化资源与探索乡村发展之路有机衔接，助力乡村振兴。[2]

---

[1] 访谈对象：王安；访谈人：王卫华、徐睿凝、孙佳丰、路迪雨婴、杨赫、孙宇飞、赵莎、王子蔚、王子尧；访谈时间：2023年4月12日；访谈地点：西集镇两河文学社办公室。以下文中涉及王安的口述内容皆来自调研团队对王安的访谈，不再重复标注。

[2] 《区委常委、宣传部部长汤一原到西集镇调研刘绍棠文化遗产保护利用情况》，北京市通州区人民政府，http://zhengfu.bjtzh.gov.cn/bjtz/xxfb/202305/1649716.shtml，访问时间：2023年7月20日。

吴德龙自20世纪80年代大学毕业回到家乡，已经在西集镇工作了40余年，先后任职于工业与社会保障、文化宣传等多个部门。自小爱好文学的他，初中时就在《鸭绿江文艺》《北京文艺》发表文章。2005年，他以"文苑新秀"的身份在通州区文联文学季刊《运河》杂志第三期发表作品《政府大院里的二妹（外一篇）》。他这样形容当时的自己："闻着淡淡的墨香，看着方正的铅字，激动之情溢于言表。"[1]之后他的创作热情高涨，先后发表作品《私法（外一篇）》《招伤》《柴哥轶事》等。2011年，小说集《乡镇小政府》入选《运河文库》第八辑。2015年，吴德龙参加了第二届北京文学节暨通州《运河文库》作者表彰会。回忆起这次表彰会，吴德龙深深感慨通州文气之深、文化名人之多："著名作家王梓夫先生的讲话，刘姝平女士的贺词，刘祥老师的致辞都情真意切，让我备受鼓舞；胡松岩、高晨两位作家的发言，让我感到了通州文学事业的希望；通州区委宣传部张秀余部长的话语让人回味无穷。"[2]

图2-29 吴德龙介绍两河文学社概况
2023年4月12日
杨赫 摄

杨殿武是土生土长的西集肖家林村人，1969年到1992年担任肖家林村村干部。生于西集、长于西集的他，深深热爱着这片运河环绕的土地。在退休以后，杨殿武加入了通州区宣讲团，他的宣讲题目是《一个农民的文学梦》。杨殿武常常回忆起年轻时与刘绍棠的三次相遇，他说："（刘绍

---

[1] 《恩师刘祥》，采风网，http://www.zhongguocaifeng.cn/news/15047，访问时间：2023年7月20日。

[2] 同上。

图 2-30　杨殿武介绍其文学创作情况
2023 年 4 月 12 日　杨赫　摄

棠）在咱们这个运河文化当中形成了一种乡土气息，刘绍棠走了，西集运河文化不能停止。"[1]近两年，杨殿武的主要工作是编写肖家林村村史（估计20万字）。在编写过程中，他常常去村里开座谈会，邀请熟悉村落文化的老人讲述村庄的故事，回家后再将资料整理成文字，之后拿到文学社打印、校对。在杨殿武的笔下，除了村庄的历史，那些生活在村落中的人也是一部值得他细写的春秋。这些人有铜丝卷花手艺人、画关老爷的壶匠、王麻子剪刀等手工艺人，革命战争年代牺牲的烈士，解放前后的村干部，等等。他以每篇章一个人为主、三到四个人为辅的方式，勾勒着肖家林村村民的生活画卷。

辛集村的王安可谓是一个"全能的非遗精英"。2016 年，因帮友人搜集民俗老物件，王安开始认识到民俗收藏的魅力。迄今为止，王安已经收集了上百种、几百件濒临失传的民俗老物件，其中包括宣统时期西集

---

[1]《清明时节：诗意话清明 忆先思故人》，大运通州网，https://dayuntongzhou.com/web/ct12349，访问时间：2023 年 7 月 20 日。

镇的粮食计量工具异形公平斛，20世纪西集镇盖房砸地基用的槐木夯等农具、工具、商具、玩具。同时，他也通过读书、网上学习等多种方式了解民俗艺术，多次拜访老艺人学习相关知识。2021年，王安开始将西集的民俗知识发布到抖音号上，至今粉丝数已过万，单条抖音点赞量过千。点开抖音"京郊老顽童老王"的账号，既可以看到西集的老文物木夯、柳斗、瓜镰、石磨，也可以听到西集的硪歌、夯歌、喜歌、运河号子，还能欣赏上一段相声表演、看运河古渡口的百年变迁。王安发布的抖音短视频作品《古槐新绿》，获得北京市通州区创建国家森林城市抖音短视频大赛第二名。2021年，为表彰王安传承家乡民俗文化的精神，通州区委宣传部授予王安"通州榜样"荣誉称号。

图 2-31　王安讲述西集民俗事象
2023 年 4 月 12 日
杨赫 摄

"北京向东是西集，早就连着京津冀；七环里，六环里，潞水潮白飘玉带。"西集镇有着优越的地理位置，凝聚了独特的运河文气。大运河的申遗、通州区首都城市副中心的定位、西集生态休闲特色小镇的建设，都为西集人延续运河乡土文学的梦想提供了广阔的舞台。两河文学社的成立和发展，使西集的文学爱好者们有了归属感和凝聚力，他们热情地助力地方文化建设，并积极地参与到各种活动之中，将西集的文学情怀推介到更广阔的天地。

二、中学教师的家乡情

我们接触到的西集人，不论在什么地方，都对家乡满怀深情，不但牢记家乡的养育之恩，还希望参与家乡建设，回报家乡。通州区第四中学教师刘月英，1960年出生于西集镇桥上村一个普通家庭，1981年毕业于通州师范专科学校，之后成为一名人民教师，在教育岗位上辛勤工作三十余年。退休后她又被聘为通州区中小学的督学，继续为当地的教育工作奉献力量。刘月英非常热爱文学，退休后她加入了通州区中仓文学社和西集镇两河文学社，在《现代教育报》《通州时讯》《中仓社区报》《西集月报》发表多篇文章，还多次参与中仓街道工委等部门组织的各类比赛并获得奖项。2023年4月，北运河特色小镇建设调研小组来到西集镇，对刘月英进行访谈，了解她与西集文化传承的故事。

（一）喜欢文学的物理教师

刘月英对文学的热爱从她孩提时起就有迹可循。学生时期的她就因为擅长写作文而受到过多位老师的青睐和重点栽培，西集镇两河文学社的首任社长于大明就是其中一位"伯乐"。于大明是刘月英在农中读书时的语文老师，他经常夸赞刘月英是"班上作文写得最好的孩子"。他的肯定给予了刘月英自信，使得她对写作有了浓厚的兴趣。另一位叫张宝森的老师在农中给刘月英所在班级上过一个学期的课，他也发现了刘月英的写作天赋，并推荐她参加通县宣传部组织的征文比赛。

中学时代的麦收假和秋收假，村干部常会派刘月英去田间地头做文艺宣传员，还给她记工分。刘月英的任务就是在田间将亲眼看到的劳动场景，当场写些朗朗上口的顺口溜或者小短文，并通过自己随身携带的喇叭进行广播，宣传劳动故事，激发人们的劳动热情。这个工作她一直坚持干了好多年，乡间地头的实践更加强化了刘月英的文字功底。

1977年，17岁的刘月英以优异的成绩考入通州师范专科学校，主修物理专业。毕业后她成为一名物理教师，开始站在三尺讲台教书育人。那时候专科也是很高的学历，但勤奋上进的她没有满足于现状，工作期间她又通过自己的努力进修了本科，之后还读了研究生课程班。

在求学和工作的道路上，刘月英展示出强大的韧劲，勤奋与执着的优

图 2-32　刘月英介绍其文学创作情况
2023 年 4 月 12 日　杨赫 摄

秀品质使她获得更多成长的机会，逐渐成为学校的骨干教师和校领导（学校副书记兼工会主席）。刘月英要操心的事很多，除了保质保量完成教学任务，她还要处理行政管理方面的事务，撰写规划、校务处理、教学总结等工作使她的生活充实忙碌，但她仍然没有放弃对"文学梦"的追求。1986 年她通过进修学习中文专业，系统地学习了文学专业的相关理论知识，进一步提升了自己的文学修养。

三十多年忙碌的教师生涯之后，刘月英从学校退休，她又重启了文学梦。于大明、吴德龙、郑增顺等人在西集镇创办文学组织"两河文学社"，吸纳了近 60 名文学爱好者，刘月英退休后也加入其队伍中；之后她还加入另外一个文学社团"中仓文学社"。成为这两个文学社的成员后，她热情地投入到文学创作中，经常在刊物和杂志上发一些短文或者是诗歌，西集中学时代的文学天赋再次焕发出光彩。

（二）退休实现文学梦

美丽辽阔的京东北运河不仅滋养了西集镇的沃土，还孕育出了大运河之子刘绍棠这样为当代中国文坛奉献了"田园牧歌"式优秀乡土文学作品的作家。刘绍棠倾尽一生的心血和笔墨记录了通州特殊年代的发展历程，描绘了西集农村的风貌，诠释了大运河两岸人民的生产、生活、风土人情和历史变迁。虽然刘绍棠已经离世多年，但他的文学理想和乡土情怀，还在这片土地上延续。

刘月英虽然没当面接触过刘绍棠，但刘绍棠对她的影响是深远的。她在《深切怀念刘绍棠先生》一文中记述了自己与刘绍棠作品的渊源：

> 上个世纪70年代我正读初中，喜欢阅读，喜欢往学校图书室跑。也就是在那个时候，我阅读了刘绍棠先生写的《青枝绿叶》，这是我第一次接触刘绍棠先生的作品，很是喜欢。后来，我考入了通县师范学校，在师范学校图书馆的阅读，使我接触了更多的刘绍棠先生的作品，也使我对刘绍棠先生有了更多的了解。也就是从那时起，我开始崇拜刘绍棠先生。[1]

刘绍棠的文学作品坚定了刘月英的创作决心。对文学的热爱、故土的赤诚和那份返乡的欣喜之情浑然交融，打开了她的乡土文学创作之路。[2]《我爱家乡的大樱桃》一文中，她以"国家级地理标志"产品西集大樱桃为对象进行写作，语言生动，情感真挚，人文、历史、风土跃然纸上。在刘月英的笔下，采摘樱桃能使人身心放松和喜悦，能提高果农的经济效益，能展示西集生态休闲小镇的风貌，字里行间无不显示出她对家乡的自豪和热爱之情。这篇文章虽然篇幅不长，却饱含了刘月英辛苦调研的汗水。她回忆说：

---

[1]《纪念刘绍棠先生逝世20周年（下）》，北京西集微信公众号，https://mp.weixin.qq.com/s/A6Dg9ail-9osEx0HgjsXsA，访问时间：2023年7月28日。

[2]《特色小镇调研西集行》，北运河今昔微信公众号，https://mp.weixin.qq.com/s/UP5HkuhP5qC-cjWho4y4MA，访问时间：2023年7月28日。

图 2-33　刘月英向调研团队介绍西集文化
2023 年 4 月 12 日　杨赫 摄

  我写樱桃的时候我就做了大量的调查，方方面面，一个是阅读，一个是做实际调查，一个是上果园采摘，我每年都要去两次。文章中所有的照片、提及的数据、樱桃的品种名称，包括樱桃从它开花到怎么放蜜蜂给它授粉，到结果实时的颜色变化，再到樱桃采摘，一整个过程都是非常真实的科学的，没有一点假的。[1]

  刘月英还在《颐和西集》一书中，写了《桥上村菩萨庙前大钟》和《"九条江"与"桥上庄"》两篇文章，其语言风格清新质朴，字里行间透露出她对家乡的热爱。

  在文学创作之外，刘月英还帮助西集镇的杜店村和桥上村修撰村史。刘月英非常重视写村史，她说：

---

[1]《我爱家乡的大樱桃》，丹曾文化微信公众号，https://mp.weixin.qq.com/s/Pb94SJMsxhtaWQhTuTNk3A，访问时间：2023 年 7 月 28 日。

我为了写好村史，在村里多次召开调研会，杜店村的氛围非常好，村书记给我找的访谈对象都是那种年长的、在村里有威望的、思路比较清楚的。我开了几次座谈会，最后才开始写村子的情况。[1]

写村史的时候刘月英也没忘记从访谈对象的口中获取灵感进行创作。当她听到村里的老人讲了当地流传的神话后，她就将其加工和完善，写下了两个传说故事，其中一个《天神救孝女》的故事还被刊登了出来。

除了自己独立创作，刘月英还热衷于组织身边其他文学爱好者一起加入写作的行列中。她介绍了这些年的成果：

在改革开放40周年的时候，我向学校退休群里的同事征集了几十篇歌颂祖国大好河山的文章。我作为主编，编了一个《通州四中退休教师歌颂改革开放40年成果》的集子，然后把每位创作者的彩照还有他们的文章都印上了。在新中国成立70周年的时候，我还召集我们学校100多名退休老师编辑一个诗刊，我希望大家用诗歌的形式讴歌我们伟大的祖国70年来取得的丰硕成果，后来陆陆续续收到很多人的来稿。我自己还单独写了一篇征文，报上去后获得了一等奖。2022年北京冬季奥运会的时候，采用了我们两河文学社同志的三篇诗歌，其中有我的，后来被刊登在西集镇的微信公众号上。

此外，西集镇还举办过与小镇文化建设相关的诗歌朗诵会，刘月英也积极参加。在她看来，这是为家乡做贡献的一种方式。年少求学离开家乡的刘月英，一直渴望为西集的建设做出自己的贡献，正是西集镇浓厚的文化氛围，让刘月英"英雄有了用武之地"。

---

[1] 访谈对象：刘月英；访谈人：王卫华、徐睿凝、孙佳丰、路迪雨婴、杨赫、孙宇飞、赵莎、王子蔚、王子尧；访谈时间：2023年4月12日；访谈地点：西集镇。以下文中涉及刘月英的口述内容皆来自调研团队的访谈，不再重复标注。

(三) 高尚家风代代传承

刘月英豁达开朗，与人为善。在学校，虽然身居领导岗位，但她平易近人，遇到不懂的问题虚心求教，与同事们和谐相处，将心比心体恤年轻老师，竭尽全力帮助同事们解决生活和工作中的困难。在家里，她贤惠能干，与丈夫相敬相爱，孝顺长辈，爱护孩子，尽心尽力照顾孙子。这些都与她的良好家风密不可分。

家风是社会风气的重要组成部分，也会对一个人的成长产生不可替代的影响。刘月英成长于一个有高尚家风的家庭。刘月英三岁丧父，母亲含辛茹苦将她抚养成人，母亲的价值观和仁爱之心影响了她的一生。她在原创诗歌《妈妈告诉我》中写道："饭桌上让爷爷奶奶先动筷""天冷了，先给爷爷奶奶买棉衣""听老师的话好好学习""别怕累多干事"……在她的笔下，一个生活艰辛却时刻为别人着想的母亲形象跃然纸上。刘月英的母亲在86岁时离世，每当回忆起母亲，刘月英都很感慨：

> 自从我爸爸去世后，我妈妈就一直带着我，也没成家。我妈妈跟我说："你的爸爸是独生子，如果我走的话（指改嫁再婚）你的爷爷奶奶谁管？"她当时也就28岁，她担心她改嫁了爷爷奶奶老了就没人管了。后来她不但给我的爷爷奶奶养了老，连我爸爸的叔叔和婶婶因为闺女嫁到外乡没人照顾，最后也是她负责给养老的。妈妈的这种举动不是封建社会"一女不嫁二夫"的思想，与我父母之间的感情好有关系，但他们（父母）在一起才生活了几年，更多的还是她的责任感，因为她答应去世的丈夫要把孩子养大，给老人养老送终。

而在刘月英的记忆中，父亲宛如夜空中的星辰，只能远远地遥望和思念，但他的光辉却照亮了别人前行的路。刘月英讲述了父亲的故事：

> 我的父亲是因病去世的。他的病要放在现在，咱们镇上卫生院都能瞧好，开始就是脑炎，用青霉素输三天就好，消炎就行。但当时

（1963年）是咱们国家的困难时期，缺医少药。他在西集的大沙务村当教师，他的责任心非常强，他和学生同时生病，学生的爸爸妈妈干活去了，他就给这孩子喝水吃药，用细粮做了面条汤给这孩子发汗，让学生躺在他的床上睡觉，他看到学生的脚很脏，就拿热水帮学生把脚洗干净，还买双新袜子给学生穿上。等学生的父母回来，孩子病也好了。所以他去世了以后，他的同事、他的学生也经常到我们家。他临终把老人孩子托付给我妈，我妈就承担起了这个责任，让老人吃饱穿暖，尽最大的努力把老人都照顾得很好，这就是当地的民风吧！

刘月英的母亲在70多岁的时候患上了阿尔茨海默症，从小耳濡目染要孝敬老人的刘月英把母亲接到家照顾。这一照顾就是十几年，直到老人家寿终正寝。难能可贵的是，刘月英的爱人也是一位善良仁爱的人，丝毫没有嫌弃老人。刘母病重的时候，他也亲力亲为地照顾，对此刘月英充满了感激之情。她认为她们家的家风是西集人家风的一个代表。

西集民风淳朴。刘月英讲述了在杜店村做调研时，从村民口中了解到的老书记杜宝吉无私奉献、一心为公的事迹。村里划分宅基地盖房的时候，老书记把适合盖房子的好地儿都给群众了，自家房子却盖在地势不好的地段。按农村老观念，认为那个地方不适合盖房子，老书记没有丝毫怨言。当然，不只是杜店村，其他村也有村民勇救八旬落水老人等先进事迹。在刘月英的讲述中，西集人不论什么时候、什么情况下，都在传承以孝为先、助人为乐、舍己为人的美德。

目前，西集镇正进一步强化公共文化服务在弘扬中华优秀文化中的重要功能，以筑牢文化强国根脉为着力点，聚焦节日节气及各类文化元素，广泛开展群众性活动，厚植传统文化基因。[1]对此，刘月英非常关注，并积极投身家乡文化建设。每逢遇到国家重大节日和重大历史时刻，她都会写

---

1 《多措并举打造副中心公共文化服务品牌——推动供给多元化，西集镇大力打造特色文化活动矩阵》，北京旅游网，https://www.visitbeijing.com.cn/article/4Airh7yHuwA，访问时间：2023年7月28日。

文写诗，并发在微信群等平台上，她还计划与志同道合的朋友们一起，把他们这些年来歌颂党的领导、歌颂祖国大好河山的文章出一个作品集。

刘月英是西集生态休闲小城镇建设中地方文化传承人的代表。她年少外出求学工作，退休后又十分关心家乡的发展变化。她热爱文学和写作，并希望投身家乡的文化建设。她说："写好乡土文学作品，是为我们家乡的发展和家乡文学事业的繁荣贡献我的点滴力量。"西集浓厚的文化氛围成就了刘月英的文学梦。还有很多像刘月英一样的西集人正满怀激情，努力加入西集生态休闲小城镇的建设之中，为西集的发展做出自己的贡献。

三、非遗助力特色小镇建设

西集镇位于通州区东南部，北泗河、运河故道、潮白河、北运河组成的河道水网形成了西集独特的地形地貌和地质条件。通达的交通与频繁的人员流动使得这个小镇自古便以集市为名，也因市集闻名。独特的区位条件与文化记忆让西集人传承了勤劳奋进，富有创造力与兼收并包的优良品德，西集人传承的精神文化也带有独特的运河气息，以非物质的形式被广泛传播与悠久传承。"通州大风车"和"团花剪纸"分别是北京市级非物质文化遗产项目与通州区级非物质文化遗产项目，它们的代表性传承人梁俊和王文敏都是生于斯长于斯的西集人。

近几年来，北运河民俗文化搜集与民俗志编纂项目组多次赴西集访谈梁俊和王文敏先生，了解西集非遗的产生与发展状况。

（一）巧手创造的工艺美

梁俊是西集镇武辛庄村人，出生于1933年。他从小向爷爷和父亲学习风车制作技艺，迄今80余年，是梁家风车制作技艺的第三代传人。

梁俊的爷爷是裱糊匠，兼做风筝、花灯和大风车，梁俊就是从他那里熟悉了扎制、裱糊的手艺。梁俊年轻时当过木匠，木匠活做得十分精巧。

图2-34 调研团队调研西集非物质文化遗产建设
2022年9月28日 杨赫 摄

他还在村办铸造厂里从事模型制作，这段工作经历让他学会了机械制图和看图，并运用到改良风车制作方法的过程中。梁俊工作之余，并没有完全放弃自己儿时的爱好，逢年过节都要做几个大风车分送给亲友、邻居的孩子们。改革开放以后，出于对风车制作的热爱，加上自幼研习的手工艺技能和工作中积累的丰富实践经验，梁俊开始创业，全身心地投入到大风车的设计制作中。在中国传统文化中，风车又名"吉祥轮""八卦风轮"等，寓意喜庆祥和。从前总有手工艺人在庙会上、天桥上、胡同里当街叫卖，风车是伴随中国人成长的童年玩具。八十年代时，北京第一个商品市场在红桥成立，梁俊便摆了个卖风车的摊子，那时便有人专门去找他买"咱老北京小时候卖的那大风车"[1]。

---

1 访谈对象：梁俊；访谈人：王卫华、徐睿凝、孙佳丰、路迪雨婴、杨赫、孙宇飞、赵莎、王子蔚、王子尧；访谈时间：2022年9月1日；访谈地点：西集镇武辛庄村。以下有关梁俊口述内容皆来自调研团队对梁俊的访谈，不再标注。

图 2-35　梁俊介绍通州大风车
2022 年 9 月 28 日　杨赫 摄

梁俊制作的"通州大风车"结构精良，体积轻巧，风车轮转动的过程中还能够发出清脆的响声。风车的制作过程历经数次改良，小小的风轮中蕴含着制作者的良苦匠心、精湛技艺与反复实践。"通州大风车"主要由泥、纸、高粱秸秆制作而成，这些原材料质朴无华，却经过了梁俊的仔细挑选。首先，需要选择具有良好黏性和柔软度的土壤，通过泥浆、过滤和沉淀等工艺步骤进行处理。泥浆过滤后要和纸张混合搅拌、充分融合在一起。然后将泥浆制作成标准大小且厚度均一的鼓面，并将其放置于阴暗处晾干 3 至 5 天。鼓面是使用稍大于鼓面的薄牛皮纸裁剪而成，使用乳胶粘合于鼓面上，确保表面平整并松紧适中。老式大风车的骨架和风轮中心都是用粗高粱秆制作，秆粗、节大、粗糙、笨拙，拆装几次就会损坏。为了解决这个问题，梁俊陆续尝试了许多品种的高粱，还在自家田地里亲手种植河南的"满地红"，在多个品种中选择最好的种类。他试验给高粱秆染色，达到了不褪色、不掉色、无污染的效果。他自己为这种高粱秆取名为

"科技秆"，油光铮亮，非常好看。后来他还把自行车条的螺丝帽固定在风轮的中心，增强了轮轴的牢度、耐用度和拆装简易度，且更为轻巧、美观。风车轮也被称为鼓轮，是制作风车时比较复杂的工艺步骤。制作时，首先选取合适的竹篾，轻微刮平、劈成条状，然后将竹条浸泡在温水中软化，使用模具将其绕成圆形，圆形中的两端使用细线绑紧。风轮上的轮条过去常使用纸条制作，现在多采用耐用的无纺布材料，并把风轮染成红、黄、绿三种颜色，亮丽活泼。

梁俊一家都会做风车。由于工艺要求，风车无法通过机器进行量产，每个步骤都需要亲手完成，蕴含了"折""卷曲""粘贴"等严谨的风车制作技术。现在做风车的主力是他的儿子和儿媳。孙子则开设了"通州大风车"网店，将爷爷的风车挂在网上售卖，让更多人看到这个北京传统的民间手工艺品。

西集镇王庄村的王文敏出生于1948年。他的剪纸技艺最早来自于外祖母胡氏和母亲马秀珍的耳濡目染和亲手传授。在他小时候的记忆里，农闲时刻的女人们抽空做些针线活计：剪鞋样子、绣花、缝缝补补……读过私塾的母亲，十分讲究，有时会在白布上画样子，再进行刺绣，家中的枕头花、肚兜花、绣花鞋上的图案都是她自己绣的。小孩们的娱乐方式不多，就照着大人们画下的花样剪纸玩。母亲、外婆也会教给他一些剪纸的方法，这些经历都留在他的脑海中没有遗忘，由于热爱文艺，他常常自己反复琢磨某一种花纹图案的剪法。

1969年中学毕业后，王文敏入伍参了军。作为当时军营中为数不多"读过书"的人，他一直负责军营中的文化宣传工作，军旅生活中常常发挥自己善于手工技艺的专长，直到现在，红色记忆都是他艺术创作的重要主题。退伍离开部队后，王文敏陆续做过几份不同的工作，还承接父亲的事业，有一段时间把做首饰盒作为副业。尽管从事着不同的职业，他一直没有间断对手工技艺的练习和探索。闲暇之余，潜心钻研剪纸、国画和书法，创作出许多富有生活情趣的艺术作品。这些生活中潜移默化的影响，也使他对于团花剪纸技艺有了更深的领悟。就像他说的那样，"很多艺术都是相通的。"[1] 他的心中，一直希望将记忆中的剪纸手艺传承下去并发扬光大。

王文敏说："团花剪纸讲究一次成型，不能修改，需要对折叠的反向思维能力足够强。"裁剪过程需要将红纸折叠翻转后，左手拿着折叠好的红纸，右手拿着剪刀，在纸张间灵活穿梭，娴熟地剪动，剪刀起落间，图案慢慢成形。多年来，因为精湛的剪纸技艺，不断有人向他拜师学艺。他是通州区关心下一代"五老"志愿者优秀代表。每当有人求教，他都亲切地将自己的艺术心得和剪纸技法倾囊相授，希望有更多的人传承和发扬这项民间手工艺。

（二）新时代的西集非遗

"艺好学、精难得、创新难。"这是梁俊爷爷反复挂在嘴边上的话。他将传统民间手工艺与现代生活方式结合起来，顺应时代的变迁，在传承中创新。梁俊除了不断改良风车制作技艺，还根据不同的节日、展演场合，琢磨出更加丰富的风车造型，他所研制的多轮风车、舞动风车、可拆卸风车广受赞誉，出现在奥运会、国庆日、香港回归日等重大节庆、场合中，让风车的印记更加绚烂夺目。

2003年12月，由于卓越的风车制作技艺，梁俊被北京玩具协会评为"民间玩具工艺大师"。2009年3月，他被北京工艺美术行业协会、北京民间文艺家协会和北京玩具协会共同誉名为"风车梁"。2007年，"通州大风车"被认定为北京市级非物质文化遗产项目。梁俊的风车曾代表中国的民间工艺多次走出国门。他到过美、德、新加坡等国家参加比赛、展览、进行教学，还到日本参加过世界博览会。2000年，梁爷爷到新西兰参加亚洲艺术节，艺术节邀请了17个国家的艺术家，由中国的大风车做领队。梁爷

---

[1] 访谈对象：王文敏；访谈人：王卫华、徐睿凝、孙佳丰、路迪雨婴、杨赫、孙宇飞、赵莎、王子蔚、王子尧；访谈时间：2022年9月2日；访谈地点：西集镇王庄村。以下王文敏的口述内容皆来自调研团队对王文敏的访谈，不再标注。

爷在那里给中小学生上了12节课讲解如何做风车，第一课便从中国民俗文化的历史讲起。学生们在课程结束后给梁爷爷写了感谢信，都被他找人翻译后仔细珍藏起来。梁俊的创业经历与创新精神充分体现了一位民间手艺人锐意改革、勇于开拓的时代精神。他的努力让风车由简单的儿童玩具，成为一个具有文化象征记忆的符号。如今的通州大运河森林公园里，还有许多以大风车形象为原型的五彩高大的风车雕塑，既是老北京人的童年记忆，也是通州人引以为傲的文化珍宝。

同一时期，王文敏的团花剪纸技艺也得到了业界和民间的认可和赞誉。2007年，王文敏被中国民间文艺家协会评定为"民间文化品牌艺术家"。2008年，他创作"福娃"系列剪纸作品庆贺北京奥运会。此外，他的作品《五十六个民族五十六朵花》和《托起明天的太阳》两次被中国农业博物馆收藏，并荣获中国民间文艺家协会铜奖。2009年，"通州团花剪纸制作技艺"被通州区政府列入区级非物质文化遗产代表性项目加以保护。

王文敏曾代表北京到德国参加文化节，在文化交流的机会中彰显了中国优秀传统文化。他在取材上善于创新，从自己的经历和生活细节处寻找灵感，讲述身边的故事。他的团花剪纸《燃灯塔》，就将运河记忆以团花剪纸的方式表现出来。他说："我想永远留住这一古老的历史。"这类题材得到大家的共鸣和共情，广受好评。

王文敏的团花剪纸构思巧妙，工艺精湛，形象逼真，题材多样。在剪纸布局上，他运用多种剪法呈现不同的艺术效果，融合丰富的艺术表现形式。他闲暇之余还练习书法和国画，并将这些艺术形式融通到剪纸中来。因此他的剪纸在保留团花剪纸核心艺术魅力的同时，还能够呈现其他民间文艺类型的观感。

在时代进步与文化发展的进程下，"通州大风车"和"团花剪纸"作为非物质文化遗产项目，其发展、传承、保护的历程，记录了民间手工艺在不同时代发展步伐中的成长脉络，表达着劳动人民对幸福生活的不懈追求，许多承载中华优秀传统文化的非遗项目得到了重点扶持，获得了发展

图 2-36　王文敏介绍团花剪纸
2022 年 9 月 28 日　孙佳丰　摄

良机，并反哺孕育它们的乡村，为乡村建设增添一份活力与创造力。

（三）非遗助力小镇发展

风车、剪纸、风筝……这些生活中带有民间智慧结晶、精湛技能与独特意趣的民俗事项，从单一的实用功能或审美功能，发展为承载厚重精神追求的文化标识，成为给民众提供创业就业机会的文化资源。这既是优秀传统文化自身生命力旺盛的表现，也显现了西集镇以打造特色小镇为契机促进自身发展过程中的坚实文化力量。

手工艺类非物质文化遗产的珍贵之处不仅在于精巧的手工艺品，还包括凝结历代工匠的精湛技艺，其传承和发展需要创造力和创新精神。乡村居民通过学习和练习手工技能，既可以锻炼自己的创造力和动手能力，也能将其应用于实践中，身体力行地传承和宣传地方特色文化。同时，这些手工技能所产生的产品，在具有文化价值、审美价值的同时，还具有商业价值。手工技能的传承和发展可以创造就业机会，成为乡村居民增添收入的途径，有助于减少农村劳动力的流失，并推动当地产业的发展，提高乡村的经济发展水平。广大乡村居民通过参与非遗项目，也可以建立起良好的合作关系和互动平台，促进社区的凝聚力和社会和谐。这种合作和交流的过程可以加强社区的互助精神，培养良好的社会关系，推动乡村共同发展。

在弘扬大运河传统文化，增进各界对大运河的了解和认识的时代背景下，通州区积极推动大运河文旅产业融合发展。特别是在特色小镇建设过程中，通州区将非遗产品融入多种场景，在全区18处24小时智能文化空间、区文化馆、区图书馆内均设置非遗展品，让非遗走进景区、民宿、校园，与群众开展"见面会"，使悠久传承走出图片，实现可见、可听、可感。同时，推动整理和编纂口述史，抢救非遗项目，组织专家团队梳理成册，用声音和文字留住非遗记忆，并采用新技术制作数字产品，以有声书的新形式定格非遗风采。这一系列实践成为推动非遗活化发展的"通州模式"。[1]于是我们能够在民俗文化节、新春庙会、元宵灯会、开漕节等场合，看到大风车和剪纸作品的身影，感受其中蕴含的文化影响力。

2023年5月，西集镇举办了"老北京传统风车制作"活动。2023年8月，通州区妇联联合西集镇开展的"创新创业培训"非遗手工技能培训活动，将做风车、剪纸、做绒花等技能教给当地居民。这类活动既丰富了人们的文化生活，也提供了送到"家门口"的技能培训机会。让镇域群众感受非遗魅力的同时，学到一技之长，提升他们的致富能力，为实现就业创业打下基础。同时，将非遗项目纳入健全现代公共文化服务体系中，助力公共文化设施和文化阵地建设。引导居民参与到乡村振兴的进程中，展现

---

[1] 参考自公众号"文旅通州"2023年8月9日发布的《串连沿线非遗技艺，京杭大运河"寻梭之旅"走进城市副中心》一文，https://mp.weixin.qq.com/s?__biz=MzA4MzAxMDAwMA==&mid=2649770776&idx=1&sn=a5924521237d8d7cdd2c46802da582bc&chksm=87f9e3a7b08e6ab1eb7caa629c6f2bbf4c5703addb15170abf2c56294062af4f5020d981bbb2&scene=27，访问时间：2023年8月10日。

图 2-37　王文敏展示剪纸技艺
2022 年 9 月 28 日　杨赫 摄

新作为、彰显新风采。通过开展多样文体活动，满足人民群众的精神文化需求，增强群众的获得感、幸福感。

"通州大风车""团花剪纸"等手工艺非物质文化遗产项目是与传统手工技艺、工艺品相关的文化实践。这是一种传承久远的技艺和传统文化，记录了西集历史记忆和文化传统。通过传承这些非遗项目，乡村居民可以更好地理解、感知和珍视自己的文化根源，为乡村带来独特的魅力和吸引力。作为生根于通州区手工艺类非遗项目的代表，它们的发展得益于文化政策的支持。而作为一种独特的文化形式，则承载着丰富的历史、文化和艺术内涵，通过其传承和发展，不仅保留了传统文化的精髓，还为当代文化注入了新的活力和创意。这些手工艺非遗的发展不仅丰富了人们的文化生活，也为文化产业的发展提供了重要的资源和支持。它们在通州区特色文化旅游、乡村振兴以及西集镇特色小镇建设的发展过程中承担了重要角色。

第三章

台湖

演艺小镇建设的多元主体与地方实践

2014年，杭州云栖大会首次提出了"特色小镇"这一概念。特色小镇是以某一特色产业为基础，汇聚相关组织、机构与人员，形成的具有特色与文化氛围的现代化群落"。具体而言，"特色小镇是以信息经济、环保、健康、旅游、时尚、金融、高端装备制造等产业为基础，来打造具有特色的产业生态系统，以此带动当地的经济社会发展，并对周边地区产生一定的辐射作用，是区域经济发展的新动力和创新载体"。[1] 从这一意义上来说，特色小镇并非只是传统意义上新区开发，而是立足地方社会深厚的人文资源与产业特色，嵌入区域社会内部的，带动区域社会整体发展的一种探索。

在新型城镇化的大背景下，特色小镇得到了国家发展改革委、财政部以及住建部的认可。2015年后，全国各地都开展了特色小镇的建设计划。位于北京通州台湖开始助力打造"演艺小镇"。2017年8月10日，时任北京市委书记蔡奇视察台湖镇。明确指出规划建设好台湖镇，对于处理好城市副中心和通州区的关系、促进副中心可持续发展并发挥辐射带动作用，具有示范作用，提出要把台湖演艺小镇打造成为北京市特色小镇的标杆。2018年7月20日，蔡奇书记在北京市推进全国文化中心建设领导小组第三次会议上指出，台湖演艺小镇要坚持"特而精、小而美、活而新"，舞美基地要发挥龙头作用，用好现有政策，促进文化创意产业"高精尖"发展。2020年8月20日，蔡奇书记再次调研台湖，指出要抓紧做好规划设计、盘活存量资源、做好与环球主题公园联动发展、小镇融入科技元素、有序拉开小镇框架、加强工作统筹等重点任务，为演艺小镇的发展指明方向。

作为新型城镇化建设的重要方向，特色小镇的重点在于"特色"的打造，即立足于地方社会文化传统、经济社会发展形态，在充分发掘地方社会特色的基础上，打造具备强劲驱动力的"产业生态位"，在驱动地方社会经济发展的同时，实现区域社会人、自然、社会交互共生的可持续发

---

[1] 卫龙宝、史新杰：《浙江特色小镇建设的若干思考与建议》，《浙江社会科学》2016年第2期。

展。就此而言，特色并非是无中生有抑或是外部移植，而是在人地互动、多元主体互动的长期过程中从当地生长出来的文化。特色应该是由人们的生活水平、生活方式（包括其物质的、制度的、精神的形态）自然融合而成的、独具性格的生活形态。特色小镇在地方社会的落地，亦是包括政府工作人员、民众、外来参与者、文化传承人在内的多元主体互动、协作的过程。

行动者网络理论对于分析特色小镇的落地实践有着重要意义。行动者网络理论（ANT）包括行动者（Actor）、异质性网络（Heterogeneous Network）和转义（Translation）三个基本元素。行动者网络理论将所有人与非人的元素统称为行动者，认为每个行动者具备行动能力。不同于毫无意义改动的中介，转义者会改变、转译、扭曲和修改原有的意义和元素，并在这一过程中，成为异质性网络的核心节点。包括人与非人的存在，都是成熟的转义者。他们在行动，也在不断地产生转运的效果。异质性网络的稳定性取决于各个行动者不断的转义进程。

在台湖，演艺小镇的落地是各级政府共同参与的结果，这一项目的落地是基于台湖当地历史悠久的民俗文化传统和发达的公共文化空间的基础之上，并得到了当地民众的大力支持，且在这一过程中，地方社会的民众、地方能人和非遗传承人也相继成为演艺小镇的重要参与主体。在演艺小镇落地的过程中，包括国家大剧院在内外来的演艺公司也相继得以引入，在地方化的进程中，转变为台湖演艺小镇重要的参与主体。

第一节　演艺专班：行政力量参与演艺小镇的进程、组织与实践

国家权力是特色小镇发展的主要动力，在地方社会上，国家权力对于特色小镇的参与，往往表现为一些专门性的组织的成立。在台湖，演艺专班是支撑特色小镇发展的主要力量。

一、小镇枢纽：演艺专班

（一）演艺专班缘起

2017年8月10日，蔡奇书记视察台湖镇时提出要把台湖镇作为"处理好城市副中心和通州区的关系、促进副中心可持续发展并发挥辐射带动作用"的示范区，要把台湖演艺小镇打造成北京市特色小镇的标杆。此后，北京市领导每年都会前往台湖视察。2021年，台湖演艺小镇建设提上高速，文化部、广电部等各级部门领导调研次数更加频繁，各级领导无专人接待，各项资源无专业人士对接，成为小镇发展的拦路虎。此外，负责台湖大型基础设施建设的北京副中心投资开发公司（以下简称北投）属于外来国企，不能很好地与镇里协调工作，对小镇发展增加了障碍。为了更好地协调各部门的资源和任务，合理安排行程，准备针对性材料，争取

相应政策和资金方面的支持，密切演艺小镇与北投之间的无缝对接，以此来保证良好的沟通，共同推进整个小镇的建设，在主管副镇长韩志杰直接领导下，依托镇里相关业务科室，从镇属星湖投资开发公司（简称星湖公司）抽调五人，于2021年5月正式成立了台湖镇属的演艺专班办公室，由总经理孙青带队，联合下属四位部长，专门负责与特色小镇相关的各项工作。

（二）演艺专班的职能

演艺专班的职能包括如下几点。第一是负责各级领导的接待，接待各级领导、专业团体、意向合作单位，做好调研线路的提供，准备调研资料，陪同现场调研，汇总调研问题，形成调研档案，利用落实调研工作契机，推进演艺小镇工作进展。调研工作的特点是时间紧，通常是当天或24小时内要安排好调研点位工作，包括提供调研点位简介，确定调研点位接待人员，优化镇域内调研路线车辆入场等细节问题，专班工作人员林丽说：

> 要把调研工作做好，要贯彻落实"活儿紧、人不急、事儿不乱"的原则，一方面和点位对接人员要充分熟悉而且保持良好的工作互动，另一方面点位基础信息要以半月为单位主动询问更新。基础资料扎实，人员配合得力是干好急活儿的保障。[1]

除接待外部单位调研外，专班人员还会根据工作安排随时不定期到各个项目现场调度，了解项目的最新进展情况，协调相关事项及安排下一步计划。

第二是统一的信息回复。演艺专班相当于小镇的沟通桥梁，专门对接区宣传部、文旅局等政府部门，配合他们完成相关的任务。与演艺小镇有

---

[1] 访谈对象：林丽；访谈人：于莉；访谈地点：电话访谈；访谈时间：2023年5月17日。

图 3-1　演艺专班参加北京城市广播宣传双益发演艺场所
2023 年 4 月 11 日　林丽 摄

关的任务，现在都是由专班代政府去回复。专班是各部门协调工作、对接资料的枢纽，能最大程度上节省由于政府部门繁杂，手续过多产生的不必要时间浪费，快、准、稳地传达和反馈各类演艺小镇相关信息。例如与北投公司的密切对接，协助北投集团大力推进北京图书城改造项目，这是北京市的重点项目。演艺专班与北投形成每周一汇报，每周一总结的对接制度。北投每周向专班汇报工作进展，专班总结整理后发给书记、镇长，让他们了解到整个北投集团在台湖的持续建设状态以及工作方向。基于专班对演艺小镇的了解，小镇的宣传工作也是专班在负责，专班主任孙青自豪地说："我们代表台湖镇参加城市副中心文化广播（107.3）6 次，除非是点名书记镇长，否则都是专班代表台湖镇去接受采访，跟嘉宾畅谈咱们台湖镇的整体建设，整体发展，整体思路"，真正担负起演艺小镇代言人的职责。

第三是对演艺小镇各项政策的落实。2021 年北京环球影城开园，通州区出台了《通州区促进乡村民宿发展的实施意见（讨论稿）》。台湖镇并不是传统意义上有山有水的适宜开发民宿的地区，平原地区的民宿开发是台湖的新兴事物，演艺专班负责对接民宿的政策，征集愿意做民宿的老百姓，解读《通州区促进乡村民宿发展的实施意见（讨论稿）》，并完成《民宿建设经营30问》，提供给新农办，助力新农办向村官和意向经营民宿的村民宣传贯彻政策。

除此之外，演艺方面的相关政策落实更是重中之重，2021年区宣传部针对台湖出台《演艺场所备案的五年行动计划》旨在消解繁琐政策，破除发展壁垒，对精品小剧场发展给予大力支持。这类新鲜政策的答疑解惑与落实，也是演艺专班的职责所在。依据《通州区台湖演艺小镇营业性演出场所审批实施意见》，专班持续推进剧场审批工作，截至目前已有台湖演艺车间庆礼堂、双益发文创园月光林地爱剧场，双益发演艺中心剧场通过审核获得《营业性演出场所备案证明》，积极跟进具备条件演出场所的申报，逐步实现演艺的上下游产业链贯通。在政府政策的大力支持以及演艺专班的灵活运作下，演艺小镇能利用的老旧厂房都已改造成精品剧场，并且拿到了经营许可证，为接下来的发展奠定了良好的基础。

二、演艺专班市场化思维运转小镇建设

（一）与唐庭公司协同发展唐大庄民俗旅游产业

唐大庄村是通州区台湖镇中西部平原地带的一处普通村落，曾经是全市养殖水面最大的观赏鱼养殖专业村。随着产业结构的调整、疏整促等政策实施以及年轻人外出就业，观赏鱼养殖业逐渐退出，导致村集体收入骤降，2019年，村集体收入不足10万元，被定为集体经济薄弱村。

2021年，唐大庄紧抓美丽乡村"补短板"工程建设机遇，积极争取财政支持加快修复了1公里进村主路，新建了800米进村人行步道，完成了村内公厕和户厕的提升改造，实施了村内污水管网建设，村容村貌显著提升，人居环境大幅改善。村两委在详细分析区域资源优势和发展路径，邀

请规划专家出谋划策之后，决定发展民宿，引入社会资本对农宅进行民宿改造，以点带面推动村民将闲置房屋出租用于民宿开发，建立民宿项目接待室，绘制民宿发展动态展示图，制作村庄的全景沙盘，为来村投资者提供一站式服务。

演艺小镇综合分析了唐大庄得天独厚的资源优势：一是环球度假区庞大的客源。村距环球度假区直线距离2公里，环球度假区每年接待游客量预计超过1000万人次。强大的外溢效应，将为本村带来庞大的客流。二是优美的生态环境，整个村庄被万亩游憩园环绕，且东南西三面环水，面积近800亩，形成了"水连水、水环水、水岛相映"蓝绿交织的如画风景。三是丰富的演艺资源，距国家大剧院台湖舞美中心仅十分钟车程，可以对接台湖演艺小镇丰富多彩的演艺资源。四是生态农业，村内有200多亩设施农业园，可供蔬菜水果的种植和采摘。

在演艺专班的沟通协调下，唐大庄村委会与星湖公司联合成立唐庭旅游开发有限公司，统一经营发展唐大庄民宿集中村，对村域内拟出租用于商业经营和发展民宿的房屋情况进行统计摸底，工作人员针对村民房屋的出租意愿、出租金额、房屋结构等都做了相应的记录。唐庭公司作为实施主体，行使盘活利用农民闲置房屋的经营工作，研究村庄整体产业布局，并建立各方利益平衡机制；与村民、投资运营商签订三方合同，村民并不需要在各个机关部门跑手续，缩减了不必要的办事成本，并做出联合承诺，在现状房屋基础上，不增加其他建筑、不改变房屋主体结构，仅作为经营使用，如遇拆迁，按照国家政策执行；建立投资运营方战略合作单位库，引入相关管理系统实现对运营过程的有效监管，避免无序化经营；针对村庄民宿发展的需要，提供补充性投资，并尽可能放大投资回报周期；提供村域内基本物业服务工作，包括环境卫生、垃圾清运、停车管理、消防治安等多方面的服务，保障村域内各类资源、水电等条件的正常供给；利用村庄规模化发展效应，提供有偿服务，以一体化经营营造良性竞争氛围，在不断增加集体收入的前提下，有效保证经营不走样，资产不流失。

（二）拓展基层政府灵活度

1. 利旧用新的小剧场改造计划

为切实贯彻好习近平总书记"推进国有企业改革，要有利于国有资本保值增值，有利于提高国有经济竞争力，有利于放大国有资本功能"的工作方针，根据市、区领导现场调研指示精神，尽快推动台湖演艺小镇形成演艺集聚氛围，针对台湖演艺小镇营业性演出场所稀缺的情况，通州区委为全面深化改革领导小组，出台五年过渡期政策《通州区台湖演艺小镇营业性演出场所审批实施意见》，采用6个职能部门联合验收的形式推进落实。实施意见颁布后，台湖镇积极响应政策组织区域内符合条件的场所进行申报，然而因为一些历史遗留问题，庆礼堂的消防和建委验收变得困难重重。

演艺专班将市场化思维运用到小镇建设中，首先本着安全第一的原则，协调有资质的单位给出审图意见，根据消防验收的标准，依据审核通过后的图纸对剧场进行了严格的消防改造，在此过程中专班定期多次到现场进行推进和指导，各审核部门在严格审核监管的前提下，积极向前一步推进工作，大到书面的问题提出，小到非正式的话语沟通，专班都会根据项目特点给出明确指导意见，寻找解决路径，"在推进过程中，我们比他们还着急推动这些事"。在演艺专班的竭力帮助下，历时半年，终于在2021年12月23日，台湖镇演艺车间庆礼堂茶馆剧场通过六部门严格的联合验收审核，取得了《演出场所经营单位备案证明》，这是继《通州区台湖演艺小镇营业性演出场所审批实施意见》颁布后，台湖镇第一家通过通州区文旅局审核的营业性演出场所，是台湖镇推进演艺小镇建设的里程碑。演艺专班孙青主任对这段经历至今记忆犹新：

当时我还长了个心眼，我让另外两个也这么去做。但是当时他们审完之后，他们没有来得及照图改呢，就发生疫情了。所以他们的验收就放到了今年，拖了小一年。为什么我说让他们两家一起改了的好处呢，因为今年全部取消，不允许线下出审图报告了。所以现在正好我们台湖能发展的小地方全发展完了，其他以后再弄的就肯定有正规手续，演艺酒店建起来就都有正规手续了。其他的没有正规手续的已经办不了了，这个政策对于我们区域来说就这3家：庆礼堂、月光林地爱剧场、演艺中心，他们还给我们送了锦旗感谢我们。当时的区委书记都没想到专班能办成这件事：我没想到你们还真能把强审报告拿过来了，我以为这事就完了，没想到你们还拿到了。[1]

演艺专班拓展了演艺小镇的演出维度，瞅准时机，凭着敏锐的市场嗅觉和灵活思维，将小镇辖区内的老旧厂房都改造利用起来，为演艺小镇的发展疏通了道路，2021年通过的演艺车间的庆礼堂，2023年通过的月光林地和演艺中心，贯彻落实了蔡奇书记"利旧用新"的原则，不仅有能够承接中、小型艺术演出的音响设备和基础设施，还有为演出潜力股们提供的便捷演出政策和便宜演出场地。小剧场拥有大剧院无法比拟的自由度，不需要政府体制内层层审批的繁琐手续，就可以直接与演出人员达成协议，甚至对表演效果良好的演员提供补贴。

这三家精品剧场的落地也标志着演艺专班从此在台湖镇有了一席之地。

演艺专班是台湖镇，也是全通州的首创。人们可能就没想到，从镇属企业抽调一帮人专门组织一个科室，负责这方面工作，而且得到了文旅局、宣传部等各级部门的重视。开会的时候台湖镇政府和台湖镇演艺专班的牌子是并列的，每一次去的时候都并排着坐，很多时候就会直接问你们专班什么意见，他有时候就这样。

除了分散式的小剧场建设，整体性的大剧场也在规划当中。目前北京

---

[1] 访谈对象：孙青；访谈人：于莉；访谈地点：通州区台湖镇星湖公司；访谈时间：2023年3月10日。以下有关孙青口述内容皆来自调研团队对孙青的访谈，不再标注。

市区的演艺产业主要集中于中心城区的小剧场，虽然演出活跃度高，但大多数艺术团没有自己固定的演出场所，需要租用剧场，导致剧场资源利用不均衡。通州区作为北京城市副中心建设重要的一环，自然也承担着纾解演出压力的重任，演艺小镇规划建设了演艺酒店项目，孙青主任把该项目描述为演艺小镇的成败所在。

> 等它建设起来，在核心区会有上百个剧场。未来的演艺酒店会像百老汇、伦敦西区，乃至于红磨坊一样，在一个集中地区汇聚着很多不同的剧场，演出不同的曲目，不用再为了想看先锋演出跑到1918或者雷子笑，也不必为了看京剧、昆剧而辗转奔波到各大剧院，我们这里想看什么，应有尽有。

2. 百花齐放的演出活动

在完善的基础设施基础上，演艺小镇的演出事业也在蒸蒸日上。贯彻落实政府"星、月、季"的演出要求，打造爵士音乐节、星期音乐会、儿童戏曲节、影偶艺术周、户外音乐节、农民艺术插秧节等一系列品牌活动，引进北京曲剧团、中国儿童话剧团、中国话剧团、北京人艺等种类繁多的艺术演出团体，演艺专班积极沟通，联动国家大剧院和精品剧场，将各色演出会聚一堂，逐步实现演艺的上下游产业链贯通。孙青主任面带骄傲地介绍着：

> 到台湖来，你愿意看爵士音乐，就去大剧院，你愿意看户外音乐，你就去咱们鱼汇车间；你想看室内的，你就去演艺车间；你要看魔术秀，就去台湖公园。我们会把这些演出安排在一个时期里，可能是一周，也可能是半个月，在未来台湖遍地开花的时代，形成这样一个周期，到时候整个台湖就是一个大型的盛会，真正做到大戏看北京，演艺看台湖。

图 3-2　台湖星期音乐会
2022 年 9 月 11 日　国家大剧院　林丽 摄

  演艺专班以演出的集群效应培育专属于小镇自己的特色产业，结成纵横交错的演出网络以笼住观众、游客的心，满足人民群众"要看阳春白雪，也要看下里巴人"的精神需求，让演艺小镇真正做到"百花齐放，百舸争鸣，百家在这里共同的繁荣演艺市场"。

  习近平总书记在 2022 年中央经济工作会议上强调，要从政策和舆论上鼓励支持民营经济和民营企业发展壮大。孙青主任表示民营经济固然重要，但是现在台湖镇民营经济的体量远远比不了国有经济。而未来的演艺小镇将会满足小、中、大型各类演出的需求，既有鱼汇车间、双益发文创园，又有规模巨大的演艺酒店，不仅体现农文旅融合的发展理念，还会带来百万的游览数量，创造数以亿计的税收效益。除了巨大的经济效益，民营企业以其国有企业无法企及的灵活度，能够更大程度上带来社会效益。

  民营企业灵活，国有企业可能最多招 10 个人，他的效益再好，人数都只是固定的，再想多招就得一级一级往上报，必须通过镇党委会，讲清楚多招人的各种理由。但是民营企业不一样，只要发展好，我可以招11个、100个、110个，没有那么多的限制，这样只要我们民营发展起来，不只是能带来经济效益，更多的是给社会解决了劳动力的问题。所以我们在这个方面就会着重地去培育，去发展这一类的灵活的、有特色的剧场。

孙青主任满含希冀地诉说着他身为企业家的社会责任感和对民营企业发展壮大的憧憬，虽然现在的资源、能力还有名气还没有达到高度，但是整个演艺小镇和演艺专班正在尽可能地全方位利用空间、整合资源，一点点达到要求，"奔着促进民营经济的方向去努力"。

（三）政府的放权与兜底

演艺专班的市场化思维也贯彻落实到了经手的每个演出项目中，给予了剧场充分的自主权，在保证主流意识形态不偏离的情况下，剧场可以自由选择演出的剧目、演员及宣传方式。

我们做这方面一定要让他商业化、市场化运作，到我这只是报备，不是去监督，也不是去干涉他，不是给他做推广，我们不做行政概念。

专班从不干涉剧场的发展规划，破除"一把抓"的固化经营模式，尊重剧场的独立性，信赖他们的运营体系和推广渠道，只会在有需要后勤保障和合作的时候出现。

在2022年的儿童戏剧周中，专班承担活动场地租赁、观众组织审核、节目的招募、市集和跳蚤市场召集等各项工作，并在活动前期多次召开调度会协调镇里安监、消防、卫计、交通、信访等多部门为活动保驾护航，保障活动顺利进行。林丽回忆道：

去年儿童戏剧周的演出，因为涉及开心麻花和米小圈，这种大的演出团体，他们的场景布置是非常复杂的，当时时间特别紧，大剧院的演出一般都是需要至少提前一两天进行装台，因为疫情的原因活动拉的战线不能太长，所以演出排得很密集，今天可能演的是米小圈，明天演的就是开心麻花，这就需要设计不同场景，所以我们连夜进行拆装台。连夜拆装台就会涉及夜间施工的安全问题，我们会协调镇里的安检部门以及大剧院的工作人员，那时候都加班加点，整个过程中专班人员都参与，米小圈撤台可能到晚上2点多，我们都是全程陪伴的。保障人员安全，提醒工作人员工作时间，进行各个方面的安全保护，这都是专班的职责所在。[1]

2023年的台湖爵士音乐节举办前，为营造更好的宣传氛围，需要在大剧院台湖舞美艺术中心的周边街道悬挂道旗打造爵士大道，专班一直在协调道旗悬挂各主管部门的审核审批工作，林丽说当时"跑了公路局，还有市容市貌局、宣传等各个部门，好几个星期才解决这件事"。上到总体的意识形态，下到代言人的穿着，专班事无巨细地支撑着活动的运作，同时正在积极推进爵士音乐节期间的摊位及赞助商招募工作，弥补大剧院的活动资金缺口，并且多次组织召开调度会，协调镇里各相关部门为活动保驾护航。

专班的人员组成也体现着他的灵活性，专班工作人员并不是固定的，会因为不同的工作阶段而做出相应的人员调整。开始的时候，专班都是在摸着石头过河，比如服装图案这些微小的细节都是专班一步一步摸索出来的，"专班的这几个人就是各个专业的人凑到了一起"，林丽说，"以前我们做造价，做工程，跑前期，然后做人力，做宣传，对于民宿、演艺这些演艺小镇的工作都是我们从来没有涉及过的，都是一步步试出来的。"

在政府领导的支持和工作人员的共同努力下，专班用市场化拓展了

---

[1] 访谈对象：林丽；访谈人：于莉；访谈地点：电话访谈；访谈时间：2023年5月17日。

政府灵活度，给予各个剧场承办演艺活动的极大自由度和强大后备支撑，"所有展示在外的东西我们都要参与其中，替政府部门把它的各个细节审核到位"，以为企业"解决一切问题和思路"去化解、突破政策壁垒，打造了"专班速度"，孙青主任在访谈时也讲道：

> 我们可以帮你引荐，但是我们不会强制性的，我们就是去扶持，去服务，不是去管理，这种兜底性服务模式为演艺小镇各项工作的顺利开展提供了无限的可能性，才使专班又快又好地推进了各项工作，成功举办多场演出，做到"专班出品必是精品。"

（四）规划中的在地化建设

对于非富多彩的非物质文化遗产，台湖镇曾经想过建设非遗文化馆，但是因为缺乏建设用地及资金最终并未得到审批。但是这件事情一直萦绕在台湖镇政府心中，落到了专班人员的未来规划中，这样专班计划依托演艺酒店的网红效益带来的收入，再结合非遗馆的互动和培训，就可以达到市场+文化的良性运转。

> 博物馆完全靠政府投资，除非是国家级的，地方性的会支撑不下去。所以必须让他带入到商业化、市场化运营中，政府最多给他小小的支持就够了，比如政策方面，培训、售票，还有一些非遗产品的售卖等等，这样能让他进入到一个良性循环中。

孙青主任道出了市场化对地方社会发展的重要性，不谈资金谈情怀只会使文化蒙尘，有了经济的支持地方文化才有修复和传承的动力，同样只有依托地方文化，才能给予经济可持续发展的底气。

演艺小镇作为镇域最大的文化产业，自然也要承担起满足群众文化需求的责任，演艺专班将台湖居民对文化活动的需求纳入到规划中，但是从实际来说，以前台湖搞的群众文化活动"都是老百姓自娱自乐，整体文化基础和文化素质都是比较差的",孙青主任在访谈中表示,综合考虑后发现演艺小镇在现阶段的发展中暂时无法与群众活动有机结合。

> 目前来说演艺小镇还是起步阶段,需要发展为先,像群众自发组织的前营村舞蹈队、星湖艺术团都是镇里面文体办自己组织丰富老百姓活动的,这种演出是跟我们不同档次的,本土表演队伍在现阶段的发展中与演艺小镇并不适配,松散的、非专业化的群众队伍很难进入到这种商业的表演中,吸引不来钱,更多的只能在一些庙会街头表演、犒劳慰问演出中活跃气氛,只能让群众多看一些演出,有演出了,多送他一些票,随着情怀的提高,眼界的提高,他就会慢慢变得心平气和。

北投公司也和政府达成协议,演艺酒店建成之后会优先给当地居民提供工作岗位,比如打扫客房、收拾酒店环境卫生等等一些基础性工作,"如果工资差不多,谁不愿意在家门口上班",朴素的话语道出现实,用文化反哺村民素质,促进身份认同固然可行,但是解决就业才是项目真正落地,达到政民共荣互信的一个重要指标,就像孙青主任说的:"要想真正做到,肯定会有一个过程。"

三、演艺专班视角下"演艺小镇"发展困境

(一)被漠视的地方文化和群众需求

台湖镇历史底蕴深厚,文化资源众多,不仅有精美绝伦的传统工艺,还有丰富多彩的传统民俗,单琴大鼓、玉器制作技艺、料器制作技艺、传统琵琶制作技艺、椒麻鸭翅烹饪技艺、次一小车会、胡家垡高跷会、台湖村舞龙、药王庙庙会、安定营皮影戏、蹦蹦戏……绵延不断的文化气息浸润台湖的土地,滋养着台湖人民的精神世界,催生出了一脉相承的群众文

化活动。疫情前台湖镇市民服务中心一直秉持着"一年一主题，月月有活动，人人能参与"的宗旨，举办各项群众活动，比如"春满大地"群众舞蹈大赛、"五月的鲜花"群众歌咏比赛、"幸福老夫妻"评选拍照活动、"我们的节日"系列活动、"书香台湖"系列活动等等，资金充裕的时候，每次比赛的参与者都会有奖金，极大地鼓舞了村民的参赛热情，很多村民都是自发学习，有的从网上下载资料，个别的找老师培训，比赛的时候政府会邀请通州区舞蹈协会的专门老师来做评委，以专业的眼光指导村民精进舞蹈技艺。还有贯穿全年的台湖镇文化艺术节，台湖镇全民运动会，这类台湖镇全镇的群众性品牌活动，尤其是运动会，"篮球、足球、田径比赛，都弄得很炸"，真正做到了"人人能参与"。"整个通州区只有台湖搞这种群众活动，也只有台湖搞得这么红火"，市民服务中心李主任骄傲地道出了台湖深厚的群众基础。正是悠久的历史，广博的文化以及积淀的群众基础生发了演艺小镇，孕育了演艺小镇，但是在实际的开发过程中，演艺小镇的建设没有加强台湖的共同体意识，反而是用艺术将台湖分出了阶层差距。

  国家大剧院是第一个落地演艺小镇的项目，给台湖镇带来了政治、经济、文化等多方面的利益，是小镇"艺术生命力"的重要来源。在政府的规划中，是想利用大剧院丰富的舞台资源，与群众文化工作结合起来，来提升当地民众的表演水平和欣赏水平，但在实际运作中面临的是重重的阻碍。国家大剧院属于国有企业，相对来说并不灵活。一方面体制内要兼顾国家政策，演出高端节目，彰显表演艺术最高殿堂的雍容气度。另一方面自身体量巨大，渠道众多，他们不从属于地方政府，也不需要与当地政府合作，政治和经济的双重强势性使其与地方社会的联系并不大。而且受制于繁琐的手续，国家大剧院缺少合作演出的自由，现在能与地方群众相连的仅有"惠民票"一项，群众只能欣赏，并不能有切实的参与感。这种"不接地气"的演出方式为演艺小镇贴上了"高大上"的标签。台湖镇深厚的文化维度和当地人的情感诉求被淹没在市场的洪流中。李秀玉主任表示，现在一提到演艺小镇就会想到国家大剧院，一想到国家大剧院，就会与歌剧、剧院式的高雅艺术相连接，所以就"把群众撂一边儿了"。"国家大剧院确实是演艺小镇的开端，原来拿他当龙头，但他并不是演艺小镇的全部"。

（二）人口激增引发的基础设施缺口

现在的台湖处于"内外交困"的境地。随着 2021 年 17 号线，2022 年亦庄线的开通，台湖镇成为京内上班族新的聚集地。城镇的快速化发展和基层治理之间的不匹配逐渐呈现，"外地人特别多，接受的投诉也多"。次渠新建了很多小区，入住的人口结构特别复杂。因为 12345 投诉量大，解决率不够，台湖被列入突出治理的乡镇。原本台湖镇的基础设施建设对标的是 5.2 万的户籍人口，最高覆盖到 10 万人，但是现在台湖的人口将近二十万，既定的基础设施很难化解因巨大的人口差距而产生的矛盾。此外，在城镇化飞速发展下，村民素质并未达到统一的高度。

> 以前领导说拆迁上楼，有钱了，要用文化提升老百姓的素质，给老百姓找点活干，你别找事，也别满大街光着膀子溜达。所以那时候开始特别重视文化工作，搞文化活动，体育活动，拿这个提升群众素质。但是疫情三年，文化活动被口罩隔绝于群众，文艺队伍大量减少，活动水平也有所降低，好多队伍也散了，积极性也降低了，舞蹈比赛我们搞了十多年了，但是我们这次搞舞蹈培训，征集的队伍只有不到 20 支，以前能有四十多支呢，一支队伍最少 12 人，人员一不训练，队伍就完了。[1]

不仅如此，台湖镇的资金也已经不能再像以往一样支撑种类繁多的文艺活动。

---

[1] 访谈对象：李秀玉；访谈人：于莉；访谈地点：电话访谈；访谈时间：2023 年 3 月 10 日。

四、小结

演艺专班以其企业化、市场化的基础为演艺小镇注入了新鲜又强大的内生动力,建构起灵活体系下的演出模式,给予剧场极大的自由度以激发其本身的活力,游刃有余地承担起小镇规划者、践行者、沟通者、代言人的角色。在镇党委政府的领导下,实现了"几公里内就可以为居民提供高质量艺术享受"的既定目标,拓展了基层政府开展工作的广度和深度,为小镇建设添砖加瓦。

演艺专班也深知是否接地气决定着一个文化项目落地的成功与否,悬浮于人民群众的自娱自乐终将会被人民群众抛弃,但是就现状来说,台湖镇的演艺事业想繁荣确实是要依托国家大剧院,它本身蕴含的巨大影响力和吸引力正是小剧场所欠缺的,"真不是镇政府想偏向大剧院,而是现阶段我们只能如此,现在没有能跟大剧院对等的剧场"。孙青主任无奈的话语道出了演艺小镇现阶段不接地气的不可避免性,承载着政府和社会殷切希望的演艺小镇不得不把经济作为第一要义,给予国家大剧院等项目高度的自由度和灵活性。一直秉持着"演艺一定是要百花齐放"理念的演艺专班,也思索出了演艺小镇嵌入地方社会的多种方式:精品小剧场的过审、演艺酒店的建设、演出剧目的丰富,以及提供就业机会,建设非遗馆等等,都在为繁荣台湖的演艺市场做着努力,演艺专班和演艺小镇的规划也远不止如此,升级成为"台湖文旅公司"已提上日程。"人类的经济是浸没在他的社会关系中的",既然台湖镇深厚的群众文化活动孕育了演艺小镇,那么母体的价值就应该得到重视,"不可避免"的重经济轻民众的弊端逐渐显现,不能扎根于地方社会的城镇化建设很容易被淹没在时代的洪流中。随着市场化而产生的独立性和强势性会使得群众文化更加无法跻身其中,一张轻飘飘的惠民票印不下群众参与感,只会囿于"乡建速动,村民被动"[1]的窘况中。与地方社会文化脱嵌的弊病也会把小镇塑封成展示柜里

---

1 渠岩:《艺术乡建:中国乡村建设的第三条路径》,《民族艺术》2020年第3期。

精美包装的商品，失去母体滋养的灵魂只会空洞无力，缺乏可持续性。

在接下来的发展中，演艺专班将继续发挥枢纽作用，在完善基础设施的同时，尊重当地群众诉求，深入挖掘当地文化特色，思索如何与群众文化结合，平衡好市场和地方社会的关系，真正摆脱"高大上"标签，不再把"接地气"作为一句口号，将本土文化和对地方群众的关怀融入小镇建设中，做出真正属于人民的百花齐放的演出活动，做到文化发展和经济发展的双赢。

第二节　台湖演艺小镇建设中的能人参与
——以文旺阁木作博物馆馆长为例

地方社会的本土精英是基层社会得以运转的重要力量。作为自上而下的政策实践，特色小镇在地方社会的落地，也离不开地方能人的参与与推动。本节借助地方能人与精英治理相关理论研究，立足于对台湖当地知名度较高的文化工作者——文旺阁木作博物馆王馆长访谈的基础上，对能人在台湖演艺小镇发展过程中的作用和不足展开分析，以期能为特色小镇未来发展提供经验材料与理论探索。

一、地方能人研究及台湖实践

在目前国内有关地方社会的研究当中，民间力量是学界较为关注的议题，但其中呈现出能人与精英两种不同的表述方式，因此本节借助梳理国内外相关文献，理解能人与精英在地方基层治理中的不同作用，并结合台湖当地的田野调查，尝试超越"能人"与"精英"的二分。

（一）能人与精英：基层治理的民间力量

自改革开放以来，国内乡镇企业的迅速发展，乡村社会内部也在这一过程中逐渐分化。而能人恰恰也是20世纪80年代乡村社会转型的产物，家庭联产承包责任制和市场化取向的确立为能人的出现提供了重要的社会条件[1]，这些能人在乡村社会中主要就是带动地方社会的经济发展，因此学界也称为"经济能人"。李强彬在总结了达尔和帕累托有关精英的论述之后，将乡村能人定义为：在乡村社区的政治、经济、文化和社会生活中，基于智力、经历、分工和心理等方面的优势，对乡村政治、经济、文化和社会生活的管理具有重要影响力的人，他们握有一定的社会话语资源，包括政治的、经济的、文化的或传统的社会资源。他们在乡村社区中具有非正式的权威，起着重要的社会整合功能，扮演着乡村社区中的"守门员"角色。[2]段雨对地方能人及其特征进行了详尽的分类和特征概括，他认为，总体上可以分为经济能人、专业技术能人及政治能人三种类型。经济能人与专业技术能人主要通过非正式制度对村庄治理与发展产生影响，政治能人产生作用的方式则以显性规则为主。[3]尽管大量有关能人的研究都集中在乡村社区中，但从当前中国城市化不断推进的现实来看，许多乡村都在城市化的过程中被中心城市所吸纳，过去的乡村社区转变为城市社区或城郊社区，因此有关乡村能人的研究在城市社区中运用有其合理性。

有关精英的讨论主要源自西方学界，"精英"一词最早出现在17世纪的法国，意为"精选出来的少数"或"优秀的人物"。但精英理论可以追溯到古希腊时期柏拉图的"哲人政治"思想。政治不仅是一种艺术，亦是一门科学，真正的政治家（哲学王）无需用法律进行统治，因为没有任何法律或条例比知识更有威力。[4]在19世纪中后期到20世纪50年代，古典精英理论逐渐形成和发展，其中主要代表人物有维尔弗雷多·帕累托、加塔

---

1 杨小柳：《乡村权力结构中的经济能人型村治模式——基于5个村庄个案的分析》，《中南民族大学学报（人文社会科学版）》2005年第3期。
2 李强彬：《乡村"能人"变迁视角下的村社治理》，《经济体制改革》2006年第5期。
3 段雨：《地方能人在乡村振兴过程中的利弊分析：基于鄂西南X县的实证研究》，《安徽农业科学》2022年第18期。
4 冶芸、郑志峰：《西方精英理论的源起与发展》，《人民论坛》2012年第11期。

诺·莫斯卡和罗伯特·米歇尔斯。20世纪50年代后,现代精英理论逐步发展和建立,其中最具代表性的就是美国社会学家米尔斯对美国权力精英的研究。米尔斯认为,权力精英的本质就在于精英内部存在很多转变,同时其概念并不主要依赖于个人关系。[1]可见,精英的产生与变化并不完全依靠个人,团体在其中发挥了重要作用。美国学者马文·奥尔森和马杰尔认为,精英取向的基本原则有以下六条:第一,在所有的社会以及大型组织当中,一直并将继续存在少数强有力的统治精英。不管政府和经济的性质如何,总是寡头统治,或少数人对多数人的统治。群众确实不能自己统治自己。第二,尽管精英在人口中占极小的比例,但它们却控制着极大份额的资源,它们组织良好,相当内聚。因此精英在社会中能够有效地使用权力。第三,精英通常运用所有的手段来保护、维持其权力,并一有可能便增加权力。只有在有利于自身利益时,他们才与他人分享权力。他们从来不主动让渡权力。第四,为了统治社会,精英运用各种广泛的技术手段。包括控制政府、支配经济、使用警察和军事力量、操纵教育体制和大众媒介、惩罚和消灭反对者以及制造意识形态使自己的权力和统治合法化。第五,精英允许甚至鼓励有限的社会变迁,但是其程度限制在对实现他们追求的目标有利,并不威胁他们的权力。重大的社会转型总是遭到精英的反对。第六,当社会变得越来越大而复杂时,精英的权力趋于隐秘,因为它根植于无数的组织化结构之中。结果,它们的统治越发无处不在,而且有效。[2]

尽管上述研究无法完全解释当前中国基层社会的现实,但"能人"与"精英"作为地方治理研究重要概念,对于我们理解当前地方社会运行仍具有重要现实意义。

---

1 (美)赖特·米尔斯:《权力精英》,尹宏毅译,北京:新华出版社,2017,第244页。

2 M.E. Olsen and M.N.Marger eds: Power in Modern Societies , Weslview Press.1933. 转引自:景跃进:《比较视野中的多元主义、精英主义与法团主义——一种在分歧中寻求逻辑结构的尝试》,《江苏行政学院学报》2003年第4期。

（二）超越二分：台湖地方能人的多重角色

通过以上文献梳理能够发现，尽管学界在使用能人概念的过程中借鉴了西方精英理论，但两者之间仍存在着巨大的差别，主要表现为以下方面：

第一是产生方式。借助文献梳理能够看到，能人是在改革开放的历史背景下逐渐从中国乡村社会中产生的一群人，他们曾经在村中具有各种各样的身份，但大都是来自基层的普通民众；而精英则具有很强的团体性质，不论是古典精英理论还是现代精英理论，精英往往需要代际间多种资本的积累才可能出现。

第二是作用方式。从改革开放以来的各种地方实践中，我们能够看到能人在地方社会中产生作用的方式往往是借助把握现有制度中的不完善方面，即在制度的缝隙间寻找生存空间，呈现出"非正式"的特点；而精英的运作方式则体现为对权力的掌握，精英会充分利用各种手段使其行为合法化，即以"正式"的方式呈现在公众面前。

第三是立场差异。由于能人从地方社会中产生，因而能人各种活动的最终目的都是为地方社会发展服务，尽管其中仍然会存在部分利己行为，但并不影响其主要立场；而精英则由于再生产的较高要求，需要维持自身的社会地位，精英在活动过程中的首要立场便是其自身所在的精英团体或阶层。

然而，通过笔者在台湖当地的实地调查发现，文旺阁木作博物馆馆长王老师在促进台湖演艺小镇发展过程中发挥了重要的作用，同时也积极推动当地地方文化的保护与其他社会服务工作。但由于其特殊的身份和个人历程，无法完全被纳入到"能人"和"精英"这两种分析路径中，他并非完全产生于当地社会，但同时也不具备精英的团体特点，因此笔者认为，基于对王先生个人经历并推进二者与地方社会关系的认知，及其博物馆发展历程的考察，有助于深化当前"能人"与"精英"的讨论，两种对于地方社会的理解。

二、文旺阁木作博物馆的建设与经营过程

（一）能人的诞生：王馆长个人经历

王老师并非台湖当地人，而是来自河北衡水武邑县。早年跟随当地的木工师傅学习木工，后来主要从事木器的相关修复工作。在来到台湖之前，王老师已经在海淀上庄发展了有近十年时间，主要是经营木器修复厂，同时也从事一些文物修复工作。当时木器厂有工人约60人，其中2人是修复师，但是木器厂的发展也存在着地方限制、资金投入等方面的问题。2003年，台湖当地的领导到海淀招商，台湖政府在税收、用地、用房等方面都开出了非常优惠的条件，不仅如此，王老师也看到了台湖周边的学校、住房等资源。因此，在当地领导的邀请下，王老师被当地招商办引进到台湖。"我最初来台湖的时候，这里是比较荒凉的。那时候是2003年，这里还很落后，边上的高速也才刚刚修好。"这是王馆长对台湖最初的印象。

按照博物馆职工工作室中的介绍，王馆长在1988年至1992年在北京信托公司东华门修理厂工作，从事木器修复工作。1992年至2004年，王馆长自己创办了北京文旺阁古家具修复厂，凭借自己的木器修复技艺，一

图3-3 文旺阁木作博物馆职工工作室介绍板
2023年4月9日 田丰 摄

边办厂一边收徒。2004年后，王老师转到通州台湖一带工作后，兴办了北京文旺阁古典木器厂。2010年，他将重心转移到古典家具方面，木器厂也改为"北京文旺阁古典家具销售中心"。从2014年开始，王老师正式进入文化产业，将公司更名为"北京文旺阁文化传播中心"，文化公司的建立也为之后博物馆的建成奠定了重要基础。

通过对王馆长本人经历的回顾，能够看到王馆长是如何从一名普通的木匠逐渐成长为博物馆馆长的。可以说，早年木匠经历是其成为"地方能人"的关键性因素，由于其出色的木器修复技术，才得以在北京打拼出一片天地，而同样也是在不断接触各种客户的过程中，对于木器和木作工艺有了更为深入的理解，进而产生要保护传统木作技艺并成立一座博物馆的想法。另一方面，木作技艺也为王馆长本人带来了不少荣誉，如北京市文物保护协会专家委员、北京市收藏家协会常务理事、通州工匠、运河计划——领军人才、北京总工会代表、北京市劳动模范等。除此之外，王馆长本人还担任着台湖镇政协委员，这些荣誉和身份不仅扩大了王馆长本人的影响力，为其在地方发展中发挥重要作用奠定了基础。

（二）博物馆建设：从想法萌生到现实落地

关于博物馆，早在2005年，王馆长就已经开始筹划。文旺阁木作博物馆作为一家民营性质的博物馆，具有非营利、非企业的特点，因此能够获得政府方面给予的资助并不太多。

> 我当时其实并没有指望政府，而是思考如何让博物馆自负盈亏。想要让博物馆维持下去，最重要的就是要有人的资源。同时对于当地而言，我们做博物馆不仅是自己的发展，更重要的是对周围相关产业的带动。[1]

---

[1] 访谈人：田丰；访谈对象：王馆长；访谈地点：北京市文旺阁木作博物馆；访谈时间：2023年4月2日。以下有关王馆长口述内容皆来自调研团队对王馆长的访谈，不再标注。

图 3-4　大运河民俗博物馆
2023 年 3 月 29 日　田丰　摄

  到了 2008 年前后，文旺阁木作博物馆正式对外开放，人们能够到博物馆来进行参观，但是当时还不能收取门票。在没有收入的时候，博物馆的主要运营资金大都来自之前从事木器修复行业时的积蓄，王馆长甚至为此还卖了一套房子。2008 年博物馆开馆时，博物馆只有京城木匠展，经过几年的策划和发展，博物馆的展览不断丰富，藏品也逐渐增多。

  经过十多年的努力，博物馆在 2016 年获得了民政局的批复，同时也获得了国家文物局的授权资质。多年来，王馆长不懈努力，将自己收藏的上万余件木质藏品，分门别类地整理出来，加以文字注释，让观众学习和认识古人的智慧。到目前为止，馆内已有藏品 10 万余件，并给基于这些藏品，形成了 14 个固定的展览，分别为："匠人匠心见精神之京城木匠展""中国古代度量衡展""大漆工艺展""二十四节气与农具展""古代三百六十行展""中国古代建筑展"和"中国古代婚俗展""古代招牌幌子展""运河文化展""古代军事展""明清家居馆"等。各个展览都包括上百年的木质老物件，配以图片文字注释，让大家学习和了解古代木作科技及老物件背后的故事。[1]

从博物馆的建设经历能够看到，博物馆的建成离不开王馆长多年来的努力，同时也与王馆长本人的事业密切相关：倘若没有多年的公司经营积蓄，博物馆恐怕也难以成功建立和延续；而多年来从事木作行业，使得王馆长能够接触到很多不同的木制品，在日常工作中开展收集工作。博物馆的建立不仅丰富了台湖当地居民的日常文化生活，更重要的是，在博物馆建设过程中王馆长与台湖当地政府和周边居民有了更多互动，使他能够更好地融入台湖当地社会中，塑造了王馆长作为"地方能人"的身份。

三、能人参与：木作博物馆发展与台湖演艺小镇建设

（一）面向当地村民的展览

就目前博物馆的发展来看，王馆长他们主要是参与到当地文化节的活动中，同时还为当地提供公共文化项目，丰富农民文化生活，帮助农民实现再就业等，如村民再就业方面，提供培训老师、设计一些培训课程，帮助当地民宿从业者提升民宿产业质量。博物馆建成之后，给当地带来了很好的反响。当地村民逐渐形成了对自身文化的认知自觉，从而达到全民保护的程度。此外，东下营村的村史馆也设在文旺阁木作博物馆当中，村民在博物馆中展示自己的地方文化，同时也能够免费参观博物馆内的其他展览，日常的文化活动也得到了丰富。通过王馆长分享的一件小事，我们就能够感受博物馆给当地村民在文化方面带来的启发。

> 我们博物馆里有一个"二十四节气主题展"，展览设计主要是根据二十四节气中不同节气对应的农业生产劳动，展示相应的农具。有一次，边上的村民来我们博物馆里参观，看到我展出的农具之后就

1　资料来源：北京文旺阁木作博物馆微信公众号。

说:"这不是和我家里干农活的东西一样吗？没想到我家里的东西还有这么多的故事，得好好保存起来。"

也正是因为王馆长本人"立志要建成一座博物馆"的坚定信念，经过多年的努力，文旺阁木作博物馆已经成为当地小有名气的博物馆。目前也获得了国家科学委员会、北京市科协、科委以及教委等部门的资金支持。王馆长也表示，在博物馆正式建成之后，他获取各方面的支持都会相对容易很多。

（二）社区服务和中小学课程教育

除了对所在村子的服务之外，文旺阁木作博物馆面向台湖镇、通州区乃至北京市其他区域开展了一系列的文化活动。王馆长告诉我，公共文化建设是博物馆的基本职能，因此他在台湖当地也积极开展各种文化普及活动，和台湖镇的各个社区、学校进行合作。目前与木作博物馆开展合作的单位已不仅限于台湖镇，而是扩大到了通州区以及北京市的其他区。以台湖所在的通州区为例，木作博物馆已经和次渠中学等学校开展合作，每周会进行3—4次的木作相关课程，不仅有理论学习，还有实践操作。同时，王馆长也非常重视"走出去，引进来"相结合的方式。走出去，即走进社区和学校开展文化服务活动，也是对博物馆进行宣传；引进来则是将居民、学生、游客吸引到博物馆当中，成为木作博物馆的参观者。

研学课程设计也是王馆长目前重要的工作之一，他告诉我，他给学校设计的课程是一套系列的课程，其中也注意配合演艺小镇的建设。在为次渠中学开发的运河文化课程中，通过学生个人做单件、合作搭建房屋、场景等方式，最终呈现出一个整体的运河文化风貌，同时通过一些人物故事，将木作手工与台湖当地文化和演艺联系起来，帮助人们了解运河文化，既配合通州区运河文化城的建设，也配合台湖当地演艺小镇的建设。在王馆长看来，将课程与台湖当地建设发展结合是一种文化自觉的行为，而并非是政府的引导或是要求。他说道：

图 3-5　文旺阁木作博物馆
2023 年 4 月 9 日　田丰 摄

这是文化的自觉，作为一个博物馆人的自觉。不能说政府去逼着你去做去，但是这些事都是在这十四五规划都已经说了。你了解了这个事你要配合，配合政府去做这个事，你要积极的拥护，作为一名党员要积极地拥护。

王馆长之所以参与到社区服务和中小学课程教育中，一方面有着政府相关政策的规定和安排，另一方面则是他作为一个"能人"的自觉性和主观能动性。在了解国家相关政策的同时，找到与自己当前事业的契合点，进而尝试拓展个人的工作业务范围，而在服务学校和社会的过程中，自身的影响力也随之扩大。

（三）参与高校人才培养

作为在文博以及研学教育行业深耕多年的专家，王馆长深知培养人才的重要性，因此，文旺阁木作博物馆也与北京当地的许多高校开展了教育合作项目。文旺阁木作博物馆目前已经开展合作的高校有首都师范大学、北京联合大学、北京园林学校和北京财贸职业技术学校四所。与首师大方面的合作主要是王老师作为教育和文博专业的行业导师，而与北京联合大学和财贸学校的合作更多是作为实践基地，与园林学校的合作主要是面向修复专业、建筑专业、实景设计专业。目前，博物馆已经和北京财贸职业技术学校签订了深度合作项目协议，未来将会在人才培养等方面开展深度合作。这些项目的落地，主要是各个高校主动和博物馆进行联系，同时博物馆也积极去一些高校宣讲，期望能够在未来开展更多的合作。

以北京财贸职业学院和首都师范大学为例，在2023年3月28日，"北京财贸职业学院'情景式'劳动实践基地"挂牌仪式在北京文旺阁木作博物馆举行，仪式中由北京财贸职业学院建筑工程管理学院党总支书记和王馆长两人共同为基地揭牌。在活动中，王馆长表示，要为北京财贸职业学院建筑工程管理学院"量身定做"一套探究式、项目化、综合性和创新性劳动实践活动课程，在动手操作和动脑思考相结合的课程中，要有机融入专业教学以及综合学科，完成立德树人和劳动教育的内容，实现劳动教育总目标。仪式之后，北京财贸职业学院的师生还观摩并体验了"情景式"劳动教育第一课。[1] 王老师作为首师大的行业导师，主要招收文博专业和教育专业的学生，面向文博专业的学生，王馆长主要向他们教授木器文物保护与修复、博物馆布展等方面的知识，同时也让他们参与到木作博物馆展览的设计和布展活动中；教育学专业的学生，则主要是研学课程的开发设计，他们有机会直接参与到博物馆相关研学课程的研发，同时还有机会到与博物馆有合作的学校中开展线下的课程教学实践。

（四）未来发展规划

尽管台湖镇从2017年就已经开始了演艺小镇的建设，但从实际情形

---

[1] 文旺阁木作博物馆：《北京财贸职业学院"情景式"劳动实践基地挂牌仪式在北京文旺阁木作博物馆举行》，2023年3月30日，https://mp.weixin.qq.com/s/KSk_5XItoxaeavaCMYn_tw。

来看，目前演艺小镇仍然处于建设过程当中。因此，当笔者向王馆长询问与演艺小镇之间的联系时，他表示，在台湖确定定位为演艺小镇之前，他并未想到台湖会考虑将演艺作为未来的发展定位。秉承之前对于传统文化的重视，他思考的依旧是如何弘扬传统文化，将博物馆中的文物作为文化传承的载体。同时，他也承认博物馆的建设与演艺小镇之间的联系确实不够紧密，但在接下来会努力开展更多的合作。

在王馆长看来，博物馆中的文化实际上有两种呈现方式：一是展览，另一种是演艺。当游客参观完展览之后，参与演艺活动，进一步加深对于文化的理解，从而达到一种寓教于乐的效果。博物馆的建设需要配合演艺小镇的定位，同时也是台湖演艺小镇不可缺少的一部分。在当前北京市提出"博物馆之城建设"的大背景下，博物馆在地方的作用也就更加突出。对于台湖演艺小镇而言，小镇发展需要增添一种历史的维度，即回答"演艺的是什么？"这个问题，王馆长认为可以用博物馆来对此进行说明。

> 我们通过一座博物馆，能够了解当地整体的社会历史文化，因此我希望台湖当地能够建设一个正式的博物馆，来呈现当地历史发展过程，整合当地的历史、人文、地理，让群众游客了解台湖镇的发展历程。

除此之外，王馆长还希望台湖镇能够建设2至4个博物馆，形成一个博物馆群，在台湖公园、国家大剧院等游览点建设小型博物馆，同时又有台湖镇的博物馆进行统合，达到一种"以点带面"的效果。不仅助力北京城市建设，又能够推动台湖当地演艺小镇建设发展。

在疫情期间，博物馆也受到了很大影响，常常因为疫情防控工作而关门停业。从王馆长的表达中，笔者感受到，尽管疫情对于游客的到来影响很大，但他还是从疫情中挺了过来。原因主要有以下方面：第一，博物馆不仅是游客游览和接受文化的场所，同时也是培训职工的地方。在疫情期间，木作博物馆承揽政府的各种培训、会议等项目，接待了2000多人次的职工培训，成为一部分非常重要的收入。第二是根据疫情政策变化，随时调整相关安排。在疫情严重时及时进行封控管理，一旦疫情有所好转，就抓紧时间走进学校社区开展活动，同时将更多的游客引进博物馆中。第三，承接一部分文物的修复工作。除此之外，王馆长也投入了很大一部分之前做企业时的积蓄，这也是使得博物馆还能存活至今的重要原因。随着2022年底以来疫情政策的调整，博物馆未来也主要会在展览和课程开发以及文创等方面努力，使得博物馆的发展工作更加符合演艺小镇的定位。

除此之外，对于博物馆未来的发展与台湖当地旅游开发之间的关系，王馆长也有自己的想法。虽然博物馆距离环球影城不远，但是由于环球影城自身体量较大，尚未完全建设完成，因此对于台湖这边并没有产生相应的辐射带动作用。或许在未来会考虑和环球影城方面开展部分的旅游合作对接。在未来的发展过程中，王馆长还是希望地方政策能够多向博物馆方面倾斜，如政府采购、文化项目等给予一定的优先权。同时，台湖演艺小镇发展和文旺阁木作博物馆之间的联系还不是特别紧密，从近几年博物馆接待量的情况而言，台湖演艺小镇的建设并未给博物馆带来较多实质性的改变，只是说给博物馆一个便于宣传的标题，"一提台湖演艺小镇都知道，那我们博物馆就在演艺小镇"。针对这种情况，王馆长认为还是需要在宣传工作方面加大力度，他还建议台湖当地能够设计形成一条完整的旅游路线，目前也已经获得了当地政府的积极回应。通过旅游线路串联起台湖当地几个分散的旅游景点，更好地促进台湖当地旅游业的发展，也便于进一步开展宣传。而在政府方面，最好还能够提供相应的资金补助，以及帮助解决博物馆存在的消防安全等问题。

四、小结与反思

（一）积极的经验

从实际情况来看，王馆长和他的博物馆在台湖演艺小镇建设过程中对

图 3-6　台湖公园内湖
2023 年 3 月 19 日　台湖公园　田丰 摄

演艺小镇建设的推动作用相对有限，但通过以上部分的叙述，我们能够看到，王馆长作为台湖的"地方能人"，在当地发展中发挥了很多积极作用，其中有不少经验值得其他地方吸收借鉴。

一方面是作为"外来能人"的特殊身份。如前所述，王馆长本人并非是台湖本地人，而是由于早年在北京打拼，积累起一定的经济资本和社会资本之后，在机缘巧合之下被引进到台湖当地的。但是，通过他建设博物馆的过程以及在台湖当地和周边地区开展的一系列活动，他作为外来人的身份逐渐被淡化，进而成为台湖当地重要的"地方能人"。不仅如此，王馆长成为"地方能人"的过程实际上也是不断与地方居民互动的过程。因此，地方在寻求"能人"帮助时，可以尝试突破原有的地域局限，充分引进外来人才充实地方，以促进地方发展。

另一方面，王馆长作为能人有其自身的能动性和灵活性。由于王老师"能人"的身份是在他多年工作过程中逐渐形成的，并且他的服务范围并不仅限于台湖镇当地,这就使得他能够调动更加广泛的社会关系来服务当地,但是一般的地方能人却难以做到。从调研中能够发现,文旺阁木作博物馆尽管是一家民营博物馆,但是其背后还是有着非常浓厚的政府色彩。不仅是台湖地方政府,而且还和通州区政府,乃至北京市政府等多个不同级别的部门之间有着联系。在离开时,我向门口收门票的姐姐了解了一下博物馆的接待情况,收门票的负责人告诉我,来博物馆的散客其实并不多,主要是接待各种团体。团体游客的背后是各种的教育培训机构以及政府部门的组织活动,而这种组织之所以会选择将文旺阁木作博物馆作为他们的目的地,在很大程度上也跟政府的"背书"有着一定关系。同时,王馆长本人具有多重的身份,这也使得文旺阁木作博物馆不同于一般的民营博物馆较为单一的组织结构。

(二)存在的问题

多重身份在一个人身上的汇聚一方面确实给王馆长的很多工作带来了便利,也使其获得了一般人无法拥有的资源;但从另一方面来看,这种多重身份同样存在着局限。这种局限在王馆长的身上集中体现为"反映问题"的态度。

台湖当地负责联系博物馆主要是分管文化的副镇长、部长。对于文旺阁木作博物馆,台湖当地所给予的大部分是购买服务、政策支持,有关领导会关心博物馆的难处。当然,镇政府所给予的"帮助"并不是平白无故的,而是根据上级有关政策来进行落实,需要博物馆通过相关活动的组织和举办来对镇政府进行一种"回馈"。当笔者询问有关政策落实的情况时,王馆长的表达让我感受到,在博物馆和台湖镇政府的交往过程中存在着一些摩擦。他给我的回答大都是"政府给予积极反馈,提出的相关需要都基本能够落实,台湖镇对博物馆的工作总体而言是支持的"。这种时而闪烁其词的情况,或许与王馆长本身的多重身份有关,除了作为文旺阁木作博物馆的馆长,他同时还兼任着台湖镇当地政协委员、通州区总工会、北京市文物局相关机构的工作。这些不同的身份虽然拓宽了他作为博物馆馆长的人脉圈，但同时，在与其他部门，尤其是政府部门的合作中，多重身份又成了王馆长的一种羁绊。在和政府部门的沟通过程中，他必须考虑到自身多重身份可能带来的影响和后果，从而在一些博弈中也更容易倾向于妥协。

除此之外，地方政府在解决问题方面的能力或许也是使王馆长不愿反映问题的又一个原因。演艺小镇的建设对于文旺阁木作博物馆并没有产生太大的负面影响，但是从木作博物馆周边的环境而言，还有很大的提升空间，目前博物馆周边的环境并不能较好地吸引游客。随着未来台湖演艺小镇建设的不断推进，王馆长认为博物馆能够从两个方面进行提升，从硬件方面而言，主要是对硬件基础的提升。从软件方面而言，主要是课程设计、公共文化服务等方面的提升。对于王馆长而言，目前最需要的主要是政策支持、基础条件、周边环境等方面的帮助，在电费、人员、工作指标等方面给予一定的倾向。调查中而言，基层政府在解决许多实际问题方面还是有着一些难言之隐。根据博物馆外部环境的情况看，硬件条件的薄弱显然不是短短几天的问题，但是长久以来似乎还保持着相对原初的状态。

概而言之，多重身份在成就王馆长这位"地方能人"的同时也造成其自身的局限性。在反映问题的过程中容易采取妥协的态度，可能就会使得一些紧迫但是尖锐的问题得不到及时解决。此外，在博物馆自身发展方面，对于政府帮助的依赖仍然较大，总体而言只能实现"自负盈亏"而无法从自身内部寻找到更多能够提升和改进的着力点，这同样也使得王馆长本人的能动性受到了束缚。

因此，通过王馆长的个案能够发现，王馆长个人的成长经历显然不同于一般意义上的"地方能人"或"精英"，而此类"能人"的产生也与当前社会巨大的流动性有关，在各地不断推出各类人才引进政策的情况下，未来会有更多像王馆长一样的"能人"在家乡之外的地方涌现。但是，想要真正发挥出这些"能人"的能动性，不仅需要为他们提供一定政策条件的保障，更重要的是给予他们相对宽松的经营和工作环境。而对于类似于文旺阁木作博物馆的其他民营工作室或文化企业而言，必须看到各种复杂的社会力量在一个项目或是活动中的相互牵扯，想要真正生存下去，一方面要和政府积极开展合作，获得相对稳定的收入保障；另一方面，也要积极向外开拓，借助政治的辐射能力来获得更多的收入，从而维系文化企业的生存。

第三节 扎根与悬浮：民众参与与台湖演艺小镇的在地化

特色小镇作为新型城镇化建设的特殊之处就在于其是将"特色"作为抓点进行长期发展规划。从千篇一律的城市风貌转变为各具特点、各具内涵的特色小镇，特色并非是无中生有抑或是外部移植，而是在人地互动、多元主体互动的长期过程中从当地生长出来的文化。从根本上讲，特色应该是由人们的生活水平、生活方式自然融合而成的、独具性格的生活形态。[1] 一个特色小镇之"特色"无法与地方及地方文化割裂开来，而民众又是地方文化的创造者和传承者，因此，特色小镇的长远发展需要源源不断汲取民众的文化、地方的文化。与此同时，特色小镇同样也会在与地方民众互动中，生成新的集体记忆，从而对地方文化进行再创造。此外，特色小镇是"产、城、人、文"四位一体的重要平台。其中，当地民众是小镇建设、治理的重要参与主体，也是小镇发展的服务对象，民众的意愿与实践不可忽视。特色小镇是发展的手段，发展的最终目的在于人，因此特色小镇的建设要坚持"以人为本"，而不应仅仅成为政府的政绩或经济发展的工具。重视当地民众的意见、服务于当地民众应当是特色小镇建设的题中应有之义。因此，民众及地方文化在特色小镇建设和发展过程中具有不

---

[1] 王小章：《特色小镇的"特色"与"一般"》，《浙江社会科学》2016年第3期。

可忽视也不可或缺的重要地位。

随着各地响应政策号召，纷纷建设特色小镇，其相关研究也如井喷式涌现，然而其相关研究大多集中于宏观讨论、理论溯源、宏观治理、经济发展、特色小镇作为发展路径的可行性分析及发展意义，从当地民众角度切入特色小镇发展的研究相对较少。正如黄静晗在对国内特色小镇相关文献进行梳理后所强调的问题，居民是小镇的主要成员，但在实践和研究中都没有获得应有的重视，特色小镇应如何服务于居民的生活和发展需要是一个重要的问题[1]。目前与特色小镇中当地民众相关的文献主要分为两类。第一类文献是关于小镇的建设对居民的生活质量、体验感等方面的影响。李堂军等人从理论层面对基于居民体验的特色小镇建设模式进行设计，并提出建设策略[2]。黄扬飞等人聚焦于特色小镇建设对原住居民的影响，基于对杭州梦想小镇的研究，其认为，特色小镇的规划建设及新产业、新群体的涌入，使得原住民邻里关系发生转型，交往空间渐趋衰退，不利于未来社区和谐邻里场景的构建，通过对邻里交往制约因素进行分析，对特色小镇的建设提出优化意见。[3]张希等人的研究则通过对福建省几个运动休闲特色小镇的分析，从文化影响、经济影响、环境影响几个方面考察了特色小镇建设对当地居民生活质量的影响。与当地民众相关的另一类文献则将民众看作特色小镇多元治理主体之一。鲁志琴等人在理论层面分析了特色小镇治理中心下移的背景下居民参与小镇治理面临的问题，并提出相关建议[4]。施玮也探讨了以在地民众为主体的文化特色小镇创建路径，并提出相

---

1 黄静晗、路宁：《国内特色小镇研究综述：进展与展望》，《当代经济管理》2018年第8期。
2 李堂军、张琪：《基于居民体验视角的新时代特色小镇建设模式研究》，《山东科技大学学报（社会科学版）》2019年第2期。
3 黄扬飞、孙嘉诚、冯雨峰：《特色小镇原住民邻里交往空间探析——以杭州梦想小镇为例》，《城市发展研究》2020年第6期。
4 鲁志琴、陈林祥、沈玲丽：《我国体育特色小镇治理中的居民参与研究——基于社会治理重心下移的视角》，《河北体育学院学报》2020年第6期。

应对策[1]。基于实践的研究中，翁良玉和葛茜分别关注了六安市某一特色小镇和扬州市甘泉特色小镇的建设过程，分析了小镇建设中多元主体的互动与合作过程[2]。其中，葛茜认为居民缺乏归属感、缺少居民参与治理渠道等问题都阻碍了小镇的建设与发展[3]。郑中玉、于文洁基于旭日村满族特色小镇的案例研究，认为特色建构中存在多元建构主体和多元阐释方式，并认为特色小镇建设应该让村民成为特色建构的参与者。[4]

总体来说，尽管在特色小镇研究中与民众相关的文献仍相对较少，但相关学者都承认作为服务对象和作为治理主体的民众在特色小镇的建设发展中具有不可或缺的重要性。然而，目前鲜少有研究关注特色小镇的在地化过程以及民众与特色小镇的落地与扎根过程的互动。特色小镇的在地化就是重视民众及地方文化的地位，将特色小镇适应、融入地方发展框架和地方文化之中，在与民众文化的互动与融入之中，共创地方文化，促进地方发展的一个过程。本文将基于台湖演艺小镇的经验，观察该特色小镇的在地化过程中扎根与悬浮的现象和问题，以期总结经验、促进台湖演艺小镇等特色小镇的发展。

一、演艺小镇的"特色"之基——文娱台湖

台湖演艺小镇的提出与北京市丰富而多样的文化资源、北京市和京津冀地区的发展规划息息相关。通州作为北京城市副中心，承担着疏解首都

---

[1] 施玮：《以民众为主体的文化特色小镇创建模式研究》，《天津中德应用技术大学学报》2018年第2期。

[2] 翁良玉：《特色小镇治理中的多元主体研究——以六安市D镇为例》，安徽大学硕士学位论文，2020年。

[3] 葛茜：《扬州市甘泉特色小镇建设过程的多元主体合作问题研究》，扬州大学硕士学位论文，2018年。

[4] 郑中玉、于文洁：《"特色"建构的多元主体与多元阐释——基于旭日村满族特色小镇的案例研究》，《南京农业大学学报（社会科学版）》2022年第3期。

压力、平衡协调资源、促进京津冀长远发展的责任。台湖演艺小镇的建设与城市副中心联动发展，不仅整合演艺相关资源，为北京演艺产业提供创作、排练等相关配套服务，同时与张家湾古镇、宋庄文化创意产业区融合发展，构成通州区"大文化旅游区"。台湖演艺小镇从宏观发展战略上，服务于北京演艺产业发展、北京城市乃至京津冀地区的总体发展规划，具有重要的战略意义。然而，台湖作为演艺小镇的定位绝不仅仅是平地起高楼的无稽之谈。台湖镇在数千年人地互动的历史中，发展出了自己独特的地方文化。台湖千年地质地貌的变迁、萧太后的传说与遗址、麦稻耕作的传统生计、民众的文娱生活等等，都在不知不觉中塑造了今日的台湖。

台湖镇自古就有丰富多样的民间文艺传统，民众自发组织的文化娱乐活动遍地开花，台湖镇政府也对民众精神文化建设颇为重视，每年都会举办多种的文化活动，丰富民众生活。因此，台湖地区浓厚的演艺氛围，也

图3-7 台湖文化艺术公园
2023年3月14日　台湖文化艺术公园　尹烨彤 摄

成为台湖演艺小镇建设的特色基础。

（一）寓于台湖历史之中的民间文艺

翻阅台湖的历史，便可以看到台湖人民对艺术、演艺、曲剧的热爱是蕴含在台湖文化之中的。一代代的民间花会、戏曲、剧团都见证着台湖人民的生活变迁，也成为台湖人民日常生活中浓墨重彩的一笔。

胡家垡村的高跷老会有四百多年的历史，因其绝活突出，曾被美誉为"京东第一会"。[1]这些年间，经过抗战胜利、新中国成立、改革开放等风风雨雨，胡家垡村的高跷老会一直存续下来，在日常生活、庙会、重大节日和庆祝活动中为村民表演。直到20世纪90年代中期，因缺少年轻人传承，而停止了演出活动。麦庄高跷会也是如此，其精巧技艺、灵动的神情姿态使其获得了人人称道的好口碑。然而，因缺少排练场地、演员分散零居等原因，2011年后麦庄高跷会也不再进行表演活动。除此之外，河北滦州传入台湖安定营的"皮影戏"、普遍存在于华北地区的蹦蹦戏都曾在台湖地区十分流行、演出火爆，给当时老百姓枯燥的生活带来了无尽乐趣。这两项文娱表演受到历史、时代等原因，也已经销声匿迹。

台湖地区许多的民间文化艺术如今都已消逝在历史的长河之中，但拥有百年历史的次一村的小车会、单琴大鼓等在今日仍然焕发着生机。次一村原本就自发组织了小车会、秧歌会等，但是在机缘巧合下，次一村小车会得了些许名气，曾得懿贵妃赐名的"郑庄云车圣会"的真传。[2]由此改名为次一村云车圣会，如今仍然活跃在台湖地区。小车会在节庆时分为当地民众送上精彩表演，热闹非凡。通州区的非物质文化遗产单琴大鼓也在沈长禄、张宝增、孙艳芹等台湖传人的传承与发扬中继续向人们展示其独特的魅力。

---

[1] 北京市通州区政协教文卫体委员会，北京市通州区台湖镇人民政府：《乐和台湖》，北京：团结出版社，2021年，第239页。

[2] 同上，第237页。

除这些台湖民众自发组织、表演的文艺形式外，台湖地区的基层单位也曾组织过剧院剧团。新中国成立之初，蒋辛庄便集结村中的文艺人才组建了评剧团，剧团成立期间，每年春节期间都在周围各村巡回演出，得到大家的一致好评。窑上村也在此时成立了评剧团，演出水平高、凝聚力强，演出场场爆满，掌声不断。次渠村的初级社在当时成立了旭光剧社，因其演出栩栩如生，吸引观众人山人海、叫好声不断，通县的领导甚至为其颁发了演出执照[1]。尽管这些剧团剧社最终囿于各种原因而解散，其为台湖奠基的演艺氛围和文艺人才于今日台湖演艺小镇的诞生与发展颇为重要。

（二）今日民众的文娱生活

台湖地区民众今日的文娱生活也同样丰富多彩，既有民众自发组织起来的文化艺术团，也有政府等官方部门牵头的艺术节、比赛等活动。这幅充满活力的图景主要是在民众自主组织、自发参与，政府支持等多主体参与下而构建起来的。

随着新型城市化的发展，农村、郊区等地区生活水平的提高，民众提出了更高的文化需求。我国高度重视精神文明建设及公共文化服务体系建设。其中，"文艺演出星火工程"是北京市文旅局以高水平的文艺表演丰富农村基层群众文化生活的一项惠民举措。其主要目的是鼓励和引导专业文艺表演团体和群众性文艺表演团体深入京郊农村开展文化服务，以高水平的文艺演出丰富农村基层群众的文化生活。[2] 自 2006 年以来，"星火工程"便为台湖地区民众带来了每年百场的文化演出，不仅会有中国煤矿文工团、知名歌手等专业团体进行文化惠民演出，也会有本土的、群众性的文艺团体带来表演。不仅增强民众的文化艺术修养，也增强了本地居民的归属感

---

[1] 北京市通州区政协教文卫体委员会，北京市通州区台湖镇人民政府：《乐和台湖》，北京：团结出版社，2021 年，第 231 页。

[2] 中国政府网：《北京市文化局关于印发北京市农村文艺演出星火工程专项资金管理暂行办法的通知》，2009 年 11 月 9 日，http://whlyj.beijing.gov.cn/zwgk/zcfg/2021gfxwj/202112/t20211209_2557487.html.

和参与感。

另外，台湖镇政府向来也非常重视民众的精神文化生活，每年都会组织举办多项文化艺术活动，为民众提供公共文化服务和丰富的精神食粮。台湖镇文化艺术节是通州区特色品牌文化活动。自2011年开办以来，台湖镇每一届艺术节都有其特色活动，其中举办过的"舞动台湖"群众舞蹈大赛、"五月的鲜花"群众歌咏比赛、"爱在台湖"幸福老夫妻评选、"丹青台湖"书法国画作品征集等活动都深受群众的喜爱，群众参与的积极性高。每年直接参与到文化艺术节中的群众共计5000余人次，惠及台湖及周边居民5万人次。台湖镇政府也举办了诸多体育文化活动，每年的全民运动会、环城健步走等活动旨在提高台湖民众对体育活动的热情、提升台湖民众身体素质，吸引了大量民众参加。台湖镇政府也会拨款扶植民间文艺团队，支持其开展演出、培训等活动，并邀请其参与到政府举办的歌唱比赛、文化庙会、艺术节等活动中，与台湖民众进行有益互动，极大地提高了台湖民众参与文娱演艺活动的积极性。

尽管台湖地区有些传统民间文艺已经销声匿迹，但其流传下来的演艺氛围和文化特色仍然影响着台湖民众、塑造着台湖文化。如今，台湖地区

图3-8　台湖居民文娱活动
2023年4月2日　台湖公园　尹烨彤 摄

有众多民众自发组织起来的文艺团队。台湖的每个村庄都成立了自己的秧歌队、舞蹈队，同时该地区还有舞龙、舞狮队、小车会等民间花会。这些民众自发组织、积极参与的文艺队在日常生活中不仅陶冶了个人情操，丰富个人生活、增进邻里感情，同时丰富了其他民众的精神文化生活，为他们带来了无尽欢乐。其中，前营村的舞蹈队就是村民自愿组织的民间文艺团队。2008年，在村委会的支持和民众呼声下，前营村舞蹈队成立，成员共计二十余人，均为前营村村民。该舞蹈队成立至今，多次参加区、镇组织的比赛，获得大家一致好评。

星湖之声艺术团也是台湖民间文艺团队中颇具典型性的团队。星湖之声艺术团成立于2001年，主要由爱好文艺的村民和退休回乡的工人和干部组成，固定成员二十余人，民乐团成员有五十余人。由于该艺术团积极性高、以自编自创自演为主，深受台湖民众的喜爱，同时也获得了北京市通州区业余团队的演出资质。星湖之声艺术团也是"星火工程"演出的"常驻嘉宾"，往年每年"星火工程"都会分配给该艺术团三四十场任务进行惠民演出。同时，为配合台湖宣传部的工作，普及政策或法律知识并带动各村文艺发展，该艺术团也常常在台湖地区各村进行巡回演出，表演其自编自创的《法制社会就是好》《台湖欢歌》等精彩节目，甚至在很多时候不收取报酬，为文委、妇联等部门进行义演，也帮助其他村庄建立小合唱团、舞蹈团。艺术团每天或每周末都会在固定时间于台湖文化艺术广场或台湖公园进行排练、创作，排练场地的开放性使得众多群众都参与进来。不排练时艺术团的相关负责人也会开着小车，拉着音响在台湖文化艺术广场或者是台湖公园一起唱歌、跳舞、弹琴，自娱自乐。星湖之声艺术团的负责人告诉笔者：

> 即使不是配合政府工作，平时也会大伙一起乐和乐，提前和村委会打好招呼，甚至不打招呼，晚上就去各村演出，找个空地唱唱，这

个都不是收费的，就是一个自发的，大伙特别喜欢这个，呼声特别高。[1]

该艺术团的民乐团包含二胡、琵琶、三弦、扬琴、打击乐等多种乐器，为提高民乐团水平，在政府扶植的同时，该艺术团负责人也会自掏腰包请专业老师来进行培训。该艺术团的合唱团也是如此，每周固定时间都会有专业老师教导发声方法、合唱技巧。可以说，星湖之声艺术团已经是一个较为成熟且体系化的民间文艺团队了。

二、扎根——台湖演艺小镇的在地化与民众参与

作为政策引导、政府主导下规划、建设的台湖演艺小镇，如何落地、适应、扎根到原有的台湖镇发展格局当中，如何使当地民众接纳、乐见演艺小镇的建设，是一个至关重要的问题。这不仅关乎当前台湖演艺小镇活动的顺利开展，更关乎其在台湖长远存续和发展动力。另一方面，悬浮于当地民众生活的特色小镇，仅追求短期的政绩和经济利益的情况本就是本末倒置。台湖演艺小镇的在地化过程是其建设过程中不可或缺的一环，这一过程不仅包含了国家大剧院、台湖演艺车间、政府、企业等主体做出的大量在地化努力，台湖演艺小镇的规划带来的机遇和挑战能否从根本上使台湖人民受益也至关重要。

（一）台湖演艺小镇的在地化进程

台湖演艺小镇规划提出后不久，台湖镇便设立了演艺文化专班，进行小镇规划与城市设计，推进台湖演艺小镇的建设。同时，通州区政府及

---

[1] 访谈对象：于志林；访谈人：尹烨彤；访谈地点：通州区台湖镇台湖文化艺术公园；访谈时间：2023年3月14日。以下有关于志林口述内容皆来自调研团队对王于志林的访谈，不再标注。

图 3-9 国家大剧院台湖舞美中心
2023 年 4 月 2 日　尹烨彤 摄

各乡镇政府、市规划国土委、通州区文化和旅游局等多部门协调联动，合力推进台湖演艺小镇建设，在政策、政府层面支持小镇落地和发展。经过多年的建设，国家大剧院台湖舞美中心、台湖演艺车间等一系列建筑在台湖拔地而起，为原本的台湖小镇增添了优雅的艺术氛围。同时，台湖演艺小镇的建设遵循利旧立新的原则，不搞大拆大建，高标准做好存量资源的改造提升，将台湖图书城等旧建筑进行提升改造，将老旧厂房改建为艺术馆、影厅等，与国家大剧院台湖舞美艺术中心等项目形成联动[1]。

除城市建筑布局方面的改变外，在过去几年中台湖演艺小镇也为当地居民带来丰富、高质量、高水平的演艺资源。自 2017 年台湖演艺小镇开启建设以来，中国煤矿文工团、北京歌舞剧团、中国交响乐团、小提琴家吕

---

[1] 关一文：《发力演艺产业　台湖演艺小镇打造副中心文化魅力新名片》，《北京城市副中心报》2022 年 10 月 11 日。

思清等多个国内外著名艺术团、艺术家来到台湖进行演出，6.21台湖国际乐器演奏公益表演、国际影偶节、国家大剧院五月音乐节等国际化水平的演艺活动也在台湖开办，使台湖民众在家门口就能享受到国内外高水平的视听盛宴。著名钢琴家郎朗的工作室、演员刘天池的工作室等入驻台湖，也将惠及台湖民众。2022年7月，钢琴家郎朗就在台湖举办了首场"大师课"，现场为几位小琴童"把脉问诊"[1]。国家大剧院台湖舞美中心、台湖演艺车间建成后，也与台湖镇政府合作联动，开办了许多文化惠民的活动和演出。自国家大剧院台湖舞美中心成立以来，邀请群众、老师、学生免费观看剧院演出多达几十场。2019年，国家大剧院台湖舞美中心与台湖镇政府开启了台湖文化共建，不仅共办台湖镇的老牌活动艺术节，为艺术节深层次引入国家大剧院的演艺资源，两者还联合推出了"公众开放日"活动，加强台湖民众对台湖舞美中心的了解，提高民众的艺术修养，为台湖当地的历史文化、非遗项目提供了一个更大的舞台。

国家大剧院台湖舞美艺术中心综合管理部部长孙洋认为："台湖舞美艺术中心既要成为经典艺术作品技术制作的主要组成部分，又要努力成为百姓喜爱的文化休闲打卡地……我们还将与教育部门合作，加大力度把优质美育教育资源辐射到周边学校，不断丰富艺术普及教育的形式和内容。"[2]可以看出，对于未来小镇的在地化发展，国家大剧院台湖舞美中心已经做好进一步的计划。

（二）演艺小镇建设与民众的机遇与挑战

民众对台湖演艺小镇的接纳和支持对其日后存续发展意义重大。台湖演艺小镇的在地化过程仍在进行中，其当前建设为民众带来的机遇和挑战也影响着小镇建设的下一步发展。

---

[1] 中国日报网：《郎朗带来工作室成立后首场大师课 宣布成立郎朗台湖音乐世界》，2022年7月16日，https://cn.chinadaily.com.cn/a/202207/16/WS62d2aebba3101c3ee7adf775.html。

[2] 孙云柯：《台湖演艺小镇：奏响文化新乐章》，《北京支部生活》2023年第4期。

1. 小镇建设对民众的利好与资源

首先，台湖演艺小镇对台湖民众最直接的影响就是上述丰富、高质量的文化艺术资源，丰富了民众精神娱乐生活、提高了民众的艺术素养。在台湖演艺小镇产业转型方面，除了引进艺术家工作室、演艺企业等文化演艺产业外，台湖演艺小镇还将着重借助环球外溢效应，发展餐饮、民宿产业，提振文化消费，带动当地经济发展。台湖镇政府已经出台了诸多优惠政策招商引资，这对未来台湖民众的择职就业，提高收入都大有裨益。这两点都对台湖民众的经济、文化生活带来资源与益处。同时，从长远来看，台湖演艺小镇的建设也能更好地留住年轻人，调整台湖人口结构。

台湖演艺小镇的文化旅游规划以及北京市通州区的规划布局也极大优化了台湖镇附近的交通线路。八通线的环球度假区站距台湖镇不到10分钟车程，北京地铁17号线也已经接入台湖地区，设立次渠站，极大方便了台湖民众出行以及游客进出。

2. 小镇建设对民众的挑战

首先，台湖演艺小镇的建筑建设及老建筑升级改造，在一段时间内将会不可避免地影响到台湖民众的日常生活，但这是一个暂时性、易解决的问题。

其次，随着小镇的推进与发展，新迁入群体如演艺从业者、游客、商人等与原台湖居民之间会产生新旧利益群体的冲突。如近几年噪音污染的投诉率上升，这是因为近几年台湖地区新迁入居民数量大大增加，他们并不适应原台湖民众的文娱生活习惯，原台湖居民对其投诉同样感到不满。再如，台湖演艺小镇的建设使政府和相关部门将资源集中用于高专业性、高水平的演艺团体，而对当地原有的文化艺术团体有所忽视，减少了相关的资金和政策扶植，一定程度上打击了本土演艺团体的积极性。台湖演艺小镇的游客增多后，也可能会对当地居民的生活造成一定影响，双方产生摩擦。因此，如何解决小镇建设过程中新旧群体的冲突是台湖演艺小镇在地化过程中亟须关注的问题。

三、悬浮——台湖演艺小镇在地化的不足

尽管政府、国家大剧院、台湖演艺车间等主体为台湖演艺小镇的在地化做出了诸多努力，但作为仍处在发展初期的一个特色小镇，目前台湖演艺小镇仍存在许多不足之处，仍处于一个悬浮而未深入扎根的状态。

（一）演艺小镇建设与民众互动的缺失

由上节相关内容可知，台湖演艺小镇的落地仍只限于国家大剧院、台湖演艺车间、专业演出团队等专业性的、高水平的主体单方向地对台湖民众与民间艺术团队进行表演和输出，缺少互动和交流的深度。台湖民众和民间艺术团体未被视为小镇建设与管理的主体，而呈现出一种被动的姿态。台湖演艺小镇的建设目前比较脱离民众，处于悬浮状态。

首先，由于台湖演艺小镇还处于建设初期，也由于前几年新型冠状病毒疫情的影响，台湖政府引入的文化产业、民宿产业投资建设进度大大延缓，规划建筑与文旅基础设施的建设仍未完全落地，对台湖的经济带动和就业方面带来的利好仍未显现。

另外，不同于北京市中心的国家大剧院平日开放游客参观游览，目前国家大剧院台湖舞美中心实行封闭式管理，除极少数公众开放日外，普通民众难以入内进行参观，而难以将艺术魅力传递、普及到舞美中心栏杆之外。大部分台湖民间的文艺团队主要由已退休的、年龄较长的文艺爱好者组成。他们有强烈的提升自己艺术修养、专业水平，接触阳春白雪的愿望。然而专业团体惠民演出机会较少，国家大剧院、台湖演艺车间等机构除惠民票外均采取网上售票的形式，这让民间较年长的文艺爱好者难以接触到相关资讯。尽管同处在台湖地区，演出之外两者也基本没有交流互动的机会。星湖之声艺术团的负责人于志林告诉笔者：

> 我们现在以自己玩为主，如果能和国家大剧院那些专业演出团体交流合作，出来帮我们唱两首，那真是更好，但是他们报酬太高了，

我们给不起，当然现在也没这机会。

台湖演艺小镇的建设是一个整体性、全面性的建设过程，小镇的存续和发展不仅需要高端演艺资源和文化产业的引入、城市建筑风貌和文旅相关设施的建设，演艺氛围的形成更需要整个台湖政府、企业、文化从业者、群众等多主体的努力。因此，台湖镇群众性活动、民间艺术团队、公共文化服务的建设也颇为重要。近些年，台湖政府对民间文艺团队的政策和资金扶持有所减少，在一定程度上打击了民间艺术团体的积极性。新型冠状病毒疫情的影响也使得很多村中的合唱团、舞蹈队等艺术团成员难以重新整合聚集起来。于志林惋惜道：

> 这些演艺活动真是不错，大家自娱自乐一下也开心，我认为这是体现人民的生活水平、风气的，应该延续下去。

另外，台湖镇各村文化室、活动厅也存在管理不当的问题。尽管各村都建设了自己的文化室，但有些文化室建在村委会里，群众进出不便，有些文化室较少开门，没有充分满足民众的文娱需求。

（二）民间文艺的内生动力不足

以国家大剧院为龙头，发展以演艺、文创及配套服务为主的特而精产业，聚集国内外高水平演艺资源，台湖演艺小镇非常重视引入"阳春白雪"，以塑造高雅艺术氛围，促进当地演艺产业、文化旅游业发展。然而，目前对"下里巴人"的关注和扶植却不够。

事实上，民间文艺在乡村文化生活中的独特作用，与它独特的草根性、生活仪式性和狂欢化效果是密切相关的。[1]这是民众的自我文化表达与能动性的体现，在民众的日常生活中发挥着重要的作用。同时，与京剧、

---

[1] 丁永祥：《城市化进程中乡村文化建设的困境与反思》，《江西社会科学》2008年第11期。

评剧等传统艺术一样，民间文艺同样是中华祖先的创造和一代代传承，同样是一种重要的艺术形式，其中也蕴含着宝贵的艺术资源和智慧。对高雅艺术的重视与对民间文艺的重视本质都是对艺术的追求、精神上的追求，两者及其两者的互动都是增加台湖演艺氛围的重要手段。

另一方面，民间文艺及民间艺术团体的活跃代表着自下而上的活力与能动性。小镇建设仅将民众看作被动接受客体，而不进行在地化实践，最终只会变成无根无养分的僵化空壳。只有融入当地文化，将民众看作是演艺小镇建设的参与和管理主体，与其互动交流，让民众发挥创造力与活力，小镇才能真正扎根下来，建立牢固坚实的基础，减少发展阻力，取得更长久的发展。

四、小结

台湖演艺小镇的建设是政府、剧院、当地民众、游客等多主体互动协商的过程，是一个长期发展建设的过程，并非一蹴而就的易事。在台湖演艺小镇建设初期，台湖政府、国家大剧院、相关企业等主体已经做了许多在地化的努力。但囿于前几年的新型冠状病毒疫情，台湖演艺小镇的推进在很大程度上受到了阻碍，各类演出减少，正常的演艺工作无法开展，小镇的施工建设也难以继续。另外，台湖演艺小镇的在地化过程还有很多不足，在地化程度仍然不够，整个小镇的建设仍然处在一个悬浮的状态，比较脱离普通民众。事实上，民众活动与民间文化是台湖迸发生机活力的重要源泉，是小镇建设发展的内生动力。台湖演艺小镇的建设应该是全面性的建设，其不只包括物质条件的改善、城乡的发展，更重要的是人的建设，是民众精神文化的充裕、幸福感、归属感的增强，是民众各方面素质、修养的提高。

目前台湖演艺小镇仍处于早期阶段，在未来的发展中，台湖的城乡风貌、文旅基础设施将会进一步提升与完善，演艺产业与体系也将愈发成熟。此时，游客将会纷至沓来，更多投资与企业也会进入。台湖演艺小镇进入新的发展阶段后，将会面临更大的机遇和挑战，游客与当地人之间的关系、资本企业与城市建设的关系、政府和民众的关系等等都会进行新的整合与调试。台湖演艺小镇的在地化过程不是一件暂时性的短期易事，这一过程将伴随演艺小镇成长、发展、兴盛的整个过程。因此，对台湖演艺小镇在地化过程的关注也将是一件长期且重要的事情。

第四节　非遗传承与台湖演艺小镇的融合发展

学界一般认为，特色小镇建设会对非物质文化遗产保护带来积极的效果。演艺小镇的开发，让非物质文化遗产在文化旅游产业中大放异彩，为非物质文化遗产在追求利益的现代社会中找到可以安居的一隅，是现代社会发展过程中对非物质文化遗产的别样保护，有助于非物质文化遗产借助旅游发展优势和文化资源优势，更好更快地实现跨越式的转型和发展，有利于非物质文化遗产的活态保护传承，也为非遗保护传承打造了文化空间和发展空间[1]。

演艺小镇建设与非物质文化遗产有着更为密切的关系。演艺小镇的产业结构、空间布局、景观环境与地域文化有紧密联系，非物质文化遗产作为地域文化的一种特殊形式，可以助力演艺小镇发展建设，反之演艺小镇也可以为非遗提供传承平台，两者是相互作用、相互制约的一个有机整体[2]。演艺小镇是由各种不同类型、功能、性质的生产生活方式、建成环境、产业结构组成的一个有机整体。非物质文化遗产来源于民间生计劳作，又

1　连怡雯:《现代演艺对非遗传承发展新模式的探究——以玉山班演艺为例》,《喜剧世界》2019年第9期。

2　陈换、章牧:《特色小镇文旅融合发展路径与机制研究》,《特区经济》2020年第6期。

反作用于生活及生产关系；建成环境可以反映非物质文化特征是文化呈现的载体，差异化的文化类型又影响建筑环境风貌；非物质文化遗产的集聚与内涵的深入挖掘可以改变演艺小镇的产业结构，文化产业的发展又能积极促进非物质文化的传承与弘扬[1]。总之，演艺小镇与非物质文化遗产的保护传承存在相互影响、协调统一、互利共生的关系。即演艺小镇作为传承非物质文化遗产的天然载体，在演艺小镇的设计中融入非物质文化遗产，一方面可以有效提升演艺小镇的历史文化意蕴，以非物质文化遗产为核心促进相关产业的融合与发展，促进演艺小镇景观设计水平的提升；另一方面可以进一步促进对非物质文化遗产的传承与保护。

非遗传承人是非遗的创造者和传承者，是国家民族精神与道德文明的重要守望者。[2]在非遗保护和传承过程中，非遗传承人起着维系原生态非遗命脉以及保证非遗世代承袭的作用。[3]因此，非遗传承人积极参与非遗保护与传承至关重要。由此，作为非遗传承主体的传承人和作为非遗传承载体的演艺小镇之间也有着非常密切的关系。本节试图从台湖玉器制作技艺传承人和演艺小镇的关系来回应如上的议题，即非遗传承与建设演艺小镇之间的关系，为更好地建设和完善台湖演艺小镇贡献非遗力量。

一、非遗在台湖——玉器制作技艺及其传承人张玉成

玉器是华夏文明的一块基石，其起源可上溯到一万多年前的原始社会时期，故称"万年玉器史"。台湖玉器制作技艺是在通州地区形成的、历史悠久的、以玉石雕琢为对象的传统技艺。台湖玉器制作技艺从元代开

---

[1] 廖磊、吕晨：《"非遗+互联网"模式下北海贝雕文创产品开发研究》，《美术界》2022年第9期。

[2] 苑利、顾军：《非物质文化遗产学》，北京：高等教育出版社，2009年，第58页。

[3] 谢春：《非遗传承人的传播实践与文化空间再造——以绵竹年画为例》，《现代传播》2021年第9期。

始，到现在已经有七百多年的历史。台湖玉器制作技艺包括原材料的处理技术、整理设计、雕琢工艺、抛光工艺、配座配盒等。台湖玉雕作品品类繁多、表现题材广泛、工艺技术精湛、难度大，设计与制作受家族传承式及师傅带徒弟形式的影响，脉络清晰、传承有序，其作品具有很高的艺术价值。除此之外，相较于纯粹工匠手工制作的料器，玉石制品大都已机械或半机械操作，手工技术也相当模式化，但作为非物质文化遗产的台湖玉器制作技艺仍留有一手绝活——大件玉器。大件玉器制作的难点，主要体现在其开凿、运输、切割等都需要付出大量的精力，一着不慎便会使整个玉器的形态受损，这便对工匠的技术、体力、耐心提出了极高的要求。位于台湖镇的玉成轩工艺品厂是制作大件玉器的业内翘楚，张玉成是厂内具代表性的玉雕大师。由此，台湖玉器制作技艺被列入通州区区级非物质文化遗产保护项目，张玉成则被评为此类非遗项目的代表性传承人。

图3-10　玉雕非遗工作室内部
2023年3月27日　北京市双益发文创园　张晶晶　摄

张玉成，生于1956年，是在北京土生土长的人，老家是通州区大杜社乡的，1992年农转非落户到通州区梨园镇。张玉成家里三辈都从事玉雕行业，他的爷爷十二岁的时候从山东宁津来到北京，"那不过去都叫闯关东嘛！"他的父亲和大伯就在北京长大，"我爷爷他到这来以后，他们就干这个行业，我大伯也是干玉雕，也算家族传承，因为我从小就看着我大伯搞玉雕"。在爷爷和大伯的影响下，加上大杜社乡由于行政区划迁过来一个玉雕厂，1974年4月26日，年仅18岁的张玉成被村里的生产队推荐去大杜社特艺厂工作。

> 我又有幸也有缘，我们大杜社乡成立一个玉雕厂，我就参加工作了。为什么说是在大杜社成立呢？因为大杜社乡是1972年分的乡，它原来属于牛堡屯管，所以说行政变了，等于由马驹桥和牛堡屯分到大杜社这边成了一个乡。大杜社划成乡以后呢，1973年下半年成立的玉雕厂，玉雕厂就是从马驹桥迁过来的，然后就成立了这么一个大杜社特艺厂，特种工艺品厂。大杜社特艺厂是乡镇企业，村里头有三个生产队，一个生产队推荐一个人去，家里人也支持，因为"走出去了"，而且家里人也都是搞这个的，也是一种"传承"。当时的大杜社特艺厂所属单位是北京外贸公司，外贸公司让你做这个，你就得做这个。[1]

尽管从小看着爷爷和大伯做玉雕，但是由于没有亲身实践等原因，张玉成也不是身带技艺进的厂。

> 你得开料，你得学，你得看。原来我进厂之前只看我大伯靠脚蹬来磨玉、雕玉，具体操作过程不实践，还是不一样，那时我就有这种感官的理念了。

---

[1] 访谈对象：张玉成；访谈人：张晶晶；访谈地点：通州区台湖镇双益发文创园张玉成工作室；访谈时间：2023年3月27日。以下有关张玉成口述内容皆来自调研团队对张玉成的访谈，不再标注。

一开始他是进厂当学徒，先学习如何开料，开了一个多月的料以后，就被分配到"大鼻子组"做大象，也做其他的兽类器件。大杜社特艺厂当时的教授方式是师父带徒弟，当时带张玉成做玉器的师父是刘连福，1975年，张玉成又拜了一位师父，北京玉器厂的"小艺人"商文仲。从1976年到1978年，张玉成就骑着自行车带着一盘料，从大杜社骑到东花市，跟着商文仲学人物雕刻，之后又去七二一工人大学为提高专业技术能力进行了更深一步的学习。1978年学成之后，张玉成被提为车兽类车间主任，带了十几个徒弟，开始独立设计并做兽和人物的结合件。1979年，张玉成提上了大杜社特艺厂的副厂长。由于特艺厂需要更好地进行管理和改革，1986年，作为副厂长的张玉成在通州区成人教育学习企业管理。1994年，大杜社特艺厂关闭之后，张玉成就自己单干了。1994年11月，张玉成在梨园镇车里坟村成立了汇宝通工艺品厂。2000年，汇宝通工艺品厂从梨园搬到台湖，由此张玉成和台湖结下了不解之缘。2003年，汇宝通工艺品厂从集体所有制改为股份制，定名为"北京玉成轩工艺品厂"。2009年9月，玉器制作技艺被列入通州区区级非物质文化遗产，2011年6月，张玉成被授为通州区区级非物质文化遗产保护项目"通州玉器制作技艺"代表性传承人，2012年12月，玉成轩工艺品厂被列为通州区非物质文化遗产传承基地。2019年，由于台湖镇发展需要，加上当时建厂手续没办齐，玉成轩工艺品厂被拆迁，张玉成来到双益发文创园继续他的玉器制作之路。

从1974年4月26日到2023年4月27日，张玉成已经从业50周年，玉成轩工艺品厂也已建厂20周年。伴随着张玉成五十年从业经历的是北京外贸公司的变迁和他不断跟随时代进步所创造出来的作品。从1974年到2000年左右北京外贸公司倒闭，张玉成所在的大杜社特艺厂以及于1994年所创立的汇宝通工艺品厂所属单位都是北京外贸公司，进厂的人们需得按照北京外贸公司的要求相应地进行玉器制作。北京外贸公司采取直接收购制度，工艺品厂收入稳定且货量需求大，挣得也多。随着社会的发展和产业结构的变革，公司地皮被房地产商收购，北京外贸公司也随之倒闭，工艺品厂的所属关系也就自然而然地脱离，公司只能自己寻求销售渠道。

北京外贸公司的倒闭，除了影响销售方式和销售量之外，也影响了玉器制作的传承情况。在外贸公司没倒闭的时候，由于厂子收入稳定且高，厂子有条件招纳许多学徒。当时在汇宝通工艺品厂里，一共有156人学玉器制作，外贸公司倒闭之后，厂子没有能力招纳这么多学徒，只能裁掉。虽然经历了一系列的挫折，好在最终企业得以传承下来。

二、非物质文化遗产与台湖演艺小镇的融合发展

（一）玉器制作技艺传承人与台湖演艺小镇

2000年，张玉成办的汇宝通工艺品厂从梨园搬到台湖，由此张玉成和台湖结下了不解之缘。2019年，由于台湖镇发展需要，加上当时建厂手续没办齐，玉成轩工艺品厂被拆迁，在台湖镇领导的帮助下，张玉成来到双益发文创园继续他的玉器制作之路。

在台湖演艺小镇建设的过程中，张玉成主要是作为文化传承者、建言献策者和市场经营者这三个角色来助力演艺小镇建设。张玉成的玉成轩工艺品厂虽然已被拆迁，如今在双益发文创园租了一间工作室继续玉雕工作，但是他原先的厂子和如今的工作室都是通州非遗文化传承的实践基地，随着张玉成扎根到台湖的，不仅是"人"，还有"器"。张玉成的得意之作——"九龙玉海"，原先在还未被拆迁的玉成轩工艺品厂，随着厂子拆迁，"九龙玉海"从2019年到2020年置于萧太后河文化馆之内，由于租金原因等，2020年至如今，一直被置于台湖镇文体中心。作为世界上最大的玉海及其制作者，"九龙玉海"和张玉成的知名度不可谓不广，无形胜有形地为台湖演艺小镇的建设增添非遗特色。另外，作为玉雕大师，张玉成也积极参加镇里镇外的各类活动，推动了台湖镇的文化发展和非遗传承，也凭借自己的力量大大推广了台湖镇的知名度，让更多人了解台湖镇，走进台湖镇。作为建言献策者，张玉成多次向镇领导建议台湖镇非遗博物馆的建设。

之前和领导提过咱们是不是也可以建一非遗博物馆，这个太有必要了，而且来讲咱们台湖这个非遗很多，从延芳淀这儿开始，萧太后河，这都是历史记载，这都几百年上千年的历史了，所以台湖这个演艺小镇都是现代的词，过去台湖那也是特别有名的。

张玉成是玉成轩工艺品厂有限公司的负责人，他不仅是非遗传承人，也是市场经营者，玉器制作作为工艺品的一种，具有很强的经济价值和经济属性：作为造物活动，其设计、生产、销售具有工业产业的一切要素；作为经济形态，其产销流程受经济规律所支配。[1] 演艺小镇的发展需要产业振兴，工艺产业是一种典型的乡村产业，其产销、回报等与台湖演艺小镇的建设过程相辅相成，是一种共同发展的合作关系。

在台湖演艺小镇的建设过程，作为非遗传承人和市场经营者，张玉成难免会与台湖镇的各主体打交道，比如政府人员、国家大剧院、文化馆和文化公司等。非遗传承人与台湖镇政府进行直接的交流合作，对于镇内其他主体，则以镇政府为桥梁。在国家大剧院的非遗展示、入驻双益发文创园、文化馆展示非遗作品等方面，非遗传承人大多通过政府和其他主体沟通来促成，合作中存在"区隔"。首先，张玉成在参与镇政府和国家大剧院联合举办的非遗展示等活动时，主要是通过镇政府的邀请进入国家大剧院参与相关的非遗活动，台湖镇政府与国家大剧院协商合作，非遗传承人与国家大剧院的人员并无直接的交流合作。其次，在玉器的"迁移之路"以及张玉成在园区的生活中，我们也能明显看到，非遗传承人、镇领导和双益发文创园负责人三者之间，存在一定程度的互动和博弈。双益发文创园作为演艺小镇建设的一个重要角色，是台湖演艺小镇首家以打造演艺生态为核心的专业化区级文创园，转型伊始，园区便制定了以演艺为核心的发展战略，通过严控入驻业态，推出针对演艺团体、艺术家的优惠扶持政策，提高服务能力，搭建资源共享平台。历经近6年的发展，文创园已入

---

[1] 孙媛媛、王玉明：《工艺美术产业助力乡村振兴实施路径研究》，《东方艺术》2022年第2期。

图 3-11　张玉成老师在工作间展示器件
2023 年 3 月 27 日　北京市通州区双益发文创园　张晶晶 摄

驻业态涵盖演艺团体、艺术家、演艺经纪、演艺人才孵化、舞美灯光设计制作、传媒等领域。升级配套空间近万平方米，拥有剧场、排练厅、XR演播厅、多功能厅、艺术家工作室、演艺创作空间等，目前已形成完善成熟的演艺产业生态链。[1]玉成轩工艺品厂拆迁之后，考虑到镇政府的建议，张玉成来到了双益发文创园中继续他的玉雕之路。在这个过程中，镇政府直接与双益发文创园的负责人进行相关的交涉，在双方交涉成功之后，张玉成才搬入园区，每月按时向园区交纳租金和水电费等，和园区相关的人员并没有其他的交流。在 2019 年到 2020 年，也是在镇领导和园区领导的协商下，"九龙玉海"被免费放置在园区的文化馆之内，2020 年之后又被放置于台湖镇文体中心。

---

[1] 北京通州官方发布：《台湖双益发文创园迎首演集群式演艺生态助力"北京演艺之都"》，2023 年 3 月 27 日，https://baijiahao.baidu.com/s?id=1761490684860360592&wfr=spider&for=pc.

我跟领导说，我这比北海团城渎山玉海大1.03米，拆迁没问题，我要配合领导的工作，但是我说这玉海你得给我找一个地，就放到文化馆了，之后文化馆就不让搁了，我就去找领导，后来镇领导和园区负责人还发生点小的摩擦，因为园区把博物馆租出去了，要租给别人，别人花钱，我这不花钱，人家不让你搁，这很正常。2020年又放到文体中心了，搁三年了。

最后，是非遗传承人和私人文化公司的互动层面。在日常生活中，经常有台湖本地的私人文化公司与张玉成线上联系。私人文化公司计划他们来包装已经制作好的玉器来进行更好地销售，张玉成一开始支持这种合作，但是由于双方利益诉求不同，只能作罢。

（二）台湖演艺小镇与非遗的双向互动——以玉器制作技艺为例

特色小镇作为顺应社会时代发展的产物，是人口、文化以及产业的重要载体，不仅能推进以人为核心的新型城镇化进程，而且能增加就业机会、改善社会民生。非物质文化遗产作为中华优秀传统文化的重要组成部分，其蕴含各民族文化基因、精神特质、价值观念因素，承载着丰富的历史财富，因其无形性的特征难以独立存在，需要借助载体对其予以传承与发展。台湖演艺小镇与玉器制作技艺的保护传承存在相互影响、协调统一、互利共生的关系。

1. 玉器制作技艺传承发展助力台湖演艺小镇起飞

非物质文化遗产作为中华优秀传统文化的重要组成部分，是地区智慧与精神的浓缩，其将有形性与无形性相结合，生动展示了特定地域或民族的历史文化内涵以及精神品质。在台湖演艺小镇的设计中融入非物质文化遗产，能够有效促进演艺小镇景观设计水平的提升，且有力地丰富台湖演艺小镇的非遗特色，让更多的人了解台湖演艺小镇、了解玉器制作技艺。

玉器制作技艺作为工艺美术产业的一种，具有文化产业的一切要素。从文化层面看，玉器制作技艺历史悠久，源远流长，博大精深，文化底蕴深厚，是中华文明的重要组成部分，对中华民族文化和世界艺术做出了贡献和影响，在世界文化艺术中占有重要的地位，在对外交流中起着特殊而重要的作用。从产业层面看，玉器制作技艺作为工业文化产业的一类，是传承"工匠精神"的重要载体。玉器制作技艺作为台湖镇的非遗项目，其代表作品有"九龙玉海""春水玉"等，这些玉器均放置于台湖镇文体中心和双益发文创园内，这些器物的放置能让人们实实在在地看到玉器制作技艺的精湛性和台湖镇的悠久历史，而不是"无形"的东西。因此，玉器制作技艺的传承发展能够有效地提升台湖演艺小镇的历史文化底蕴。

张玉成的玉成轩工艺品厂生产的玉器不仅在国内销售，还远销美国、阿根廷和东南亚等国。玉器制作的工艺及其内涵文化也由一代代工匠传承下来，玉器制作技艺并不单指采、辨、制等有形的技艺传承，也蕴含了东方文化特有的静思、律己特征。在演艺小镇的建设过程中，张玉成所在的工作室也被列为京津冀文化旅游的站点，观看玉器制作及其产品也成为观光旅游的一个重要项目，独特的实践体验、深远的文化内涵、实实在在的产品构成了台湖演艺小镇别具一格的旅游资源，既带动了当地旅游业的发展，也进一步促进了玉器产品的销售。因此，台湖演艺小镇的文旅项目有利于形成高品质旅游产品，能够不断满足游客多样化的旅游需求，开拓新的旅游空间，有助于培育新的旅游市场，能够切实将当地的文化建设、商业拓展、旅游业开发等串联起来。

2.台湖演艺小镇建设促进非遗传承发展

随着城市副中心建设，国家大剧院台湖舞美艺术中心入驻，一批老旧厂房相继被改造成演艺新空间，并引来了郎朗、陈敏正等文化名人。"演艺"逐渐变成小镇新的名片。音符奏响之后的台湖，不仅带来了演艺资源的聚集，更给城市副中心及周边地区带来了高质量的文化供给，也进一步明确了演艺小镇建设的目标。在这个过程中，演艺小镇的发展也促进了非遗发展，为玉器制作技艺及其传承人带来了更多的发展机会。

2019年，张玉成的玉成轩工艺品厂因台湖发展需要拆迁之后，借助了台湖镇政府的力量，进入了双益发文创园，开办了自己的玉器制作工作室。也是在镇领导和双益发文创园的协商之下，张玉成制作的玉器作品"九龙玉海"被免费放置在园区的文化馆内，2020年由于文化馆租金问题，"九龙玉海"又被放置在台湖镇文体中心。镇政府和双益发文创园二者的共同合作，为非遗传承人及其作品提供了可供其发展和器物放置的场地条件。其次，在演艺小镇的发展过程中，对于非遗传承人也有相应的资金补助。原先台湖镇给非遗传承人资金补助是一年3000元，2022年之后增加至一年补助5000元。另外，张玉成于2021年被授为"中华传统工艺大师"，镇政府奖励了张玉成4万元。再次，在荣誉奖励方面，由于被授为"中华工艺品大师"，镇政府的领导也来工作室进行了授牌仪式，以鼓励非遗传承人不断发展、不断创新。又次，自演艺小镇进入建设阶段之后，非遗展示的相关活动也明显增加。台湖镇政府也会为镇域内的非遗传承人举办相关的交流活动和非遗展示活动，一般在台湖稻小蟹艺术农场举办非遗传承文化活动。另外，台湖镇政府联合国家大剧院也在台湖舞美艺术中心举办了多次非遗展示活动，通州区政府举办的非遗市集和非遗技艺的传承与保护分享交流会，通州区的电视台也来到张玉成的工作室进行过两次采访活动。这些都为玉器制作技艺及其传承人提供了更多亮相的机会。最后，台湖演艺小镇的发展也为玉器的销售提供了更多的销售渠道，能够有效提高玉器制作技艺传承人的收入。演艺小镇的建成有利于文化和旅游的发展，也能够进一步促进文化产业的发展，外加张玉成的工作室被列为京津冀文化旅游的一个站点，能够有效吸引游客过来参观，有效推动玉器制作技艺与旅游融合的创新，促进"非遗+旅游"引领业态的升级，丰富优质文旅产品的供给，增加销售渠道，提高销售收入。

玉器制作技艺作为非物质文化遗产，是一种活态文化，蕴含着传统文化的精髓，承载着深厚的历史气息，保留着鲜明的民族特色，但其因无形性难以独立存在。演艺小镇作为当代常见的空间结构形式，是传承与发展非遗的天然载体。演艺小镇建设是非遗保护的延续，传承始终是非遗保护的核心问题。非遗要在急剧变迁的全球化时代延续生命力，需要得到创生性的保护与发展。所谓创生性，就是自我创造、自我适应、自我成长的能力。具体而言，就是要有适应现代社会文化经济发展的能力。非遗的创生性不仅表现在非遗产品的创新、创意上，更体现在非遗空间所传达的文化精神和经济功能上。这种创生性是集聚非遗生产、形成文化市场的力量，是推进非遗生产、创新、发展的活力。[1]演艺小镇不但有利于发展非遗经济，而且也有利于成功建构"见人、见物、见生活"的非遗传承场景。通州区、台湖镇以及国家大剧院通过开展非物质文化遗产展示等活动，或是在线上平台举办交流论坛等，都能够在保护非物质文化遗产资源的基础上宣扬、传承文化。镇政府、双益发文创园、文化馆、国家大剧院和区政府等多元主体共同发挥作用传承玉器制作技艺、发展玉器制作技艺，为玉器制作技艺及其传承提供发展机会和发展空间，有利于促进非遗与现代社会生活的融合，更好地保护和传承传统技艺，进而实现传统文化在新时代的创新发展。

三、非遗传承与演艺小镇建设互动的经验与教训

（一）非遗传承与台湖演艺小镇融合发展过程中的积极经验

1. 坚持政府主导，民间传承与官方保护互为补充

玉器制作技艺立足于根本进行自我传承，政府以玉器制作技艺为保护目标，在场地、经费、活动等方面实行一系列保护措施，拓宽了玉器制作技艺的发展途径，帮助玉器制作技艺及其传承人走到台湖演艺小镇建设的舞台上。在玉器制作技艺传承与发展的过程中，玉器制作技艺这一非遗项目在政府等多方的帮助下焕发出崭新活力，代表官方的政府部门等发掘、整理了地方文化，扩大了本地的文化知名度，两者相互合作，互为补充，共同为当地传统文化的发扬传播贡献力量。

---

[1] 张黎明：《建水紫陶非遗传承与特色小镇建设关系探析》，《河南教育学院学报》2019年第4期。

两者互补的具体表现体现在场地提供、资金支持、荣誉奖励等方面。在玉器制作技艺传承与发展方面，通州区和台湖镇的政府部门不仅提供相关的场地和资金的支持，还在宣传推广、制定优惠政策等多个方面提供帮助，在行政力量的辅助下使得玉器制作技艺得到了一定的支持与发展。非物质文化遗产是展现地域文化的有效媒介，展现的是文化，传递的是内在的精神和深厚的历史底蕴。政府部门在宣传非遗保护传承时，展现出了"非遗+演艺小镇"的特色，比如在举办非遗传承人交流活动和非遗展示，以及在设计演艺小镇象征性的标识时，镇政府都以具有非遗特色的形式来展现演艺小镇的核心价值理念，在大的文化背景之下吸引到更多的关注。

2.发挥多元主体合力，共建共赢

"独木难成林"，多方合作是玉器制作技艺传承发展的持续保障。从大杜社特艺厂到汇宝通工艺品厂再到玉成轩公益厂，伴随着北京外贸公司的繁荣和衰落，张玉成坚持玉雕行业已经50年了，尽管其间经历了不少坎坷，张玉成也没有离开玉雕行业，他只为心中的那一份坚守。除了非遗传承人的自我传承，玉器制作技艺的传承与保护也离不开政府、媒体、国家大剧院、双益发文创园、文化馆、企业等其他保护主体的协助。台湖镇的政府部门起到了极其显著的作用。为玉器的放置寻找相关的场地，积极开展非遗交流与展示活动等，扩大了玉器制作技艺的知名度，以实际行动践行传承与保护。在玉器制作技艺的发展过程当中，各方共同出力，发挥出自己的力量。非遗传承人不断进行自我完善、自我创新、自我改革，政府做到对国家制定的非遗保护相关政策的稳步落实，媒体进行积极的宣传引导，商界努力挖掘其经济价值，学者进行理论等方面的深入研究，通过多方的共同努力，为中华优秀传统文化的发展提供原动力。

3.围绕非遗文化，促进文商旅融合

充分利用非遗文化、促进文商旅融合来带动地区经济发展，是台湖演艺小镇建设的重要内容。台湖演艺小镇可以通过投建非遗博物馆等来打造相关的文化旅游设施，配合非遗文化和周边的自然景观、人文景观，开发旅游项目、周边产品，提高非遗文化的商业价值。借助通州区作为城市副中心的定位、周边环球影城的游客"溢出"效应等，台湖演艺小镇围绕非遗文化和地方特色，带来游客，以文商旅融合驱动演艺小镇发展。台湖镇政府结合地区实际和非遗的特点，积极探索双方的联结点，充分挖掘发展契机，使非遗文化、演艺小镇、地区产业三者互为助力。

（二）非遗传承与台湖演艺小镇融合发展过程中的问题

1.传承后继乏力，传承人断裂现象较为突出

传承人是承载、传递非物质文化遗产的重要人物，是非物质文化遗产传承承上启下的重要环节，然而如今玉器制作技艺传承人新鲜血液不足，面临着后继无人的危险。目前玉器制作技艺非遗传承人张玉成的年龄已经68岁，而并没有年轻人跟着张玉成来学习玉器制作这项技艺。年轻人不愿学习玉器制作，一是因为当下社会的娱乐方式非常丰富，年轻人有许多机会发展多样的兴趣爱好，各种娱乐项目琳琅满目、应接不暇，网络的普及让年轻人能够接触到更广阔的世界，纷繁的信息不断冲击着他们，不断满足着好奇心，让他们难以静下心来踏踏实实地学习玉器制作这项不仅需要悟性，还需要细心和耐心的技艺。二是玉器制作的学习难度很大，玉器制作技艺学习要求很高，学员需要有一定的绘画基础和悟性，新学员需要先学会开料，才能继续学习玉器制作的技艺。学会这项技艺需要很长的时间，熟练掌握这门技艺需要几年的时间，而如今的年轻人早已习惯了快节奏的生活，很少有人愿意花这么久的时间来学习。三是即使学会了如何制作玉器，掌握了制作技艺，由于经济形势等原因也难以以此为生。玉器制作技艺复杂，不易传承。另外，老一辈传承人因为有对手工技艺的热爱，即使收入偏低，也会坚持做下去，但是对于年轻人来说情况就不同了。经济效益不佳，从业人员减少。玉器制作技艺所面临的传承问题和形式十分严峻，亟待相应的措施和办法来改善当前的困境。

2.地方政府对非物质文化遗产的保护与传承的重视程度不足

玉器制作技艺作为台湖的非遗文化，民众的力量依然是薄弱的，所有的保护工作最终都会落实到政府去完成，政府的重视程度是对玉器制作技

艺发展的重要保障，玉器制作技艺培养新传承人、开展交流活动等都需要政府资金扶持，需要政府给予一定的保障。但是，在台湖镇，政府部门已经在尽力做好保护和传承玉器制作技艺的工作，但政府对于玉器制作技艺的重视程度不够深入，导致很多方案都无法实施。

3.宣传力度不足，缺乏宣传、推广创新平台

在高速发展的今天，媒体数量不断增多，其发挥的作用也愈加强大。倘若媒体能够积极地宣传、推广玉器制作技艺，就更容易保证玉器制作技艺的保护与传承工作。然而，当今很少有媒体参与到宣传、推广玉器制作技艺的工作之中。比如，电视媒体上也没有播放关于玉器制作技艺的宣传片，快手、抖音等短视频 APP 中也缺乏关于玉器制作技艺的推广视频。另外，当地中小学等学校缺乏重视玉器制作技艺，主要表现在，极少将玉器制作技艺纳入当地非遗文化的教学内容，并且在日常教学活动中也极少地为学生介绍玉器制作技艺，学生并不会充分地了解玉器制作技艺，何谈能够成为一名优秀的传承者参与其中。传承人的培养机制也有待完善。

4.传承与保护经费不足，非遗生存空间逼仄，发展遇阻

目前国家对非物质文化遗产保护工作非常重视，也取得了很大进展，但地方政府在保护工作的方式方法上仍然存在不少问题，"形似神失""空壳化"以及财政资助难以到位的现象仍然存在。台湖镇政府在非遗宣传和展示方面确实做了很多工作，如组织传承人进行作品展示交流、开展讲座学习等，但是非遗传承与保护经费仍然相对欠缺。虽然台湖镇每年补助非遗传承人 5000 元，外加其他的资金奖励，不过相对于工作室的租金和水电费等，这些资金补助并不够非遗发展。另外，由于工艺品厂被拆迁，做玉器大件儿的机器被当作废品卖掉，张玉成只能在双益发文创园蜗居在八十平方米的工作室，没有大机器，无法做玉器大件儿。由于场地限制，玉器制作技艺发展空间小，发展遇阻。

5.传承人缺乏与其他个体、群体的角色互动，存在"区隔"

玉器制作技艺传承人虽与台湖镇政府进行直接交流与合作，且关系密切，因此平常传承人都以镇政府为桥梁，在国家大剧院的非遗展示、入驻

双益发文创园、文化馆展示非遗作品等都通过政府和其他主体，如国家大剧院、双益发文创园等，来进行沟通以促成合作，非遗传承人与台湖演艺小镇的参与主体在合作中存在"区隔"。当地民众对于玉器制作技艺的了解甚少，传承人的生活也与当地民众的生活离得较远，除了玉器交易等，几乎没有往来。而且当地民众对于玉器制作的技艺、蕴含的文化等知之甚少，即使当地民众有意愿参与玉器制作技艺保护与传承工作，但是也没有渠道来参与玉器制作技艺的保护与传承工作。

四、小结

加强玉器制作技艺等非遗项目与台湖演艺小镇的融合发展具有必要性，积极依托台湖镇的非遗文化资源，利用演艺小镇产业集聚效应，加强文化遗产与现代产业的有机结合，有利于实现非遗当代价值与小镇发展合作共赢。不仅优秀传统工艺得到有效激活，演艺小镇业态丰富发展，传统文化资源也得到有效保护和利用。在政策科学引领下，因地制宜，充分利用台湖镇非遗文化资源的优势，玉器制作技艺等非遗项目与台湖演艺小镇的融合发展会为打造副中心魅力新地标增光添彩。

第五节　演艺车间的落地及其对台湖演艺小镇的参与

演艺小镇的重点在于通过对外来演艺项目的落地引入。在演艺小镇方案出来后的不久，国家大剧院台湖舞美艺术中心入驻台湖。在国家大剧院项目的推动下，老旧厂房改造演艺空间，台湖镇正致力于打造城市副中心文化魅力新名片。其中，台湖演艺车间（又名"鱼汇PARK"）位于台湖镇，总占地面积300多亩，由过去的养鱼车间改造而成。该车间以"弘扬传统文化，聚焦演艺创新"为主题，以提供演艺剧场、演出服务为重点，集沉浸式北京曲剧《茶馆》演出、稻小蟹艺术农场、非遗琵琶艺术馆等多内容、多主体为一体，成为发展文化旅游和展示本土传统文化的空间。

本研究聚焦台湖演艺小镇的台湖演艺车间，以项目组2023年4月完成的访谈的相关材料为基础，探讨演艺车间的引入过程、功能与其具体经营活动状况，以及该项目与当地社会多元主体的互动与关系，并基于实际情况总结经验与不足，为台湖演艺车间、演艺小镇的发展提供参考。

一、在外来文化和地方文化互动融合的语境中理解演艺小镇

台湖演艺小镇项目致力于发挥北京市的文化资源优势，形成错落有致

的文化空间格局，成为北京城市副中心重要的文化地标，其目标是推动文化旅游等产业发展、促进产业与城市人文融合、提高城乡居民生活品质。这一项目在台湖镇的落地过程，实际上是政府主导的、代表着城市化、现代化的文化与本土地方文化发生碰撞、相互融合的过程。

台湖镇处于从乡村到城市的过渡时期，这一过渡时期是以城市化、现代化为特征的。在对台湖演艺车间的相关人员进行访谈时，笔者也得到了相关回答。

> 我个人认为台湖镇处在城乡过渡期……我在10年前基本上也就来过台湖了，知道台湖以前是个什么样子，当时比较乡村，现在这些年建设了国家大剧院舞美中心，而北投也在做建设，加上有两个总部基地、工业设施，再加上双益发文创园，这些区块和不同业态，加上一些像台湖公园这样的公园，生态这块的建设也是非常的好的，台湖镇整体的感觉有大的变化[1]。

在台湖，外来文化与本地文化的互动关系中较明显的方面就是城市化、现代化与地方传统文化的互动融合。因此，梳理现代化、城市化与地方传统文化关系的相关理论是必要的。

（一）现代化与地方传统文化的互动关系理论

现代化思想的理论源头可以追溯到马克斯·韦伯，他在《新教伦理与资本主义精神》中提出新教伦理如何塑造了资本主义精神，论证了文化对于社会发展具有重要作用。安东尼·吉登斯是现代性（modernity）社会批判思想的杰出代表，他认为现代性指从17世纪开始在欧洲出现的社会生活或组织模式，他相信对于现代性进行反思有利于人们重新找到共同认同的

---

[1] 访谈对象：李珠（化名）；访谈人：徐天爱；访谈地点：线上；访谈时间：2023年4月16日。

生活、制度形式，他从现代性的全球化看到了走向超越传统现代性的可能性[1]。哈特和奈格里继承这一思想，对现代性进行反思，提出了新现代性必须奠基于共同性之上，这里的共同性指资源的公共性保护和社会筹划的共同组织结构[2]。

现代化（modernization）的概念则需要追溯到科尔曼的理论。科尔曼认为，现代化代表着较高水准的都市化、读写能力的普及、较高的个人所得、人口的广泛的地域或社会性移动、较高的商业化和工业化水准、发达的大众媒体网络、社会成员对现代性经济和社会过程的广泛参与、高度组织化的官僚制性质的统治形态、个人的非宗教态度。之后，科尔曼又针对发达地域和发展中地域分别给出了不同的指标。此后，人们对于现代化的探讨逐渐超出了指标和定义，关注到现代化与文化、人的互动关系上。

国内关于传统文化与现代化关系的研究也一直在进行。例如许奇贤、远志明、杨泽林等学者认为少数民族传统文化是民族地区现代化的发展基石，现代化应保持文化的多样性[3]。李富强、蓝襄云等学者在《让传统告诉未来》中提到"不与时俱进的传统是走向灭亡的传统，不继承传统的现代化是殖民地化。因而，我们要发出心底的呐喊：让传统文化参与发展，让传统告诉未来[4]。"费孝通也提出了文化自觉的相关理论，他认为文化自觉是对经济全球化的反应，也是人们心中的迫切要求，强调重新更深入认识文化的社会性和历史性，加深对文化的认识[5]。

台湖演艺小镇项目无疑是现代化的文旅项目打造与促进地方传统文化存续发展相结合的一种实践，其中，地方传统文化在项目中的实际存在状

---

1 陈胜云：《中国式现代性：基于中国式现代化的新现代性》，《中国矿业大学学报（社会科学版）》2022年第4期。

2 同上。

3 禄开辉：《四川凉山彝区毕摩文化对农村现代化的影响》，西南民族大学硕士学位论文，2019年。

4 李富强，蓝襄云：《让传统告诉未来：关于民族传统与发展的人类学研究》，哈尔滨：黑龙江人民出版社，2006年，第3页。

5 费孝通：《关于"文化自觉"的一些自白》，《学术研究》2003年第7期。

态以及文旅产业的实际运营状态，是检验这一实践成果的重要标准。

（二）城市化与地方传统文化的互动关系理论

1. 城市化理论

城市化是 21 世纪全球范围内的重要问题，学界对于城市化的讨论也十分丰富。狭义的城市化指人口城市化，即农村人口迁移到城市或农村地区转变为城市地区导致的人口身份转变；广义的城市化则还包括土地城市化、生活方式城市化等[1]。

在我国，随着社会发展，城市化理论研究自 90 年代起逐渐成为热点，对城市化的研究也更加从借鉴国外的研究成果转变为更加着眼于我国实际情况，有关学者认为国际战略格局、市场、资源和专业分工对中国城市化过程形成有极大的影响[2]。进入 21 世纪，城市化与全球化进程互相影响、交织，对城市化的相关研究的视野也更加开阔。有学者从经济、社会、文化、政治等方面分析中国城市空间结构的变化，并提出了"综合模型"的理论框架；也有学者借助严格的数学方法将城市化过程分为四个基本阶段[3]。

总之，在我国，城市化已经成为现代化转型的重要特征，相关的研究也比较完备。同时，随着社会不断发展，人们对于城市化的认识不再仅限于对其狭义概念的理解，而是逐渐看到城市化带来的文化影响。在这一背景下，也出现了一些探讨城市化与地方传统文化的互动关系的研究。

2. 城市化与传统文化的互动关系

对于城市化与传统文化的互动关系问题，国内很多研究都从功能主义的角度谈城市化对地方传统文化的正面影响以及其带来的困境。城市化对地方传统文化的正面影响主要被从政治、经济、文化角度提及，例如城

---

1 王桂新：《城市化基本理论与中国城市化的问题及对策》，《人口研究》2013 年第 6 期。
2 吴莉娅：《中国城市化理论研究进展》，《城市规划汇刊》2004 年第 4 期。
3 同上。

市化有利于民族团结和农村社会稳定，可以把传统文化资源转变为文化资本、提升当地人民收入，促进地方经济发展，还有利于深入挖掘当地原有的传统文化，并使之与现代化相结合，得到延续和发展。而也有许多研究认为城市化为地方传统文化的保护和开发带来了困境。其中，有来自人为破坏的挑战，例如因拆毁历史特色建筑、建设标准化的景观而丢弃了地方传统文化风貌的现象；有来自过度开发利用的挑战，例如过于急切开发旅游项目而忽略了深挖当地传统文化的内涵，使一些珍贵的传统文化资源面临退化和消失的危险[1]；还有传统文化传承问题的挑战，例如年轻人口外流加上传统技艺口手相传的形式，导致学习传统文化、传统技艺的年轻传承人数量较少。

除了宏观理论研究，也有许多城市化与地方传统文化的互动关系研究聚焦于具体的个案进行分析，例如以广西百色市壮族为例探讨城市化与少数民族传统文化关系的研究[2]、以宁波为例探讨新型城市化背景下传统文化与旅游业的融合发展的研究[3]，等等。

综合上述理论梳理，聚焦到台湖镇的演艺小镇项目上，可以看到，想要考察台湖演艺小镇项目落地的实际情况，就需要在多主体的层面上考察代表现代化的演艺小镇项目与本地传统文化的具体互动关系，并在其中看到多主体的诉求和行动策略。在此基础上总结项目运行的积极经验和不足，才能更有利于项目目标的达成、有利于地方社会的发展。

---

1 王艳、淳悦峻：《城镇化进程中农村优秀传统文化保护与开发问题刍议》，《山东社会科学》2014年第6期。

2 韦东超：《城市化视野下的少数民族传统文化与民族意识——以广西百色市壮族为例》，《贵州民族研究》2004年第4期。

3 罗俊杰、黄文杰：《新型城市化背景下传统文化与旅游业融合发展研究——以宁波为例》，《浙江万里学院学报》2022年第5期。

二、演艺车间的引入、功能与经营

台湖演艺车间属于台湖演艺小镇项目的一部分，也是集中发展演艺产业、集合当地文化资源并引入外来文化资源的典型代表，因此，以演艺车间为例探讨项目落地过程中不同文化、不同主体之间的互动关系是十分合适的。在深入探讨这一问题之前，首先需要理清演艺车间项目的引入、建设、日常运营情况以及其在整个演艺小镇项目中发挥的功能。

（一）引入

演艺车间由台湖镇过去的养鱼车间改造而成，所以其名称中保留了"车间"二字。可以看出，演艺车间项目具有与台湖镇本地的历史文化传统进行融合并旗帜鲜明地展示出自己拥有地方文化特色的意愿。

该车间作为演艺小镇项目的一部分，同样是由负责演艺小镇工作的北投集团的相关公司进行开发运营，在演艺小镇项目的定位明确以后，根据

图 3-12 演艺车间大门
2023 年 3 月 19 日 徐天爱 摄

集团公司的农文旅开发经验，将台湖镇原有的养鱼车间改造为演艺主题的文化产业园区就提上了日程。

集团公司在台湖镇农文旅行业深耕多年，当台湖演艺小镇的定位明确以后，及时将原有的传统产业养鱼工厂转型升级为演艺主题的文化产业园区，属于是水到渠成。同时，根据农文旅园区运营经验，打造了稻小蟹艺术农场，恢复了台湖镇20年前稻田养蟹的耕作历史。[1]

2019年以来，演艺车间陆续入驻了非遗琵琶艺术馆、传统文化空间，2021年底，演艺车间取得了营业性演出经营场所许可，在演艺车间的庆礼堂进行的，由北京市曲剧团打造的演出剧目《茶馆》(片段)，也跟着从公益性演出转变为可以收取门票的、具有商业性质的演出了。

2021年12月，这边首批次取得营业性演出经营场所许可后，培育了新型演艺空间，比如有沉浸式小剧场、户外草坪音乐LIVE现场、稻田剧场等等，也培养了周边群众的观演消费习惯。台湖演艺车间是演艺小镇的特色招牌。[2]

2021年底，演艺车间旁的土地需要退林还耕，项目负责公司出于打造农文旅产业的考虑，将这块土地建设成了稻小蟹艺术农场，其运营方式遵循旅游产品的运营方式，除了保留原本的农田种植功能以外，还作为农业文化旅游、体验、研学的场地对外开放。

农场的情况是，当时是因为2021年底的时候有一个契机，正好

---

[1] 访谈对象：李珠（化名）；访谈人：徐天爱；访谈地点：通州区台湖演艺车间庆礼堂；访谈时间：2023年3月19日。

[2] 同上。

民俗传统与特色小镇建设 ｜ 基于口述史的研究

图 3-13　演艺小镇稻田画
2022 年 8 月 11 日　稻小蟹艺术农场　林丽 摄

挨着我们台湖演艺车间那片地是（需要）退林还耕的地，要把林地去除，把耕地复耕。最早它是耕地，又给了林地（许可）却没建好，所以这里面有了一批政府鼓励退林还耕的地，这片地正好又挨着我们台湖演艺车间，所以我们顺势就把它给接回来了，因为我们也比较希望能打造农文旅结合的线路，也比较擅长打造这么一个产品，所以就给拿过来做。它整个的运营方式是旅游产品，稻小蟹艺术农场我们从建立的时候，除了农田种植以外，就想把它打造成一个旅游产品的。去年疫情，我们就想到周边游是非常好的一个产品，第一个是北方的老百姓很少见到水稻田，然后台湖镇在 20 年前又是种水稻的，它是一个有历史传统的地区，因为台湖它多水，水不缺，所以我们也是恢复 20 年前的一个传统。[1]

1　访谈对象：李珠（化名）；访谈人：徐天爱；访谈地点：线上；访谈时间：2023 年 4 月 16 日。

（二）功能与运营现状

从整体角度看，演艺车间在当地承担着特殊的文化功能，发挥了带动旅游和经济发展的作用。整个园区主要分为稻小蟹艺术农场、庆礼堂、非遗琵琶艺术馆、鱼道餐厅、金福湿地公园大部分，分别承担着不同的功能。

从具体层面剖析，首先，演艺车间本身离不开演艺的主题，园区内的庆礼堂在演艺这一主题下有着核心地位，其中每周上演的北京曲剧《茶馆》是演艺主题下的核心内容，该演出将传统的曲剧文化与具有创新性的沉浸式舞台形式相结合，碰撞出新的艺术火花。沉浸式舞台表演是指一种现场表演形式，可以追溯到沉浸式戏剧（Immersive Theatre）概念，该概念最早来源于英国，它的主要特点为打破演员在台上表演、观众在台下观赏的无形中的二元对立的表演形式，强调观众与演员的互动，将舞台与"观众席"结合为一，演员与观众在一个整体空间之中，演员在这样的空间内，穿梭在观众之中与观众进行互动。这种特殊的表演形式能够增强观众的沉浸感，使戏剧的表演效果更为震撼。传统角度认为，戏剧与戏曲、曲剧的差别很大，然而北京曲剧团将两者进行了结合，碰撞出更有感染力的演出效果。这样的演出效果获得了观众们的认可，也逐渐成为演艺车间的招牌之一，吸引着周边对传统曲剧文化感兴趣或是想体验新颖的舞台形式的人们前来观赏。

（今天演出的舞台形式和别处对比）观演关系是不一样的，与传统的戏剧戏曲都是不一样的，传统的都是观众在下边，舞台在上边，有距离感，但是咱们这个观众跟演员是零距离的。我们是2019年的时候，为了中国戏曲文化周这个活动特地打造的（演出）。我们这个剧还有剧场版，一共出了三幕，今天大家看到的就是第一幕。演出里面加了一些小的节目，包括一些其他戏……

这边当地的居民们非常热情，有可能有的人看过好几遍，看完了以后跟我们互动就比较多，这样的话使得演员在演出的过程当中更

图 3-14 《茶馆》舞台
2023年3月19日　演艺车间园内，庆礼堂3楼　徐天爱 摄

游刃有余，有好多都是现场发挥没有排练过的。今天就有一点儿"现挂"，（演员）上来以后，根据场地的观众的情况去改变自己的戏。[1]

……就是让观众感觉演员真的也是一个活生生的人，并不是像在舞台上那么光鲜亮丽，其实他就是普通的一个人，但是他跟你坐得很近，他得有一些让你在平时的剧场里感受不到的东西，这是这种形式演出给观众带来的一种真实和逼真的感觉。[2]

目前，演出主要是周五到周日进行，每天演三场，演出时间分别为11：00、13：30、15：30开始，每场演出持续40分钟，即演完《茶馆》

---

1 访谈对象：彭岩亮；访谈人：徐天爱；访谈地点：通州区台湖演艺车间庆礼堂；访谈时间：2023年3月19日。

2 访谈对象：汪鹏；访谈人：徐天爱；访谈地点：通州区台湖演艺车间庆礼堂；访谈时间：2023年3月19日。

第一幕的内容。若是遇到重要的来访、研学活动在演艺车间举行，曲剧团还会专门加演。演出人员全部来自剧团内部。来看演出的人群，从一开始的曲剧团会员，扩展到周围居民的范围，后来还吸引来了很多年轻人前来观赏。

  （来看演出的）最开始的时候基本上都是我们曲剧团的会员，还有台湖附近的一些居民。通过这两年的打造，我们团再加上他们演艺车间（人员）的往外推和宣传，现在整个辐射面已经很广了。可能还是有些观众不太知道有这么一个形式。我们的《茶馆》（演出）在咱们北京市应该算是比较早做沉浸式的。我们还在讨论下一步合不合适把第二幕、第三幕也在这边一起演，演一个大戏的版本。[1]

  （演出人员）都是剧团的老师，没有从社会上去招聘的，它有一个好处，就是人员比较固定、时间比较自由，想安排我随时随地都可以加演。如果从社会组织里面（找人），你要跟他去协调时间等各方面，而对于曲剧团内的人，就等于说这是你的工作，你是无条件需要服从的。[2]

  其次，台湖演艺小镇、演艺车间实际上也是区域内的文化空间，既是民众的文化活动场所，也是当地民俗文化的部分活动的承办场地，还是非物质文化遗产项目的展示、演出地。因此，演艺车间承担着双向的文化传播功能。第一个方向是，从市民角度看，人们多了观赏演出和亲自参与相关文化节的场地和渠道，例如来观看《茶馆》演出、惠民演出，或参加此举办的传统文化市集，接触到北京市内的传统文化、非遗文化；另一个方

---

[1] 访谈对象：彭岩亮；访谈人：徐天爱；访谈地点：通州区台湖演艺车间庆礼堂；访谈时间：2023年3月19日。

[2] 访谈对象：汪鹏；访谈人：徐天爱；访谈地点：通州区台湖演艺车间庆礼堂；访谈时间：2023年3月19日。

图 3-15 《茶馆》沉浸式演出过程
2023 年 3 月 19 日　通州区台湖演艺车间庆礼堂　徐天爱 摄

向是，从文化工作者、文化工作团体角度看，演艺车间为他们提供了传播自己的文化影响的舞台，例如北京曲剧团能够在此扩大自己的影响力，非遗琵琶艺术馆迁移来此后功能与内容也进一步得到了扩大。目前，文化惠民演出由文旅局举办，已经进行到了第三年，每年进行五十场左右，基本上是于周末进行演出，因此也被称为周末场。非遗琵琶艺术馆也在手工制作琵琶的内容的基础上，增加了培训与展览功能，馆内不仅长期举办展览，还经常举行音乐沙龙活动，邀请方锦龙这样的音乐大师或是音乐学院的老师来此进行开班授课，面向人群包括音乐专业的学生、音乐爱好者以及学习音乐的儿童等。

咱们当时提出来"大戏看北京"，北京曲剧也是北京的唯一地方戏，北京人肯定要看咱们北京的地方戏。现在知道北京曲剧的人就稍微少一些，将来我们可能要大力地宣传，借助几个比较有名的剧种剧目，把北京曲剧的招牌给打出去。[1]

琵琶馆本来就在我们原来的园子，它已经落户通州很多年了，我们在通州有一个10多年历史的园子叫番茄联合国，原来琵琶馆就在那个园区里面，后来那个园区因为大棚房整治，拆了一些面积，琵琶艺术馆就等于挪到这边了，艺术馆整个的范围扩展了，原来只有一个内容，就是手工制作，挪到这边以后不光能手工制作，而且增加了销售的面积、展示面积、培训、教育和音乐厅。等于又能演出又能培训又能展览又能制作又能销售，这么五个方向同时都得到拓展了，整个面积是扩大了，内容也发展了。

……茶馆一开始做公益演出，是正好他们有需求，像刚才说的有排练和传播的一个需求，基于他们的需求，他们主动来找过来的。正好在这个平台上，我茶馆带给我们的是园区的整体的定位，也是在我们这个园区从农业转型的转型之初就入驻的第一个比较确定性的、长期的、常态化的项目。对双方来说都有重要意义。[2]

同时，演艺车间还承载着带动台湖旅游产业发展的功能。除了上述的曲剧演出、琵琶艺术体验之外，演艺车间平日还承担各种形式的传统文化艺术展览、汇演，在文化旅游领域发挥着作用。同时，稻小蟹艺术农场吸引着周边人群组织学生来此研学，体验具有地方特色的农业文化传统；优美的湿地公园环境引得周围居民常来休闲放松、拍照；游玩感到疲惫时，可以走进园区内的鱼道餐厅享用美食。园区内的不同区域发挥着各自的优势，共同形成演艺车间的旅游影响力。

现在稻小蟹艺术农场运营的情况是这样，每年有周期性，5月底

---

[1] 访谈对象：彭岩亮；访谈人：徐天爱；访谈地点：通州区台湖演艺车间庆礼堂；访谈时间：2023年3月19日。

[2] 访谈对象：李珠（化名）；访谈人：徐天爱；访谈地点：线上；访谈时间：2023年4月16日。

就开始插秧了，4月份开始整地，现在过来整个地已经翻好了，准备开始蓄水了，蓄水就是为水稻种植，开始做准备了。然后5月底开始插秧，后到6月份的时候开始撒螃蟹苗。7月份基本上就成熟了，因为水稻也就冒出来有点高了，我们种的五彩水稻稻田画就比较好看了。7月份到11月份基本上都是稻田画观光的时间，也是稻田蟹捕捉的时间，它的旅游旺季是在7—11月份的。到11月份结束以后就开始收拾那片土地，然后开始准备冬天的冰雪节，冬天利用那块地会做冰雪艺术节。是这么一个周期。去年是第一年走了这么一个周期，去年如果游客5月份来的话，他们会参与插秧或者是撒蟹苗的过程的，像去年6月份小孩子来参与插秧、学农的一些体验活动。除了水稻以外，那边又开了一片几十亩的小菜园，这些小菜园就可以让孩子们租种体验种菜，有一些小活动。

……目前人流是季节性的，如果是在旅游旺季的话，是在稻蟹那边旅游人群比较多，只要是周末，基本上那边都比较集中。平时的话，周末餐厅的人也不少，看演出的人是在有文化惠民演出的时候比较多。

园区的环境、包括台湖镇的大环境都还可以，比如说中午休息（比较舒适），园区旁边步行的几分钟也是公园（阡陌风韵城市田园带型休闲公园），环境是比较好的。[1]

三、演艺车间与台湖地方社会多元主体的互动关系

（一）演艺车间空间内的多元主体

台湖演艺车间这一空间内，本土传统文化作为重要的文化因素在空间

---

[1] 访谈对象：李珠（化名）；访谈人：徐天爱；访谈地点：通州区台湖演艺车间庆礼堂；访谈时间：2023年3月19日。

内生存、发展着。演艺车间内的本土传统文化因素主要包括两项非物质文化遗产，即琵琶制作工艺和北京市曲剧艺术，以及一项农业文化传统稻麦两茬、水旱轮作、稻蟹共生的水稻种植传统。除此之外，还包括时而在此举办的演出、传统文化市集等活动中的本土民俗文化因素。围绕着它们的存续与发展，政府、旅游开发公司及其工作人员、琵琶制作工艺传承人、曲剧团、附近居民等多元主体各自扮演着不同的角色、发挥着各自的作用，形成了互动发展着的关系，共同维持演艺小镇项目的运行、促进演艺小镇项目的发展。

在演艺小镇项目落地与发展过程中，政府与集团公司主要起到牵头作用；文化产业从业者、传统文化传承人演绎出项目的丰富内容、提供文化消费资源；附近居民、旅客前来参与文化娱乐活动、进行消费，为项目持续进行提供最基础的动力。总的来说，多元主体之间是共生发展、动态互动的关系。

（二）多元主体在共同利益下的共生发展关系

多元主体在通州区作为城市副中心的发展规划中共同谋求自身的利益，呈现出共生、共同发展的关系。

第一，政府和集团公司进行合作，从总体层面上指引了台湖发展文旅产业的方向。落到具体层面上，两者共同搭建了演艺车间项目运行的框架，维持着项目的存续，规划着项目的未来发展。在这个过程中，政府需要借助集团公司的农文旅市场经验，集团公司也在政府的支持之下引进、聚集更多文化资源，两者为了地区发展和各自的经济目标而相互配合协作。

第二，在前述两主体配合工作的推动下，文化产业从业者、当地非物质文化遗产传承人等相关人员被聚集起来，在项目的总体框架下填充了项目的主要内容——文化演艺。有了这一内容，演艺小镇概念才真正被支撑起来。相关文艺工作者、当地的非物质文化遗产传承人为了展示自己、谋求文化艺术的存续与发展而与政府规划和集团公司的商业目标利益一致，也形成了共生的、共同协调发展的关系。

我觉得（演艺车间）对他们（北京曲剧团）来说是他们的一个演出基地，是他们曲剧传播的基地。第二，他们可以在这儿磨炼他们的能力，因为这边是频繁性的演出，对于北京曲剧来说又是它的一个排练场地，所以也在这儿进行了成长，我是这么理解的。曲剧团也是因为在这儿有我们这个基地，我们也进行了一些推广。[1]

曲剧团现在提倡抓空间，空间弄起来以后，这（演艺车间）是一个文旅结合的非常好的项目，能带动当地的发展。如果说将来通过这个戏能把当地的这些旅游、文化，还有经济能够提升上来的话，我觉得这是一个很好的事情。[2]

（与传统文化结合的）演出的话，比如汇演，就会把例如戏曲文化、民俗的文化，比如那些什么拉洋片的，这些小的民间演出形式进行汇演。包括踩高跷的、舞龙舞狮这些项目进行展演，这些是非遗。展览的形式也比较多样，上次咱们市文旅在这边举办了一个活动。在演艺车间也有类似的像剪纸、毛猴，糖人制作，也都是作为非遗项目来进行展览。[3]

第三，随着经济发展，人民对于精神、文化生活的要求逐渐提升，台湖的居民们也并不例外。从乡村到城镇，居民们的物质生活水平提升了，

---

[1] 访谈对象：李珠（化名）；访谈人：徐天爱；访谈地点：线上；访谈时间：2023年4月16日。

[2] 访谈对象：彭岩亮；访谈人：徐天爱；访谈地点：通州区台湖演艺车间庆礼堂；访谈时间：2023年3月19日。

[3] 访谈对象：李珠（化名）；访谈人：徐天爱；访谈地点：通州区台湖演艺车间庆礼堂；访谈时间：2023年3月19日。

闲暇之余的文化生活要求也会随之提升。前来参与活动和进行消费是项目能够持续运转下去的最基本的动力，通州区的城市副中心相关发展规划最终的目的仍然是服务民众、惠及民众，而台湖演艺小镇与其中的演艺车间部分能够起到满足居民们的文化生活需要的作用。同时，只有越来越多的群众参与其中，越来越多的游客带来经济效益，演艺车间以及演艺小镇项目才能持续运转下去，才可能有所发展，因此当地居民的精神文化需求与游客与政府、集团公司、文化艺术从业者的发展诉求契合，在演艺小镇、演艺车间的空间内，同样造就了多元主体之间的共生、共同协调发展关系。

> 文旅因为这边收费不会那么高，咱们目前这块还没有完全地特别地商业化，整个收费还有点偏文化惠民，所以观众来到以后首先都是超预期的，所以很多工作他们也都比较支持，反响比较好。[1]

可见，多元主体在共同的发展前景、共同利益下被演艺小镇、演艺车间项目关联起来，形成一个动态的、发展着的整体。

（三）多元主体的互动配合

然而，显然多元主体各自的需求不尽相同，这要求他们在项目运行过程中时时调整自己、与其他主体配合，形成动态互动关系，以寻求自身的发展。

例如，与政府带动地方经济文化发展的目标不同的是，集团公司在惠民之外，商业收益是其根本诉求，因此，从商业角度出发，集团公司对于政府带动更多的地方资源进行整合的需求就浮现而出。同时，在等待资源整合的过程中，集团公司也灵活调整自己的策略，根据现有的演艺、非遗

---

[1] 访谈对象：李珠（化名）；访谈人：徐天爱；访谈地点：线上；访谈时间：2023年4月16日。

琵琶艺术、特色农业的文化资源，将演出、研学、展览等多种形式配套组合起来应用，这便是集团公司出于自身需求向其他主体提出要求又调整自身的典型例子。

> 台湖镇其实现在已经开始意识到在资源串联的时候有一些断代的地方，从这个角度来说，其实可以更好地从政府角度（带动），又能串串底下的资源，比较系统地来做这件事情。如果有人以此为主体去串的话，就打通了整个旅游的上下游。还有加上文创品的开发，现在文创基本上台湖都没有在做。可以做文创，我们每个园区也都需要去开发我们园区特色的文创IP，形成我们比较独特的地方。[1]

再如，文化艺术工作者，在惠民福利、商业收益之外，也有着自身的艺术追求，他们中的大部分人将演艺车间作为展示文化艺术的舞台，希望能带动更多人了解自身所在的领域的文化艺术之美，也在此寻找更多文化艺术创新的灵感，提升自己的文艺水平。在这样的基础诉求之上，文化艺术工作者的展示与发展需求使他们对集团公司、政府提出需要，集团公司和政府在出于自身需要的基础上，考虑文化艺术工作者、非遗传承人们的需求，调整着各自的规划策略和行动。

> 因为《茶馆》本身IP比较大，关注度也非常高，有的时候观众能坐到周围来，感觉很好。但是我想将来如果有机会，还是想跟咱们北京的一些历史文化的资源融合。还可以把它跟北京的历史文化也融合到一起，而且跟它相关的衍生品、跟一些商家合作，比如就跟吴裕泰合作，假设大家在这可以看着演出，也可以品着吴裕泰的茶，这也都会建立一种长期的（资源合作）。假如说我买的戏票里就含了一碗茶，

---

[1] 访谈对象：李珠（化名）；访谈人：徐天爱；访谈地点：线上；访谈时间：2023年4月16日。

那茶是吴裕泰的，又品味了北京的历史、文化，又把北京一些民俗也都展示了一下，我觉得还是挺好的。[1]

这个提议在他们入驻的那年，即19年，其实已经尝试过一次。有一年做端午节的晚会时，跟北京市曲艺团有合作，请了一些老字号，何云伟也过来了，在整个的端午节活动上对老字号做了一些推广，以直播的形式面向大众，在传播文化的时候，把这些老字号给带进来。[2]

我进入曲剧团是因为曲剧团当时（来我的学校）说将来毕业了之后可以直接进来，能解决工作户口。可能当时也就是很简单的想法，并没有想要给曲剧去做什么，但是进到团之后，学习了这一个东西，就还对它有很深的感情，一点点地就想为了它去做一些东西。有的时候能把职业跟爱好融为一体，是一个很幸福的事情，是很难得的，就会想为了它去做很多。有的时候在发展道路上肯定会有诸多的困难，但是你要喜欢它，你就不觉得这个困难是困难，如果你要不喜欢的话就会压力非常大。这边现在缺乏的就是整体的一个布局，如果做成一个综合体，把周边都做起来（就好了）。[3]

这个关于商业业态。像台湖现在有剧场了，有演出了，但是它的那些商业配套还不够完整，比如说吃饭、消费，一体化、城市化的那种感觉还没有出来，这也是过渡期的表现。像北投现在其实已经可以

---

[1] 访谈对象：汪鹏；访谈人：徐天爱；访谈地点：通州区台湖演艺车间庆礼堂；访谈时间：2023年3月19日。

[2] 访谈对象：李珠（化名）；访谈人：徐天爱；访谈地点：线上；访谈时间：2023年4月16日。

[3] 访谈对象：汪鹏；访谈人：徐天爱；访谈地点：通州区台湖演艺车间庆礼堂；访谈时间：2023年3月19日。

看到它的规划了，但是现在还没有完善。北投整个商业就在离我们园区大概5分钟车程的地方，现在北投集团在建设酒店、商业，这样会成为一个小业态，那会是整个台湖镇的未来的小的商业中心，起来了以后会带动一些周边的活力，我是这么理解的。[1]

可以看到，在演艺车间这样一个整体的文化与旅游空间内，多元主体之间的诉求也存在一定的差异，但主体间也正积极地相互协调和塑造，于差异之中谋求自身的存续和发展的可能。

四、演艺车间发展的经验与不足

基于演艺车间的功能、运营状况，结合多元主体之间的互动与关系，可以总结出演艺车间作为演艺小镇的招牌之一，能够汲取的成功经验和有待发展完善的不足之处。

（一）经验

首先，在文化资源整合方面，演艺车间内上演的活动种类繁多，包括演出、展览、市集、惠民活动、研学等多种模式，是演艺车间项目在实践过程中摸索出的文化旅游产业与特定的文化资源整合的成功经验，例如，针对北京曲剧团的传统曲剧演出，演艺车间提供沉浸式演出的舞台；针对非遗琵琶艺术馆的琵琶制作技艺，演艺车间内上演了展览、学习制作、组织音乐研学多种模式配合的实践；针对稻蟹共生的具有地方特色的农业文化，演艺车间提供了研学、农活体验等模式发挥的空间，这些都是针对不同文化资源的特定属性进行整合和规划的成功经验。

---

[1] 访谈对象：李珠（化名）；访谈人：徐天爱；访谈地点：线上；访谈时间：2023年4月16日。

在园区这个范围内，在这个平台上，我们也比较喜欢做传统文化的整合，等于是提供一个平台来做这件事情，整合过程就是以演出的形式或者展览的形式来进行。[1]

其次，在文化旅游产业与地方传统文化结合方面，演艺车间项目也有可以借鉴的经验。例如稻小蟹艺术农场将地方农业特色与旅游结合，根据土地本身的季节特征，通过春季农活体验，夏季秋季观赏水稻稻田画、捉稻田蟹，冬季举办冰雪节等丰富多彩的活动，充分利用土地展示着地方传统的农业文化特色，也遵循着农业本身的生长节律，最大化地开发出了其旅游价值。

(二) 不足

当然，演艺小镇、演艺车间项目仍有有待发展的空间，其中，交通规划与配套设施建设的不足被提及最多。

因为文艺这些东西毕竟是上层建筑，它也需要大家在一个很充裕的前提下去观赏。它不是刚性需求，不可能像我们大家为了吃个饭就必须要怎么样，它（文艺）这个是可有可无的，物质生活达到一定基础上，大家才会想到我们去看看节目。但是如果你周围的这些硬件设施不解决的话，大家觉得来一次很困难，那可看可不看的东西，大家会觉得我们先不看，或者我到更方便的地方去看。[2]

现在确实有很多不完善的地方，比如说交通，我们作为园区，也一直在提周边环境的问题，解决公共交通是一个非常大的问题，从招

---

1 访谈对象：李珠（化名）；访谈人：徐天爱；访谈地点：通州区台湖演艺车间庆礼堂；访谈时间：2023年3月19日。
2 访谈对象：汪鹏；访谈人：徐天爱；访谈地点：通州区台湖演艺车间庆礼堂；访谈时间：2023年3月19日。

商引资到这些项目落地都需要一个大的环境。（公司）他们在招聘员工和跟客户洽谈的时候，他们也会提出类似的这样的对关于交通的问题。[1]

另外，目前演艺小镇的各项目之间缺乏互动性和整体性，内容上比较零散，没有成为一个具有整体性、综合性的文旅区域，因此对于周边游客的吸引力还不够强烈。

它综合的配套，比如说像别的小镇、像乌镇的旅游，它是集团式的开发，但是台湖这个没有，它是以点来带面，但是现在点还没有建好，可能还得整体地来带一带，还需要时间。像乌镇是委托了一个公司来整体做IP包装和开发，它是基于游客的角度来进行整体的包装和打造的，所有游客的需求他都比较能满足。但是现在我们这边不是特别集中，首先它的几个点不是特别集中，然后每一个地方的旅游产品还需要再打造一下。[2]

对此，笔者认为，相关的多元主体应当参与进来，发挥各自的作用，共同整合台湖镇所拥有的本地文化资源，并积极吸引外来的文化资源入驻，这样一来才能够推动台湖镇区域性的文旅产业形成，才能真正实现从地理意义上的"台湖镇"转化为具有整体的、综合的文化价值的"演艺小镇"，构建演艺小镇的目标才能够真正实现。

---

1 访谈对象：李珠（化名），访谈人：徐天爱，访谈地点：通州区台湖演艺车间庆礼堂，访谈时间：2023年3月19日。

2 同上。

五、结语

几乎所有的民众都意识到,演艺小镇在台湖的落地是台湖地方社会发展的大机遇。生于斯、长于斯的台湖人民,也以各自的方式,参与到演艺小镇的建设进程中。然而,作为一个自上而下的文化建设行动,如何协调多元主体的关系,将国家意志与地方社会发展诉求衔接,在形成特色产业生态位、推动地方社会经济发展的同时,实现地方社会文脉的创造性转化与创新性发展,满足人民美好生活的向往,仍然是一个漫长的进程。

第四章

宋庄

艺术创意小镇的共同体营造

宋庄，位于北京市通州区北部，西接朝阳区，北邻顺义区，靠近首都机场空港区，东面是河北省三河市燕郊。距首都核心区东直门约22千米，距首都机场约12千米，整体地理区位比较优越。北京东面有两条重要的河流，一条是流经北京北部和东部的温榆河，一条是潮白河干流，宋庄恰好位于两条河流的中部，历史村落生计以农耕为主。

宋庄艺术创意小镇建设基于自20世纪90年代逐渐形成的宋庄"画家村"，艺术家群体集聚让宋庄镇在21世纪初就提出"文化造镇"的发展思路，并逐步确定了以原创艺术为核心的文化创意产业作为宋庄经济发展的重要战略和组成部分，建设"小而特、小而精、小而美"的特色小镇。

在通州区成为北京城市副中心之后，2021年12月，《通州区宋庄镇国土空间规划及控制性详细规划（街区层面）（2020—2035年）》草案出台，宋庄将重点聚焦打造艺术创意、综合服务、国际交流、生态休闲四大主导功能，同时继续发挥艺术家集聚的优势，努力建设独特小镇、精致小镇、美丽小镇，打造具有国际影响的艺术创意小城镇。[1]2022年2月9日，《北京城市副中心（通州区）"十四五"时期乡村振兴规划》中也明确提出，"十四五"时期宋庄将重点突出文化引领，聚焦文化创意产业，打造更具国际影响力的宋庄文化品牌、副中心艺术花园[2]。对宋庄镇域的发展尤其擘画了"三个面向"：一是面向区域协同发展，要发挥好毗邻顺义机场、朝阳、北三县等区域优势，带动宋庄镇艺术创意产业国际化交流；二是面向宋庄艺术集聚区，重点围绕小堡艺术区，着力打造以原创艺术为核心的产业集群、衍生品集群、融合产业集群，发展艺术旅游、特色民宿、街巷风情商业、艺术教育等服务产业，打造创意创客空间；三是面向宋庄乡村，

---

[1] 北京市规划和自然资源委员会通州分局：《通州区宋庄镇国土空间规划及控制性详细规划（街区层面）（2020—2035年）》，北京市通州区人民政府，http://www.bjtzh.gov.cn/bjtz/home/202112/1506136.shtml。访问时间：2022年12月10日。

[2] 北京市通州区人民政府：《北京城市副中心（通州区）"十四五"时期乡村振兴规划（2021—2025年）》，北京市人民政府，https://www.beijing.gov.cn/zhengce/zhengcefagui/202202/t20220224_2615817.html。访问时间：2022年12月10日。

进一步完善村庄基础设施、提升整体环境风貌、壮大特色农业产业，打造特色生态农业体验片区，形成副中心艺术花园。

本项目组在调研过程中重点关注三个关系：一是宋庄艺术创意小镇建设与传统村落的关系，艺术小镇与美丽乡村建设是否同步契合；二是当代艺术与传统艺术的关系，尤其是传统民俗艺术及民间技艺的融入与创新发展路径；三是宋庄艺术家及周边群体与新技术新业态的关系。我们正是按照这样的思路走访调研了一些典型案例，俯拾了解宋庄艺术创意小镇建设的新进展，以期及时记录并反思当代宋庄建设的成绩、经验与问题，为今后宋庄特色小镇的乡镇共同体建设提供建议。

第一节 艺术小镇与美丽乡村融合

宋庄艺术小镇已经成为推动北京城市副中心特色小镇建设的主招牌和示范区。2022年以来,北京市不断倡导城乡融合发展战略,试图以"大城市带动大京郊、大京郊服务大城市"实现城乡一体化共同发展。在此背景下,宋庄艺术创意小镇正在逐步走向专业化建设轨道,正在经历从自然生长迈向规划有序发展的阵痛期。与此同时,多元宋庄正在不同群体、多元视域中得以构建,宋庄积淀的艺术资源优势也正在成为美丽乡村建设的资本和工具。

一、艺术小镇建设的专业化

作为城市副中心重点打造的特色小镇之一,宋庄镇是城市副中心大文旅格局的重要一环,总体定位目标是围绕服务保障城市副中心建设,重点发展艺术创意、综合服务、国际交流、生态休闲四大主导功能,全面延展城市副中心"创新发展轴和生态文明带",打造北京创意源地、副中心艺术花园，正在建设城乡融合发展、生态与艺术辉映的艺术创意小城镇[1]。在与张家湾设计小镇、台湖演艺小镇同步建设过程中，宋庄艺术小镇有明显优势，它从20世纪90年代就逐渐成为中国当代艺术家的主要聚集区，并在国际化发展浪潮中基本形成了"中国宋庄"的文化品牌，文化立镇、艺术强镇已经成为宋庄较为明确的发展思路。尤其是党的十八大以来，随着中华传统文化日渐受到重视，宋庄艺术家群体也更加受到政府和社会关注，而不仅仅是一个偏于城市一隅的边缘群体。当然，随着北京城市副中心的确立建设与快速发展，宋庄艺术小镇也迎来了转型发展期，这必然会给原有的艺术家群体、艺术生态及周边基础设施商业配套建设等带来较大变化，众说纷纭，感受不一，但总的来讲，宋庄艺术小镇建设正在朝着更加专业化的方向发展。

（一）规划引领专业化建设

目前，宋庄艺术创意小镇的建设主要立足于艺术资源集聚的历史优势和现实状况，将规划定位于建设"水清岸绿、城乡交融、田园艺韵的原真艺术小镇"，初步形成了以小堡艺术区徐宋路为主要轴线，设计南部、北部和中部三大片区的发展格局。这种建设的提出基本突显了艺术创意小镇将艺术家群体作为发展和建设重心，相关规划布局主要立足于当前艺术家群体的主要生活区、聚集区和场馆建设基础。同时，在北区延伸规划建设，目的就是要进一步摸清宋庄艺术家群体的共性和个性发展需求，期望能够给予艺术家更好发展所需要的配套服务、空间支持和生活保障。

最具代表性的项目就是宋庄小堡印象街项目改造工程。小堡印象街位于宋庄小堡文化广场的北侧，地处徐宋路与潞苑北大街交叉口，规划地上建筑面积约5.7万平方米，另外还将配套建设酒店、商业、写字楼及地下

---

1 北京市通州区政协：《推进城市副中心特色小镇建设 打造城乡融合发展新典范》，中国人民政治协商会议北京市通州区委员会官网，http://zhengxie.bjtzh.gov.cn/bjtzhzx/zxdt/202203/1519590.shtml。访问时间：2022年12月10日。

停车场等。小堡印象街改造提升通过政府统筹、国企参与和专业运营的模式。将为宋庄新与旧的街镇景观链接搭建纽带,有机融合两侧的国防艺术区和小堡村,将艺术区与生活区整体规划,进一步释放艺术生活空间,完善宋庄小堡艺术区的整体村庄肌理。目前,宋庄小堡艺术区的商业主要依靠街边门店,缺少大型商业配套,今后印象街项目将可以接纳近200个品牌,进一步提升艺术小镇的艺术品牌气息,还有益于带动就业,为一些艺术家群体及家人提供就业岗位。

宋庄小堡印象街项目只是宋庄街区更新改造和空间重塑的一个缩影,按照宋庄镇围绕"特而精,小而美,活而新"的建设要求,今后将进一步促进小堡文化广场、宋庄小堡印象街、小堡南街的环境改善、改造升级和品质提升,从物理空间和艺术场景上促进小堡艺术区提质升级。同时,在一些基础性的保障设施及管理方面,宋庄镇采取更为精细化的方式,对一些占道经营、街头游赏等问题进行了综合整治,改善了街镇景观及街貌风光,还通过出台相关制度措施来推进长效管理机制的运行。今后针对土地规划等措施还有必要进一步加快小镇规划编制和审批,及时提出影响小镇建设的问题解决行动方案,拉动宋庄艺术创意小镇快速发展。

目前,宋庄已建成3000平方米以上的美术馆和艺术展馆35家,画廊艺术机构78家,艺术家工作室5000个,每年组织各类展演交流活动千余场,成为世界范围规模较大的艺术区。与此同时,一些新艺术馆、博物馆、类博物馆等艺术空间仍在不断补充建设,为艺术家聚集和生活服务的艺术餐厅、咖啡馆、书店也有小镇内部有机补充。

(二)组织保障专业化发展

艺术家群体是宋庄艺术小镇建设和发展的核心,缺失了这批流动的艺术家群体,宋庄就失去了生命力,没有了灵魂。宋庄艺术小镇的专业化发展始终在立足于组织保障建设,为宋庄艺术家群体提供更多支持和服务。

为了切实解决艺术家长期安定生活和创作等问题,更好地留住艺术家,使艺术家能够积极参与宋庄艺术小镇建设,宋庄在各级政府支持下积极筹建艺术家工坊，艺术工坊的建设可以为不同层次的艺术家提供相对稳定的居所，这个建议得到了上上国际美术馆馆长李广明、国画家杨永家、油画家梁朝水为诸多代表的表态支持，他们同时还为艺术工坊的进一步实施提供了更加明确的建议，诸如功能分区需要更加明确以适应不同层次、不同类型艺术家群体的需求，建筑风格和样式要符合艺术小镇的整体特色和格调，艺术创作的人文环境及运营管理模式要更加符合艺术家的审美需求及工作便利性等。

为促进艺术家群体的同行交流、跨界学习互鉴、共享实践探索经验，宋庄新联会还与江西景德镇新联会、浙江东阳市新联会共同联合举办了访景交流联建活动，前往江西景德镇进行交流联谊。景德镇和宋庄有诸多相同之处，例如都有很多新的社会阶层人士，且绝大多数都是自由职业者，如何促进自由职业者的联系，加强对自由职业工艺美术师的统战工作，彼此之间都存在广泛的探索和拓展合作领域，可以更好地实现资源共建共享，开展高效而有意义的活动。

此外，为了进一步推动宋庄艺术创意小镇的高质量发展，发挥好宋庄已有的艺术培训领域优势作用，促进宋庄镇艺培行业健康有序发展，更好服务艺培机构，引导艺培行业良性发展。2023年6月，宋庄镇聚焦艺术创意小镇提质升级，召开了推动中国宋庄艺术培训协会高质量发展研讨会暨培训协会专业委员会成立大会。其主要目的就在于不断提高艺术培训行业的办学和教学水平，建成高水平更具特色的艺术培训协会。宋庄镇副镇长张艳明认为，宋庄艺术培训行业协会的成立，有利于发挥宋庄已经形成的艺术气息浓郁的资源优势和市场优势，进一步吸引更多艺术从业者进驻宋庄，增厚宋庄艺术文化底蕴，促进艺术家群体相互学习、共同提高，将人才资源优势转化为艺术培训的市场优势，形成"艺术培训-人才资源"双重互动，吸纳更多的艺术资源和艺术人才来到宋庄这块艺术宝地干事创业，更好促进城市副中心的艺术繁荣和文旅发展。

随着宋庄艺术家群体及线上新业态的出现，宋庄艺术小镇的便民服务也开通了线上服务视频号，着重发布通州区和宋庄镇百姓大事，尤其针对宋庄艺术家群体流动人口集聚的特殊现象，讲解分析包括北京市灵活就业政策、保险政策、医疗保险及报销等政策。

二、多元宋庄的多维度建构

（一）红色宋庄的艺术建构

2021年，平津战役指挥部旧址入选北京市市级文物保护单位和北京市第一批革命文物名录，宋庄村被中共中央组织部定为红色美丽乡村试点村，宋庄也试图不断加强红色宋庄的村落历史文化建构，以期传承红色基因、赓续红色血脉。

出入宋庄的大门经常会看到一个铁锈红色的牌子，上面书写着"中国·宋庄"，其实这里真实地发生过战争，是一处重要的红色文化传承地，这就是著名的平津前线指挥部旧址。在宋庄镇宋庄村中老镇政府院内。原有一处清末民初建筑，是当地王姓地主的家院，由两所并列的三合院组成，南向，正房各五间，厢房各三间，房屋结构及样式属于近代通州乡间的典型院落。1948年11月，东北野战军挥师入关（山海关）与华北野战军会合，于1948年12月5日发起平津战役。由东北野战军司令员林彪、政委罗荣桓和华北野战军司令员聂荣臻等组成平津前线指挥部，实施对平津战役的战略部署。平津前线指挥部驻河北省蓟县东南隅之八里庄。解放军截断敌军西窜或南逃的通路，将敌分割包围于北平、天津、张家口、新保安、塘沽5个据点。12月22日围歼新保安之敌第三十五军和两个师。24日攻克张家口，全歼守敌第十一兵团所属的一个军又7个师，完成了对天津的战略包围，1949年1月12日，指挥部迁至距北平只有60余华里的通县宋庄镇（今宋庄镇政府院内）。1月14日解放军指挥部发出对天津的总攻命令，经29小时激战，全歼守敌13万余人，生俘守敌指挥盲陈长捷。1月15日解放天津。至此，北平20余万守敌完全陷入绝境，林彪、罗荣桓、聂荣臻在通州五里桥会见国民党华北"剿总"总司令傅作义的全权代表邓宝珊、周北峰，进行和平解放北平问题的谈判。1月17日达成和平解放北平的协议。1月31日，北平宣告和平解放。至此，平津前线指挥部胜利完成历史使命[1]。因此，现存于宋庄的平津前线指挥部成为北平和平解放的重要见证[2]。

2022年，宋庄举办了"红色宋庄暨平津战役红色历史专题展览"，展馆就位于宋庄镇宋庄村艺术工厂路中和美术馆，距离平津战役指挥部旧址约800米处。展览主要基于平津战役指挥部等红色遗迹旧址的当代保护利用，对不同时期的红色宋庄革命历程做了回顾、展示和总结。展览内容突出了美丽乡村红色宋庄在革命和社会主义建设等不同时期的发展状态，大体分为"抗日战争与宋庄""平津战役与宋庄""抗美援朝与宋庄""新时代与宋庄"四个单元。

本次展览充分发挥了宋庄艺术集聚的优势，通过书法、绘画、雕塑、老物件等各门类艺术作品来反映红色文化和宋庄发展。由北京清雨书画院王跃全创作的作品《1949年的春节》反映的正是1949年1月11日，平津战役指挥部、平津战役总前委迁到了宋庄镇宋庄村以后，1949年1月29日农历春节期间，在紧张的战斗之余，部分官兵和村民一起欢度难忘的春节的故事。据悉这幅作品在创作的过程中还专门访谈了宋庄村的老人，根据老人集体记忆和相关史料，对该村的村风村貌进行了历史展示。整个作品画幅长7.8米，宽1.8米，采取中国画水墨技法中西融合的表现方式，全景式地展现了宋庄村作为平津战役总前委所在地、北平和平解放谋划地等内容。创作者使用笔墨语言从左到右表现了三部分内容，最左侧是表现宋庄村民的日常生活，能看到北运河、潮白河两河夹一村的村落环境，远处还有很多农家院星罗棋布地分布在茂密的树林之中，再现了宋庄一带优美的自然生态；而在整个画面中央，官兵正在紧张地工作，远处还有几辆开

---

1 《北京百科全书 通州卷》编辑委员会编：《北京百科全书 通州卷》，北京：奥林匹克出版社，2001年，第213页。
2 王岗主编：《北京历史文化资源调研报告》，北京：中国经济出版社，2013年，第237页。

来的军用卡车，村民百姓也正在忙着为解放军和前线部队支援奉献。整个画面设有12个细节场景，分别是妇女纳鞋底、帮助部队搬家、宋庄小吃、军民同看戏、村民喂马、帮助村民搞卫生、总前委开会、哥哥欢迎解放军、弟弟吃糖、民兵队长买菜、小孩随同买米、白庙桥怀念战友等，通过一个个故事让整个画面充满了想象性和叙事性，突显了宋庄农民鱼水情深的美好场景、和谐画卷。本次展览还集中展示了中国共产党历史和中国革命史的标志性事件，而宋庄艺术家的创作无疑成为文化场景构建的核心要素。

（二）创意宋庄的市集建构

以往宋庄给大多数人的印象无疑和普通村镇没有太大区别。宋庄虽然号称艺术聚集区，但是这里真正供游人参观到访的公共文化空间其实比较有限，大多数艺术馆、画室都是闭门营业，或只针对特定群体开放。为了提升宋庄的艺术吸引力，打造更多文化空间和打卡地，带动地方旅游发展，吸引更多人到访宋庄。2023年，宋庄新设了"中国宋庄艺术市集"，市集位于通州区宋庄镇小堡村潞苑北大街与小堡工业区路交叉口东侧，占地面积约60000平方米，定位为中国最大的艺术品原创基地，希望能够打造国内最大的艺术市级和创意地标。

和传统市集的概念基本类似，宋庄艺术市集兼有艺术拍卖、艺术农场、帐篷露营、亲子乐园、音乐广场等功能。2023年，艺术市集进行了大门改造，打造了市集大道、中心广场、音乐广场、美食街、后备箱市集、停车场等一期项目，二期项目建设仍在加快施工建设中。一期项目已经能够为艺术家提供400多个艺术摊位，为宋庄艺术家提供临时的工作室和创展空间。游客可以像逛早市和逛庙会一样，在这里挑选各种琳琅满目的艺术作品和文创产品。市集致力于为艺术家营造更加优良的创作与宣传平台，更好地满足市集消费者艺术体验与消费需求，增进艺术家与消费者之间的联系，为二者搭建更加灵活多元的桥梁和平台。此外，以艺术元素与农业基础结合为特色的艺术农场，还将提供以艺术启蒙教育、农耕文化、亲近自然为主题的体验式消费场景，使户外自然场景与艺术创作场景有机融合。

在艺术市集消费场景上，宋庄还引入和借鉴音乐节的模式，使音乐与舞蹈、戏曲、说唱、音乐剧、快板等多种艺术精彩呈现，也将进一步吸引更多游人和音乐、艺术爱好者前来打卡、狂欢。这些活动无疑展现了宋庄艺术区艺术行业资源的聚合优势，也为区域艺术机构和艺术行业搭建了交流沟通、互动合作的平台，有助于推动宋庄夜经济，丰富市民精神文化生活需求。

当然，艺术家对于这种新业态和新模式也是褒贬不一，议论纷纷，一些常驻艺术家会认为这是破坏了宋庄原有的艺术氛围，市集带动的喧闹势必会搅动宋庄原有的安静氛围。他们同时认为宋庄已经有了很多艺术馆、美术馆和画室，市集并不具有繁荣艺术市场的功能；而一些新进驻的年轻艺术家在渴望喧嚣之余，也期望与市集能够给他们带来更多展示自己、宣传自己的空间和平台，同时对于一些年轻艺术家而言，他们本身也更喜欢这种创意多元、市场活跃、消费有潜力的空间。总之，宋庄艺术市集的形成将为宋庄发展提供新的可能性。

（三）艺术宋庄的场馆建构

除了艺术市集这样的文化消费空间之外，宋庄艺术小镇还引入和增设了其他的公共文化空间，2023年新增的声音艺术博物馆就是其中一例。声音艺术博物馆致力于探索、采集、保护、传播声音艺术作品，是全国首个有关声音艺术的博物馆，在展陈内容上主要由"声音总站""声音艺术空间""声活中心"等几个单元构成。"声音总站"是一个常设展区，通过声音和器具实物展示了"老北京声活""自然声态""语音""音乐""声音是什么""声音与情感"六个主题单元，像其中的"老北京声活"单元就通过沉浸式声场、故事叙述、文物和老物件来讲述20世纪初北京的日常生活场景。

北京在推进全国文化中心建设的过程中十分注重发挥博物馆资源优

势，力争打造"博物馆之城"。相关数据表明，截至2022年底，北京市共有备案博物馆215家，年均接待观众量超过5000万人次，博物馆已经逐渐成为广大市民喜闻乐见的重要文化场所和外地游客的主要旅游目的地之一。在建设博物馆之城的过程中，北京还提出建设"类博物馆"的理念，类博物馆主要是由社会组织或个人出资建设，同时将这些资源向北京市文物局申请备案，备案后的博物馆就可以挂牌运用，与政府建设的博物馆不同，类博物馆还可以实现运营的目的，向游客销售门票以维系长期稳定运营。2023年，北京市陆续公布了6家类博物馆，位于宋庄艺术区的声音艺术博物馆就是其中一家。

秦思源是一位在北京工作生活的艺术家、策展人，作为一位音乐家似乎顺理成章地成为声音艺术博物馆的创始人。1971年他生于英国爱丁堡，1997年毕业于伦敦大学亚非学院的中国语言与文明专业。2002年，秦思源回到中国，开始作为一个艺术家广泛地在中国、欧洲和美国举行展览。一直以来，他都在思考筹备一个声音博物馆，一个研究和共享当代声音、历史声音以及声音艺术的新机构。像史家胡同的院子已经被改造成为史家胡同博物馆，博物馆里保留了很多老北京的胡同印记，其中也包括老北京的声音。如今，在北京副中心，他再度将老北京声音与自然之声、万物之声重新整合起来，并且通过数字化、实体技术等等展现北京这座历史古城的声音之美。他希望能够将收集到的所有声音在这个占地6000平方米的博物馆里绽放，让声音去留住时间，让声音去再现社会变迁，也让声音的变化去彰显我们生活中的工具、习俗乃至人自身的蜕变，"通过声音，每个人都能成为了历史文化的传承人。"秦思源也期望通过声音为宋庄带来一些改变。

车志红是一位私人收藏家，经营着一家百年世界老电话博物馆。2020年，车志红在多方考察和考虑之后，将博物馆迁到了宋庄镇潞邑东路，尽管这里的占地面积并不大，但所收藏的近10万件与电话有关的藏品都是车志红过去17年的私人收藏，它们历经西城、海淀、朝阳、顺义，一路跟随着车志红的足迹，如今又来到了宋庄。收藏家李祥的北京祥体育博物馆，则位于宋庄艺术区中国艺术品交易中心一层，常设15个展区，收藏和展示了古今中国体育及奥运会藏品、各体育运动项目藏品2万余件。博物馆最具代表性的藏品是1915年远东运动会的金质奖牌。这些博物馆、类博物馆也正在宋庄"抢滩登陆"。

随着新时代文化消费的潜力不断释放，宋庄也需要有更多的公共艺术空间为公众提供更多的消费场所，为宋庄艺术家群体提供交流与展示的空间。

（四）行为宋庄的部落建构

顾桃，1970年出生于内蒙古自治区，他是当代知名纪录片导演、摄影师，毕业于内蒙古艺术学院绘画系油画专业。在宋庄的艺术家群体中，人数虽然很多，但有人将更大多数称之为"艺术从业者"，仅将少数一部分称为真正的艺术家，顾桃就是被绝大多数人称之为真正艺术家的一位。

顾桃在宋庄白庙搞了一个"部落"，之所以称之为部落，是因为他的生活方式无论在内容还是形式上都更接近一个部落。他本身是满族人，但出生于内蒙古，对蒙古族及其他相关少数民族有着深刻的认知，他还有非常知名的"鄂温克三部曲"——《敖鲁古雅·敖鲁古雅》《犴达罕》《雨果的假期》，《敖鲁古雅·敖鲁古雅》讲述了居住在大兴安岭的少数民族鄂温克民族的故事，这部纪录片曾获得第5届中国独立影像年度展年度十佳、第16届上海国际电视节自然类纪录片金奖；《雨果的假期》同样讲述大兴安岭深处世代以游猎为生的鄂温克族的故事，曾获得日本山形国际纪录片电影节"亚洲新浪潮"单元最高奖——小川绅介奖、亚洲电视大奖最佳纪录片奖。

说到白庙村，也有一段故事。白庙村早在元代就已成村，村名系因建设潮白河边的一座白马关帝庙而得名。传说明成祖亲征蒙古时，见大军前风沙弥漫，有一神在前面带路，衣冠貌相看起来神似关公，唯独所骑的马是白色的。明成祖凯旋之后，又听闻有白马是关羽助战时的铁骑。于是，明成祖大悦，就下令在正阳门外建设了关帝庙，马要塑成白马，通州卫所属部队随成祖北征，凯旋后也在通州北城建成了白马关帝庙[1]。白庙村里至今盛行一个段子，讲的是，从前有一个白庙年轻人外出远行，口渴难耐，恰好前面有一座房屋，一位老大爷倚墙而坐。年轻人连忙上前作揖行礼，想向大爷讨杯水喝。老人也极为热情，拎出水壶倒上一碗就递给了年轻人，随后便问道，"小伙子是从哪里来的啊？"回答，"白庙的。"老人一听，立即就把水夺了回去，二话没说关上门就不再搭理他了。后来，白庙人出门自报家门都不敢说是"白庙"的[2]。白庙村位于潮白河岸边，临河相望就是河北燕郊，潮白河在这里拐了一个弯，而白庙村刚好位于潮白河的西南岸。由于靠近潮白河，历史上的洪涝给白庙村留下了很多灾难记忆。

顾桃在宋庄白庙村复建了草原游牧生活，他把蒙古包立在院子里，购买各种便宜的二手家具构件经过废物利用后就改造成了家具、门框，院落处处融合着北方院落的质朴与草原奔放的气息，他用自己的绘画作品和这个蒙古包、北方院子有机融合。他还有一个园子，艺术家的世外桃源，属于宋庄"白庙计划"的一部分，通过在树林、果林之间搭建设计有趣的艺术空间，尽可能利用和保持原生态，减少投资和破坏，他用"林中客厅"来形容这个园子，大家可以在这里写生、创作，也能在林中一块大屏幕前静静观赏电影作品。他还利用二手物料搭建不同艺术装置，在他看来这种艺术乡建的工作是没有尽头的，一直在路上，也不需要特别的规划，跟着感觉和即兴想法，只要干干净净，就可以边建设、边享受艺术与自然。物质环境当然只是一个方面，"部落"的精神当然在于人的聚合。顾桃曾在采访中提到，只要他回到北京，这个部落、院子和园子就总有人来，很多人像能闻见他的味似的自己就来了。很多时候，他的院子也以一种游牧的状态敞门欢迎，朋友有意愿就可以随时进来，偶尔还有一些小动物也会跑进来，不同领域的艺术家或艺术群体都曾在这里相聚，他们在院子里炖肉、

1　周良：《关帝庙与通县地名》，《北京文物报》1998年第1期。转引自苏天钧主编《北京考古集成》（综述卷），北京：北京出版社，2000年，第631页。

2　张晓春编著：《最美乡村：当代中国乡村建设实践》，桂林：广西师范大学出版社，2018年，第76页。

创作，这是今天的宋庄已经很难见到的带有乡野自然的景象。

2023年6月，顾桃在他的部落里还搞了一场艺术展，取名"一张皮子的旅行"。他原本有200张羊皮，有连接起来创作一幅大作品的计划，但一张羊皮有多少种可能性呢？他决定修改计划，邀请一百多位艺术家共用一张羊皮进行艺术创作。在他看来，一张羊皮在100多位艺术家手中的旅行，远比自己一个人的创作更有意思。当代艺术家最需要"呼吸"，大家都有自己的工作室和固定的创作节奏，但只有聚在一起，感受彼此的呼吸，相互鼓励加油，才能唤起后疫情时代艺术的觉醒。最后，他将一百多位艺术家的创作集结在一起，就在他的"世外林源"中展览，除了绘画、涂鸦艺术，还配上音乐会，这次活动吸引了很多艺术家前去参与交流，有人将之称为"2023宋庄最嗨的艺术活动"。

三、艺术赋能宋庄美丽乡村

2019年以来，北京市通州区美丽乡村建设迅程不断向前推进，2019年就启动了首批112个乡村建设，宋庄镇主要涉及平家疃、翟里、关辛庄、西赵、北窑上、高各庄、小营、内军庄、王辛庄、小堡、北寺、双埠头、沟渠庄、富豪、南马庄、草寺、白庙、尹各庄、大兴庄、宋庄、前夏公庄、后夏公庄、丁各庄、辛店、任庄、邢各庄，基本涵盖了宋庄大部分行政村。在美丽乡村建设中，宋庄也积极发挥"艺术小镇"的资源优势，让艺术介入乡村，让艺术赋能乡村。宋庄小堡村已经是一个较为成功的范例，除此之外的一些行政村也走在探索之路上，有的村落在努力挖掘特色文化，有的村落试图再造一个传统。与一般美丽乡村建设相比较，这些处于北京近郊、靠近北京城市副中心和宋庄艺术小镇的村落，美丽乡村建设更多与城市建设紧紧联系在一起，不完全满足于乡村建设本身，也融入城乡文化融合发展的时局中，成为城市化和现代化不断尝试探索的一分子。

（一）"空竹张"与双埠头空竹

提到空竹，很多人都会第一时间想到"空竹张"。空竹张，主要指的是张国良。他于1956年出生于北京天桥，自幼就跟随父辈学习空竹制作及传统雕刻手工艺，是京城"空竹张"非物质文化遗产空竹制作技艺传承人。空竹，古称胡敲、空钟、风葫芦、响葫芦等，属于汉族民间传统玩具。从1994年开始，张国良就尤为专注于研制空竹新技法，"实用新型空竹制作工艺"已经申请了国家专利。张国良手中还诞生出一批竹木空竹精品，很多成为海内外空竹爱好者和收藏家的珍宝。2013年，作品《中国空竹象棋》获2013年度《北京民间艺术金奖》；2014年，作品《老北京六件套》获北京市第十一届"北京礼物"旅游商品大赛铜奖；2014年，张国良荣获2014年亚太经合组织会议成功举办所作出的贡献奖；2017年，又荣获通州区首批《通州工匠》称号，以及通州区运河计划文化领域《领军人才》称号[1]。可以说，张国良在空竹领域的技艺创新已经非常有成就。张国良在20世纪后半叶就来到了宋庄生活，前些年还经常出现在通州区的运河文化庙会上，在展位前向观众展示空竹绝技。

在宋庄双埠头村也有较好的空竹群众基础。2013年1月，通州区宋庄镇双埠头村在通州区宋庄镇志愿服务总队领导下成立了专门的空竹志愿服务队。一些村民就此养成了抖空竹的健身习惯，他们通过抖空竹来强身健体，增进邻里交往。双埠头村此前还有专门的健身场地和培训基地，村民在那里可以抖空竹。不过现在这项民俗活动已经较少人练习了，一方面是因为本村年轻人已经较少，中老年人也不再乐于此项，另一方面缺乏相关的组织，以往的空竹志愿服务队活动也很有限。

类似于宋庄的"空竹张"与双埠头空竹，原本既有技术精湛的专业制

---

[1] 北京市通州区文旅局：《守"艺"通州："抖"起来的民间艺术，跟着京城"空竹张"唯一传人学空竹制作》，文旅通州微信公众号，https://mp.weixin.qq.com/s?__biz=MzA4MzAxMDAwMA==&mid=2649466629&idx=1&sn=2592830c0efd0286dbd621a6b08f2187&chksm=87e20fbab09586acfa6283bd781f0f27525ed8c316f169810e3f0a8338a9bf08c973d6bc071b&scene=27，2020年5月13日。访问时间：2022年12月10日。

作精英，又能培养一定的群众爱好者，但是这种文化生态显然已经被渐渐忘却。美丽乡村建设需要重新激活这种民间技艺和民俗活动记忆，让民俗文化丰富老百姓的日常活动。

（二）内军庄民俗文化节庆再造

内军庄是宋庄镇域的又一个村落，位于宋庄小堡艺术区北部。2023年内军庄村整合了镇域的文化资源，基于该村的村民精神文化需求和艺术小镇的文化消费需求，于4月29日至30日筹划举办了内军庄村首届民俗文化节，活动主要涉及文艺汇演、非遗文化展、文化市集消费和趣味运动会等项目。

一般的村落民俗文化节通常是利用村落特有的民俗文化传统，通过文化展演和商业包装的形式打造具有一定地域文化属性的文化活动及文化消费节庆，诸如怀柔区琉璃庙镇杨树底下村就利用当地"敛巧饭"的特有民俗传统打造了民俗风情节[1]，再如京西门头沟的中国历史文化名村灵水村，由于承载着京西斋堂川灾荒史和举人文化的"秋粥节"民俗传统，因而打造了富有特色的秋粥节文化[2]。类似的这种村落民俗文化节在全国数不胜数，运营模式和发展状态也基本相似，充分彰显了将民俗文化作为一种文化资源进行民俗传承与文化消费的综合利用的新形态。但是，随着城镇化进程的加快，以及村民精神文化消费需求的增长，尤其是配合地方整体文化场景建设及文化消费提升的需求，整合区域文化资源进行整体文化建设也成为一种新模式。内军庄民俗文化节正属于后者，他们在运营上有两个特点：一是对镇域文化资源进行有机整合，由于宋庄地区的民俗传统相对薄弱，他们着重邀请了当前镇域内的主要民间艺术团，表演形式也是当代人尤其是中老年人喜闻乐见的秧歌舞、广场舞，借助区域集体资源优势来弥

---

[1] 王海英：《怀柔杨树底下村的"敛巧饭"民俗风情节》，《北京档案》2013年第3期。
[2] 苑焕乔：《京西灵水"秋粥节"文化生态保护村构建探讨》，《北京联合大学学报》（人文社会科学版）2010年第2期。

补村落文化特色不强、文化资源不丰富的状况；二是借助专业社会组织力量，如邀请1988国际体育小镇后备箱市集加盟，整体提供包括非遗产品在内的各类美食活动，避免了地方传统市集规模不够的状况。因而，在这种试图构建地方文化传统和节庆消费品牌的打造中，我们发现了大量的"他者"群像，它不同于传统节庆、市集的自然生成，而是一种当代民俗再造的产物，其目的正是适应区域文化消费的需求，构建地方文化品牌，丰富传统村落精神文化产品，促进文化消费。在该村村委会主办的微信公众号上，相关推文也采用"通州这里要火啦！内军庄村首届民俗文化节即将隆重开幕……"等字眼，这种地方文化品牌建构的思路也能得以生动体现。

同样的文化活动模式，在该村2023年举办的三八妇女节的文艺汇演中也有明显体现，通过搭建"百姓大舞台"的方式为村民提供文化生活，参与的村落就有宋庄镇域除内军庄村之外的双埠头村、任庄村、小营村、宋庄村、寨辛庄村、小堡村等。如下是"三八文艺汇演"的节目单。

宋庄镇内军庄村"三八文艺汇演"节目单
1. 双埠头村：盛世鼓韵锣鼓队《中国范儿》
2. 内军庄村：内军庄红云霞舞蹈队《牧羊姑娘》
3. 任庄村：任庄圆梦秧歌队《祝福祖国》
4. 小营村：小营村春暖花开舞蹈队《三句半》
5. 内军庄村：昝秀英《刘巧儿选段（小乔）》
6. 宋庄村：宋庄村太极队《中国功夫》
7. 寨辛庄村：寨辛庄村林峰尚影萨克斯艺术团《三月里的小雨》
8. 内军庄村：罗士雲《秦香莲（刨宫）》
9. 小堡村：小堡画家村舞蹈队《唱支山歌爱中华》
10. 内军庄村：史桂云京剧《军民鱼水情》
11. 双埠头村：双埠头村龙飞凤舞健身舞龙队《中华龙舞起来》

虽然是村落文化传统，但是在内容上表现为一种联村合作组织，在艺术形式上也较缺乏传统民俗文化，如花会表演、秧歌戏等。

另外，近几年内军庄村还十分注重艺术乡建工作，他们组织了"以热爱之笔，会锦绣田园"的主题墙绘画活动，通过向全社会征集喜爱绘画、书法、设计等多方面能人和志愿者，在内军庄村的墙体上绘制新画卷和艺术场景，期望能借鉴国内已有的艺术乡建模式，为该村打造"网红打卡墙"，为内军庄村增添艺术风景线，也适当迎合当前新时代文明实践的工作需求，弘扬文明健康、积极向上的文化风气。该村还努力尝试挖掘满族文化传统，在文化艺术上形成特色，进而打造内军庄村特色街区、满族特色民宿等。

我们在调研过程中也发现，该村虽然位于北京东六环边，靠近城市副中心和宋庄艺术小镇，但村内仍以留守老人为主，年轻人大多在城里打工，老年人对精神文化及节庆活动有需求，但村落原有文化活动基础相对薄弱，缺少像张家湾等村落的传统花会及民俗活动组织，正是由于缺乏深厚民俗传统和有效组织，所以中老年人的精神文化需求得不到多层次、多元化的照料。采用上述这种整合区域文化资源，引入外部社会力量的形式，确实能在短期内弥补该村原有文化资源不足的问题。今后长期以来，还是需要进一步挖掘该村文化传统，再造民间文化组织，通过村委会、社会组织等方式给予这些活动项目大力资助和支持。近年来，该村已由相关社工组织介入成立了内军庄社工站，在基层治理和组织建设上将会进一步促进该村文化繁荣。从"三八文化汇演节目单"中也能发现该村还是有文艺骨干和能人，他们还紧跟当前"村BA"潮流组织青少年举办了村间篮球比赛，引入宋庄艺术家开展艺术教学活动，加强青少年素质和艺术教育。

（三）南马庄社工介入文化生活

南马庄村位于通州宋庄东部。近年来在艺术乡建方面开展了一些工作，最大程度满足了群众精神文化需求。南马庄也是一个民俗文化传统相对薄弱的村落，缺乏特色鲜明的民俗、节庆、技艺等。在繁荣文化生活、践行新时代文明实践方面尤其突出了社工介入引领文化生活的特征。

自从2022年沐泽社工介入南马庄以来，南马庄的文化生活发生了很大变化。对于初入南马庄的社工志愿者而言，南马庄给他们的印象是这样的："南马庄，位于北京市通州区宋庄镇，村庄远离城镇，远离交通要道，少了些繁华与喧嚣，多了些平淡与宁静。这里的村民们勤劳、淳朴、务实、善良，待人友好且热情，他们团结友爱，具有极高的凝聚力，爱党爱国热衷奉献，是南马庄一道亮丽的风景线。（Shmily）""南马庄第一印象：树底下老爷爷们下棋的场景，村里面随处可见的小狗。有的狗看起来很呆滞地趴在门前，望着远方，仿佛在盼望着主人的归来。有的狗对于我们第一次踏入村里的人多了很多警觉性，凶猛地对着我们狂吠。村里面也很少能见到年轻人和小孩子。这些和传统乡村生活其实没什么两样。但与我从前接触的北京其他地方相比，这里就是名副其实的村，随处可见到菜园子。不过比起自己待的南方，南马庄村里很多院门都是紧紧关闭的。南方院子前的盆栽更多是花花草草，这里的盆栽变成了很多食材。乡村风景满满。与南马庄村的村民说话，也能得到回应，总体而言，村民还是比较朴实醇厚的。（晶晶）"[1]

社工介入之后，除了在基层治理方面做了大量工作之外，在文化活动方面也尽可能为村民提供组织化活动。他们利用靠近宋庄艺术家集聚区的空间优势，邀请艺术家为村民讲授做相关书画知识，提高村民的书法技能，培养艺术兴趣，尤其是对青少年的培养上能够进一步加强美育建设，也有助于满足中老年人的精神文化需求。书画培训已经成为该村的一个既定项目，有效将村民组织起来，丰富村落生活，深受村民欢迎。他们将手工技艺与健康融合，由专业老师为村民传授手工药囊制作技艺，让村民体验药囊制作活动，感受中医药健康理念；他们还举办绒花制作与插花活

---

[1]《乡村印象——初到南马庄》，沐泽社工微信公众号，https://mp.weixin.qq.com/s/BOct_Ahhr4wF9KExYMtVQg，2022年7月14日。访问时间：2023年6月10日。

动,将传统非遗技艺带入乡村;社工志愿者还联合村委组织起健身队,通过健身操、健步走等方面活动将村民组织起来。

与内军庄村不同,南马庄由于地理位置相对幽静,他们没有选择走文化消费的模式,而是涵养传统、再造组织,通过社工介入的方式,引入外部专业资源,利用文化活动将村民有效组织起来,通过活动参与首先去丰富村民的精神生活。在一些文化基础设施建设上,社工站也积极为村民提供便利,2022年南马庄村社工站在南马庄村村委会、儿童之家的大力支持下重启南马庄村图书馆,并举办亲子阅读系列活动。

南马庄的文化活动开展鲜明体现了社工介绍和社工站建设的转型发展。我们以往在传统村落调查中总是将家族、花会组织等作为重要切入点,试图寻求民间自然生长的传统组织形式,但是当前随着传统村落组织衰退,尤其是城镇化进程带来的乡村人口流动和老龄化、留守儿童多等问题,乡村组织已经不能简单依靠村落自身的社会组织去建立和维护,这对于村落文化传统的延续尤为困难。社工已经成为一种建立乡村组织的新形态和新手段[1],社工介入有助于为原本松散的村落社会组织注入新的动力源和黏合剂,文化活动则成为社工组织发挥作用的有效工具。社工志愿者通过社区文化活动将村民组织起来,针对参与性不强的问题通过活动连续性来克服,在一定时期内去反复观察村落组织的变化和村民参与热情,以此不断丰富和拓展文化活动的形式,最终建立一个相对紧密的社会组织,促进村民与村民、村民与村庄之间的互动和依赖,形成村落的新文化形态。

(四)喇叭庄艺术星光与烟火气

喇叭庄是宋庄镇域的一个行政村。自从宋庄小堡艺术区形成以来,喇叭庄也吸引了不少艺术家居住。曾有自由作家在喇叭庄居住生活后,将个人生活体验和感受汇集成文字,完成同名作《喇叭庄》。喇叭庄还曾聚集

---

[1] 闫荣:《社工站重塑乡村互助文化,激活村庄活力》,《中国社会工作》2023年第6期。

形成了宋庄艺术家大本营、宋庄艺术合作社等。[1]今天在喇叭庄仍旧有一些艺术家经营的馆舍，"小小铁匠铺"就是由艺术家蔡小小经营的一家铁匠吧。小小老师此前并没有家族传承打铁的背景，但一次偶然的机会他从云南边疆临沧县来到北京以后，就没有再拿起画笔，而是在喇嘛庄村开了一间小小铁匠铺。他在店内陈设了全国各地、各种各样的铁器，在这样的情境下开始了艺术化的"铁匠生活"，尝试在旧式老手艺人的生活中去感触铁和物。

由于有艺术家聚集的基础，喇叭庄村的艺术和烟火气都很旺盛，村落主干道两侧错落分布着不少餐饮商铺，还有民宿和轰趴馆也已初步建成，村子西侧还规划了一个艺术区。喇叭村期望能实现艺术与生活的融合，他们积极引入艺术和设计志愿服务团队，深入挖掘喇叭村的特色文化，以公众参与的方式对喇叭庄村的大门、入村雕塑、艺术装置、精神堡垒墙绘等物质载体进行美化和艺术设计，并尽可能使作品体现出喇叭村的历史变迁和文化传统，实现村庄自然肌理延续、艺术自然深度融合、艺术文化紧密相连的多种目的。喇叭庄还十分注重打造村落品牌，通过社会征集和投票评选喇叭村的视觉标识，展示村落形象，并由此打造体系化的村落文创产品。今后，喇叭村期望在社会合作中打造"星光喇叭"的艺术氛围，充分调动村民主体参与热情，动员广大村民共同谋划出力，共创艺术作品、主题墙绘打造、商铺美化设计、道路景观提升等。结合村域实际，因景制宜布点动静结合、明暗有序、美观大气的景观灯，进一步塑造方便群众夜间出行的文化景观，试图激活乡村"夜经济"。

喇叭庄因为一直以来都是作为宋庄小堡艺术聚集区的一个延伸地带，因而这里也成为类似于小堡区那样艺术与生活相融的村落。它与内军庄村、南马庄村的发展模式不太一样，艺术介入乡村的过程不仅仅是表面的，而存在艺术家实质性的村落生活，以及一个新群体融入后给村落的文化、景观及消费带来的新变化。尽管限于艺术家聚集人数的限制，这里的

---

[1] 杨卫主编：《宋庄艺术年鉴2006》，长沙：湖南美术出版社，2007年，第46页。

艺术乡建进程及速率都不如小堡艺术区，相关艺术馆、画廊及其他类型文化空间和公共空间都还比较有限，但是一个缩小版的艺术聚集区，一个艺术与生活共融的村落仍旧值得期待。与内军庄村、南马庄村相似的，喇叭庄的民俗文化传统同样不具有鲜明特色，因而走向艺术化正成为美丽乡村转型发展的必然路径。

第二节 传统艺术融入与非遗"破圈"

宋庄艺术小镇的发展源于艺术家集聚的画家村形成。但是,从一开始以来,集聚而来的艺术家并不仅仅限定于现代艺术家,一些操持着传统艺术或传统技艺的民间艺术家也一并涌入,他们共同在这里建设属于自己的"精神家园"。他们彼此之间不需要有过于密切的联系,甚至也少有业务上的直接合作关系,但共同的空间土壤、一致面对的现实问题让他们在自觉和不自觉中形成了一个共同体。近年来,传统艺术融入宋庄的比例并没有太大的提高,而是保持着相对稳定的数量,尽管并没有肆意扩大,但不同艺术门类和艺术家群体却在这里不断找寻、不断探索创新发展的可能性,在"破圈"融合中实现传统艺术和非物质文化遗产项目的创新和活力。

一、珐琅的跨界:传统技艺与现代艺术的融合

景瑞泰和,位于宋庄镇小堡艺术区西区,是一家专门从事掐丝珐琅平面画的企业。20世纪90年代,这家企业就进入了珐琅艺术品行业,一直传承着将传统景泰蓝珐琅的掐丝工艺与现代绘画相融合的珐琅平面画艺术。

谈到珐琅平面画，其本身正是20世纪90年代中国工艺美术界、珐琅界的一次重要创新。珐琅，作为一种传统技艺原本有很多分支，既有明清以来盛行于宫廷的掐丝珐琅，还有清代以来在广州地区盛行的画珐琅。掐丝珐琅主要是以铜胎为基底，将铜丝掐成各种花纹并固定在铜胎上，再通过点蓝、烧磨形成的工艺品。掐丝珐琅当然也用于大艺术装置、摆件和建筑室内外装饰，应用场景还是比较多元的。新中国成立以后，珐琅曾作为一种特种工艺大量被用于出口创汇，与珐琅相关的工艺品制作与创新也成为历史的需求与必然。张同禄是中国工艺美术大师，也是景泰蓝珐琅界的代表性大师。20世纪80—90年代，他在北京华艺景泰蓝厂工作期间，为了提高出口创汇的方式和能力，研发了"珐琅珀金"新工艺，这种工艺就是将掐丝珐琅与国画、水粉画、水彩画、油画等有机结合，通过设计、掐丝、点蓝、平面处理等工艺形成的一种平面绘画。这种工艺不用专门烧制，省去了传统珐琅制作烧活的难度和工序，但是工艺品却看起来更加华贵高雅、更有艺术审美，能够表现的内容也比传统珐琅器的范围要大得

图4-1 掐丝珐琅画与掐丝珐琅器
2023年6月3日 王文超 摄

多，因此深受海外市场欢迎。这种工艺看起来似乎和景泰蓝无异，但应用场景和需求其实比景泰蓝市场还要广。所以，从这种珐琅平面画一旦被发明出来以后，就受到了国内很多艺术家、工艺美术家的关注。珐琅珀晶的主要特点，就是可以用来制作成装饰壁画、屏风等艺术作品，因此又俗称为"掐丝珐琅画"。

掐丝珐琅画，从制作工艺上主要有两大特点：第一，保留了掐丝点蓝工艺，掐丝和点蓝是传统珐琅技艺的核心和代表性技艺，因此即便没有了金属胎体，但人们一看到掐丝和釉料之后，还是马上能够联想到景泰蓝和珐琅，这种艺术归属所天然存在的优势，同时将掐丝珐琅与平面绘画两大艺术融汇贯通，又能够大大提高传统珐琅掐丝的艺术性。试想，传统掐丝要将平面图形和线条转化为立体，势必会进行一些改动和变化，而掐丝珐琅画则规避了这一点。第二，省去了烧活和打磨工艺，掐丝点蓝后，珐琅画不需要进行高温烧制，这样减少了因烧活带来了不确定性和变化性，只需要采取低温固化技术就能最大程度保证了珐琅画原有的艺术效果，在制作难度上其实大大降低了。艺术审美性提高了，制作难度反而降低了，稳定性提升了。掐丝珐琅画的制作流程主要有三步：一是选图绘画，首先要选择和绘制一幅精美的平面画，线条要十分清晰明了；二是掐丝，用镊子将扁细的铜丝掐、掰成符合需求的主体图案，这个过程是十分精细的，全凭师傅的一双巧手和纯熟的技艺，掐饰出神韵生动的画面，当然掐丝后还需要粘贴在相应的线条上；三是点蓝，也可以称为"上色"，就是将砂粒状珐琅彩釉料着色在相应部位，使整个画面厚重、匀称而逼真、透亮而永不褪色。点蓝是能够展现出景泰蓝魅力的最关键的环节，需要具备较高超的技艺水准。

张同禄大师生前曾制作了不少珐琅平面画，既有依照传统国画改制的《江山万里图》掐丝珐琅画，表现祖国万水千山、层林尽燃、万里长城、江山永固，又有很多佛教佛像画，如《莲花生大师》表现莲花生大师结跏趺坐，慈祥安定的宝像，让人心灵平静安详《弥勒佛》，以及掐丝珐琅画《绿度母》《白度母》《十相自在》《祥龙献瑞》《大势至菩萨》《大福运》

图 4-2 佛教题材金丝珐琅画
2023 年 6 月 3 日　王文超 摄

等。张同禄大师还临摹意大利画家郎世宁传世名画《三羊开泰图》，用掐丝珐琅画的形式来表现这幅作品，向经典致敬。由于这种工艺的艺术性、市场性，现在在山西、甘肃等地也有普及和流传。

景瑞泰和正是吸收传统珐琅制作的精髓，借鉴珐琅平面画的发展基础，在学习和继承的基础上进行创新。他们最首要的产品即是"金丝珐琅画"。顾名思义，金丝珐琅画就是将传统珐琅画所用的铜丝换成了金丝，提高了光泽性和艺术性，他们运用传统技法，将金箔丝线取代铜丝勾勒人物、山水、花鸟等各种造型，突显画面金碧辉煌、富丽堂皇的格调；再用天然珐琅珀晶进行点蓝，使整个画面更加立体生动，色彩绚烂典雅。在题材上，他们尤其注重在佛教佛像题材上拓展，与传统唐卡相似又相去甚远，升华了传统唐卡艺术。除此业务之外，他们还积极拓展酒店、高级

图 4-3 景瑞泰和的老师们正在制作金丝珐琅画
2023 年 6 月 3 日　王文超 摄

会所等内装修业务，用珐琅及珐琅画提升装修效果，完成了很多项目和案例。

现任景瑞泰和院长王学彬，毕业于黑龙江省师范学院美术专业，二十世纪九十年代在俄罗斯进修学习油画专业，这为他打下了很好的绘画艺术基础。2003 年，他进入工艺美术行业，在北京创建自己的工艺美术研究院，在众多门类中，他选择借鉴传统珐琅平面画艺术，将传统掐丝珐琅工艺与东西方绘画技法相结合，在艺术审美及整体设计上形成了自己相对独特的风格，相关作品也多次在全国工艺美术行业大赛荣获金奖。王学彬坦言，他为了提高珐琅画的艺术性，也各处拜师，向中国景泰蓝大师钟连盛、热贡唐卡大师桑杰本等拜师学习。作为景瑞泰和的实际掌门人，他组建独立设计团队和工艺精英大师共同研究创作，是宋庄代表性的珐琅画私人订制流通企业，这在全面也具有代表性。曹长青是景瑞泰和制作总监，我们在访谈中也主要由曹总进行接待介绍。他毕业于安徽师范大学美术系，后又在清华美院研究生工笔画专业进修。在景泰蓝工艺大师钟连盛大师门下学习，二十几年的研究与创作已成为资深的、经验丰富的彩岩画工艺大师，代表作曾被人民大会堂湖南厅收藏，部分作品也被收藏拍卖，更多作品在雍和宫及其他名刹古寺中悬挂。赵鼎安是景瑞泰和工艺总指导，他是山西高级工艺美术师，金丝珐琅画导师，1990年代末进入景泰蓝行业，尤其专研珐琅工艺与绘画艺术，曾在四川甘孜藏族自治州佛学院学习唐卡绘画，吸收相关门类艺术技法。他的作品《地藏王菩萨》《南海观音图》《宗客巴与八大弟子》等都颇受市场欢迎。正是有这些领军艺术家和团队，才为金丝珐琅画的市场繁荣奠定了基础。

2021年7月，王学彬和曹长青在北京市珐琅厂正式拜中国工艺美术大师钟连盛为师。那次钟大师共收徒六名，分别是掐丝珐琅、画珐琅腕表、

图4-4 景瑞泰和金丝珐琅画《彩鹿》
2023年6月3日 王文超 摄

珠宝首饰技师申震，北京市三级工艺美术大师、北京景瑞泰和珐琅艺术研究院院长王学彬，北京市工艺美术高级技工学校工艺美术教研室主任陆路，北京市三级工艺美术大师曹长青，北京市珐琅厂景泰蓝制作点蓝二级技师赵楠，北京市珐琅厂景泰蓝掐丝中级工张艳。从钟大师的收徒谱系也能看出，传统景泰蓝珐琅行业的宽容与延展，他们并没有限定于珐琅器本身，除了坚守珐琅技艺本身的传承，还尤为看重珐琅与各相关工艺门类的融合发展。王学彬和曹长青的拜师历程，一定会再度促进金丝珐琅画的技艺提升和长远发展。

景瑞泰和在宋庄的工作室规模较大，在三层楼的布局中，一层主要是工作空间，可容纳20多名工作人员同时在这里做活，大家或分头行动，或集体攻坚，有些特别大的作品就需要几个人集体完成。工人老师们中男女都有，以宋庄为中心生活在四周，往返通勤。二层是展示空间，张挂着景瑞泰和一些代表性作品和产品，空间主要用于交流展示和销售洽谈，但不是博物馆似的对外展示，平常大门都是虚掩着。三层是办公室和会客区。

据王学彬院长和黄总介绍，他们近些年来把主要精力都放在佛事用品上，如佛画佛像、供品祥案等，各类金丝珐琅的佛画佛像也主要面向寺院订制和销售，这成为他们的主要市场。当我们谈到古代寺院，很容易想到壁画，但其实寺院对张挂佛像佛画的需求量也很大，传统藏传佛教就有唐卡等室内装饰，汉地佛教同样有室内装饰艺术的传统和需求，除了举办佛事活动的殿宇之外，游人不常看到的禅房及特殊接待场所都是重要的室内装饰场所，所以金丝珐琅画的市场是稳定且广阔的。景瑞泰和面向国内外很多寺院订制，即便疫情期间他们的订单也并未受很大影响。他们连年参加厦门佛事用品展，即便是在疫情期间，他们也通过线上参展的形式开启了云会展模式，通过直播向广大网友介绍金丝珐琅画的技艺流程，手绘、掐丝、点蓝、榻绘等各个步骤，展示他们耗时数年，流光溢彩的巨幅作品。他们的展示和融入也代表着北京技艺和北京制造的现代水平。

王学彬身为景瑞泰和的创办者，也最早来到宋庄，他对宋庄很有感情。虽然从事景泰蓝行业，做金丝珐琅画，但他由于美术出身，对宋庄的艺术家群体也有很深的认同感。现在，他之前的部分同行者都逐渐离开了宋庄，转战别处发展，但他还是决定坚守宋庄。一方面，他在宋庄已经有比较稳定的居所和办公室，也有相对稳定的工人队伍，近几年宋庄发展越来越受到北京市委市政府高度重视，相关硬件及生活服务配套越来越完善，他们的生活无疑更加方便了；另一方面，他自身从事的行业还有较为稳定的市场和顾客群，中国宋庄仍旧是当代艺术的招牌，他的创业史已经和宋庄牢牢绑定在一起，相互见证彼此成长壮大。

宋庄还有一家专门从事珐琅器制作的作坊，并且有了自己的家族品牌——熊氏珐琅。熊氏珐琅的主要运营人是熊松涛，工艺美术大师。近些年，他们也成功探索了珐琅的跨界融合，将这种工艺发展创新，形成自己特有的产品门类。熊松涛在很多场合时常谈起珐琅表盘，更使得这种产品成为熊氏珐琅的招牌产品，并且在制作技术上，逐渐从掐丝珐琅发展到内填珐琅表盘和微绘珐琅表盘。据熊松涛介绍，珐琅表盘的制作是从2000年开始探索的，但直到2005年才有了真正的起色，用熊氏珐琅自己的表述，这一年才"真正意义上为珐琅表盘打上了'中国制造'的印记，这是钟表珐琅艺术的一小步，也是中国珐琅表盘发展的一大步"[1]。这期间，由于每一次尝试都需要投入货真价实的金银和釉料，反复失败的结论让高额的成本投入显得似乎毫无价值。当时也有家人劝他放弃，专心做传统的珐琅产品。经过精细化的实践和原材料改良，熊松涛最终发现银胎最为适用，并在掐丝焊接等方面有了实质性的进展和成效。最终，"钟表收藏家张又旭看过熊松涛的掐丝珐琅表盘后，将其引荐给北京钟表厂。历时11个月，报废26片，一片完美的'蝶恋花'掐丝珐琅表盘，浑然天成地与陀飞轮结合在了一起。这款售价120万元的掐丝珐琅腕表让熊松涛一炮而红，不仅北京钟表厂和他签订了长期的定制合作协议，天津海鸥钟表公司以及瑞士、德国等著名钟表品牌也先后找上门来定制珐琅表盘。精妙的掐丝珐琅技艺为

---

[1] 参见《熊氏珐琅》宣传画册，内部资料，第47页。

熊松涛赢得了与国际顶级手表品牌合作的机会"[1]。正是由于产品生产中的不确定性，使得珐琅表盘更加珍贵。当然，随着对技术工艺的精准把控，现在的成功率已经有所提高。

除了表盘制作之外，他们还与首饰品合作，和国内外知名设计师合作开发新产品。熊松涛还注重培养自己的后代，从设计层面增强家族传承的传统工艺创新发展。熊松涛的女儿生于千禧年，却已经在传统珐琅技术与时尚首饰设计的道路上探索多年。2017年，她和父亲熊松涛搭档完成处女作艺术装置《和谐》，尝试将珐琅与现代艺术设计结合，作品历时6个月完成，不但参展了第十二届中国北京国际文化创意产业博览会，还荣获了北京市工艺美术创新设计大赛铜奖。2019年，她综合珐琅与K金、钻石完成了披肩配饰作品《拥抱》，得到了《芭莎珠宝》的专栏报道，她对作品造型的理解，"披肩的环形就像妈妈的双肩紧紧抱着我，给人一丝暖意，让这些摸起来冷冰冰的材质转化为有温度的、有爱的配饰；肩部的珐琅图案选用国花牡丹的局部花瓣，不同颜色的牡丹寓意不同，代表着无私的、高洁的母爱和幸福美满的生活。两端的珐琅部分用不同姿态的花叶连接在一起，不会觉得拘谨"[2]。熊氏珐琅在品牌化发展的同时，注重将家族技艺传承和现代市场需求结合起来培养后代，反过来也进一步增强了品牌今后发展的内在动力和能力。

二、雕漆的坚守：工美大师与"服务员"的传承

雕漆技艺是传统"燕京八绝"之一，据悉已经传承有千年之久，是北京传统工艺的精华，大气庄重又沉静内敛，2006年被列入第一批国家级非物质文化遗产代表性项目名录。宋庄镇有一家艺术气息浓厚、传承谱系明

---

[1] 谢晓飞：《熊氏珐琅：从替身到主角》，《中华手工》2012年第5期。
[2] 《构建珐琅世界的理想国》，《芭莎珠宝》2019年12月刊。

朗的雕漆非遗工作室——满建民雕漆艺术工作室。

满建民，祖籍山东，1945年出生于北京。1962年，他进入北京雕漆厂学徒，先后从师于杜炳臣、刘金波两位中国工艺美术大师学习雕漆技艺，可以说是新中国培养的第一批雕漆工艺大师。在2000年退休后，2004年他进入福建华和造型艺术有限公司担任总工艺师，把当代北京雕漆技艺带到了福建。2009年，他成立满建民漆雕文化发展（北京）有限公司。2018年，经中国轻工业联合会认定，满建民获得第七届中国工艺美术大师称号。2021年12月6日凌晨，满建民大师不幸在北京逝世，享年76岁。

"工美集"全国工艺美术大师信息库中对满建民的生平经历和代表作有如下详细介绍：满建民在从事雕漆艺术领域上运用各种雕刻手法，同时也在高浮雕、圆雕、镂空雕等高难度技法上具有很大的突破，集百家之长融为一体，他大胆借鉴了中国画的艺术效果，构图新颖，刀法细腻。在他的许多作品中充分显示了他的艺术功底和炉火纯青的高超技艺，在杜炳臣、刘金波两位大师相继离世后成为雕漆领域界的领军人物。在雕漆艺术创作上运用更新的审美方法及创新，大胆革新成功的首创雕漆镶嵌新工艺，钻研出嵌漆的新技法，增强了作品艺术性和观赏性，加大了各类题材在艺术上的表现力，大大缩短工艺的生产周期节约工时。合理利用原材料，简化了生产工序从而取得很高的综合效益和经济效益。

他在雕漆厂工作期间利用自己的技艺专长每年都创作出新的作品，其中有很多作品参加过国内外展览，也因此获得许多奖项。在厂期间应市政府的要求亲自设计并主刀为人民大会堂制作4只2.8米《市花大瓶》及两堂市树屏风，另为科威特王楚制作一对3米大瓶，并以壁画形式为广州白天鹅宾馆制作《剔彩八十七神仙卷》大型壁画。1989年，他创作的《松鼠葡萄葫芦盘》和《海兽圆盘》被选送香港精品展，获得优秀创作奖评为精品。《松鼠葡萄大圆盘》是1990年工艺美术百花奖"金杯奖"的主要参评作品之一。20世纪90年代，满建民在雕漆技艺上的探索和不断创新，雕刻技法上已达到炉火纯青的阶段，艺术作品从小到大无不体现出他的创作灵感，纯熟的刀法得到了全面体现。1990年设计制作的《子孙万代大葫芦盘》获得中国工艺美术百花奖评比为"金杯奖"即个人最高一等奖,被中国工艺美术馆作为珍品收藏。《松鹰图》参加全国工艺美术展并获奖。1993年赴法国冈城博览会表演技艺,法国冈城市市长签名颁发了荣誉证书。除了给人民大会堂等制作大件作品外,他还先后制作出大型高浮雕《清明上河图》壁画,现存放在中旅大厦,以及中南海大型壁画,大型编钟架[1]等等。

他在从事雕漆艺术工艺高浮雕、圆雕、镂空雕等高难度技法上都有很大的突破,集百家之长融为一体,尤其在山水、花鸟各类走兽等题材的雕漆技法上创造性地应用了镂空雕的技术,形成了自己独特的风格和流派,他大胆借鉴了中国画的艺术效果,构图新颖,刀法细腻。在他的许多作品中充分显示了他的艺术功底和炉火纯青的高超技艺。满建民勇于探索雕漆

图4-5 满建民雕漆艺术工作室
2023年6月5日 王文超 摄

---

[1] 满建民简介,详见工美集网站,https://www.zjaca.com/master_about_1583.html。访问时间:2023年5月2日。

艺术新的审美方法及创新，大胆革新成功的首创雕漆镶嵌新工艺，发明了嵌漆的新技法，增强了作品艺术性和观赏性，加强了各种题材的表现力，大大缩短工艺的生产周期，节约工时，合理地利用了原材料，简化了生产工序从而取得很高的综合效益和经济效益。

2014年，由北京满建民雕漆艺术工作室发起，北京工艺美术行业协会、北京工艺美术学会、北京工美联合企业金漆雕漆集团等单位共同在北京新闻大厦艺术馆主办了"京城国粹雕漆——满建民从艺50周年雕漆艺术展"。展览汇集了满建民大师近50件雕漆精品，是对满建民先生从艺半个世纪的回顾，也是对建国以后北京雕漆艺术发展的梳理。

满建民雕漆艺术工作室成立于2009年，目前工作室位于宋庄小堡艺术区东区，现在由满建民大师的儿子满山负责运营。工作室兼具有生产和展示的双重职责，生产空间可以容纳20余人同时在这里工作，展示空间陈放着工作室近年来生产的各类产品。工作室的老师们最年长的有近60多岁，已经从事雕漆艺术工作40余年，之前就和满建民大师一起在厂子里工作。现在虽然不住在宋庄，但每天都坚持往返宋庄进行创作的老师们中，周凤华对雕漆有很深的感情，她曾说："就一个方锦，一个小方块，32刀一刀一刀的，你真要是沉下心来学习它，锦纹特有味道，我下辈子还干雕漆，我就是喜欢它。"工作室还有很多年轻人，他们有的刚毕业到这里边学边干，还有的是上学时就有一定基础，毕业后就直接走向了雕漆行业，坚守着雕漆技艺的保护与传承。

对于雕漆技艺的非遗保护与传承而言，现在由满山执掌下的雕漆艺术工作室仍旧保持着满建民大师时期的传统，他们坚持追求精益求精的工艺和手工雕刻制作的原则，满山曾在相关采访中表示，他会按照他父亲定下的规矩，始终保持工作室的优良，"在雕漆行业不存在与时间赛跑的'神话'，我们只是在等待手工经过时间洗礼后的恩赐。一层漆的厚度比纸还薄，1毫米厚的漆层至少需要16道髹漆工序。冬天一天只能完成一道髹漆工序，夏天一天至多完成两道髹漆工序。普通作品根据雕刻要求需要上六七十层漆，雕刻要求较高作品就需要几百层了。做高浮雕以及镂空雕

图 4-6　老师傅正在一刀一刀雕刻
2023 年 6 月 5 日　王文超　摄

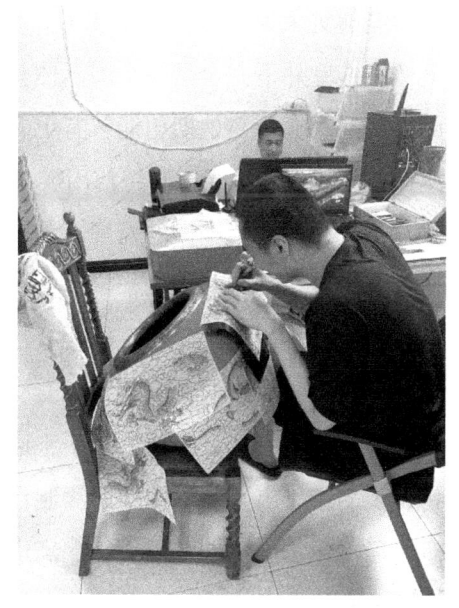

图 4-7　年轻设计师正在拓样
2023 年 6 月 5 日　王文超　摄

时，一般都需要刷 20 毫米厚的漆，需要整整 320 道漆，仅前期的光漆工序，就需要耗费将近一年的时间。"同时，他们也在不断探索艺术上的超越和创新，"目前，工作室设计团队已经研发出一批融入雕漆艺术的首饰、挂件以及念珠等作品。在每一件雕漆镶嵌首饰上，通过锦地不断地变化与组合，赋予首饰灵动的美感。雕漆首饰因工艺复杂，制作周期长，也被誉为'中国的高级定制'。为古老的技艺赋予时尚的生命力，我们不仅在器型和用途上对于雕漆进行创新，在颜色搭配与工艺上也进行了大胆的尝试。例如，黑白色的雕漆手串，打破了传统雕漆以红为主、以红为尊的固有思维，注入新的审美元素。此外，纯漆雕刻的手把件，将传统雕漆的胎体去除，以纯净的漆块为材料制作手把件，并将圆雕、透雕等技法融入其中。"和父亲的角色和定位不同，满山给自己在工作室的定位是一个"服务员"，既不是父亲的中国工艺美术大师，也不是一个单纯的管理者角色，他尊重工作室里年长的前辈，也小心呵护年轻人学习传统技艺的热情，他希望能够为大家提供更好的服务,为大家的集体创作提供更舒适的空间。虽然工作室并不完全是一个展示体验馆,但对于来访者的参观和体验,满山还是很欢迎的,他期望能够有更多人能通过工作室去了解雕漆,走进雕漆,在生活中去感受雕漆,使用雕漆。

对于宋庄艺术小镇的发展,满山认为宋庄艺术小镇有着非常浓厚的文化艺术气息,很多艺术家都聚集在这里,虽然各自发展自己的事业,忙碌自己的工作,彼此之间不见得会有很多直接联系,但生活在这里似乎就有了相互依存的关系,大家偶尔也会交流。我们注意到满建民雕漆艺术工作室和吉兔坊都有几只相似的兔子,原来这几只兔子正是他们合作交流的产物,由胡鹏飞出型,满山用彩漆制作完成。这种彼此的交流与合作并不刻意,通常缘于生活的日常交往。满山还说,有的时候,他们也会为艺术小镇的一些艺术活动、年节展示做一些服务工作。

雕漆是老北京传统技艺,特别能彰显北京宫廷文化与地方文化的融合

图 4-8　各种雕刻产品
2023 年 6 月 5 日　王文超　摄

与发展。宋庄是当代北京艺术产业繁荣发展聚集区，雕漆技艺的融入势必能够增厚这座小镇的文化底蕴，丰富这座小镇的艺术品位，延展这座小镇的文化宽度。雕漆与当代艺术的融合，仍在路上。

三、金器的创新：花丝镶嵌与当代生活的相融

宋庄艺术小镇还建有赵春明赵安迪父子的花丝镶嵌工作室。说起花丝镶嵌的历史地位，它和珐琅、雕漆一样同属于"燕京八绝"传统技艺之一，也是国家级非物质文化遗产保护项目。它有着悠久的传承历史、独特的皇家气韵，更因精美绝伦的艺术价值、巧夺天工的工艺价值、华贵古典的收藏价值而颇受当代社会关注。

相较于一些人对明神宗万历皇帝金翼善冠的掌故叙事而言，更多人是通过"国家最高荣誉勋章"了解并感受到北京花丝镶嵌传统制作技艺的当代魅力。花丝镶嵌传统技艺已经传承发展了3000多年。早在商周时期，细金制作技艺就已存在并有极高的技术水平，商周墓葬中出土的一些细金器及金饰都有花丝镶嵌的早期雏形。汉唐以来，随着经济社会繁荣稳定，金器金饰的普及应用程度不断提高，逐渐成为上层贵族尊崇的物质追求。唐代产金业和冶炼技术的发达，带动了金器制作技艺的成熟和精细化。唐代官营手工作坊中已有专业的"细镂之工"，学徒至少需要四年，以金为对象的技术种类多达销金、拍金、镀金、织金、披金、泥金、捻金、炝金、圈金、贴金、嵌金等十余种。这些技艺的绝大多数至今仍有传承，唐代墓葬出土的金器很多都能见到今天花丝镶嵌技艺中捶揲、錾刻、花丝、镂空、镶嵌、炸珠、焊接、鎏金等一种或多种技艺。除此之外，汉唐金器的纹饰也为花丝镶嵌纹样的发展奠定了重要基础。

对于北京花丝镶嵌而言，明清两代的宫廷需求与技术发展有着更加直接的影响。明代银作局、清宫造办处都是重要的内廷金器制作机构，为了承应皇帝旨意与宫廷生活需求，内廷造办机构会从全国采买材料、调派

巧匠，超工料成本地进行生产制作。正因为物料人员的广泛流动，明清北京花丝镶嵌技艺还带有较强的民族交往交流交融色彩，传统汉民族地区花丝镶嵌技艺与少数民族金银器制作技艺在技术、纹样、物料上日渐取长补短，相互交织、融为一体。近代以来，随着宫廷花丝镶嵌匠人流入民间，这项传统技艺逐渐走向了商业化和行业化，也在民众口耳相传中变得更加市民化。北京地区流传着一则关于花丝镶嵌的"金玉良缘"的传说，主要讲述了一个花丝镶玉的小球薰挽救一段美好姻缘的故事[1]。故事梗概是这样的，一位年轻的手艺人眼瞅着自己的娃娃亲要被媒婆搅黄了，这时候一位成熟的老手艺人送给他一枚金丝球薰，年轻人拿着金丝球薰重新到女方家登门挽救了自己的姻缘。故事以一枚花丝镶嵌的球薰为媒介，球薰既是嫁妆，也代表着手艺的传承。

清末民国时期，北京金店银楼逾百家，多集中于前门、大栅栏、东四、西四一带，在通州也有天聚、瑞源、宝兴等首饰楼，大都采取"前店后厂"的形式，聚集一些小有名气的花丝镶嵌匠人在这里耍手艺，面向达官显贵和社会名流出售订制金银饰品。张聚伍就是当时行业内十分知名的手艺人，曾在西城羊肉胡同老庆利攒作学徒，后因技术精湛被称为"花丝王"，据说这位花丝王和以往的好手艺人一样经常承揽宫内活，在宣统皇帝大婚时曾被召进宫给正宫娘娘做首饰。一些其他工匠不敢接的活，花丝王都能游刃有余地完成，"民国期间曾做了24个小饰片，每个1寸见方，用银丝掐出二十四孝图，人物的动态和表情均表现得惟妙惟肖。他还用堆垒方法做过一对华表和一对狮子，每个不过几两重，却能造型生动、玲珑剔透。[2]"

新中国成立后，公私合营帮助传统艺人向国家工人转型，集体化、组织化的规模发展也带动了这门传统技艺的新生。通州作为花丝镶嵌工艺的集中传承地始于1958年，在经过公私合营的集体化道路之后，当时北京

---

1 李苍彦编：《美的传说》，北京：北京工艺美术出版社，1987年，第169—171页。
2 厉宝华编著：《花丝镶嵌》，北京：北京美术摄影出版社，2015年，第35页。

地区已经相继成立了北京花丝厂，北京第一、二花丝生产合作社，北京第一、二镶嵌合作社等，最终五家合并在原通州孔庙遗址组建了北京花丝镶嵌厂，工人主要来源于北京、河北、山西和山东等地。自此，通州成为北京花丝镶嵌制作技艺传承发展的"根据地"。2007年，通州区政府组织申报的北京花丝镶嵌制作技艺入选北京市第二批非物质文化遗产保护项目。2008年，北京市通州区和河北省大厂回族自治县申报的花丝镶嵌制作技艺入选国家级非物质文化遗产代表性项目。如今，在北京通州还有赵春明、赵云亮等传承的区级花丝镶嵌非遗项目，以及与之相关的靛庄景泰蓝制作和黄铜掐丝珐琅制作等区级非遗项目，这些都能反映这项传统技艺的当代生命力。

传统花丝镶嵌制作技艺工序繁多，从最初设计到完成有20多道，前后相互映衬呼应。这其中，最具核心价值、最有标志性和代表性的技艺主要有花丝、錾刻、镶嵌、烧蓝和镀金[1]。花丝技艺是最基础的技艺，通过掐、填、攒、焊、堆、垒、织和编等工序进行花丝制作。掐丝，最重要的工具是镊子，这道工序虽然很基础，但是掌握熟练并不容易，要想掐得自如，能够适应满足各种图案纹饰的需要必须经过长期的学习和训练，由易到难，由简入繁，由规矩准确到惟妙惟肖。清末手艺人张聚伍就是因为掐丝掐得好，生动形象，被称为"掐丝王"。将花丝填入对应的图样轮廓，称为填丝，根据所填花样不同又细分为填巩丝、填卷头、填花瓣、填各种锦地等。攒活，顾名思义，就是将不同的花丝构件按照预先设计好的图样攒在一起，形成一个整体。之后，再用焊药将连接处进行焊接。焊接非常考验艺人经验，如何调制焊药的比例，放多少焊药，在哪个节点放，用火烧多久才能既牢固焊满又平整光滑，都不是光靠掌握比例就能做好的。为了丰富器物的形态，尤其是增强立体造型，需要对花丝部件进行堆垒。必要时，还需要用金银丝将不同花丝编织在一起，常采用的花纹有小辫、十

---

[1] 关于北京花丝镶嵌制作技艺的具体工序，详见厉宝华编著：《花丝镶嵌》，北京：北京美术摄影出版社，2015年。

字、螺纹等，所用金银丝数量有三股、四股、六股不等。小小花丝，积少成多，相互交织，竞相交叠，拼攒成理想的图案和器型。錾刻就用錾子塑形或刻画。镶嵌则是将珠宝螺钿镶嵌在器物上，以锉工嵌宝石为主，方法主要有爪镶、挤珠镶、包边镶和轨道镶。传统镶嵌技艺同样看重手法，要求心灵手巧，艺人用一把锉进行找形、抛光和校准，不用任何黏合剂就要做到严丝合缝、平滑舒适，十分考验艺人的巧劲儿和耐心。若用银做胎体，还要敷银蓝釉料进行烧制，称为烧蓝。最后可用镀金进行整体装饰。通常很少有艺人能够掌握所有技艺，但试图掌握并知晓这些核心技艺是每一位匠人的最终追求。一件精美的花丝镶嵌作品大多是若干艺人按照一定的分工协作共同完成，一件作品的完成需要经过设计、制图、塑型、制胎、制丝、花丝造型、錾刻、烧蓝、攒焊、镀金、压亮、镶嵌、配座、包装等工序。花丝镶嵌作品主要有摆件陈设、实用器皿、首饰，另外还可用于佛像和法器等供品。因其具有艺术装饰与独立实用兼具的特征，花丝镶嵌还与珐琅、雕漆、玉雕、骨雕等制作技艺有机融合，创造出更富艺术审美的精品佳作。

在北京花丝镶嵌的当代传承中，工艺美术大师起着重要作用。和大多数传承人一样，工美大师也是通过师徒传承的方式进入该行业，但他们凭借常年的辛勤努力、熟练掌握多道工序、核心技艺和整体生产流程，并在团队中发挥关键作用形成自己的代表性作品，最终受到行业和社会认可。白静宜、程淑美、马福良在获得"中国工艺美术大师"的称号后，尤为注重在花丝镶嵌整体特征基础上，打造和形成自己的风格，如程淑美就突出于创意设计形成了"程氏花丝"流派。以大师为核心的相对稳定的技师团队则保障了整个行业技艺的相对稳定传承。非物质文化遗产的保护与发展正需要在行业稳定传承中实现创新发展，而极具个人风格或艺术流派的作品不断涌现，将会为整个花丝镶嵌行业注入新的活力和生气。传统工艺的创造性转化与创新性发展同样需要在个性化和流派化方向上不断衍生新品牌，以品牌的维系与发展不断刺激和反哺整个行业与工艺项目的持续发展。迈入数字自媒体时代，花丝镶嵌制作技艺也越来越走进大众生活。传统企业和手艺人正在紧随数字文化新发展进行生产与传播方式的转型。他们或是在直播镜头中展示核心技艺，或是将艺人巧思瞬间通过短视频的形式记录传播。除了国家级非遗项目之外，全国市区级非遗传承项目，乃至各地方如重庆、成都、贵州等传承人也在用同样的形式传播附有地域色彩的传统技艺。花丝镶嵌技艺在数字文化时代再次呈现出民族地域文化共融共通的新局面。

赵春明学习花丝镶嵌的经历已经有40多年了。他于1979年进入北京花丝镶嵌厂技术工学校学习，而在此之前他对花丝镶嵌的了解是极为有限的，他多少也不会想到，自己会一辈子从事这门绝技，并成长为中国工艺美术大师，承担起非物质文化遗产花丝镶嵌的传承使命。1982年，他毕业分配到花丝镶嵌厂，师从工艺美术大师姚迎春从事新产品的开发和样品制作。1984年考入工艺美术职业大学美术系学习雕塑专业，他开始系统地学习美术理论专业知识和立体造型知识。1987年，他毕业后回到花丝镶嵌厂从师于工艺美术大师张荣贞进行新产品的设计开发和新样品的制作。为了更好地了解市场、开发市场，他之后专门从事大型花丝镶嵌摆件的设计和制作，于2000年至2002年任花丝镶嵌厂技术副厂长，2002年创办东方明艺工艺品有限公司，任总工艺师、总经理之职。

近年来，赵春明将自己的工作室——北京东方明艺工艺品有限公司——扎根在了宋庄。他认为，宋庄的艺术底蕴十分深厚，虽然宋庄不是以专门的传统技艺为核心，但他认为艺术是相通的，传统书画艺术、当代艺术和民间艺术之间都是彼此共存的亲密关系，他慕名来到宋庄，在一睹宋庄真容后，就决定要在这片极富艺术特质的土地上潜心耕耘，发挥自己的经验和积累优势，为传统技艺的生活创新、艺术创新开拓更广阔的生存空间，也希望能够培养更多的年轻人，为花丝镶嵌的当代发展凝聚更多力量，激发更大的生机活力。

赵春明对年轻人的寄予首先就体现在他对儿子赵安迪的期望上。赵安迪从小就在花丝镶嵌的环境中成长起来，"富丽堂皇"是他对这项传统技艺的最初印象，起初他对这项技艺也不大感兴趣，成长让他逐渐意识和发现了传统手工艺的魅力，而且他也越来越感受到传统技艺的困境，需要年轻群体的突破和创新。所以，他毕业后选择跟随父亲进入花丝镶嵌工作室。他进入行业后，首先在观念上有了变动，他认为花丝镶嵌虽然十分珍贵，巧技绝伦，但是大多数消费者和花丝镶嵌有很大的距离，很多人只是惊叹于这项绝技而已，但是对这项工艺的消费能力和接受意愿并不强，他认为只有让大众能够消费得起，有愿意购买和使用的意愿，这种才能让这种技艺更亲近于民。此外，他还积极将花丝镶嵌拓展到影视剧的服化道，拓展应用场景。

四、兔子的冒险：京味文化向潮玩文化的跨越

吉兔坊，位于宋庄镇小堡艺术区北部地区，原是一家在东城区注册的企业，在东城区耕耘多年已成功申请到东城区非物质文化遗产代表项目"兔儿爷制作技艺"，代表性传承人为胡鹏飞。多年来，吉兔坊始终致力于对"兔儿爷"这一北京传统民俗形象进行传承与开发，力图打造北京最大的兔儿爷创作生产基地。今天，当你走进吉兔坊工作室，在古香古色的四合院中，除了能看到老北京最有标志性的文化符号、文化形象之外，还有很多全国各地的代表性泥塑，如陕西凤翔座虎、河南淮阳泥泥狗、山东聂家庄泥塑、无锡惠山泥人等等。他们之中，既有胡鹏飞的代表作，也有很多是他从全国各地收集到的泥塑代表作品。采集众家之长，集合各地民俗风情，胡鹏飞并没有停下追梦的角度，他依旧带领团队进行传统手工艺的创新，在疫情过后酝酿着兔子的另一次冒险。

胡鹏飞，人称"老胡"。在进入宋庄之前，老胡一直在东城区"百工坊"经营自己的吉兔坊品牌。这个品牌是他的师父帮助他一起创立的。刚到北京的老胡，只是一个二十出头的小青年，出生于陕西凤翔，没有特出重的学历背景，对北京历史文化也不够了解，但他从小在泥塑里泡大、长大。他的父辈都是当地小有名气的泥塑匠人，主要从事古建筑修缮和塑

像。用老北京"五行八作"的话讲就是"抓胎塑像"。他的父辈依靠这项小有名气的绝技游走在陕西、山西、河南的广阔土地。老胡对塑像也有一些认知,从小见惯了父辈的辛勤工作。老胡年轻时当然更喜欢凤翔泥塑,他对那些挂片、立人,乃至泥玩具更有感情和创作欲望,但他又不甘于在陕北沿着父辈的足迹生活下去。刚到北京的老胡,一次偶然的机遇看到了兔儿爷,结识了他的师父——一位兔儿爷手艺人。习惯于陕西凤翔的大狮子头、大虎头,老胡一开始对这兔儿爷也不是很感兴趣,但这却是他在北京能找到的最相通、最能用来谋生的手段。

2006年,凤翔泥塑成功入选我国第一批国家级非物质文化遗产名录,同时被列入泥塑国家级非遗项目的还有联合申报的项目天津泥人张、江苏无锡惠山泥人、河南浚县泥咕咕。北京兔儿爷和河南淮阳泥泥狗于2014年才入选第四批国家级非物质文化遗产代表性项目名录,但这并不妨碍兔儿爷在老北京人心目中的位置和兔儿爷在京味文化中的代表性。老胡与兔儿爷结缘之时,兔儿爷还不是非物质文化遗产,凤翔泥塑也没有国家级非物质文化遗产的标签,他们在老胡心中都是一样的"玩意儿",一种爱好,一种生计。就这样,凭着自己打小积累的手艺功底,凭着对北京这座城市的想象和追梦,从2000年开始,老胡开始了他的北京学徒生涯。那时候生产的兔儿爷量不算大,做好了就在景区和街区摆摆地摊。老胡是个好琢磨的人,时间久了,对兔儿爷技艺已然完全掌握,老胡开始了创新。

和传统兔儿爷稍有差别,老胡做的兔儿爷没有那么严肃,他引入凤翔泥塑等元素,让兔儿爷看起来脸部圆润,面带笑意,形象更生动亲人。同时,在工艺上也有一些变化,他参照凤翔泥塑的生产经验,在泥料中分次加入棉花,揉捏起来更有韧劲,成型后不易裂断。在色彩搭配上,他的兔儿爷还吸收了诸多戏剧元素,彩绘以朱红、石青、花青、藤黄、金为主色,搭配石绿、胭脂等作为辅色,从大色块入手,再到描金勾线、绘画吉祥图案作为装饰,最后用墨给兔儿爷开脸点睛。没想到,老胡创作的新式兔儿爷很受市场欢迎。但同行尤其是老北京兔儿爷艺人对老胡的质疑较多,他们大多认为传统兔儿爷的"形"和"韵"不容变,但老胡对传统兔儿爷并没有那么保守，亦如他对凤翔泥塑的态度一样，他总是在琢磨中试图创新，因此他的兔子总是很受市场欢迎和认可。市场的反馈让他有了创立品牌的想法，他的师父也开明，不但不反对他打破传统兔儿爷的气韵，还支持他创办了"吉兔坊"这个品牌。每当谈起往事，老胡对师父都充满了感激。对于同行的质疑，老胡也很淡然，他相信自己的审美，坚持自己的创作。今天，我们在老胡的四合院仍然能看到他创作的凤翔泥塑，同样有很大创新，最典型的凤翔泥塑色彩通常是豪放浓艳，特别能体现陕北质朴奔放的情趣，老胡却一反常态创作了墨线勾勒的冷色调狮子头，更加反衬了狮子的神秘和威严。类似的创作，在老胡的工作间还有很多。

与兔儿爷结缘，成立了吉兔坊之后，老胡几经辗转之后到了东城区"百工坊"。百工坊是东城区发挥南城民间技艺文化积淀优势打造的传统手工艺名家集散地，是非物质文化遗产的集中展示、交流的场所，有景泰蓝、牙雕、雕漆、京绣等传统宫廷艺术为代表的"燕京八绝"，还有面人、料器、内画、剪纸等民间传统工艺。老胡的吉兔坊是个真正的作坊，游人

图 4-9 吉兔坊工作室场景
2023 年 6 月 3 日 王文超 摄

不仅可以购买心爱的工艺品，还能在这里体验兔儿爷整个制作过程。疫情期间，老胡把"根据地"从东城区"百工坊"迁到通州宋庄，在这里租下了一个空间更大的四合院。

现在新融入的宋庄艺术家大都采取租房的形式，有的租住一间或几间房屋，有的会直接租一个院子。老胡租的院子规模不小，装修很有格调，这大都是前租户留下的。老胡简要调整了下格局，就将工作室、展厅、作坊都搬了过来。他将旁边的一个大厅专门改造为展厅，矩阵式展阵各种各样的兔儿爷，还有他在全国各地收集的各种形制不一的泥塑，另外还有近些年老胡经营的各类文创，这就成为公司外宣的重要展厅和接待室。在紧挨着展厅的一个二层大院子里，院子中间有小桥流水，曲水中常年养着小鱼，邻居隔三岔五跑来的小猫也是老胡的常客。一楼廊道里也设有几组艺术装置和展示，一楼正北的屋子是工人的工作间，一般工人研发新品的建模环节都放在这里进行，待定品之后就拿到别处去大规模生产。一楼西侧还有办公室。二楼是设计工作室，还有几间接待室和办公室。

近年来，老胡在文创及联名上做了大量探索，和一些大公司、银行等企事业单位共同开发联名文创，让兔儿爷走向了更广阔应用场景，出现在了各类主题活动和节庆场所。联名也进一步带动了老胡兔儿爷的创新创作。在销售渠道上，除了传统的线下门店之外，线上各类传统技艺主题活动展、消费日，吉兔坊的兔子总是活跃积极地出现。他们还入选了北京市文旅局"北京礼物"品牌，使这一传统北京节俗的标志性技艺成为北京文旅消费的代名词。

2022年，老胡和他的团队利用疫情期间又筹划了一桩大事，他们计划把传统兔子、最具有老北京特色的兔子打造成为全国性、全世界性的潮玩兔子。他们打造出"元卯人"的形象，积极参加了第六届北京文化创意产业大赛。相关介绍是这样的：

> 由北京市国有文化资产管理中心主办，北京市文化产业促进中心、北京歌华传媒集团有限责任公司承办的第六届北京文化创意大赛

于2022年9月28日启动——2月14日正式落幕，预选赛阶段征集项目（作品）55318个，遴选955个项目进入总决赛。历经四个月的路演和评选，总决赛获奖名单于2月14日正式公示，评选出专业赛道奖项55个和文化创客团队奖20个。其中有一个获奖项目受到大家特别的关注，那就是火了400年的兔儿爷——创新项目"元卯人IP"。

近年来，我国数字经济迅速发展，数字文化产业加速崛起，新文化业态、新文化消费模式和场景不断丰富，在互联网、数字化、元宇宙多元发展的大背景下，坚持中国优秀传统文化应进行"创造性转化、创新性发展"的基本方针，汉祖艺术实验室和东城非遗兔儿爷代表性项目《吉兔坊》在北京市文联的指导下推出了兔儿爷元宇宙IP形象"元卯人"。

以这个城市的物象载体和隐喻符号的形式，建构着对北京城和中国神话的文化想象，力求用非遗、艺术、潮流、元宇宙等跨界融合的新视角来传承、解读、延展这个北京的吉祥物，并将这一符号融合进新时代的文化特征，吸引Z世代、C世代等更为年轻的受众群体，来探索非遗、文化、艺术、潮流、商业新形态。[1]

看得出，老胡基于传统兔儿爷形象打造的全新文创IP十分受关注。虽然这个形象的故事线还没有完全成熟，但项目的应用场景及消费潜力已经得到了社会和主流媒体的关注和期待。在老胡看来，吉兔坊仍旧要在保护传承老北京兔儿爷非遗技艺上持续迈进，目前这项工作已经比较稳定，有稳定的市场、团队和需求，今后更需要思考如何在坚守基础上探索新的道路。老胡一直认为，以最原汁原味的手法来传承"兔儿爷"这项技艺只是基础，但如何能够将"兔儿爷"背后的吉祥文化、民间习俗观念与当代公众文化需求联系起来才是关键。于是，他和他的团队盯上了近几年大火的

---

[1]《看火了400多年兔儿爷怎么跨界演变成"元卯人"》，京报网，https://wap.bjd.com.cn/news/2023/02/17/10339515.shtml。访问时间：2023年3月10日。

图 4-10　各种风格的元卯人
2023 年 6 月 3 日　王文超 摄

潮玩。潮玩的本质就是通过图像或故事线形成一个文创 IP，再不断孵化、培育使之产生源源不断的粉丝受众和流量。他们希望能够借助老北京兔儿爷的形象，通过商业手段，结合当代人的衣食住行进行创新，希望这项非遗技艺能在当代得到更好的传承和发展，因此文创的这条路必须走下去。

老胡的"元卯人"是一只神秘的兔子。在设计上，这只兔子不像传统兔儿爷有具体的形象和表情，而是一只仅仅能看到兔子最基本属性——两只长耳朵的形象，同时这只兔子也没有任何颜色。老胡希望各种元素都能够和这只兔子产生嫁接，产生融合，所以这也是一只融合性、融入性都极强的兔子。任何颜色、线条、绘画、元素、材质都能在这只兔子上呈现不同的味道。为了突出这一点，老胡还特意制作了一系列各种各样的兔子，有珐琅的、塑钢的、陶瓷的、泥塑的等等各种材质，也有未来科技感的、时尚潮流的、敦煌古韵的，他们甚至还在工作室打造了一只月空元卯人，以神树为中心为月空元卯人搭建了一个充满科幻神秘的想象空间。

老胡说，区域别于现代很多纯数字化的文创 IP 或纯实物的文创 IP 而言，他们要做的是实体与数字相结合。他们已经在原公司基础上专门搭建团队打造数字 IP 运营团队，同时对于手作文化也不会放弃，会使用各种材质、在不同场景发挥手作的影响力，手作既能制作工艺品，还能打造大型空间的艺术装置，将数字元宇宙和线下实景相结合，老胡的兔子梦还在不断追逐。

2023 年，老胡还申请到了北京市文学艺术界联合会的创新项目，将利用北京市文联的平台凝聚效应，为元卯人打造独有的一条故事线。这只是一个开端，随着元卯人形象的不断丰富，故事线也会更加多元。今后，我们可能会在游戏、动漫、影视动画，甚至于元宇宙空间等等行业见到这只勇敢多元的兔子。虽然有梦，但和当初被质疑而冷静自若的老胡一样，他们并没有马上融资，招兵买马，扩大内容。他仍旧是在自己的节奏里，游刃有余地经营着自己的兔儿爷，构想着元卯人的新思路，不急不躁。

图 4-11　吉兔坊文创空间
2023 年 6 月 3 日　王文超　摄

生活在宋庄，老胡很悠闲。他和宋庄的很多传统艺术家都有往来，也时不时会相互串门、走动，了解了解彼此的最新创作，偶尔也会相互合作。但老胡说，在宋庄，大家彼此之间的联系还是比较松散的，更多是沉浸在自己的世界中，忙碌张罗着自己的事业。虽然工作室是租的，但老胡还是比较踏实，他说现在流动性没那么大了，不需要为房子的事情操心太多，如果哪天房东有不合理的要求，那就搬家。老胡对宋庄的生活也很满意，没有城市的拥堵和喧嚣，生活餐饮也很方便。他每天生活在这里，关注着这里的变化，变又似乎没变。老胡说，之前红火了一阵的创意集市没过多久就没有，运营不下去了。他和家人偶尔也去看看，没什么特别少见的商品，大多是一些随处可见的旅游商品和艺术品，宋庄的艺术氛围不是创意集市能反映的，艺术家们也不需要这种短时喧闹的生活体验。

老胡的工作室大体有十多个人，这几年在元卯人的开发上并肩作战的是小杨。小杨专门负责元卯人的 IP 打造和运营。2023 年 7 月，他们还一起受邀参加了日本艺术家大久保博人的潮玩展，并赠送一只元卯人兔子。其他的工作人员都生活在不同地方，专门负责店面运营的小孙就生活在燕郊，从燕郊到宋庄比从城里过去要方便多了，还有一些刚毕业的艺术类大学生也在这里做兔子。工作室没有那么热闹，大家安安静静地做着自己的工作，完成着自己眼前的任务。老胡的制作基地在张北，他时不时也会开车过去看看制作基地的工作进展。

老胡说，现在通州区和宋庄镇都非常关心他们，希望这家原属于东城区的企业和非遗项目，能够为通州、为宋庄做点什么。老胡依旧奔波流走在北京乃至全国各处，他还会时不时参加东城区文旅非遗活动，也会带着他的元卯人参加全国各地的博览会和潮玩展。传统艺术、非遗项目与当代文化的紧密结合，老胡始终在探索，一直在路上。

第三节　新群体融入与新业态发展

近年来，随着短视频直播平台的兴起和直播带货的快速发展，宋庄的经营方式也日渐多样化，最具标志性的就是中国宋庄书画直播基地的成立。2021年6月16日，宋庄联合抖音成立了宋庄书画直播基地，尽管在自媒体时代，人人都为自己代言，很多艺术家都在"上云上网"，但该基地的成立在一定程度上标志着宋庄艺术创意小镇开启了产业发展与艺术服务的全新局面。宋庄书画直播基地位于宋庄"艺创云阶"文化产业园，首期规划面积约1万平方米，主要以为艺术家服务为目的，进一步扩展线下产业链，活跃宋庄艺术品交易市场，激发疫情时期的消费潜力，为打造艺术品展示交易平台奠定基础。基地的成立是宋庄艺术创意小镇建设在疫情期间的新尝试和新亮点，也力争打造服务城市副中心建设的艺术创意产业联动示范基地。

当然，除了直播基地之外，其实更大多数的艺术家群体都已经开始自己通过自媒体和短视频进行推广宣传，宋庄也不再停留于一个区域和实体，线上宋庄也逐渐发展和活跃起来。这一方面得益于宋庄艺术家本身的自媒体自觉，一部分艺术家通过自媒体达到宣传和普及的目的；另一方面也得益于新艺术群体的涌入，部分群体甚至将宋庄艺术家的生活状态本身作为一种短视频素材，向网友大量输出宋庄艺术生态，在条件成熟后也帮助艺术家销售作品，扮演着新代理人和经纪人的角色。

一、宋庄艺术家的线上生活

赵斌是一位资深的宋庄艺术家。他出生于1963年，在某短视频平台上，他称自己是喜欢画画的北京老头，身兼艺术家、动画导演、主题公园设计师等角色。他在自述中讲道："我打小就喜欢画画，几岁开始在家就随意涂鸦，12岁时家人送我去了西城区少年宫专业学习画画。后来我考上了工艺美术的高中，接着又去继续充实，学习，直到工作。我在电影厂从事动画导演工作20余年。我导演过迪士尼的《蝙蝠侠》《泰山》《阿拉丁》，国内动画片《海尔兄弟》《西游记》《哪吒闹海》等等。我做过主题公园设计师，我还做过项目经理、艺术总监等工作。人生旅途中的每份工作都是我成长的烙印，我从生命里热爱并感谢岁月时光。现在，我带着儿时的梦想和记忆，开始了为自己而活的全新生活，在宋庄专心画画。"他同时也在短视频平台上经常更新介绍艺术和书画界、谈书画朋友圈、宋庄故事与生活，也通过网店销售自己的作品和文创，也有自己的粉丝群。

赵斌老师在宋庄的画室约有120平方米，主要满足他的日常画画和交际，画室张挂着他的很多代表作，如《北京往事系列》《西游记系列》、大都会、《印度见闻》等，对于在宋庄的生活感受，很多人通常会把宋庄作为全国最大的艺术家聚集区，一些刚入门的或外地来的画家也会把宋庄自觉作为心中的圣地，这也无怪乎这里被称为"中国·宋庄"。赵斌认为，作为一名画家，宋庄就是他心中的CBD，这就像商人把国贸作为CBD一样，宋庄在艺术家的心目中有着特殊的位置。生活在宋庄让他感到十分舒服、惬意、放松，也最能够释放自身，他把宋庄看成是非常具有生活化的艺术空间，一个小铺，一个牌坊，都足以让他感受到家的存在，这里充满了形形色色的艺术家，无论是你喜欢的人也好，还是你不喜欢的人也好，他们无关乎个人的身份和地位，都在忙于自己的梦想和追求，都有着自己最新的幻想，有时候也可能是空想，在这片土壤中构思着一幅或惊人或息影的作品，这就是宋庄不同于其他地方的魅力。艺术家通常都是"冰冷的"，他们甚至不需要有太多的社交，就是专心致志地闷在画室里画画。但是宋庄还存在另一个群体，像策展人、经纪人、画商等，他们善于交际，关注艺术行情，洞察市场需求。他们常年游走在这些艺术家中间，似乎又充当着艺术家交流交往的媒介。现在，他非常享受在宋庄的生活状态，每天晨起开车到画室，浸润在画布的世界里让他最踏实、舒心，饭店的大餐或简餐，可以让他和艺术家朋友们一起吃饭、交流，最为舒心、放松。

用心交人，这是赵斌在宋庄生活十多年的最大感受，他认为人与人之间的交往是发自真心、发自肺腑的，源于情感的。尤其是对于艺术家而言，彼此交往要非常坦诚，真心交往，而不是只用脑子交往。艺术家生活在宋庄，对艺术家群体的认同非常强烈，在这里彼此之间更能卸掉假面，倾听和捕捉同行最真切的想法、最真实的声音，即便是和画材、装裱等上下游同行在一起，彼此都是朋友关系，不会讲"著名艺术家""著名画家"这样的客套话，没有职业差别，没有阶层划分。心灵的契合，这是艺术家喜欢在宋庄生活的最主要原因。另外，生活在宋庄对于艺术家也是真实的方便，宋庄能够为不同艺术门类、不同群体的艺术家提供各种各样的原料、工具和服务，艺术产业链已经非常完备，这也是宋庄吸引很多艺术家的原因之一。

对于当前宋庄艺术小镇的规划和建设，他也坦诚政策和资本导向下的宋庄，与自然生长的宋庄有着很大差别，他形象地把资本比喻成"推土机"，资本正在一点点蚕食和吞没宋庄艺术家生存的土壤，很多好地方、好地段逐渐腾退成为某某公司、某某酒店、某某商超，基础设施、硬件环境的改变，以及政策红利也让宋庄原生的地价变得越来越贵，房租越来越高，很多艺术家也因为不能继续承担高额的房租成本而不得不离开宋庄。他认为政府重视的出发点是好的，也希望能为自然生长的宋庄搭建更好的生活服务和工作环境，但是资本的大量涌入已然正在破坏这个艺术生态圈，宋庄不可能回到过去那个纯粹的村镇。无论是过去还是现在，在宋庄工作的行政和政府人员，首先大都对宋庄艺术有很深厚的热爱，也愿意学习艺术，同时也非常尊重艺术家群体，小心呵护着这个特殊群体。如果没有这批艺术家，那么宋庄艺术小镇也就无从谈起。很多在这里工作过的基层工作人员或政府领导也经常到宋庄考察、调研，调研发现宋庄存在的问题，帮助艺术家解决生活和工作难题，甚至过年时还会为一些留守的艺术家准备年礼，慰问艺术家群体。他也确实看到了宋庄的很多变化和进步。但是宋庄艺术家群体人数太多了，层次也比较分明，有的艺术家在创作之余还会通过送外卖等方式来维持生计，还有的画家虽然自己创作，但家人却承担起了操持家务和日常开销的工作，送外卖、卖小吃等等生计方式已经成为部分画家家属的首选。谈及"艺术乡建"，赵斌老师认为艺术家是最为纯粹善良的一个群体，特别有仁爱之心。这些年来，无论是祖国哪个地方遇到了灾难，宋庄都会组织艺术家献爱心，或用手中的画笔、刻刀记录灾情、弘扬赈灾、讴歌时代。艺术家当然也乐于为乡村振兴、乡村建设贡献自己的能量。他也期望自己一直能够做一位热爱自己的绘画事业，爱自己的家人，爱舒适生活的人。

周老也是一位"老宋庄"，赵斌称周老才是宋庄真正的网红。一个名叫"上格艺术"的直播号介绍了周老等其他艺术家的创作及想法，还同时运行着上格当代艺术、上格艺术、上格艺术家、上格艺述、上格纪事几个账号，主要推荐有趣、有成就、有才华的艺术家及其作品。周老的兴趣特别广泛，涉及陶瓷艺术、雕塑、油画、水墨、行为艺术等，他特别坚持艺术为大众服务的观点，认为艺术首先要为社会服务，艺术不应当只是艺术家自己的表达。公共艺术尤其要为地方服务、为民族服务、为国家服务，艺术家要有"穷则独善其身，达则兼济天下"的胸襟和情怀。他在当代艺术面前尤为主张弘扬中国传统艺术，倡导艺术要始终保持多样性。他经常在短视频里发表针砭时弊的观点，也不乏犀利的艺术批判。生活在宋庄，看到很多人都在短视频里销售艺术品，他自己也通过短视频发布自己的最新作品和创作过程，他总认为艺术品直播需要给网友提供真东西，即便是线上艺术品也要经得起时间考验，文化直播相较于一般网络带货不同，尤其要有文化内涵。

大艺儿如冰是宋庄一位女画家，原本在大学工作，从一名大学老师转型成为一名全职画家，从稳定生活到没有固定收入来源，她也在宋庄持续打拼多年，现在她虽然因为个人原因离开了宋庄，但并没有脱离宋庄的画家圈子。她依旧像以前一样会通过直播号不定期直播，但更多数时间都是通过短视频聊艺术，发布她的创作过程。

流动在自媒体上宋庄艺术家很多，但真正活跃并以此为工作重心的不多，他们还需要把更多时间投入在创作上。相比较而言，则有一批画商或自由职业者将拍摄记录艺术家的短视频故事当成了工作，在宋庄发展为一个有相当规模的群体。

二、线上线下的宋庄画商及市集

在自媒体时代，很多画商和画廊也转战线上。宋庄抖音书画直播基地作为首家进驻中国宋庄书画直播基地的直播平台，在促进画廊转型方面发挥了一定推动作用。据悉，抖音书画直播基地一期面积3800平方米，共有18个直播间（含1个1000平方米超大直播间），主要依托抖音电商直播平台的流量优势，推动宋庄本土艺术家从线下走向线上，创造更广阔的展示平台、更专业的交易服务和更贴心的培训指导。"到2021年12月底，中国宋庄书画直播基地销售额突破10亿，已助力商家2000余位，帮助7000余名艺术家完成直播线上转化。[1]"从这些数据增长能够看出，短视频直播为宋庄艺术产业的发展带来了新的活力和产业集群。它试图为宋庄艺术家创造更好的营商环境和消费服务平台，激发城市副中心文化产业高质量发展的新生命力。尤其是在疫情期间，大众网友可以通过一些画商画廊的直播或

---

1 《探索"互联网+"文化产业发展 宋庄书画直播基地加速产业聚集》，北京市通州区人民政府网，http://www.bjtzh.gov.cn/bjtz/xxfb/202202/1513108.shtml，访问时间：2022年3月10日。

短视频了解宋庄镇域内相关艺术家的主要经历、创作风格及其代表作等信息，进一步提升了线上宋庄的知名度，在疫情影响下拉近了大众与线上宋庄的距离。

马丁，不是一位画家，而是一位爱画懂画的"画商"。他在宋庄也租赁着一个工作室，白天上午写文案，下午就和团队去拜访艺术家、拍视频，晚上则编辑整理，有的时候还要直播卖画。工作室一部分空间被用来存储各类画作，另一部分空间是展示和工作区域。马丁和他的团队平时要花大量的时间用来走访宋庄艺术家群体，他们尤为关注那些相对普通的艺术家。相对于宋庄有名的画家而言，更多人都是普通的，他们无论是居住的生活空间，还是日常收入而言都与大众对艺术家的想象有距离。马丁经常会和年轻的、普通的画家讲一句话，大体意思是说刚入行的艺术家容易在自身定位上存在偏差，这时候就不能过于强调画作的艺术品性质，而要当作一种商品去看待，先要让作品卖出去，并且能够养活自己，让更多人了解你之后，才有可能有日后收藏和艺术升值的机会。他时常对一些年轻画家的劝诫也能体现宋庄艺术行业的艰辛。马丁的日常工作就是走访和了解这些普通艺术家，他们会利用镜头语言，通过短视频的方式向网友介绍每一位画家的生活经历、艺术风格，偶尔也会介绍画商和画家之间的交流过程，让网友看到宋庄艺术家群体真实的生活状态。马丁在和画家交流的过程中，他总是特别注重人品，在和网友介绍画家作品的时候也会附加一句画家的人品如何好之类的话。在他看来，人品的好坏总是和画作所能传递的境界高低息息相关的，也决定了画家今后能够在艺术这条路上走多远。因此，并不是所有的画家都会被他拿来推广宣传，也不是所有画家的作品都会被收购，人品是他衡量作家作品的一个首要因素。他在和网友分享的过程中也会谈到类似的话，大体是说作品虽然重要，但绝对不是最重要的，画作的好坏永远是层出不穷的，未来永远有更好的画作，但是真正能够走出来画家比拼的还是各方面综合素养。这种正能量的传达也是在他的短视频中时常能够看到的内容。大多数情况下，马丁在拜访之前还是会做一些功课，大概了解一下画家的经历与风格，有时候实在没有太多时间，现场就会更多聆听艺术家的陈述与介绍，尽可能学习和捕捉艺术家的风格特征。他说大部分艺术家还是比较和善的，所以即便有这种准备不充分的情况，但也比较少出现尴尬的境况。

  马丁也经常在直播中销售自己收购的画作。作为一位画商，他也坦言直播虽然便利，但确实是所有卖画方式中价格受益最低的一种方式，很多售画方式和渠道都要比直播卖画的收入高，但直播却为普通艺术家和书画爱好者提供了一个很好的机会，帮助他们能够及时地将自己的画作让更多人知道，这是线下售画渠道所不能达到的效果。马丁之前主要在画廊工作，在自媒体和短视频兴起后刚刚转型进入直播行业时，他对这种低价方式也非常不习惯，之前画廊售画的利润往往会较高，但直播面对的网友群体是不确定的，再加上直播过程中网友之间的相互交流，如果过高的价格也很难留住直播间的网友，因此大多数情况下直播间都是以相对低廉的价格在售画。好在直播间人流量大，真实的价值与品质不错的画作就能促成销量。现在很多画家也会签约各种文化公司，这样一来通过直播订制的方式也为画家创作打开了销路，直播也进一步加强了画家和消费者、藏家之间联系。

  在宋庄除了大部分艺术家自身就在直播间推广和售画之外，很多画廊、画商和艺术馆也在同步直播。线上宋庄的生态已经非常普遍和成熟。但马丁也指出，直播间其实还是以行画为主，所谓行画就是以临摹大师画作或常见工笔画为主，行画对于普通消费者的需求最为旺盛，加之原创画作在直播间很难卖出理想的价格，这就直接影响了一些画家的创作导向，开始专门绘制行画，而不再投入大量时间进行艺术创作，艺术生态确实受到明显影响。当然，马丁还是对宋庄年轻的艺术家群体有很高的期待，他在视频上也会鼓励大家真正走进宋庄区欣赏、收藏艺术家的原创作品，在自媒体直播平台上也可以尽可能地去关注一些原创作品，他甚至提出收藏并不只属于有钱人这种观点，向网友介绍国外一些工薪阶层进行艺术品收藏的案例，以此帮助网友提升对艺术品的认识。另外，对于短视频内容尤其是直播内容的选择，除了以网友所关注、倾向的内容和品类为导向以外，他们也会时不时地介绍一些最难评判的当代艺术作品，希望向网友推荐更多属于这个时代、代表这个时代的最新作品。他们会在自媒体上帮助年轻艺术家推荐最新探索的艺术作品，肯定艺术家的创新创造，他们把艺术家比作顽强又孤独的树苗，借助自媒体去鼓动网友相信和信任年轻人的创造力。有时候，他们自己也会通过短视频引领网友去反思一些问题，诸如艺术品会给生活带来什么之类的话题，艺术品势必只能满足人们精神生活需求的产品，很多宋庄艺术家在大量的艺术品堆积时还是不得不面对残酷的现实。所以，随意翻看马丁的视频，除了表面上看起来丰富多元的艺术家群体、"琳琅满目"的艺术作品之外，他总是会找一些发人深思的话题去引导广大网友去思考自己与艺术家、艺术作品之间的关系。这些都需要他们花费很多心思去写文案、想角度，这是他们的工作，也是他们的日常生活。作为画商的马丁，他的日常生活正是如此。

此外，一些线上画廊也在同步出现，他们像马丁那样深入访谈画家经历、艺术风格，通过短视频向网友介绍艺术家及其艺术作品，同时又与线下画廊店开展双向合作。贾鹤义是一位画家自媒体人，他本身就是一位画家艺术家，疫情期间发现很多艺术家相继离开了宋庄，于是就希望能够用短视频记录下他们的创作经历，留住他们的宋庄故事，于是就有了他的《画家故事》系列。在他看来，宋庄艺术家其实是一个相对边缘的群体，并不太容易受到社会关注，宋庄艺术小镇的转型与艺术家群体的发展存在不一致，再加上疫情原因也导致了宋庄艺术家的流动。当然，也有一些艺术家在宋庄立足后越来越成熟，甚至还有些艺术家反而在疫情期间发展越来越好，通过绘画、卖画来养活自己，一些艺术家在宋庄相识、组成家庭，很多艺术家也将流量、视频看成发展的新动能。宋庄艺术家精彩纷呈的故事都在通过一个个短视频被网友关注，被社会了解。更多直播号都是此种运营模式，也有一些美术馆的直播号，如上上国际美术馆等则主要以展览推送、分享艺术家观点为主，较少分享艺术家境况、销售艺术作品。

我们在调查中也着重关注了一些画商和画廊的短视频播放数据及直播间人数，发现绝大部分账号还是比较困难能持续运行下去，这一方面是因为同类短视频和直播内容太多造成了内部竞争激烈的状况；另一方面也说明直播并不完全适合书画市场，线下的体验和感受尤为重要，一些画商也表示直播退货率较高，这也再次印证了这一点。除了一些既定的画商和画廊会在自媒体上分享画家生活，销售画家作品之外，通州及北京的很多自媒体从业者也会时常分享宋庄动态，他们多数是从外围观察介绍宋庄的一些变化，抓住热点活动吸引更多网友和游人前往宋庄打卡，这一定程度上也为宋庄艺术小镇的文旅繁荣发挥了引流的作用。

疫情之后，宋庄的日常生活还要回归线下活力。除了不定期的艺术展览及主题活动之外，宋庄走向大众生活的最大变化就是中国宋庄艺术市集的正式开业。2023年8月26日，准备已久的中国宋庄艺术市集终于开业，艺术市集本着为艺术家提供直接面对大众消费者的交流交易平台的宗旨，采取摊位形式让广大消费者与艺术家群体在一起，既可以现场观摩艺术家创作，也可以一起交流切磋。艺术市集不仅仅局限于艺术品的展陈与销售，其实是搭建了一个集合广大市民艺术美学、艺术体验、周末休闲、户外露营、美食夜市的新型城市艺术生活综合体。在空间规划上，艺术市集包含了宋庄艺术区的市集大道、中心广场、音乐广场、艺术街区、艺术家工作室、艺术小院、美食夜市等在内的绝大多数营业场所。艺术市集在开业初期还举办了三天文艺演出，邀请百余名艺术家现场创作活动，共同构建欢乐、新潮的城市休闲广场，音乐广场的"夜幕华彩，艺声绽放"主题音乐节，以天地为幕布，与华灯璀璨相呼应，为宋庄文旅业态带来了新场景。

在宋庄艺术市集的所有场景设置中，最引人关注的还是艺术家创客空间。创客空间采取以艺术亲近自然的方式，将艺术家的个人工作室放置于林荫绿道中，为艺术家营造集创作、展销、交流、洽谈于一体的综合空间。虽然空间面积不大，大约12平方米，但各个艺术家都琳琅满目地张挂了不同风格、不同时期的创作精品。市集内还有艺术市集美术馆、艺术农场、星空露营、亲子乐园等辅助公共设施，以及满足大众生活需求的艺术餐厅等。"神农亲子乐园"能够为亲子家庭提供感受农耕文化、亲近自然的体验式亲子活动，"星空露营"能够为市民提供享受生活、制造灵感的创作空间，相关活动也特别受到了各种网红博主的亲临推荐。随着艺术市集的开放，宋庄在2023年的夏天又再度吸引人们的关注，成为北京城市副中心的新打卡地。宋庄艺术市集是作为让艺术走向大众消费的一次尝试，不仅有助于在疫情后提振宋庄基层艺术家群体的创作信心，还能够为宋庄特色小镇吸引汇聚更多的优质文化艺术资源，客观上对宋庄镇域经济注入新动能。

相较于艺术馆和画廊而言，艺术市集更加针对普通消费者，满足大众对艺术审美的消费需求。张华是一位80后画家，在体制内有着多重身份，平常在画廊主要创作销售油画，这次也将自己的油画作品搬到了市集销售，他认为市集最重要的是为艺术家提供了一个受人关注的场景，以往虽然也有画廊，但毕竟销售群体和对象也比较固定，市集能让他的作品展示给更多的大众消费者。小虎虽是有残疾，但作为一位诗人和画家，他也在艺术市集上展示自己的诗歌创作和画作，还通过自媒体形式为自己代言宣传。宋庄艺术市集的建立在向广大艺术家提供集中对外开放的展示交易平台之余，还一定程度上补充了宋庄规模化艺术品交易市场的空白，有助于进一步完善艺术品创作和交易链条，为乡镇经济发展提供了一条新出路。更重要的是，艺术市集激活了宋庄艺术小镇的线下艺术品消费市场，推动了宋庄艺术与文旅融合发展，为大众提供了广阔的艺术休闲与销售广场。

第四节　城乡融合的乡镇共同体建设

在当前以县域经济为核心快速推动城乡融合与区域协调发展的整体背景下，乡镇是发展县域经济的重要载体和纽带，为连接城市与乡村，确保基层社会的稳定与繁荣奠定了重要基础。乡镇研究一直以来都方兴未艾、受到政府和学术界极大关注。与村落相比较而言，乡镇更加突显了村落之间的交流与联系，在另一层级上揭示了村落与村落、村落与城镇之间的关系。有学者也专门提出"乡镇共同体"的概念[1]，以期讨论以乡镇为单元的社区内不同主体之间的复杂关系。特色小镇正是着眼于乡镇为基本单元的经济体，需要集中应对乡镇共同体建设的基础问题。

宋庄镇以往拥有较好的经济基础，在文明建设上也走在前列。自1996年起，宋庄就是京郊"十强乡镇"之一、北京市农村小城镇建设试点、国家级"综合改革试点镇"，并先后获得首都精神文明建设委员会、中宣部、中央精神文明建设指导委员会命名的"首都文明乡镇""全国创建文明村镇活动示范点"和"全国创建文明村镇工作先进单位"等荣誉称号[2]。自20

---

[1] 郑浩澜：《"村落共同体"与乡村变革——日本学术界中国农村研究述评》，吴毅主编：《乡村中国评论（第2辑）》，济南：山东人民出版社，2006年。

[2] 杨林主编，罗文路等编写：《文明落农家：通州区宋庄镇的文明村创建活动》，北京：北京出版社，2000年，第1页。

世纪 90 年代中期，宋庄镇逐渐形成中国乃至世界规模最大的当代艺术大本营。在宋庄生活的艺术家超过 5000 人。有艺术展馆 30 多家、画廊 200 多家、艺术家工作室 4500 多个，集中展览、经营面积达 10 多万平方米，艺术工作区从原来的零散发展到现在近 20 个，餐饮、休憩、时尚空间 150 个，年均举办各类文化艺术活动过千场次，慕名而来的海内外游客达到年均 50 万人次。

当前，宋庄艺术创意小镇建设中正在通过多种形式、多个维度去促进乡镇共同体建设，这其中尤为重要的内容包括：文化价值认同、公共生活营造、情感纽带连接[1]。这三个方面因素在当代宋庄艺术创意小镇的转型发展阵痛期中正扮演着特殊功能，也将在今后较长一定时期内影响着宋庄特色小镇的发展。本节将基于前述对宋庄特色小镇发展现状的微观描述进行整体分析与总结。

一、价值引领的文化认同培育

特色小镇之所以能够成为一种标志性、引领性的文化经济共同体，正是因为其通过外在的经济体和产业链，不断激发内在的价值引领与文化认同，在整体上打造一种特色鲜明又符合实际定位的文化符号，与社区成员一道不断建构特有的文化身份与社区认同，进而自觉形成一种内在凝聚力和驱动力。

仅就北京范围内的特色小镇而言，我们就能看到鲜明的文化符号再造"运动"。门头沟区斋堂镇充分利用镇域内富有特色的历史文化村落资源和传统文化遗产和非物质文化遗产，将古村、生态与民宿经济整合形成精品民宿、小院有戏等文化品牌；王平镇正以"一线四矿"为抓手盘活工业遗

---

1 参见于俭：《特色何以成镇：社区共同体视角下的特色小镇建设——基于上海市 Z 特色小镇的田野考察》，《社会科学家》2023 年第 7 期。

产资源；延庆区张山营镇在北京冬奥会后紧紧抓住冬奥遗产挖掘利用契机盘活乡村文旅资源，开启了冬奥冰雪小镇的建设；平谷区金海湖镇近年来以金海湖为核心整合区域生态资源，形成了"京东桃花源，世界休闲谷"品牌；房山区长沟镇以泉水湿地公园为依托，有机融合基金业生态和湿地生态发展北京基金小镇，同样成功入选首批中国特色小镇。特色小镇建设中虽然多以本土生态、文化、产业为依托，但不乏不同时期外部文化要素和产业叠加。宋庄艺术创意小镇就完全依托于外来艺术家的集聚为核心资源，将这种活态流动的资源转化为促进本土转型发展的文化资本。

在镇域整体规划与形象推广上，宋庄已经将艺术创意作为空间布局的重要抓手，以小堡画家村为基础形成小堡艺术区，这是宋庄镇"两带两区"的核心之一，就是要通过规划设计从空间上保证艺术小镇的中心地位与长远发展。这种上升到政府规划层面的文化提炼与目标定位，自然离不开宋庄三十余年的自然生长与前期探索。空间布局决定着产业链的布局，以艺术创意为核心功能，宋庄着重建立了艺术创意产业体系，来保护原创艺术生命力，增强艺术产业贡献力，并逐步从艺术创意产业延伸到生态艺术旅游融合，将艺术区与乡村生态、文旅融合统一起来。基于宋庄艺术聚集区在中国乃至国际的独特优势，宋庄镇还以"中国宋庄"为名进行整体宣传，这在乡镇文化品牌推广上还是较少见的。依靠文化造镇、艺术兴镇，努力对标国际艺术小镇和文化名镇，这在镇域规划与品牌打造上已经形成共识。

依循这种文化造镇的思想引领，宋庄镇在不同维度去建构不同层面、不同群体对艺术小镇的文化认同。首先在小镇建设上毋庸置疑要走向越来越专业化的程度和水平。正如本章前述对规划引领和组织保障内容的介绍，艺术小镇的产业发展势必要以更加健全完善的基础设施、统一有效的行政管理、艺术化的公共空间营造为依托，原先以村落为依托的自然状态已经不能适应小镇建设的需求；与此同时，艺术生态作为核心资源也不再成为唯一资源，我们能看到宋庄对地方历史文化传统、红色文化资源的挖掘，对一种新型艺术市集文化的打造，当然也有少部分当代艺术家对原有自然式艺术生态建设的坚守。宋庄的艺术生态和文化内涵正在变得更加多元。宋庄镇在小堡艺术区打造上也关注到了艺术区与周边村落的有机联系，没有小堡艺术区的规模，周边村落就走向小而精的发展思路。基于艺术区渐已形成的产业链与消费圈去构建不同的文化新样态，无论是传统民俗文化节的再造，还是新的艺术街区及集市的打造，艺术区的文化价值毫无疑问正在向周边乡村蔓延巩固。在此过程中，政府引导、民间参与，艺术资源的流动与整合成为文化符号构建的一种突出现象。

在文化认同上，艺术成为各种艺术门类、艺术群体的公约数和代名词。就像当代艺术可以直接流向乡村、生长繁衍一样，民间艺术同样自然流向这里，传统的民间艺术家在这里跨界融合，他们既保持原有的艺术传统，也相互交流适应新时代消费需求。传统艺术的"脱域化"造就了艺术从业者更加自由、灵活的创作思路。有的民间艺术家虽然是北京其他各区的非遗传承人，也时常需要承担非遗传承的责任义务，但在宋庄的他们就像一个当代艺术的自由人，他们可以冒险激进地发展新艺术门类，进行生产上的创新创意。民间艺术家不需要肩负过于厚重的传承使命，他们更贴近生活、更迎合市场，也可以更贴合艺术创作的需要。年轻的传统艺术从业者在这里求职、集聚，他们接受的首先是最简单质朴的工作需要。当然，还有更多的绘画、雕塑等艺术从事者因艺术之名而来到这里打拼，一些自媒体人也会将艺术宋庄作为宣传和流量的噱头，游走于林林总总的艺术家和艺术从业者之中。不同群体的涌入与构成兼因艺术而集合，在这里自觉或不自觉地寻求归属、确立认同。

政府在文化认同的培育上积极作为，努力为青年艺术工作者落地硬件项目、搭建组织平台，通过建立艺术区党群服务中心加强党建引领，艺术区党委也积极组织各项艺术活动和讲座来加强艺术人才队伍建设。艺术家、艺术场馆及各类文化企业自由参与，积极为艺术小镇建设建言献策，也提出批评建议，为促进社区共同发展传递主体意志。当前文化认同的培育已经取得了很大效果，今后还可以在公共福利、社区人才流动等方面进一步完善相关政策制度。

二、共建共享的公共生活营造

宋庄作为艺术区，虽然拥有大量艺术馆、画廊及文化企业，但是一直以来公共艺术空间相对匮乏，很多慕名前往宋庄的游人无法真实感受到宋庄的文化气息。近年来，宋庄不断加强公共空间打造，试图为当地居民和游人打造更多艺术空间，提供高品质的公共生活和消费需求。

在公共空间的基础设施建设上，既有室外的艺术装置、公园广场、艺术市集，也包括了各类博物馆、艺术馆、咖啡馆等功能设施，公众可以感受艺术气息，消费有品质的公共文化服务。正如本章前述中所提及的，宋庄正在不断通过街区更新，建设更多艺术场馆来构建和丰盈艺术气息，这也进一步加强了社区内部成员及不同群体的交流，社区与外部的交际，为社区发展提供了更多可能性。尤其是最新成立的艺术创意集市，将为艺术品消费、艺术节涵养与艺术文旅发展提供了新契机。在虚拟空间上，线上宋庄的文化气象也正在形成，宋庄内部更私密的领域正通过短视频和网络直播向公众展示，一定程度上也增加了外部对宋庄的体验兴趣。

除了公共空间建设，在公共生活组织和筹备上，宋庄特色小镇采取的是以政府规划为主，民间参与为辅的思路。大众所能看到的宋庄艺术节、宋庄艺术市集以及各类组织学习活动都是采取政府组织，艺术家及文化企业积极参与的模式，这体现了政府在公共文化服务建设上的强主导性和政府责任。与此同时，像前文提及的"白庙计划"和"一张皮子的旅行"活动，则是有艺术家策划组织的艺术活动，虽然也兼有大众参与属性，但面向对象及群体存在内部性、群体性和一定私密性。今后，宋庄公共生活仍离不开政府主导，但应当鼓励更多元多样的自发性艺术活动，以促进大众艺术文化交流。

在宋庄组织化建设层面，除了艺术区的组织制度更加完善之外，我们尤其要关注宋庄乡村的社工组织，社工介入正在成为推动社区更新、助力文化和谐、提升基层有效治理的重要工具和手段。随着2021年民政部办公厅印发《关于加快乡镇（街道）社工站建设的通知》，全国各地正在统筹加快推进乡镇社工站的建设，这对于提升基层治理水平，加强基层公共服务有积极意义。当前，在宋庄镇已经有较为成熟的市场化社工组织，他们介入宋庄乡村之后，一方面为乡村社区的文化挖掘与资源整合做出贡献，他们将艺术区资源与乡村进行有机整合，通过组织各类艺术文娱活动帮助村民进一步加强社区文化认同和情感连接；另一方面通过产业引导将村民尽可能组织起来，理解村民的实际生活诉求与情感需求，为社区注入了新生动力。如前所述的沐泽社工就是这样一支队伍，他们已经在宋庄多个村庄进行试点，时间虽短但成绩显然。这也进一步说明社工介入乡村的潜力与前景。当然，我们也发现，宋庄乡村仍旧缺乏像乡村规划师这类的角色，仍需要在美丽乡村建设上进一步完善制度和人才体系，加强规划师与社区居民的联系沟通，在村居环境改造提升上为宋庄乡村建设提供更多新路径。

随着小堡艺术区的专业化建设程度越来越高，基础设施及公共服务越来越完善，今后宋庄应当将发展重心转向周边村镇，充分发挥乡镇共同体的优势，引导更多艺术家尤其是底层艺术家群体向周边村镇流动，形成品质错位发展的良好生态，同时也有益于带动周边村落的艺术化发展，人才和产业的集聚。虽然这种状态以前也存在，基本构成以小堡村为同心圆的正态分布，但限于周边村落的基础设施和发展水平，一定程度上限制了整体集聚水平。今后空间规划改造、组织化建设日益完善，以及社工组织介入后的协调，以小堡艺术区为核心的错位发展将成为可能，更有益于建构良好的宋庄艺术生态圈。

三、以业缘为纽带的情感维系

特色小镇的强发展，正在促使宋庄从传统的地缘关系占主导向业缘关系占主导转向，同业多主体参与将会更加激发社区内部活力。与此同时，以业缘为纽带的情感认同也将成为维系宋庄长远发展的载体。

处于转型阵痛期的宋庄正在经历艺术家群体层次的淘洗和更新，随着新群体融入，也有一批宋庄艺术家正在因高房租、低回报等多种原因"逃离"宋庄。正如一些调研已经表明的那样，我们在访谈调研中也发现，宋庄艺术家群体呈现相对结构化趋势，顶层艺术家和"老宋庄"流动性较小，他们在宋庄艺术区的生活相对自如，创作更加趋于原创和自由；底层艺术家的流动性最大，他们既有刚毕业的青年学子，更多是来自全国各地的书画艺术从业者，他们构成了宋庄艺术创意小镇的基底和活力，奔着宋庄艺术小镇的文化品牌和集聚平台而来，又因各种原因流失他所，他们在创作上更加以谋生打拼为主，虽然也有自主创作，但限于自身资源及成长阶段等因素并不能在短期内收见奇效，他们的创作作品也成为一些画商和自媒体人镜头的主要关注对象。底层艺术家的流动与生存困境，将成为宋庄艺术创意小镇在高质量发展阶段需要特别审视和对待的群体，宋庄一旦缺失了底层艺术家的流动就将失去集聚平台的可能性和朝气活力。在前述案例中，我们也发现一些艺术家虽然物理空间上离开了宋庄，但由于在宋庄多年的经历和生活经验，其生活圈和艺术圈仍旧与宋庄保持情感联系，情感认同与共同体并不会随着人的流动而消散，加之线上宋庄的品牌正在逐渐形成，线上宋庄艺术家群像也成为情感认同的体现。

今后宋庄将面对越来越多的流动群体，因业缘关系构筑的关系网络也会更加复杂多样，理应通过情感认同加强社区共同体建设的内动力。一是要发挥好基层组织建设，宋庄艺术区党组织、社区组织及艺术家组织要加强自我服务意识，加强对新融入艺术区群体的联络与接受；二是要加强艺术家群体平台建设，为流动艺术家的创作需求、生活需求及组织需求提供便宜的数字平台，便于及时掌握流动群体的信息及需求；三是要建立乡镇村落联动机制，对不同村落艺术家群体进行网格化统一管理，实现艺术家群体与村落发展需求的高匹配。与此同时，在乡镇共同体建设视域下，宋庄小堡艺术区与周边村落及徐辛庄组团的宋庄镇中心区、寨辛庄片区、尹各庄和富豪片区等还需要依靠增强产业协同布局，促进艺术产业、休闲观光、文旅产业及其他产业的融合发展，增进不同领域从业者的情感纽带，促进对宋庄艺术小镇建设的整体认同。

总之,宋庄艺术创意小镇正在呈现乡镇共同体整体营造的局面,突破了原先小堡画家村的单一发展态势,艺术小镇与美丽乡村建设统筹同步,艺术为乡村再造赋能平台和人才优势资源,不同群体、多种艺术门类的融入交汇,为朝向高质量发展的宋庄特色小镇提出更大机遇与挑战。

参考文献

【著作】

1. 吕国璋、李士路、史致新、王瑞：《北京市通州区张家湾人民公社办工业的经验》，北京：农业出版社，1960年。

2. 赵世瑜：《狂欢与日常：明清以来的庙会与民间社会》，北京：生活·读书·新知三联书店，2002年。

3. 邓云乡：《鲁迅与北京风土》，石家庄：河北教育出版社，2004年。

4. 张士闪：《乡民艺术的文化解读 鲁中四村考察》，济南：山东人民出版社，2006年。

5. 李富强、蓝襄云：《让传统告诉未来：关于民族传统与发展的人类学研究》，黑龙江人民出版社，2006年。

6. 吴效群：《走进象征的紫禁城：北京妙峰山民间文化考察》，南宁：广西人民出版社，2007年。

7. 潘可礼：《社会空间论》，北京：中央编译出版社，2012年。

8. 郭平、祝昇慧、冯莉：《传承人口述史方法论研究》，北京：华文出版社，2016年。

9. 李苍彦：《北京工艺美术史》，北京：北京工艺美术出版社，2018年。

10. 陈平原：《左图右史与西学东渐：晚清画报研究》，北京：生活·读书·新知三联书店，2019年。

11. 毛巧晖等：《北运河民俗志 第2卷 图像文本与口述》，北京：中国戏剧出版社，2020年。

12. 刘龙心：《知识生产与传播：近代中国史学的转型》，北京：生活·读书·新知三联书店，2021年。

13. 杨慧子：《手工开悟：非遗与文创设计》，北京：中国轻工业出版社，2022年。

14. 毛巧晖等：《北运河流域特色小镇建设研究》，北京：学苑出版社，2022年。

15. ［美］邓迪斯：《民俗解析》，户晓辉编译，桂林：广西师范大学出版社，2005年。

16. ［德］扬·阿斯曼：《文化记忆：早期高级文化中的文字、回忆和政治身份》，金寿福、黄晓晨译，北京：北京大学出版社，2015年。

17. ［美］司马少林（马歇尔·萨林斯）：《亲属关系是什么，不是什么》，陈波译，北京：商务印书馆，2018年。

18. ［日］黑川纪章：《新共生思想》，覃力译，北京：中国建筑工业出版社，2009年。

19. ［美］诺拉·米切尔、［德］罗希蒂尔德·罗斯勒、［法］皮埃尔·特里科主编：《世界遗产文化景观保护和管理手册》，张柔然译，天津：南开大学出版社，2021年。

【资料汇编】

1. 中华书局编辑部编：《嘉庆重修一统志·中国古代地理总志丛刊》，北京：中华书局，1986年。

2. 中国戏曲志编辑委员会、《中国戏曲志·广东卷》编辑委员会编：《中国戏曲志·广东卷》，北京：中国ISBN中心，1993年。

3. 北京市通州区文化委员会、北京市通州区文学艺术界联合会编：《通州文物志》，北京：文化艺术出版社，2006年。

4. 北京市通州区政协文史资料委员会编：《古韵通州》，北京：文物出版社，2006年。

5. 定宜庄等主编：《口述史读本》，北京：北京大学出版社，2011年。

6. 陈剑：《首都非物质文化遗产保护 2012 北京文化论坛文集》，北京：首都师范大学出版社，2013年。

7. 程国政编注，路秉杰主审：《中国古代建筑文献集要（明代上）》，上海：同济大学出版社，2013年。

8. 田阡、徐杰舜主编：《人类学与流域文明》，哈尔滨：黑龙江人民出版社，2017年。

9. 北京市通州区政协文史和学习委员会，北京市通州区西集镇人民政府编：《颐和西集》，北京：团结出版社，2017年。

10. 李志宇主编：《学术论文集》，太原：山西教育出版社，2017年。

11. 张塞主编：《二十一世纪中国社会发展战略研究文集》上卷，北京：长征出版社，1999年。

12. 张孝德编：《乡村振兴探索创新典型案例》，北京：东方出版社，2022年。

13. 北京市通州区张家湾镇人民政府编：《漕运古镇张家湾》（增修版），北京：中国文史出版社，2023年。

【内部资料】

1. 北京市密云县志编纂委员会办公室编：《密云县志 初稿》，内部资料，1995年。

2. 天津南开人民文化宫编：《中华妈祖文化学术论坛论文集》，内部资料，2006年。

3. 通州区文委研究室：《特色小镇：理论基础及实践创新》，内部资料，2017年。

4. 田俊杰编：《沙古堆村史志》，内部资料，2018年。

【期刊论文】

1. 吴莉娅：《中国城市化理论研究进展》，《城市规划汇刊》2004年第4期。

2. 周惠泉：《"捺钵文化"：辽代非物质文化遗产的历史追寻》，《江苏大学学报》（社会科学版）2007年第2期。

3. 萧放：《关于非物质文化遗产传承人的认定与保护方式的思考》，《文化遗产》2008年第1期。

4. 丁永祥：《城市化进程中乡村文化建设的困境与反思》，《江西社会科学》2008年第11期。

5. 朝戈金、尹虎彬、巴莫曲布嫫：《中国史诗传统：文化多样性与民族精神的"博物馆"》，《国际博物馆》2010年第1期。

6. 黎国韬、詹双晖：《竹马补说 —— 兼论竹马戏与白字戏》，《民族艺术研究》2010年第1期。

7. 龙迪勇：《图像与文字的符号特性及其在叙事活动中的相互模仿》，《江西社会科学》2010年第11期。

8. 刘铁梁：《感受生活的民俗学》，《民俗研究》2011年第2期。

9. 万建中：《关于非物质文化遗产的保护与保存》，《新视野》2011年第1期。

10. ［日］樱井龙彦著，甘靖超译：《人口稀疏化乡村的民俗文化传承危机及其对策 —— 以爱知县"花祭"为例》，《民俗研究》2012年第5期。

11. 徐赣丽、黄洁：《资源化与遗产化：当代民间文化的变迁趋势》，《民俗研究》

2013年第5期。

12. 陈泳超：《倡立民间文学的"文本学"》，《民族文学研究》2013年第5期。

13. 王建民：《非物质文化遗产传承人的生活史研究》，《民俗研究》2014年第4期。

14. 岳永逸：《教育、文化与福利：从庙产兴学到兴老》，《民俗研究》2015年第4期。

15. 马知遥、潘刚：《传承人口述史的身体经验价值》，《民俗研究》2015年第5期。

16. 裘斌：《"乡贤治村"与村民自治的发展走向》，《甘肃社会科学》2016年第2期。

17. 卫龙宝、史新杰：《浙江特色小镇建设的若干思考与建议》，《浙江社会科学》2016年第2期。

18. 田军：《博物馆：文化与景观属性兼在的文化景观》，《中国博物馆》2016年第3期。

19. 王小章：《特色小镇的"特色"与"一般"》，《浙江社会科学》2016年第3期。

20. 赵浩：《"乡贤"的伦理精神及其向当代"新乡贤"的转变轨迹》，《云南社会科学》2016年第5期。

21. 胡鹏辉、高继波：《新乡贤：内涵、作用与偏误规避》，《南京农业大学学报》（社会科学版）2017年第1期。

22. 祝昇慧：《民间文化场域中"非遗"话语的接合与博弈》，《中原文化研究》2017年第3期。

23. 张悦群、高宇：《关于工业遗产作为城市记忆容器与文化载体的研究》，《包装工程》2017年第10期。

24. 荣树云：《"非遗"语境中民间艺人社会身份的构建和认同——以山东潍坊年画艺人为例》，《民族艺术》2018年第1期。

25. ［美］黛布拉·科迪斯（Debera Kodish）著，张举文译：《想象公共民俗》，《民间文化论坛》2018年第1期。

26. 季中扬、师慧：《新乡贤文化建设中的传承与创新》，《江苏社会科学》2018年第1期。

27. 朱启臻：《乡村振兴背景下的乡村产业——产业兴旺的一种社会学解释》，《中国农业大学学报》（社会科学版）2018年第3期。

28. 邓可、宋峰：《文化景观引发的世界遗产分类问题》，《中国园林》2018年第5期。

29. 徐勇：《乡村文化振兴与文化供给侧改革》，《东南学术》2018年第5期。

30. 季中扬：《新乡贤参与乡村治理的民俗文化资源》，《江苏社会科学》2019年第

2期。

  31. 毛晓帅:《民俗学视野中的个人叙事与公共文化实践》,《民族文学研究》2019年第3期。

  32. 王晓:《大运河(杭州段)滨水区域文化创意空间的现代转型》,《杭州学刊》2019年第3期。

  33. 张兴宇、季中扬:《礼俗互动:农村网格化管理与新乡贤"德治"协同逻辑》,《南京农业大学学报》(社会科学版)2020年第1期。

  34. 张兴宇、季中扬:《"消极村务"背景下新乡贤参与村治的逻辑、方式及意义》,《浙江社会科学》2020年第2期。

  35. 王加华:《个人生活史:一种民俗学研究路径的讨论与分析》,《民俗研究》2020年第2期。

  36. 吕埴:《〈天津天后宫行会图〉中的北方妈祖文化》,《收藏》2020年第3期。

  37. 渠岩:《艺术乡建:中国乡村建设的第三条路径》,《民族艺术》2020年第3期。

  38. 陈换、章牧:《特色小镇文旅融合发展路径与机制研究》,《特区经济》2020年第6期。

  39. 黄扬飞、孙嘉诚、冯雨峰:《特色小镇原住民邻里交往空间探析——以杭州梦想小镇为例》,《城市发展研究》2020年第6期。

  40. 毛巧晖、张歆:《运河记忆与村落文化变迁:以北京通州里二泗小车会为中心的考察》,《西北民族研究》2021年第2期。

  41. 刘福田:《故乡村考》,《通州文史》2021年第1期。

  42. 纳日碧力戈、凯沙尔·夏木西:《试论中华民族共同体意识的交互性》,《中央民族大学学报》(哲学社会科学版)2021年第4期。

  43. 路璐:《大运河文化遗产与民族国家记忆建构》,《浙江学刊》2021年第5期。

  44. 毛巧晖、王晴:《民间花会与社会治理——以北京市通州区里二泗小车会为中心的讨论》,《社会治理》2021年第8期。

  45. 毛巧晖:《北运河流域民间文艺资源的传承与转化》,《美术观察》2021年第10期。

  46. 郑中玉、于文洁:《"特色"建构的多元主体与多元阐释——基于旭日村满族特色小镇的案例研究》,《南京农业大学学报》(社会科学版)2022年第3期。

  47. 徐赣丽、滕璐阳:《当代手工艺的都市实践——现代民俗学的探索》,《民俗研究》2022年第4期。

  48. 郭军连、刘小萌:《清代北京"二闸"考记》,《北京社会科学》2022年第5期。

  49. 毛巧晖、张歆、杨赫:《非物质文化遗产与节日民俗的资源转化》,《中国非质文化遗产》2022 年第 5 期。

50. 廖磊、吕晨：《"非遗+互联网"模式下北海贝雕文创产品开发研究》，《美术界》2022 年第 9 期。

51. 张军：《新乡贤的嵌入与乡村治理结构的转型——基于两个村庄的比较分析》，《社会发展研究》2023 年第 1 期。

52. 张熙、杨冬江：《从"乡村美化"到"和美乡村"——新时代"美丽乡村"的内涵变化、建设路径及价值探析》，《艺术设计研究》2023 年第 3 期。

【硕博论文】

1. 葛茜：《扬州市甘泉特色小镇建设过程的多元主体合作问题研究》，扬州大学硕士学位论文，2018 年。

2. 禄开辉：《四川凉山彝区毕摩文化对农村现代化的影响》，西南民族大学硕士学位论文，2019 年。

3. 王晴：《非物质文化遗产视域下张家湾民间花会研究》，中央民族大学硕士学位论文，2020 年。

4. 翁良玉：《特色小镇治理中的多元主体研究》，安徽大学硕士学位论文，2020 年。

【报纸文章】

1. 《公安局禁演龙灯竹马》，《新秦日报》1936 年 1 月 31 日第 6 版。

2. 《社论：农村工具改革的新发展》，《人民日报》1960 年 1 月 13 日第 1 版。

3. 康德真：《水驿寻踪》，《北京晚报》2017 年 11 月 8 日第 33 版。

4. 祁建：《节水行舟说古闸》，《京郊日报》2018 年 6 月 21 日第 6 版。

5. 毛巧晖：《北运河的民俗印迹》，《中国民族报》2019 年 5 月 10 日第 11 版。

6. 杨庆峰：《记忆研究：培育江南区域情感认同》，《文汇报》2019 年 6 月 13 日第 10 版。

7. 陈喜波：《大运河畔的红色村落 下》，《北京城市副中心报》2021 年 9 月 2 日第 4 版。

8. 王陆昕：《"回不去"的老家牛堡屯》，《北京日报》2021 年 10 月 14 日第 15 版。

9. 《东方艺珍花丝镶嵌非遗主题展亮相副中心》，《劳动午报》2022 年 7 月 13 日第 3 版。

10. 习近平：《高举中国特色社会主义伟大旗帜 为全面建设社会主义现代化国家而团结奋斗》，《人民日报》2022 年 10 月 26 日第 1 版。

11. 《红色尹家河》，《北京晚报》2023 年 4 月 13 日第 8 版。

【网络资料】

1. 通州时讯《蔡奇到城市副中心调研张家湾镇规划建设时强调坚持古今交融 突出设计特色打造一流的特色小镇》，北京市通州区人民政府，http://www.bjtzh.gov.cn/bjtz/xxfb/zwyw/202005/1271348.shtml，访问日期：2022年4月27日。

2. 中国日报网：《郎朗带来工作室成立后首场大师课 宣布成立郎朗台湖音乐世界》，https://cn.chinadaily.com.cn/a/202207/16/WS62d2aebba3101c3ee7adf775.html，访问日期：2022年7月16日。

3. 张歆：《［调研琐记］遇见·运河：杭州运河沿线调研日志》，https://mp.weixin.qq.com/s/CcHjqlnJSRD66CuBw-RRZw，访问日期：2022年11月19日。

4. 佚名：《"古老的运河讲新时代的故事"系列报道之东郊（朝阳）二闸篇》，http://yunhe.china.com.cn/2020-09/24/content_41307944.htm，访问日期：2022年11月19日。

5. 杭州市人民政府办公厅：《杭州市人民政府办公厅关于印发杭州市大城北地区规划建设三年行动计划（2018—2020年）的通知（杭政办函〔2018〕80号）》，https://www.hangzhou.gov.cn，访问日期：2022年11月28日。

6. 《"天空之眼"俯瞰千年古镇张家湾国际化转身！》，"副中心之声"公众号，https://mp.weixin.qq.com/s/4bjgf3mwppagEZi1Nukp9w，访问日期：2023年5月17日。

7. 刘铁梁：《非物质性还是身体性——关于非物质文化保护的思考》，http://www.bjhhlv.com/msxc/ztyj/091119061.html，访问日期：2023年6月3日。

8. 《北京城市副中心：百年渡口》，首都文明网，https://www.bjwmb.gov.cn/dongtai/tongzhou/10030696.html，访问日期：2023年6月25日。

9. 《关于印发〈实施乡村振兴战略扎实推进美丽乡村建设专项行动计划（2018—2020年）〉的通知》，北京市人民政府，https://www.beijing.gov.cn/gongkai/guihua/wngh/qtgh/201907/t20190701_100221.html，访问日期：2023年6月26日。

10. 来源于"东方艺珍——老字号数字博物馆"，http://lzhbwg.mofcom.gov.cn/edi_ecms_web_front/thb/detail/3adc0f0cb6b543c58b4f0e1bc3d1b88d，访问日期：2023年7月8日。

11. 《传承运河文化，发展民族手工运河手工艺大会启动仪式在大运河畔扬帆起航》，https://mp.weixin.qq.com/s/SUndDeJVo_Jh3wKEv5vH2w，访问日期：2023年7月8日。

12. 《红色连环画墙成北京书市一景，读者趁周末前来打卡》，百度网，https://baijiahao.baidu.com/s?id=1700542546637806541&wfr=spider&for=pc，访问日期：2023年7月8日。

13.《第七届北京惠民消费季等你来参与》，凤凰新闻网，https://ishare.ifeng.com/c/s/v002NlDRDG3NvkSTSUdGHG7as6ncHOeTwl6sDdoeUCW8-_Bc，访问日期：2023年7月9日。

14.《北京市通州区人民政府关于印发通州区2017年水污染防治重点工作方案的通知》（通政发〔2017〕6号），通州区人民政府网，http://www.bjtzh.gov.cn/bjtz/xxfb/201702/1070536.shtml，访问日期：2023年7月9日。

15.《小人书、皮影戏、儿童剧场，副中心首家村级特色书店里有"宝藏"》，搜狐网，https://www.sohu.com/a/432716523_204474，访问日期：2023年7月9日。

16.《期待丨皇家湿地将重现副中心！彩色水植作"格子画"，大过两个奥森公园！》，通州融媒，https://mp.weixin.qq.com/s/xP7HXeSBMQeodkoRH1F2KA，访问日期：2023年7月9日。

17.《通州区西集镇打造生态休闲小城镇 留住乡愁留住美》，北京市农业农村局，http://nyncj.beijing.gov.cn/nyj/snxx/gqxx/11127364/index.html，访问日期：2023年7月11日。

18.《通州十三五规划》（北京市通州区人民政府办公室2016年2月印发），北京市通州区人民政府网，http：//www.bjtzh.gov.cn/bjtz/xxfb/201811/1181262.shtml，访问日期：2023年7月16日。

19.青春通州：《西集镇古村落——沙古堆村》，https://mp.weixin.qq.com/s/cYSOldgu48_DPaQLR7KX6w，访问日期：2023年7月17日。

20.《区委常委、宣传部部长汤一原到西集镇调研刘绍棠文化遗产保护利用情况》，北京市通州区人民政府，http://zhengfu.bjtzh.gov.cn/bjtz/xxfb/202305/1649716.shtml，访问日期：2023年7月20日。

21.《中共中央国务院关于加大改革创新力度加快农业现代化建设的若干意见》，https://www.gov.cn/zhengce/2015-02/01/content_2813034.htm，访问日期：2023年7月24日。

22.《北京巧娘"杨帆出海"展现面塑新时代内涵》，https://m.thepaper.cn/baijiahao_12992863，访问日期：2023年7月24日。

23.《北京田里花间民宿》，https://hotels.corporatetravel.ctrip.com/hotels/53481227.html，访问日期：2023年7月25日。

24.《曹女·阳光农场》，https://weibo.com/n/%E6%9B%B9%E5%A5%B3%C2%B7%E9%98%B3%E5%85%89%E5%86%9C%E5%9C%BA，访问日期：2023年7月25日。

25.《科技部副部长：改革开放后我国科技事业繁荣发展》，中央政府网，https://www.gov.cn/govweb/gzdt/2009-01/07/content_1198275.htm，访问日期：2023年7月

25日。

26.《中共中央 国务院关于做好2023年全面推进乡村振兴重点工作的意见》，https://www.gov.cn/zhengce/2023-02/13/content_5741370.htm?dzb=true，访问日期：2023年7月26日。

27.《北京城市副中心（通州区）"十四五"时期乡村振兴规划》，https://www.beijing.gov.cn/zhengce/zhengcefagui/202202/W020220224402253667288.pdf，访问日期：2023年7月26日。

28.《面塑达人带着乡亲奔富路》，https://www.beijing.gov.cn/renwen/sy/whkb/202211/t20221123_2864381.html，访问日期：2023年7月27日。

29.《多措并举打造副中心公共文化服务品牌——推动供给多元化，西集镇大力打造特色文化活动矩阵》，北京旅游网，https://www.visitbeijing.com.cn/article/4Airh7yHuwA，访问日期：2023年7月28日。

30.《北京城市副中心（通州区）"十四五"时期乡村振兴规划（2021—2025年）》，https://www.beijing.gov.cn/zhengce/gfxwj/202202/W020220224402253667288.pdf，访问日期：2023年8月21日。

后　记

为了深入贯彻习近平总书记重要指示批示精神，遵循《大运河文化保护传承利用规划纲要》要求，按照首都"四大中心"的城市战略定位，聚焦"一核一城三带两区"的全国文化中心建设框架，"北运河流域民俗文化普查活动暨民俗志编纂"围绕"人—地—水"，对运河文化资源在地方社会中的传承、传播与转化进行了深入挖掘和细致地梳理，取得了丰硕成果。

"北运河流域民俗文化普查活动暨民俗志编纂"项目总负责人为毛巧晖，长期以来形成了四个固定研究团队。分别由中国社会科学院民族文学研究所毛巧晖研究员、中央民族大学文学院王卫华教授、中央民族大学民族学与社会学学院张青仁教授、中共北京市委党校哲学与文化教研部王文超博士负责。其间加入的还有中央民族大学民族学与社会学学院袁剑教授和北京师范大学文学院博士生翟丹（2018年）、中国社会科学院民族学与人类学研究所王耀研究员（2020年）、新疆大学纺织与服装学院张睿智副教授（2022年）等。参与者还有廊坊师范学院张歆博士、中国科学院计算机网络信息中心王京博士及中央民族大学、中国社会科学院大学、中国艺术研究院相关专业的20余位博士、硕士研究生。

2022年"北运河流域民俗文化普查活动暨民俗志编纂"项目在上一年度的研究基础上，从村落治理、文化产业建设、民俗文化传承发展三个维度切入，综合运用口述史资料，真实、鲜活、生动地阐释了张家湾、西集、台湖、宋庄特色小镇建设的多元主体、新业态及新模式；探寻特色小镇立足地方社会深厚的人文资源与产业特色，及嵌入区域社会内部、带动区域社会整体发展的新路径，同时激发学界对特色小镇建设的新思考。第一章由毛巧晖主持撰写，参与者有张歆博士，中央民族大学中国少数民族语言文学学院博士生王晴、苏明奎，中央民族大学民族学与社会学学院博士生孙宇飞，中国社会科学院大学社会与民族学院在读硕士安可然、师天璐；第二章由张青仁主持撰写，参与者有中央民族大学民族学与社会学学院硕士生田丰、尹烨彤、徐天爱、张晶晶和于莉；第三章由王卫华主持撰写，参与者有中央民族大学民族学与社会学学院博士生徐睿凝、孙佳丰、路迪雨婴、杨赫、孙宇飞，中央民族大学文学院硕士生赵莎、王子尧、王子蔚；第四章由王文超主持撰写，参与者有中共北京市委党校硕士生张峰淏、李乐萌。

　　此外，基于本项目还孕育了两个公众号。"北运河今昔"公众号，从2018年5月18日开始，经过数年的推广，此公众号成为项目进展、学术策划的重要平台，同时关注运河文化研究动态，结合普及性与学术性，积极推广北运河民俗文化的"书写"。本年度课题组还以"汇·通"为主题，组织了"汇·通"读书交流会，并创建了新的公众号"旧瓶与新酒"，进一步将北运河民俗调查"推入"学界与民众视野。

　　课题的顺利完成离不开北京市文联和北京民间文艺家协会的组织与领导。北京市文联领导和中国民间文艺家协会副主席、北京民间文艺家协会主席赵世瑜，一如既往地支持本课题研究，对于课题思路的设计、调整提出了建设性意见。北京民间文艺家协会驻会副主席、秘书长史燕明积极推动与天津、河北以及北京通州区文史学者、民俗精英的对接与联络工作，为课题的顺利完成提供了保障。此外要特别感谢通州区图书馆馆长杨兰英、组织副部长齐莉丽及里二泗小车会韩德成、毛猴技艺传承人张凤霞及河北香河县文化馆馆长周景峰等，没有他们的帮助，课题无法如期完成。在调查过程中，通州区文史资料中心研究者、地方文化学者以及通州北运河沿途台湖、西集、漷县、张家湾等地的民间艺人、文化干事、村干部以及佑民观道长刘崇尧都积极支持，并对我们的调查提出大量建议。在此向他们一并致谢！

本书的出版离不开学苑出版社编辑陈佳女士的努力与推进，她为了书稿的顺利完成，为了不延误出版时间，不厌其烦地督促与跟进。

最后，由于时间紧促，我们的调查过程难免出现偏差，书稿撰写可能也有诸多遗漏、不足之处，在今后的课题延展与深入过程中将进一步弥补。

毛巧晖

2023 年 6 月 30 日